호모 퍼블리쿠스와
PR의 미래

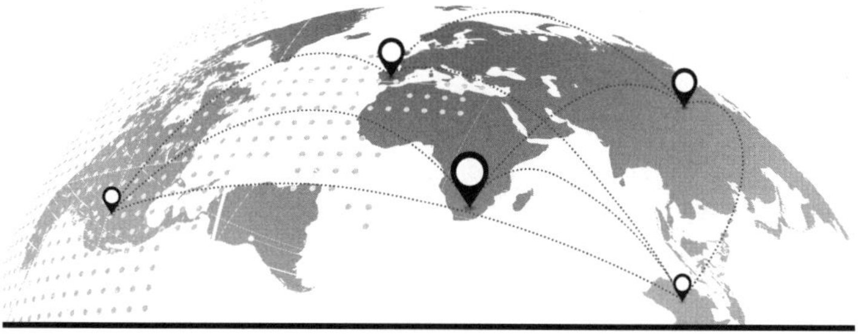

호모 퍼블리쿠스와 PR의 미래

백혜진 · 홍문기 · 신호창 · 박혜영 · 전형준 · 박노일 · 정지연 · 김병희 · 김현정 · 김재인 · 최서희 · 김정남 · 조수영 · 김영욱 · 김동광 지음

한울
아카데미

발간사

한국PR학회는 그간 다양한 주제로 PR(Public Relations)의 학문적 발전과 실무에 도움이 되는 인사이트를 전하는 전문 서적을 지속적으로 발간해 왔다. 올해는 어떤 주제로 PR 커뮤니케이션을 조명하는 서적을 만들지에 대한 고민을 했다.

2020년 초, 코로나19가 시작되면서 우리의 지난 3년은 관계의 단절 혹은 새로운 관계 맺기 방식의 시작을 경험하는 시간이었다. 비대면이 일상화되면서 화상으로만 학생들을 만나고, 주로 문자나 SNS를 통해 소통이 이루어지면서 Public Relations가 강조하는 '관계'는 소홀해지는 것 같았다. 테크놀로지의 발달로 인간이 필요했던 많은 분야들은 기계가 대체하고 있다. 이러한 중요한 변화의 시간을 지나면서 우리가 세상을 바라보는 관점과 패러다임, 행동 방식도 조금씩 달라지고 있다.

그렇다면 이러한 시대적 변화 속에서 PR학이 다루는 커뮤니케이션과 관계의 주제들은 어떤 방향으로 나아가야 할까? 우리 분야가 새로운 시대에 더 확장하고 발전하기 위해서는 커뮤니케이션을 넘어 다른 분야의 전문가들의 이야기를 함께 들어보면 PR학과 변화의 방향성을 좀 더 잘 예측할 수 있지 않을까 싶었다.

이 책은 PR학회가 펴낸 기획 저서 중 처음으로 PR학을 넘어서 더 다양한 주제로 다른 분야의 전문가들의 이야기를 담아내고, 이를 통해 PR학을 확장하고 새로운 변화를 함께 논의해 보자는 의도로 시작되었다.

열다섯 분의 저자들께서 코로나19 이후 PR학의 변화와 미래, 과학적, 철학적 관점에서 보다 넓은 인간행동의 변화와 우리가 나아가야 할 미래를 그리는 총 11장의 훌륭한 장을 완성해 주셨다.

책의 완성을 위해 봄부터 여름방학 내내 수고해 주신 열다섯 분의 저자들에게 깊은 감사의 말씀을 드린다. 특별히, 책의 기획부터 저자 섭외, 출판에 이르는 전 과정을 섬세하고 용맹하게 이끌어주신 백혜진 저술위원장님께 고마운 마음을 전한다. 또한 한국PR학회의 기획 저서 출간 사업을 적극 후원해 주신 프레인글로벌과 출판 작업을 꼼꼼하게 도와주신 한울엠플러스의 편집 담당자분들께도 깊이 감사드린다.

저자들을 비롯한 많은 분들의 정성과 지성으로 탄생한 이 기획서가 한국PR학회원들뿐 아니라 커뮤니케이션 전공자와 비전공자 모두에게 해당 주제에 대한 새로운 시각을 제공하여 창의적인 연구 작업과 교육에 도움이 되길 바란다.

2022년 11월

23대 한국PR학회장 조수영

호모 코로나쿠스에서 호모 퍼블리쿠스로

세계보건기구가 코로나19를 세계적 대유행(Pandemic)으로 선언하고, 토머스 프리드먼이 역사를 구분하는 BC(Before Christ)와 AD(Anno Domini)를 코로나 전과 후를 뜻하는 BC와 AC(Before/After Corona)로 새롭게 규정해야 한다고 ≪뉴욕타임스≫ 오피니언 칼럼에 쓴 지도 벌써 2년 6개월이 지났다. 여전히 우리는 '포스트 코로나'가 아니라 '위드 코로나'로 살고 있다. 언택트, 비대면, 집콕 문화 등 오랜 사회적 거리두기로 인한 일상의 변화와 표준, 즉 '코로나 뉴노멀'이 어느덧 우리 일상에 자리 잡았다. 이런 변화 속에 우리는 '코로나 사피엔스', '호모 코로나쿠스', '호모 코로나리우스' 등으로 불리는 코로나 신인류가 되었다. 코로나19로 인한 공중, 관계, 소통 방식에 있어서의 변화는 가히 혁명적이라고 할 수 있다. PR학도 이러한 변화에 대응해야 한다.

국내 PR학은 학문 명을 영어 PR(Public Relations) 그대로 쓸 만큼 용어와 정체성의 혼란을 겪었다. 최근에 와서야 '다양한 공중과 서로 호혜적인 관계를 형성하고 유지하기 위해 소통을 통해 의미를 공유하는 과정'으로 정의된 공중관계학으로 PR학의 개념이 정립되고 있다. 2010년대 한국 공중관계학 연구는 조직학, 인지심리학, 행정학, 사회학 등 다른 학문 분야의 이론 및 변수를 접목하며 다양해졌다. 2010년대의 PR학을 '중첩과 융합'으로 특징짓는다면, 코로나 뉴노멀 시대의 PR학은 '변화와 확장'을 모색해야 한다.

다른 학문 분야에서 변수나 개념을 가져와 적용하는 차원을 넘어, 다른 학문과의 경계를 무너뜨리며 더 폭넓고 새로운 틀을 고민해야 한다. 공중이 언택트와 비대면에 익숙했던 '호모 코로나쿠스'에서 변화된 세상의 공론장에 우뚝 서는 '호모 퍼블리쿠스'가 되도록 새로운 '관계'를 소통해야 한다.

이러한 취지에서 이 저서는 공중, 관계, 소통의 관점에서 코로나19로 인한 새로운 현상과 관점, 트렌드를 살펴보고 PR학의 미래를 고민해 보기 위해 기획되었다. 새로운 현상과 트렌드는 PR학과 커뮤니케이션 분야만의 것이 아니다. 사유의 뿌리가 되는 철학부터 정치, 경제, 사회, 문화 전반에 걸친 코로나 뉴노멀은 학문의 영역을 넘나들며 진정한 통합을 도모해야 가능하다. PR학회 기획 저서 처음으로 철학, 과학철학, 지리학 및 관광학, 경영학 등 다른 분야와의 협업을 시도한 이유이다.

이 책은 총 2부 11장으로 구성되었다. 1부는 PR학 안에서 부는 새로운 바람을 담았다. 1장은 PR학의 개념인 관계성과 마케팅 개념으로서 관계관리의 공통점과 차이점을 살펴보고 게이미피케이션이라는 개념을 소개한다.

2장은 기존의 PR학에 깊이 뿌리내리고 있던 사내 커뮤니케이션의 중요성을 되새겨 본다. 특히 위기의 상황에서 내부 공중과의 원활한 소통이 공동의 목적을 정렬하고 합리적 의사결정에 유리하다는 점을 강조한다.

3장은 조직의 지속가능성을 높이는 PR과 관련된 갈등관리와 협상을 소개한다. 갈등사회로 표현되는 현 시대에 이해관계자 집단 간의 효과적인 소통전략에 관심을 기울임으로써 PR의 외연을 확대할 수 있음을 설명한다.

4장은 코로나19와 함께 디지털 생태계가 역동적으로 진화했음을 주목한다. 특히 인공지능의 커뮤니케이션 응용 특성이 PR학의 핵심 구성요소인 조직체, 상황, 공중, 커뮤니케이션 분야 모두에 큰 영향을 미치고 있음을 살펴본다.

5장은 급변하는 미디어 환경에 따라 광고학과 PR학의 경계가 소멸되고 있음을 주목하면서 광고와 PR의 통섭적 범위 확장을 위해 브랜드 유니버스, 메타버스, 브랜디드 콘텐츠 등 여섯 가지 방안을 제시한다.

2부는 PR학을 넘어 다양한 학문 분야에서 부각되는 공동주의와 협력의 관계, 학문에 대한 새로운 시각을 담았다.

6장은 코로나 시대에 새로운 철학적 사고를 담았다. 저자는 기후위기, 인공지능, 감염병 대유행이라는 3중 위기의 시대에 전 지구적 협력과 연대를 모색한다는 차원에서 이른바 '공동주의(共同主義, commonism)'를 제안한다.

7장은 코로나19가 환기해 준 바와 같이 사람, 동물, 환경의 질병과 건강의 문제가 점점 더 복잡하게 얽혀 있음을 주목한다. 이에 모두의 건강을 통합적으로 고려해야 한다는 '원 헬스' 개념을 소개하며 원 헬스 관점의 실질적 사회 변화를 위해 커뮤니케이션의 역할과 기여를 제안한다.

8장은 관계성을 중심으로 한 전략적 PR 이론이 커뮤니티 기반 관광(CBT)에 어떻게 기여할 수 있는지를 탐색한다.

9장은 기업의 사회적 책임(CSR)의 영역이 확장되고 있는 현상에 주목하며, CSR을 비롯해 최근 떠오르는 사회적 책임경영(ESG)과 기업의 사회 옹호(CSA)의 개념과 관련 연구를 소개하고 해당 현상들의 사회적 중요성을 논의한다.

10장과 11장은 코로나19로 인해 더욱 부각된 학문과 사회구조에 대한 문제의식에서 출발한다. 10장은 위험 커뮤니케이션 관점에서 팬데믹 시대가 우리에게 준 교훈을 되새겨 본다. 즉 이기적인 사적 이익 추구로부터 우리 사회를 보호하기 위해서는 좀 더 공적으로 생각하고 공공의 이익을 도모하는 커뮤니케이션과 문제 해결 방법이 필요하다는 점을 강조하며 공익을 기반으로 하는 PR 커뮤니케이션의 방향성을 제안한다.

11장은 연구되어야 할 과학이 연구되지 않는 '언던 사이언스(undone science)'의 문제점을 되짚으며 이론적 논의와 함께 우리 사회에서 실제로 필요하지만 이루어지지 않고 있는 연구 문제가 무엇인지를 밝히는 실천적인 작업의 필요성을 강조한다.

기획에서 출판까지 숨 가쁘게 달려온 과정에서 고마운 분들이 많다. 처음 아이디어 기획 단계부터 목차 구성까지 함께 해주신 한국PR학회 조수영 회장님, 이 책을 발간할 수 있도록 지원해 주신 프레인글로벌과 바쁜 일정에도 꼼꼼하게 편집해 주신 한울엠플러스에도 감사의 마음을 전한다. 어느 때보다 습하고 무더웠던 여름 내내 호랑이 저술위원장이 외친 '마감 엄수'를 상기하며 새로운 트렌드와 더불어 PR학의 미래를 소개하는 내용들을 차곡차곡 담아내기 위해 애써주신 저자들에게 감사드린다.

이 책은 PR학 및 여러 커뮤니케이션 세부 분야의 연구자와 철학, 지리학 등 다른 분야의 연구자들의 협업으로 완성되었다. 첫 시도인 만큼 서툰 면도 없지 않다. 각 장들 간의 문체나 색깔의 차이로 일관성이 떨어지는 아쉬움도 남는다. 그러나 어디 첫술에 배부르랴. 첫 시도가 마지막 시도가 아니길, PR학이 열린 마음으로 융합과 다학제적 협력에 능통한 신(新) 공중관계학으로 거듭나길 바란다.

2022년 11월

저술위원장 백혜진

차례

발간사_ 5

머리말: 호모 코로나쿠스에서 호모 퍼블리쿠스로_ 7

1부 공중관계(PR)학의 근원과 확장

1장. 관계관리에 대한 새로운 시각_ 홍문기

1. 서론_ 22
2. PR과 조직-공중관계_ 24
3. 마케팅과 고객관계관리_ 27
4. 관계성 개념의 한계와 문제점_ 30
5. 게이미피케이션과 관계성_ 34
   1) 게이미피케이션의 개념 / 34
   2) 게이미피케이션의 구성요소 / 35
   3) 게이미피케이션의 적용 사례 / 40
6. 결론 및 논의_ 44

2장. 사내 커뮤니케이션이 왕도이다_ 신호창·박혜영

1. 미래에도 계속될 사내 커뮤니케이션의 중요성_ 50
2. 사내 커뮤니케이션이 왕도이다_ 51
   1) 사원, 사원, 사원 / 51
   2) 일상적으로 발생하는 사건 사고, 국내 최근 사례들 / 52

3) 쟁점, 위기, 기회는 한 묶음 / 55
4) 조직을 만들고 키우는 사내 커뮤니케이션 / 59
5) 사내 커뮤니케이션과 구성원 열의 / 61
6) 조직 건강 커뮤니케이션 진단 모델 / 67
7) 사내 커뮤니케이션이 왕도임을 보여주는 실버 앤빌 어워드(Silver Anvil Award) 사례들 / 76
3. 결론을 대신하는 요약과 실마리_ 82
1) 핵심 단순계를 찾는 요약의 힘 / 82
2) 실마리(연결고리)는 수평 조직의 내부 커뮤니케이션에서 / 84

3장. 갈등관리와 협상: 이해관계자 집단 간의 커뮤니케이션
_전형준

1. 더 다양한 PR의 세계_ 88
2. 갈등관리의 시대적 배경: 정책의 민주화_ 89
3. 이해관계자 집단의 커뮤니케이션: 무연탄 파업 갈등 사례와 아이비 리의 원칙 선언문_ 90
4. 공공 갈등_ 94
5. 갈등관리_ 96
6. 공공 갈등의 변화 단계_ 98
7. 공공 갈등에 대한 분석_ 100
8. 공공 갈등을 대화로 해결하는 세 가지 방법_ 102
1) 협상을 통한 공공 갈등 해결 / 102
2) 조정을 통한 공공 갈등 해결 / 106
3) 중재를 통한 공공 갈등 해결 / 111
9. 갈등관리와 협상으로 PR을 확장하기 위해_ 111

4장. 인공지능 시대의 PR 연구 방향 탐색_ 박노일·정지연

1. 인공지능 시대와 PR학 연구의 필요성_ 114

2. 인공지능과 커뮤니케이션 실무 응용 동향_ 117

1) AI 저널리즘 분야 / 117

2) 인공지능 기반 광고PR 분야 / 122

3. 인공지능 기반 PR 연구 동향과 연구 응용 분야 탐색_ 129

1) 아르딜라 시각화 모형에 따른 인공지능의 커뮤니케이션 응용 분야 / 131

2) OSPC 모형을 통한 인공지능 기반 PR 연구 응용 분야 탐색 / 134

4. PR학의 인공지능 응용 연구와 과제들_ 139

5장. 광고와 PR의 경계 소멸과 범위의 확장_ 김병희·김현정

1. 마케팅 커뮤니케이션 패러다임의 진화_ 142

2. 광고 산업과 PR 산업의 환경 변화_ 145

3. 광고와 PR의 경계 소멸_ 150

1) 플랫폼 전쟁터로 변한 디지털 생태계 / 150

2) 트랜징을 통한 광고와 PR의 범위 확장 / 151

4. 경계 소멸에 따른 광고와 PR 개념의 재정립_ 154

5. 광고와 PR의 통섭적 범위 확장을 위해_ 162

1) 브랜드 유니버스를 고려하는 광고-PR 활동 / 163

2) 메타버스 플랫폼을 활용하는 광고-PR 활동 / 164

3) 브랜디드 콘텐츠를 활용하는 광고-PR 활동 / 166

4) 브랜드 경험을 창출하는 광고-PR 활동 / 168

5) 스티커 메시지를 구사하는 광고-PR 활동 / 169

6) 세상을 이롭게 하는 공적 가치의 광고-PR 활동 / 171

2부 공중, 관계, 소통에 대한 새로운 관점

6장. 공동주의를 향해: 뉴노멀 시대에 행성적 거버넌스를 모색하다

_ 김재인

1. 코로나19, 혹은 3중 위기의 동시 발생_ 178

1) 이미 와 있는 미래, 뉴노멀 / 178

2) 상황에 대한 거부와 저항 / 180

2. 3중 위기와 '공통의 느낌'_ 182

1) 지구의 위기가 아니라 인간의 위기 / 182

2) 위기 앞에서의 공통의 느낌 / 185

3. 행성적 거버넌스와 한국의 교훈_ 187

1) 행성적 거버넌스를 향한 오랜 소망 / 187

2) 한국의 교훈: 메르스와 세월호의 집단 경험에서 배우다 / 188

3) 세계자본주의의 완성과 3중 위기 / 190

4. 협력과 연대라는 묵계_ 191

1) 계약이 아니라 묵계에서 협력과 연대를 도출하다 / 191

2) 위기로부터 묵계의 성립 / 192

3) 자기 통치의 거버넌스 / 193

5. 서양 근대 가치의 한계들_ 195

1) '5중 질곡': 식민주의, 시장주의, 사유재산, 개인주의, 자유주의 / 195

2) 사례 1: 침략적·약탈적 식민주의 / 196

3) 사례 2: 시장 만능주의 / 197

4) 새로운 가치 목록을 건설하자 / 198

6. 공동주의를 향해_ 199

1) 격차와 차별이라는 장애물 / 199

2) 공동의 몫을 회복하려는 공동주의 / 201

3) 실험을 통해 한 걸음씩 나아가기 / 203

7장. 인간-동물-환경, 하나의 건강을 위한 커뮤니케이션의 역할
_ 백혜진

1. 코로나19, 중국산 육류와 올림픽 경고, 약 먹은 한강의 공통점은?_ 206

2. 원 헬스란 무엇인가_ 208

1) 개념과 발전사 / 208

2) 국내에서의 논의 / 211

3) 개념 경쟁과 비판 / 212

4) 축적된 근거와 한계 / 216

3. 원 헬스 관점을 확산시키는 데 커뮤니케이션은 어떻게 기여할 수 있는가 _ 221

1) 인간 심리와 행동을 사회적 맥락에서 설명하는 사회과학의 기능 / 222

2) 커뮤니케이션 이론과 실증 연구를 활용한 소통 전략 개발 / 225

3) 커뮤니케이션 세부 분야의 역할: 건강·위험·과학·환경 커뮤니케이션 / 228

4. 앞으로 무엇을 해야 하는가_ 230

8장. 관계성 중심 전략적 PR을 통한 지속가능한 커뮤니티 기반 관광_ 최서희·김정남

1. 뉴노멀 시대에 당면한 지역의 지속가능성 문제를 해결하기 위한 노력_ 234

2. 뉴노멀 시대의 지역문제 해결 방책으로서 CBT_ 235

1) 국토의 불균형 발전 문제 / 235

2) 지방 소멸 위기 극복을 위한 방책으로서 CBT / 236

3) 코로나19를 계기로 부각되는 CBT / 239

3. CBT의 접근법과 한계_ 241

1) CBT의 접근법 / 241

2) CBT 접근의 한계: 커뮤니케이션과 관계성의 가치 배제 / 243

4. 전략적 PR과 관계성 중심 CBT 모형_ 246

1) 이해관계자 파악 및 매핑 단계(Stakeholder Stage) / 250

2) 공중과 관계우선성 규명 단계(Public & Issues Stage) / 251

3) 관계성이 주는 편익(Return on Relationship)을 중심으로 한 CBT 성과 측정 / 254
5. 전략적 행동 중심 PR 모형을 통해 보는 관계성 중심 CBT의 가치_ 258
1) 관계성 강화 / 258
2) 자발성 강화 / 259
3) 지속가능성 강화 / 259
4) 확산성 강화 / 262
6. CBT 활성화에 PR 이론의 기여를 기대하며_ 263

9장. 기업의 사회적 책임의 확장: CSR을 넘어 ESG, CSA로
_ 조수영

1. 기업의 사회적 책임은 어떻게 확장되고 있는가_ 268
2. CSR: 기업의 사회적 책임의 시작_ 268
1) CSR의 정의와 기업의 책임 / 268
2) CSR 전략의 종류 / 270
3) CSR 관련 연구들 / 271
3. ESG: 자선 활동을 넘어 윤리적 시민으로서의 의무_ 273
1) ESG는 무엇인가 / 273
2) ESG 관련 연구 동향 / 276
3) ESG 정보 공개는 어디까지인가: 자율성과 법적 제재 사이 / 279
4) ESG, 어떻게 커뮤니케이션 할 것인가? / 282
4. CSA: 정치사회적 이슈에 대한 기업의 개입_ 285
1) CSA의 정의와 특징 / 285
2) CSA: 기업의 사회적 역할의 확장 / 287
3) CSA 관련 선행 연구 / 288
4) 기업 CSA를 위한 제언 / 293
5. 맺음말_ 296

10장. 팬데믹 시대 위험 커뮤니케이션의 교훈과 PR 커뮤니케이션의 방향성: 공익 커뮤니케이션의 필요성에 대한 제안
_ 김영욱

1. 모든 것은 커뮤니케이션으로 통한다_ 298
2. 팬데믹과 위험 불통 사회의 이기적인 옹호자들_ 301
3. 위험 커뮤니케이션에서 배운 것_ 307
4. 팬데믹 시대 PR 커뮤니케이션의 고민과 돌파구_ 317
5. 공익을 기반으로 하는 PR 커뮤니케이션의 방향성_ 324

11장. 언던 사이언스와 무지의 강요_ 김동광

1. 왜 언던 사이언스인가_ 330
2. 신자유주의 이후 과학을 둘러싼 상황 변화_ 331
3. 전 지구적 사유화 체제와 과학의 실행 양식 변화_ 335
4. 과학기술의 전 지구적 사유화 체제 수립_ 336
5. '언던 사이언스': 의도적인 무지(無知)의 생산_ 340
6. 사례: 언던 사이언스로서의 GMO_ 345
7. 시민사회에 가지는 함의_ 356

참고문헌_ 361
찾아보기_ 391

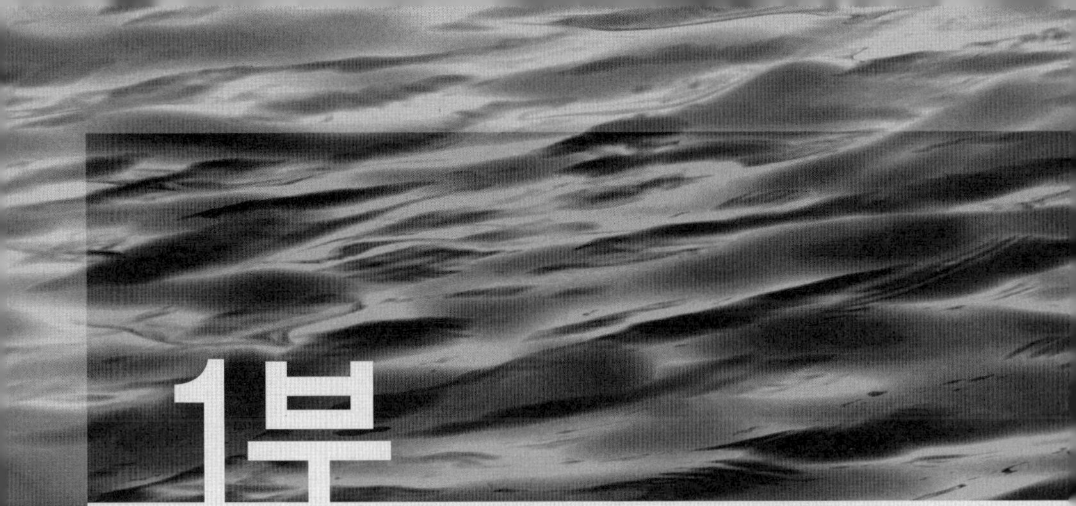

1부

공중관계(PR)학의 근원과 확장

1장

관계관리에 대한 새로운 시각

홍문기(한세대학교 미디어영상광고학과 교수)

1. 서론

PR(Public Relations)의 핵심은 조직-공중 간 관계 형성을 어떻게 하는가에 관한 것이다(김영욱, 2013). PR은 조직-공중 간 관계 형성적 기능, 즉 관계성(relationship)을 중시하고 있다(신호창 외, 2017). PR에서 조직-공중 간 관계는 이슈나 쟁점에 의해 점점 구체화된다. 조직과 조직을 둘러싸고 있는 공중들이 하나의 쟁점에 대해 서로 상호작용을 하고 이러한 상호작용 과정에서 관계가 형성된다는 것이다. 이 때문에 PR 커뮤니케이션 활동은 조직과 조직을 둘러싸고 있는 공중들 사이의 연관된 상호작용, 즉 관계성 조정에 관여하는 일련의 커뮤니케이션 활동(communication activity)으로 간주된다(신호창 외, 2017).

1984년 퍼거슨(Ferguson)이 관계성을 PR 커뮤니케이션 연구의 주요 주제로 삼으면서 조직-공중 간 관계에 대한 관심은 조직-공중관계성(OPR: Organization-PR) 또는 관계관리(Relationship Management) 측면에서 다루어졌다(신호창 외, 2017). PR 커뮤니케이션 활동을 통한 관계성 형성은 조직-공중 간 상호 호혜적 관계 구축을 목표로 한다. 조직-공중 간 상호 호혜적 관계가 구축되기 위해서는 조직-공중 간 상호 이해와 이를 바탕으로 한 관계 형성이 요구된다(최윤희, 2008). 이 때문에 PR은 개인이나 조직이 이해관계에 있는 공중과 상호작용적·대칭적 커뮤니케이션 활동을 통해 상호 호혜적 관계를 형성, 유지, 발전하는 전략적 관계관리 활동이라고 정의되고는 한다. 따라서 PR 커뮤니케이션은 조직과 공중의 관계성을 구축하고 그 관계성을 유지하고 발전시키는 방안을 전략적으로 모색함으로써 전문성을 갖게 된다(신호창 외, 2017).

결국 PR 커뮤니케이션 활동의 전문성은 조직이 공중을 상대로 공중의 욕구를 충족시키기 위한 방안을 마련하는 것에서 시작된다. 흔히 조직은 공중과의 상호 호혜적 관계를 갖기 위해 최선을 다한다고 말한다. 그런데 PR 커뮤니케이션 활동에서 관계성이 무엇을 의미하는지, 조직이 공중과의 관계성을 관리한다고 할 때 무엇을 한다는 것인지, 그리고 그 결과가 상호 호혜적인 것인지 불분명하다. 이를 설명하기 위해 대부분의 PR 실무자와 연구자들은 마치 누구나 관계성이라는 개념을 당연히 알고 있는 것처럼 전제하거나, 관계성이라는 개념을 제한된 범위에서 일시적으로 규정한 뒤 이를 바탕으로 조직-공중관계를 설명하려 한다(김영욱, 2013). 그러나 실제로 조직-공중 간 관계성이 무엇인지, 어떻게 존재하고 있는지, 그 모습은 어떻게 나타나는지 쉽게 설명되지 않는다(김영욱, 2013). 이미 브룸과 도지어(Broom and Dogier, 1990)는 개념적으로 PR 프로그램은 조직과 공중의 관계에 영향을 미치지만 이 관계의 실질적·구체적 영향을 측정하는 것은 별개의 문제라는 점을 지적했다. 그 후 많은 연구들이 조직과 이해당사자들(stakeholders)의 관계를 설명하거나, 조직-공중 간의 관계를 공중의 인식과 태도에 근거해 살펴봤지만 이러한 연구가 관계성 그 자체를 살펴본 것인지, 관계성에 대한 의견이나 인식을 살펴본 것인지, 아니면 관계성을 구성하는 변인을 살펴본 것인지 혼란스럽다. 실제로 PR 연구에서 관계성 자체를 분석 단위로 한 연구는 매우 드물다. 이 때문에 PR 연구에서 관계성과 상호 관계(mutual relations) 등의 용어가 무수히 사용되지만 대부분은 조직을 둘러싼 이슈에 대해 공중과 개인의 의견이나 인식 등을 측정하고 분석해 그 영향을 가늠해 보는 것일 뿐 관계성이라는 분석 단위를 규명하고, 이에 영향을 미치는 새로운 요인을 파악하는 과정과는 거리가 있다.

따라서 공중관계학으로서의 PR을 새로운 관점에서 살펴보고자 하는 이 장에서는 PR 커뮤니케이션 과정에서 중시되는 관계성과 마케팅 영역에서 다루어지는 관계관리의 공통점과 차이점을 살펴보고, 이를 통해 관계성 개념이 갖는 본질적인 한계와 문제점을 파악하고자 한다. 이를 바탕으로 이

장에서는 관계관리를 위해 최근 다양한 분야에서 도입되고 있는 게이미피케이션(Gamification)이 PR 커뮤니케이션 공중관계학 연구와 어떠한 관계가 있는지 논의하고자 한다. 특히 마케팅 분야에서의 기업-고객(소비자), PR 영역에서의 조직-공중, 그리고 게이미피케이션 관점에서 기업-이용자 간의 관계를 어떻게 설정하고 있는지 연구함으로써 PR 영역에서 조직-공중 간 관계관리를 새로운 관점에서 설명할 수 있는 기회를 모색하고자 한다. 이는 조직-공중 간 관계를 공중관계성에 두고 이슈, 위기, 명성 등을 중심으로 관계관리성을 논해오던 기존 PR 커뮤니케이션 관점에 새로운 시각을 공급하고 이를 바탕으로 공중관계성에 대한 인식의 범위를 확장하는 계기가 될 것이다.

2. PR과 조직-공중관계

PR에서 관계성·관계관리는 조직과 공중 간의 가치와 이익 등을 확인하는 실무적 활동이다. 관계성은 다차원적 구성 개념으로서 만족, 신뢰, 상호 통제, 헌신 등이 대표적인 요소들로 여겨졌다(Grunig and Huang, 2000). 신뢰는 조직과 공중이 상대방에 대해 갖는 긍정적인 확신과 개방성, 만족은 상대방에 대한 기대 대비 호의적인 느낌, 상호 통제는 서로 상대방에게 영향을 미칠 수 있는 정당한 힘을 가진 정도, 헌신은 상대방과 관계를 지속하는 것이 의미가 있다고 믿는 정도로 규정할 수 있다. 이처럼 관계성은 조직과 공중이 상대방에 대해 인식하는 바이며, 인지, 감정, 행동 등의 차원에서 다양하게 평가가 이루어진다(신호창 외, 2017).

조직-공중관계성은 조직과 공중이 상호 호혜적인 관계를 형성 및 유지하기 위해 전략적인 커뮤니케이션을 통해 의미를 공유하는 과정이라 정의된다. 물론 초기의 PR 활동은 메시지의 생산과 배포를 중심으로 한 대언론 관계의 결과로 이해된 적도 있다. 이 때문에 초기 PR 활동은 언론 대행과 관련된 퍼블리시티(publicity)의 일종으로 여겨지기도 했다(최윤희, 2008). 그러나 PR 커뮤니케이션은 퍼블리시티·광고·대정부 관계, 쟁점관리, 대주주 관계 등을 포함하는 차별화된 개념으로 발전해 왔다. 이 때문에 초기 PR 커뮤니케이션의 주 활동이 메시지의 조작이었다면 오늘날에는 조직-공중 간 상호 이익을 위한 관계성 구축으로 PR의 본질적 목표가 달라졌다. 이러한 PR 커뮤니케이션 목표 변화로 메시지 효과 측정이 아니라 조직이 주요 공중에게 미친 영향이나 공중이 조직-공중 간 관계에 영향을 미치는 요인을 찾는 것이 PR 연구에서는 더욱 중요해졌다(최윤희, 2013). PR에서 관계성에 대한 관심은 PR 커뮤니케이션 활동을 조직의 이익을 앞세워 커뮤니케이션 메시지로 여론을 형성하고 조작하는 것에서 조직이 공중과 상호 호혜적 관계성을 구축하고 발전시키는 것으로 바꾸어놓았다. 이와 관련해 브루닝과 레딩햄(Bruning and Ledingham, 1999)은 PR의 효율성을 극대화하기 위해서는 조직과 공중 사이의 관계에 여러 가지 유형의 관계성이 있음을 인식하고 이에 대한 전략을 개발해야 한다고 주장했다. 광고, 마케팅, 저널리즘 등과 구별되면서 PR의 정체성은 조직-공중 간 관계성·관계관리를 통해 두드러지게 나타나기 시작했다. PR에서 관계성의 형성, 유지, 발전은 PR 커뮤니케이션의 궁극적인 목표이다. 조직-공중 간 관계에 대한 PR 커뮤니케이션에서 관리 기능이 중요한 이유는 조직-공중 간 관계의 형성, 유지, 발전 과정이 단계적으로 이루어지기 때문이다.

조직-공중관계성을 다루는 데 있어 상호 이익 관계(mutual beneficial relationship)는 공중관계 활동을 가치의 관점에서 설명하고 있다(신호창 외, 2017). 조직은 조직-공중관계성을 통해 중장기적으로 경제적 이익을 포함한 다양한 긍정적 효과를 도모할 수 있고, 공중은 조직-공중 간 관계를 통해 긍정적 변화를 기대할 수 있어야 조직-공중관계성은 형성, 유지, 발전된다. 이러한 상호 호혜적 이익 관계는 조직의 정책에 영향을 받는 모든 주체들이 상호 공존하고 실질적인 이익을 가질 수 있는 관계를 의미한다. 결국 상호 이익 관계는 쌍방향 균형 커뮤니케이션을 통해 달성할 수 있기 때문에 조직-공중관계성 이론이 균형 이론에서 발전한 것이라 할 수 있다. 실제로 관계관리를 설명하는 대표적 모델인 정향 모델(Co-orientation Model)은 사람들의 행동 결과가 내부의 자체적인 생각보다는 외부의 다른 사람들 혹은 다른 사람들의 생각에 대한 자신의 인식에 영향을 더 많이 받는다는 점을 지적하고 있다(김영욱, 2013).

PR 커뮤니케이션과 관련해 이 모델은 어떤 이슈에 대한 조직의 인식, 이슈에 대한 공중의 인식, 공중의 생각에 대한 조직의 추측, 조직의 생각에 대한 공중의 추측 등을 통해 관계성이 인식된다고 설명한다(김영욱, 2013). 이 모델에서 합의는 조직과 공중이 어떤 이슈에 대해 얼마나 비슷하게 인식하고 있는지를 의미하는 것으로 인식된 합의는 한쪽이 다른 쪽과 합의를 이루고 있는지 스스로 판단하는 것이다. 이 모델에서 정확성은 한쪽의 실제 인식과 다른 쪽에서 짐작하는 인식이 어느 정도 일치하는가에 따라 결정된다. 이 때문에 정확성은 조직-공중 간 오해의 정도를 나타내며 공중관계 상황에서 가장 중요한 관계 인식으로 간주된다.

관계성은 조직과 핵심 공중 간에 존재하는 것으로, 한쪽의 행동이 다른 한쪽의 경제적·사회적·문화적·정치적 복지에 영향을 미치는 상태(Ledingham and Bruning, 2000)를 의미한다. 하지만 연구자들은 관계성을 조직 사이의 자원의 교환에 관여하는 교환 거래로 쌍방 간 목표 달성뿐만 아니라 쌍방에 혜택을 가져다준다는 맥락(Broom, Casey and Ritchey, 2000)으로 정의할 뿐 관계성 자체가 하나의 변인인지, 어떤 변인과 관련 있는지, 변인 간 관계에 따른 모델은 어떻게 구축되는지 거의 설명하지 못하고 있다. 이 때문에 브룸과 도

지어(Broom and Dogier, 1990)는 PR 프로그램이 조직과 공중의 관계에 어떻게, 얼마나 영향을 미치는지 관계성에 대해 측정하고 분석할 필요가 있다고 지적했다. 물론 그 후 많은 연구들이 조직과 공중 간 관계를 설명하거나, 조직-공중 간의 관계를 공중의 인식과 태도에 근거해 살펴보기는 했지만 이는 관계성 자체에 관한 연구라기보다는 개인을 분석 단위로 이용한 인식·의견 연구로 그 한계가 명확하다. 특히 실제로 관계성을 분석 단위로 이용한 연구도 아니고 PR을 정의할 때 흔히 사용되는 관계성과 상호 관계를 측정한 것도 아니다. 조직-공중 간 관계성 개념을 새롭게 정의하거나 이를 둘러싼 변인 간 관계가 아닌 개인의 의견이나 여론 등을 공중의 인식으로 간주하는 등 관계성에 대한 측정과 분석에는 여전히 한계가 있다(김영욱, 2013).

3. 마케팅과 고객관계관리

고객관계관리(CRM: Customer Relation Management)란 원래 기업 전체에 대해 예금, 대출, 증권, 국제 업무 따위의 은행 서비스를 종합적으로 제공하는 것을 의미했다. 특히 대기업이나 그룹을 주 대상으로 하는 고객 관리 기법으로 폭넓은 주변 서비스를 제공함으로써 고객과의 관계를 공고히 해 마케팅 효과를 극대화하는 것을 뜻한다. 이 때문에 마케팅에서 관계관리는 관계 마케팅을 의미한다. 전통적 마케팅 관점에서의 관계관리는 경쟁이 심화되고 소비자 수요 변화가 급속도로 다양해지는 자유로운 시장경쟁 상황에서 고객과 기업 간의 장기적이고 지속적인 관계를 강조해 상호 신뢰와 헌신을 증진시켜 기업의 이익을 도모하는 마케팅 전략을 의미한다(Morgan and Hunt, 1994). 이러한 관계성 중심의 마케팅 전략은 주로 기업의 소비자 관리를 통한 영업이익 창출을 목표로 이루어진다.

마케팅 분야에서의 관계성·관계관리는 고객관계관리(CRM)를 의미한다. CRM은 고객을 확인하고 판별해 고객에 대한 지식/정보를 만들어내고, 이를 바탕으로 기업이 고객과의 관계를 만들어가는 일련의 마케팅 전략을 말한다(Srivastava, Shervani and Fahey, 1999). 이러한 CRM의 궁극적 목표는 조직이 고객의 특별한 개별적 수요를 충족시키기 위해 제품과 서비스에 대한 맞춤형 마케팅 전략을 수립하는 것이다. 기업의 맞춤형 제품과 서비스를 통해 고객들은 개인별로 특별한 경험을 하고, 이 과정에서 고객은 자신이 조직·기업으로부터 특별한 대우를 받는 특별한 존재라고 인식하게 된다. 이에 대해 페퍼스와 로저스, 도르프(Peppers, Rogers and Dorf, 1999)는 고객이 선호하는 특성과 구매 경험에 관한 조직·기업의 이해 과정을 통해 기업은 새로운 시장을 창출하고 이를 통해 수익성 향상을 통해 경쟁 시장에서 우위를 점할 수 있다고 주장했다. 고객관계관리는 관계성 자체에 주목하기보다는 고객에게 좀 더 즉각적으로 맞춤형 제품과 서비스 등을 제공함으로써 고객의 만족도와 충성도를 높이기 위한 마케팅 전략이라는 점에서 PR 커뮤니케이션에서의 조직-공중관계성과 차이가 있다.

마케팅에서의 고객관계관리는 심화된 자유 시장경쟁 상황에서 기업의 생존을 위해 고객들과 장기적인 관계를 만들고 이를 유지하는 것을 목표로 한다는 점에서 PR 커뮤니케이션 활동과 유사한 측면이 있다. 그러나 고객관계관리를 위한 각종 조직화 과정과 기술 장치들을 통해 고객 정보를 수집하고 이를 활용해 향상된 마케팅 커뮤니케이션 활동을 지원한다는 측면에서 PR 커뮤니케이션과는 차이가 있다. 따라서 마케팅에서의 고객관계관리는 IT를 기반으로 수집된 고객의 데이터베이스를 활용해 이를 지원하는 기업 내 고객관계관리 조직이 제품과 서비스에 대한 구매와 이용이 이루어지는 다양한 순간에 전개하는 마케팅 전략이라 할 수 있다(Srivastava, Shervani and Fahey, 1999). 고객관계관리는 구매자와 판매자 간의 장기적이고 지속적인 관계를 강조하면서 상호 간의 신뢰와 헌신을 증진시키는 마케팅 전략 활동을 말한다(Morgan and Hunt, 1994). 이러한 고객관계관리는 고객을 확인·판별하고, 고객에 대한 지식 및 정보를 창출해 이를 바탕으로 기업이 고객과의 관계를 창출해 내는 일련의 과정이다. 이를 통해 기업은 고객의 욕구를 창출하고 만족시키며 이를 유지할 수 있는 다양한 고객 친밀성 및 고객과의 파트너십 등을 창출해 내는 것이 중요하다(Morgan and Hunt, 1994).

2000년대 이후 많은 기업들이 고객관계관리 시스템을 도입했는데 그 방식은 몇 가지 유형으로 분류된다(Peppers, Rogers and Dorf, 1999). 우선 통합 고객 데이터베이스를 바탕으로 장기적인 고객관계를 관리하는 고객지원 및 서비스 시스템(CSS: Customer Support and Service) 유형이 있다. 이 유형은 제품이 고객에게 전달되고 요금을 청구하는 모든 과정을 총괄한다. 제품 전달, 번들링(bundling), 설명, 청구, 설치, 수리, 교체 등 고객들이 제품이나 서비스를 구매할 때와 구매 후에 발생하는 모든 상황에서 고객관계를 관리한다. 이 유형에서의 고객관리는 비용이 발생하는 지점을 데이터베이스를 통해 파악하고, 고객관계를 형성, 유지, 발전시키는 과정에서 마케팅 효과를 극대화한다는 특징이 있다. 두 번째 유형은 영업조직 자동화 시스템(SFA: Sales Force Automation)이다. 이 유형은 조직의 영업 팀이 수익성이 높은 고객들을 획득하고 유지하는 목표로 효율적인 영업을 하기 위한 것이다. SFA 시스템은 영업관리를 위한 효율적인 판매를 지원하고 소비자들의 미래 소비 계획과 실행을 고무시키고 지원한다. 이를 통해 조직 내외적으로 고객 및 기업의 가치를 증진시킨다. 이 유형은 영업조직을 자동화하고, 이 과정에서 관리 대상인 고객의 범위를 한정해 관계성 관리에 있어 효율성을 중시한다는 특징이 있다. 마지막 유형은 전사적 마케팅 자동화시스템(EMA: Enterprise Marketing Automation)이다. 이 유형은 영업조직자동화시스템(SFA)이 판매촉진을 위해 고객에 대한 관계관리 과정에서 자동화·기계화를 강조한 것처럼, 고객에 대한 관계관리를 통해 마케팅 효과를 높이는 마케팅 부서·활동을 자동화하고 지원하는 시스템이다. 마케팅에서 고객관계관리는 중장기적 관점에서 제품 중심의 대중 마케팅에서 각 개개인의 고객이 특별함을 느낄 수 있는 맞춤형 마케팅 프로그램을 제공하는 것을 목표로 한다. 따라서 마케팅 영역에서의 (고객)관계관리는 기업이 장기적 관점에서 고객과의 접촉과 거래, 두 차원에서 고객의 활동을 추적·측정·분석함으로써 개인화된 마케팅 프로그램을 기획하는 것이라고 할 수 있다.

4. 관계성 개념의 한계와 문제점

앞서 살펴본 것처럼 PR과 마케팅 분야 모두에서 관계관리는 중시된다. 각 분야에서 관계관리의 개념이 성립되는 배경이나 과정 등이 차이가 있고, 그 결과 관계성의 대상(공중 대 고객), 목표(상호 호혜적 관계 형성 대 수익창출), 측정(개인 인식 대 빅데이터) 등이 다르다는 것을 알 수 있다. 그뿐만 아니라 관계성·관계관리와 관련해 PR과 마케팅 학계에서는 해당 개념의 의미를 고찰하거나 확정하려 하지만, 업계에서는 피상적이고 모호한 관계관리의 의미를 구체적인 사례를 누적함으로써 명료하게 하려는 점도 다르다. 조직-공중이 되었든, 기업-고객·소비자가 되었든 이 양자 간 관계성과 이를 기반으로 한 관계관리는 커뮤니케이션의 결과로서 공중·소비자의 입장에서 관계를 어떻게 인식하느냐에 공통적으로 주목하고 있다. 이 관계성·관계관리의 문제는 조직·기업과 공중·소비자 간의 관계 품질에 대해 공중·소비자가 갖는 전반적인 인식이나 평가를 통해 측정된다.

PR 커뮤니케이션 연구에서 조직-공중관계성 이론은 조직과 공중을 분절적으로 바라볼 것이 아니라 조직-공중관계를 중심으로 공중관계 활동을 바라보자는 점을 강조한다. 이러한 접근방식은 조직이 공중을 대상으로 어떤 커뮤니케이션 활동을 펼치는지보다는 조직과 공중 사이에 형성되는 관계를 연구의 대상으로 삼는다는 점에서 마케팅 관점의 고객관계관리와 차이가 있다. 이러한 공중관계의 핵심은 관계성에 있고, 관계를 잘 쌓는 것이 공중관계 효과를 극대화할 수 있다는 점에서 마케팅의 고객관계관리와 유사해 보이지만, 조직-공중관계성 이론은 조직과 공중의 이익이 균형을 이루는 지점에서 장기적인 관계가 형성된다는 점에서 영업이익 창출을 기대하는 마케팅 관점의 고객관계관리와는 다르다. PR 커뮤니케이션은 조직-공중 간 상호 신뢰와 헌신 등을 기반으로 하는 관계 형성을 통해 조직과 공중 모두 상호 이익 창출을 목표로 하기 때문에 조직-공중관계성 이론은 균형 이론의 발전적인 연장이라고 할 수 있다. 그러나 현실적으로 제품과 서비스에 대한 정보의 비대칭성이 엄연히 존재하는 상황에서 조직-공중 간에 균형적인 커뮤니케이션이 가능한지 의문이고, 설령 그런 상황이라 하더라도 제품과 서비스 판매촉진을 통해 이익을 창출해야 하는 기업·조직이 이익 창출과 별개로 상호 호혜적 관계를 창출하는 것만을 목표로 할 것인지도 의구심이 든다. 이러한 상식적이고 일반적인 이유 외에도 조직-공중 간 관계성·관계관리는 PR을 고유의 학문적 분야로 발전시키기 위한 이론적인 기반을 제공하고 마케팅을 효율적 영업관리 수단으로 성장시키는 방법론적인 도구로 성장시켰음에도 불구하고 몇 가지 한계와 문제점을 갖고 있다.

우선, 조직-공중 간의 관계가 어떻게 이루어지는지 불분명하다(박현순, 2009). 이 때문에 조직과 공중의 요구가 만나는 지점을 찾아내고, 상호 간에 이해의 폭을 넓혀서 관계의 질을 개선해야 한다는 당위론적 주장은 있을 수 있지만, 관계성이 무엇이고, 그것이 어떻게 이루어지는 거의 설명되지 않고 있다. 다시 말해 조직-공중 간에 관계가 있고, 중요하다는 점은 당위론적으로 설명되나, 그것이 무엇인지, 그 관계가 어떻게 설정되는지는 거의 규명되지 않고 있다. 관계성이 어떻게 성립되는지 설명하지 않은 채 관계성의 존재를 전제로 하고, 그것이 무엇인지도 모른 채 이를 관리한다는 것은 어불성설(語不成說)에 가깝다. 이 때문에 조직-공중관계성에 대한 논의는 조직-공중관계성의 개념과 차원을 구성하고 변수 간의 관련성을 보기 위한 탐색적 방안을 제시하는 방식으로 이루어지고 있다. PR 커뮤니케이션에서 조직-공중관계성이 무엇인지 규명되고, 이를 바탕으로 조직-공중 간 관계가 어떻게 이루어지는지 규명되어야 성공적인 관계관리를 위한 질적 개선·유지를 위한 전략적인 커뮤니케이션을 기대할 수 있다.

둘째, 관계성을 어떻게 측정할 것인가의 문제가 해결되어야 한다(조삼섭, 2006). 관계성은 조직-공중관계성 관련 다양한 인식론적 논의 체계를 바탕으로 공중관계 행위의 기준점을 제시하는 등 PR과 마케팅 연구 영역에서 분명한 기반을 갖고 있다. 그러나 좀 더 분명한 개념화와 이론적 설명력·예측력 등을 높일 수 있는 변수의 도출과 이들 간의 관계를 설명하기 위해서는 관계성 변인에 대한 명료한 개념화와 이에 근거한 측정 방식이 구체화되어야 한다. 관계성을 하나의 독립된 개념으로 볼 것인지 아니면 조직-공중 간 관계를 바라보는 공중의 인식을 측정할 것인지에 따라 관계성 측정의 조작적 정의와 개념화 과정이 달라진다. 조직-공중 또는 기업-고객·소비자 간의 관계성을 측정하기 위한 실질적인 수단인 관계성 척도가 마련되어야 한다.

셋째, 관계성을 선행·유지·결과 변인 등으로 세분화해 변인 간의 관련성이 규명되어야 한다(김영욱, 2013). 관계성은 조직과 공중 간에 서로 정치적·사회적·경제적·문화적 영향력을 주고받는 상태를 의미한다. 현재 PR 학계에서 이루어지고 있는 조직-공중관계성 측정은 관계라는 상태의 결과로 나타나는 공중의 인식에 기반하고 있다. 이는 마케팅 분야에서도 유사하다. 그러나 이러한 측정 방식은 기존의 태도 측정과 별반 다르지 않고 지나치게 공중·소비자의 인식에 의존한다는 점에서 그 불균형성 등이 문제점으로 지적된다. 장기적인 측면에서 관계성·관계관리 관련 연구가 발전하기 위해서는 개념화 측면에서 차별적이고 조작화 측면에서 독립적인 관계성 척도를 개발할 필요가 있다.

넷째, 관계성에 대한 논의는 명확한 모델과 이론을 제시하지 못하고 있다(조삼섭, 2006). 관계성·관계관리에 대한 연구는 조직-공중관계성의 개념과 차원을 구성하고 변수 간의 관련성을 보기 위한 탐색적 이론을 제시하는 방식으로 이루어지고 있다. 이는 공중관계의 전문화된 고유 이론 영역을 구성하고 변수 간의 관련성을 보기 위한 탐색적 방향을 제시하는 수준을 넘어서지 못하고 있음을 의미한다. 관계성 개념을 기반으로 한 효율적 관계관리를 위한 이론적 모델이 제시되고 여기에 관여하는 변인들이 도출되어야 이를 기반으로 한 전략적 커뮤니케이션의 타당성 여부를 검증할 수 있을 것이다.

이상의 논의를 종합해 보면 관계성 개념이 PR과 마케팅 분야에서 중요한 의미가 있는 요소임에도 불구하고 개념에 대한 조작적 정의가 불분명하고, 이에 대한 측정에 의문이 제기되고 있음을 알 수 있다. 그뿐만 아니라 관계성·관계관리를 설명할 수 있는 관련 변인을 제대로 도출하고 있지 못하며, 이 과정에서 관련 변인들이 어떤 위치에서 관계성에 영향을 미치는지 혼란스러운 상황이라 할 수 있다. 이는 관계성과 관련된 변인들이 선행·유지·결과 중 어디에 위치하는 변인인지 모호하게 함으로써 관계성을 기반으로 한 모델과 이론화 과정에 부정적 영향을 미치고 있으며, 관계성과 관련한 관계관리 전략 커뮤니케이션의 타당성 논란을 불러일으키는 결과로 이어지고 있다.

이러한 문제점에 대한 관심을 바탕으로 다음 절에서는 최근 마케팅 분야에서 다양한 측면에서 논의되는 게이미피케이션에 대해 살펴보고자 한다. 특히 게이미피케이션이 공중관계학으로서의 PR을 새로운 관점에서 살펴보는 과정에서 앞서 지적한 문제점들을 해결하는 데 어떠한 영향을 미치는지 주목하고자 한다. 다음 절에서는 PR 영역에서의 조직-공중, 마케팅 분야에서의 기업-고객(소비자) 관계를 게이미피케이션 관점에서 기업-이용자 간의 관계를 어떻게 설정하고 있는지 파악해 PR 영역에서 조직-공중 간 관계관리를 새로운 관점에서 설명하고자 한다. 이를 통해 조직-공중 간 관계를 공중관계성에 두고 이슈, 위기, 명성 등을 중심으로 관계관리성을 막연하고 추상적으로만 다루는 기존 PR 커뮤니케이션 관점에 새로운 시각을 공급해 공중관계성에 대한 인식의 전환을 도모하고자 한다.

5. 게이미피케이션과 관계성

1) 게이미피케이션의 개념

게이미피케이션은 게임화(Game化)로 번역된다. 게이미피케이션은 2010년 1월 미국에서 열린 '게이미피케이션 서밋'에서 공식적으로 사용하기 시작했다. 게이미피케이션은 게임이 아닌 것에 게임적 사고와 게임 기법을 활용해 문제를 해결하고 사용자, 이용자, 소비자를 몰입시키는 과정을 의미한다(Csikszentmihalyi, 1990). 게임이나 경기를 하는 중에 발생하는 문제 해결 과정에서 참여자들의 몰입이 높아지는 현상을 게임이 아닌 분야에 적용하는 것이라 할 수 있다(김형택, 2013). 전략적 커뮤니케이션 방안으로 새롭게 부각된 게이미피케이션은 많은 기업과 공공정책, 뉴스·미디어, 교육, 보건·의료, 스포츠, 환경, 모의실험, 쇼핑 등 다양한 분야에 적용되고 있다.

PR에서 조직-공중관계성이 중시되는 이유가 위기관리를 위한 것이라면, 마케팅에서 게이미피케이션이 중시되는 이유는 유희적 맥락을 통해 몰입을 유도하기 위한 것이다. 게임이나 경기의 특성과 관련 기법, 원리 등을 적용하는 방식을 구체화한 게이미피케이션은 게임 참여자로 하여금 게임적 사고와 기법을 활용해 유희적 맥락에 몰입하게 한다는 특징이 있다(나지영·박영일·김혜빈, 2016; Zichermann and Linder, 2010). 유희적 몰입을 통한 문제 해결이라는 측면에서 게이미피케이션은 고객관계관리를 위해 마케팅 분야에서도 주목받고 있다. 게이미피케이션 환경에서는 참여자의 몰입을 위해 게임과 같은 빠른 피드백과 더불어 게임의 룰을 통해 참여자들이 원하는 목표를 달성할 수 있다는 확신과 의지를 심어주는 것이 중요하다.

게이미피케이션 환경에서는 우선 호기심 유발로 이슈나 게임에 참여하는 참여자의 감정과 정서적 개연성을 불러일으킨다. 이 과정에서 스토리텔링 기법으로 이야기 구조를 만들거나 참여자의 관심을 끌 수 있는 재미있고 흥미로운 다양한 방법이 활용된다. 또한 쉽지는 않지만 노력하면 달성할 수 있을 것 같은 임무를 통해 지속적인 관심과 흥미를 유발시켜 게임 참여자가 포기하지 않도록 한다. 다음으로 현실과 관련된 문제를 이슈나 게임의 과제로 제시함으로써 자연스럽게 참여자의 궁금증을 키우는데 이 과정에서 참여자 간에 협력이 요구될 수도 있다. 마지막으로 앞에서 얻은 감성적 인식을 활용해 긍정적인 행동 패턴을 발생·지속시켜 이슈나 게임에 계속 관여하게 함으로써 게임 환경을 통해 조직-이용자 간 관계를 유지하는 방식으로 전개된다. 이러한 일련의 과정은 조직-공중과 기업-소비자 간의 관계가 어떻게 형성되는지 비교적 구체적으로 설명하는 기회를 제공한다(나지영·박영일·김혜빈, 2016).

2) 게이미피케이션의 구성요소

게이미피케이션 영역에서 참여자의 참여와 행동을 유도하는 역할은 게임 구성요소와 그 작동 원리, 즉 게임 메카닉스(game mechanics)에 달렸다. 게임 구성요소들은 상호작용하면서 참여자들이 자발적이고 지속적으로 게이미피케이션 환경을 즐길 수 있도록 동기를 부여한다(정의준·이혜림, 2013). 게이미피케이션이 게임 참여자로 하여금 게임적 사고와 기법을 활용해 유희적 맥락에 몰입하게 하는 것이라고 할 때 유희적 몰입이 어떻게 이루어지는지 살펴볼 필요가 있다. PR 커뮤니케이션과 관련해 조직-공중 간 관계관리에 있어 한계점으로 지적되는 것 중 하나는 조직-공중 간의 관계가 어떻게 이루어지는지 제대로 설명하지 못한다는 점이다. 특히 조직-공중관계에 있어 관여 수준 차가 크고 그 관여에 따른 관계의 지속성 격차가 크게 나타남에도 불구하고 이러한 현상을 거의 설명하지 못하고 있다. 그러나 게이미피케이션 환경에서는 관계를 유지할 수 있는 지속적인 동기가 부여되고, 이를 바탕으로 한 조직-이용자 간 행동 유발 방안이 끊임없이 모색되기 때문에 유희를 통한 몰입 과정에 무엇이 영향을 미치는지, 그 관계가 무엇에 의해 어떻게 설정되는지 설명된다는 점에 관심을 기울일 필요가 있다.

게이미피케이션 상황에서 게임에 참여하는 사람은 물론 게임을 관전하는 사람도 재미와 호기심을 느낄 수 있는 이유는 게임 원칙에 근거해 참여자에게 임무를 부여함으로써 게임에 계속 참여하게끔 동기를 마련해 주기 때문이다. 상황에 따라서는 참여자 간에 경쟁의식이 생겨 승부욕이 자극되기도 하는데 이는 게임 원칙에서 정한 임무를 달성해서 얻은 성취감 외에 다른 만족감을 얻는 계기가 된다. 또한 게임을 운영하는 측에서는 게임에 대한 지속적인 참여를 유발하기 위해 보상을 제공하고, 궁극적으로는 이것이 게임에 몰입하도록 만든다(Tauer and Harackiewicz, 1999). 게이미피케이션은 도전, 경쟁, 성취, 보상, 관계성 등을 통한 유희적 몰입을 강조한다. 〈그림 1-1〉처럼 게이미피케이션의 핵심 요인들은 게이미피케이션 현상, 즉 유희적 몰입을 통한 관계 형성이 이루어지도록 하기 위해 다양한 과정을 거치며 단계별로 서로 영향을 미친다. 특히 게이미피케이션 환경에서 참여자 몰입을 위해

그림 1-1
게이미피케이션 구성요소

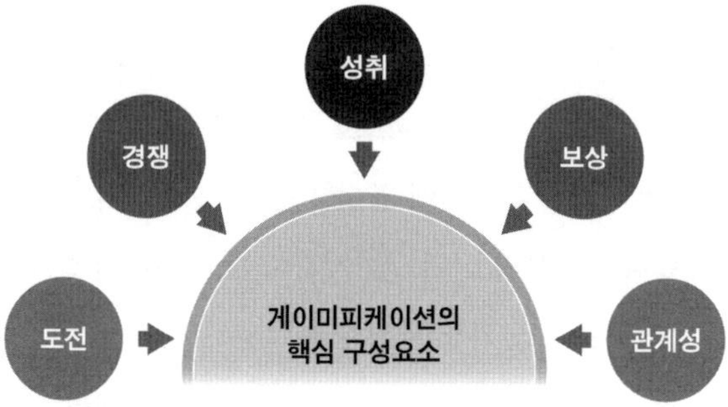

자료: Tauer and Harackiewicz(1999).

게임의 룰을 정하고 참여자들이 원하는 목표를 달성할 수 있도록 하는 과정은 참여자들의 게임에 대한 확신과 의지에 영향을 미친다.

게임에 참여하는 참여자들은 게이미피케이션 구성요소들을 바탕으로 게임의 원리와 경쟁 상황을 통해 관심과 참여를 경험한다. 게이미피케이션을 구성하는 요인들은 게임 참여자와 게임 관중들로 하여금 중단하지 않고 지속적으로 게임 활동에 참여해 나갈 수 있도록 동기를 지속적으로 부여하고, 부여된 동기를 바탕으로 한 행동에 직간접적으로 반응하도록 하는 핵심적인 역할을 한다. 그 결과 게임을 주관하는 쪽, 즉 조직·기업과 게임에 참여하는 쪽, 즉 공중·소비자가 서로 호의적 관계를 형성하게 된다는 것이다.

게임에 참여하는 참여자들의 지속적인 참여를 이끌어내기 위해 가장 우선적으로 요구되는 구성요소는 도전(challenge)이다. 게이미피케이션 과정이 원만하고 순조롭게 이루어지기 위해서는 적절히 도전할 수 있는 목표와 이를 수행하는 과정에서 발생하는 미션이 분명해야 한다. 참여자들이 임무 수행과 과제 해결, 질의·응답 등을 활용해 도전해 가면서 재미와 성취감을 느껴 몰입하도록 게이미피케이션 환경이 구축되어야 한다. 게이미피케이션 환경의 주목적은 기업과 고객 간, 조직-공중 간의 커뮤니케이션 강화와 서비스 활용 증대이다. 따라서 도전 목표도 이러한 활동들이 지원될 수 있도록 도전 과제들이 효율적으로 구성되어야 한다(Tauer and Harackiewicz, 1999; 김형택, 2013). 도전 과제들이 효율적으로 잘 설계되기 위해서는 참여자들이 쉽게 참여하고 계속적으로 게임에 참여할 수 있도록 난이도 조절이 이루어져야 한다. 게임이 초반부터 어렵거나 시간이 오래 걸리면 참여자들이 쉽게 포기할 수 있다. 그래서 초기에는 쉽게 게임을 진행할 수 있도록 하며, 한 번이라도 참여한 사람은 계속 게임에 참여할 수 있도록 게임 환경을 만들어 줄 필요가 있다(김형택, 2013).

적절한 수준의 도전을 위한 과제가 주어졌다면 과제 관련 우위를 다투는 현상, 즉 경쟁(competition)이 있어야 한다. 도전 과제 및 미션을 수행하는 게임 참여자들 간의 경쟁 관계를 통해 적극적으로 게임에 참여할 수 있도록 관련 동기를 자극하는 요소가 필요하다. 랭킹 및 순위표 등을 활용해 현재 자신의 순위와 게임 참여자들의 순위를 비교하는 방법 등이 있다. 인간의 본능적인 경쟁심리를 자극해 게임 참여자가 상위권에 진입하기 위해 좀 더 높은 점수를 얻도록 유도하고, 상위 레벨에 도달하기 위한 성취 과정에 대한 쾌감을 느낄 수 있도록 해야 한다(Higgins, 1997; 김형택, 2013).

도전을 기반으로 경쟁한 결과가 무의미하다면 게임은 재미없어진다. 이 때문에 경쟁의 성취(achievement)가 명확히 드러나야 한다. 게이미피케이션 관점에서 성취란 주어진 과제나 미션을 단계적으로 수행하면서 느끼는 쾌감을 의미한다. 정서적으로 게임 참여자나 관중들이 느끼는 성취감은 일정한 단계로 수준이 향상되거나, 새로운 자격이나 권한이 부여되는 방식으로 진행될 수 있다. 즉, 게임 참여자에게 그동안 상승된 수준을 보여주거나, 진행 상황을 한눈으로 보여주는 방법들이 성취를 강화하기 위한 방법이 된다. 또한 게이미피케이션의 성취는 게임 참여자와 관중들에게 앞으로 미션 수

표 1-1
게이미피케이션 요소와 작동 방식

종류	내용
도전(게임 규칙)	재미를 유발하는 방법·규칙 제시
경쟁(조작·관리)	참여자의 활동 범위와 이에 따라 무엇이 달라지는가? 참여자가 자신의 무엇을 구체적으로 관리하는가?
성취(혜택·마일리지) (등급·지위)	앞으로 얻을 수 있는 참여자의 정서적 혜택은 무엇인가? 이를 위해 어떻게 혜택·마일리지가 산정되고 적립·누적되는가? 어떻게 등급이 결정되는가? (단계와 방법) 등급에 따른 차등 권리는 어떻게 주어지는가?
보상(구체적·실질적 혜택)	등급과 마일리지에 따른 구체적·실질적 보상 보상에 대한 구체적인 사용 방법
관계성(상호 교류)	참여자들과의 상호작용(교류) 쉬운 접근성과 커뮤니케이션을 통한 재미 요소 삽입

자료: 박종필(2021)을 재구성.

행의 기대감을 계속 높여주는 계기가 된다(Tauer and Harackiewicz, 1999). 특히 게이미피케이션 관련 커뮤니케이션 활동에 참여자가 지속적으로 참여해 게임 활동을 위한 상호작용 활성화에 기여한다면 이를 통한 또 다른 성취가 이루어질 수 있도록 하는 것도 고려할 수 있다.

성취감 같은 정서적 감동뿐만 아니라 게임 참여자의 행동·몰입 강화를 위해 구체적인 보상(reward)도 있어야 한다. 게임에 참여하는 가장 큰 이유는 게임을 통해 게이미피케이션 환경에서 주어지는 궁극적인 목적, 즉 보상 때문이다. 게이미피케이션 환경에서 참여자들이 제품이나 서비스를 구매할 때 관련 포인트, 배지, 트로피, 사이버 머니 등에 관심을 갖는 이유는 이를 구매에 대한 보상이라고 생각하기 때문이다. 마케팅 전략 측면에서는 고객들이 게임을 지속적으로 이용할 수 있도록 다양한 보상을 통해 계기를 마련하는 것이 중요하다(김형택, 2013). 게이미피케이션의 보상은 초기 보상을 쉽게 얻을 수 있도록 하여 중단하지 않고 계속 참여할 수 있도록 동기 부여를 제공해야 한다. 예를 들어 똑같은 제품이나 서비스를 제공하는 두 회사 중 한 회사는 서비스에 가입하자마자 가입 포인트로 10포인트를 제공하고, 다른 회사는 가입 포인트가 전혀 없다면 소비자가 어느 회사의 제품이나 서비스를 선택할지는 분명하다. 카페의 스탬프가 보상의 대표적 사례이다. 처음으로 방문한 커피숍에서 주문을 하고 스탬프 쿠폰을 받으면 첫 번째 칸에 미리 도장이 찍혀 있는 경우도 있고, 심지어 첫 줄이 모두 채워져 있는 경우도 있다. 이는 소비자들로 하여금 좀 더 자주 방문해 10개를 다 채우고 이에 대한 보상을 기대하게 한다.

보상은 즉각적으로 제공될 때 효과를 기대할 수 있다. 게임 참여자가 미션이나 과제를 완료한 직후, 즉각적으로 보상을 제공해 주어야 보상효과를 통한 몰입 현상을 기대할 수 있다. 또한 단계가 올라갈수록 제공되는 보상도 커져야 한다. 그렇게 해야 게임 참여자들이 보상을 얻기 위해 자발적이고 적극적으로 더 많은 활동을 하게 된다.

게이미피케이션 관점에서 최종 지향점은 PR과 마케팅에서 지향하는 상호 호혜적 관계 형성이다. 게이미피케이션을 통한 관계는 게임 참여를 통해 게임 참여자, 관중, 운영자 간의 교류 및 상호작용이 이루어져 이를 기반으로 한 게임 참여·몰입 등의 동기 유발로 이어지게 된다(Hsu and Lu, 2004). 게임에 참여한 사람들 간에도 게임 참여 과정에서 겪은 공유 경험을 통해 관계를 형성할 수 있다.

3) 게이미피케이션의 적용 사례

게임에 참여한 결과는 승패로 나타난다. 그런데 게임에 참여한 누구도 실패를 원하지 않는다. 게이미피케이션에서 중요한 것은 승패가 아니라 얼마나 오래 승패에 관심을 갖고 몰입하고 이를 바탕으로 한 관계를 지속하느냐이다. 이 과정에서 도전, 경쟁, 성취, 보상, 관계성 등 게이미피케이션을 구성하는 요인들이 게임 참여자와 조직·기업 간의 관계를 형성, 유지, 발전시킨다. 이는 게임의 규칙, 경쟁 상황과 관련된 관리, 성취를 위한 정서적 혜택, 구체적·실질적 보상, 상호 교류를 위한 커뮤니케이션 과정 등을 통해 구체화된다. 이러한 요소와 요소 간 관계들이 PR에서 중시하는 조직-공중 간 관계성 또는 마케팅에서 강조하는 기업-고객 간의 관계관리를 어떻게 구축하는지 구체적인 사례를 통해 살펴보고자 한다.

스타벅스(Starbuks)의 '마이스타벅스 리워드(MyStarbucks Reward)' 프로그램은 관계성·관계관리가 게이미피케이션을 통해 어떻게 구현되는지 설명하는 대표적 사례라 할 수 있다(박종필, 2021). '마이스타벅스 리워드'는 돈 대신 선납식 충전 카드를 이용하는 고객들을 대상으로 게이미피케이션 환경을 구축해 스타벅스와 지속적인 관계를 맺도록 하는 마케팅 프로그램이다. 선납식 충전 카드를 이용하는 소비자가 스타벅스에서 커피를 주문하면 '별'이 하나씩 적립된다. 그렇게 적립된 별이 많아지면 회원등급이 자동으로 올라가게 된다. 예를 들어 별이 5개 적립되면 그린레벨, 별이 30개 적립되면 골드레벨이 된다. 그리고 각 레벨을 달성할 때마다 서로 다른 다양한 혜택이 주어진다. 각 레벨에 근접할 때마다 스타벅스 측은 다양한 혜택이 제공됨을 공지하고 이를 응원한다. 실제로 최상위 등급인 골드레벨 회원에게는 각종 다양한 쿠폰이 지급되고, 특히 최상위 골드레벨 회원에게는 황금색 스타벅스 카드를 지급해 고객에게 차별적 인식을 갖도록 한다(나지영·박영일·김혜빈, 2016). 이렇게 차별성을 부여함으로써 미션을 수행해 레벨을 올려서 골드레벨 회원이 되고 싶게끔 고객을 자극한다. 이 과정은 처음에는 음료·커피 5잔 주문이라는 달성하기 쉬운 '도전'에서 시작되지만, 기한을 정해 선착순으로 이를 채우거나(예: 프리퀀시 적립) 특별히 정해진 음료(시즌·특별메뉴

등)를 구매할 경우 두 배로 별을 적립해 주어 다른 소비자보다 먼저 특정 레벨에 도달하도록 하는 '경쟁' 상황을 만들어낸다. 이러한 도전과 경쟁의 결과 무료·할인 쿠폰이나 보너스 상품을 얻어 도전과 경쟁의 결과를 '보상'받고, 이 과정을 소비자들끼리 공유하거나 즐기면서 스타벅스와 소비자 간의 '관계성'뿐만 아니라 이 과정을 거쳐 특정 레벨을 성취하거나 쿠폰이나 보너스 상품을 획득한 참여자들끼리도 SNS 채팅 등을 통해 새로운 관계가 형성되도록 한다.

또 다른 게이미피케이션 사례로 나이키(Nike)와 애플(Apple)이 함께 만든 러닝 앱 서비스도 있다(이동엽, 2011). 나이키는 애플과 합작해 센서가 장착된 운동화를 개발했다. 나이키와 애플은 이 운동화를 신고 앱을 처음 실행하는 소비자에게 "지금 달리기를 시작하라"라는 '도전' 미션을 전달한다. 이 달리기 앱을 처음 사용하는 소비자들은 단순한 측정기와 스톱워치 기능 등에 관심을 보이며 흥미로워했다. 그러나 나이키 운동화를 신고 애플의 달리기 앱을 사용해 달리기 시작하면 자신의 달리기 속도, 거리, 시간 등에 대해 순위가 매겨지는데, 참여자는 이로써 달리기에 참여하는 사람들과 구체적인 시간 단축이나 거리 증가 등의 목표의식을 갖고 '경쟁'을 시작하게 된다. 이처럼 달리기에 대한 '도전'과 '경쟁'이 시작되면 페이스북(Facebook)과 같은 소셜미디어를 통해 친구나 지인들과 소통할 수 있고, 페이스북 친구들이 '좋아요'를 누르거나 스마트폰 앱을 통해 그들이 응원하는 목소리와 함성을 들을 수 있다. 심지어 자신이 좋아하는 유명 배우나 스타들의 응원 메시지까지 등장해 사기를 북돋워 줌으로써 끝까지 미션을 수행하는 '성취'에 대한 '보상'을 경험하게 할 뿐만 아니라 '관계성' 형성, 유지, 발전에도 영향을 준다고 할 수 있다(나지영·박영일·김혜빈, 2016, Tsai and Ghoshal, 1998).

2014년 얼음물을 뒤집어쓰는 체험을 통해 루게릭병을 앓고 있는 환우들을 위한 기부를 장려하고자 미국 루게릭병 협회(ALS)에서 시작한 아이스 버킷 챌린지는 게이미피케이션 관점에서 분석할 수 있다(나지영·박영일·김혜빈, 2016). 이러한 챌린지 행위를 기반으로 시작된 SNS 콘텐츠는 연쇄적으로 만들어지는 콘텐츠 자체가 참여자 입장에서는 일종의 '도전'이다. 각 챌린지 콘텐츠는 저마다의 스토리텔링에 따라 의미, 음악, 동작 등과 같은 요소가 포함되면서 메시지 전달을 목적으로 하는 과제가 된다. 특히 공익적 성격의 챌린지 콘텐츠는 사회적 이슈를 알리거나 긍정적 메시지를 전달한다(오윤지·이진, 2022). 이 과정에서 전달하고자 하는 메시지를 표현하는 도전 과제와 그에 따른 수준, 그리고 자유롭지만 더 재미있고, 더 흥미롭게 표현한다는 규칙 아닌 규칙이 콘텐츠 제작 과정에서 '경쟁'을 불러온다. 이러한 콘텐츠 챌린지 참여자는 콘텐츠 생성에 있어 더 창의적이고 더 흥미로운 메시지를 더 재미있게 표현하는 방안을 모색한다. 예를 들어 기존에 공개된 챌린지 콘텐츠를 바탕으로 자신의 개성을 넣은 동작을 추가하거나 변형함으로써 시각적 요소를 발전시켜 경쟁력 있는 콘텐츠를 만드는 것이다(오윤지·이진, 2022). 이러한 챌린지 콘텐츠 제작에 '도전'하고 '경쟁'하는 참여자들은 자발적이고 적극적인 놀이문화를 통해 스스로 재미를 경험하거나 '좋아요' 개수나 댓글 등을 통해 '성취'를 경험한다. 특히 유튜브나 인스타그램에 자신의 챌린지 콘텐츠를 유통시켜 높은 조회수를 얻는 경우 광고 등 별도의 수익이 발생하는 '보상'이 이루어지기도 한다. 게이미피케이션 관점에서 볼 때 SNS로 유통되는 챌린지 콘텐츠들은 앞서 논의한 마케팅 관점의 기업-고객·소비자 간 관계 형성과 꽤 다른 양상을 보이지만 유희적 맥락을 통한 몰입과 이러한 몰입에 의한 관계 형성이라는 측면에서는 게이미피케이션 과정에 의한 관계성 구축이라 할 수 있다.

6. 결론 및 논의

이 장에서는 게이미피케이션의 개념과 정의를 바탕으로 PR의 조직-공중관계성을 구체적으로 설명할 수 있는 방안을 살펴봤다. 특히 게이미피케이션을 활용해 기업-고객·소비자 간의 관계를 한층 더 친밀하게 하고 궁극적으로 고객 충성도(customer loyalty)를 높여 시장에서 경쟁 우위를 점하는 서비스 기반 마케팅 전략 방안도 구체적인 사례를 통해 확인했다. 공중관계학으로서의 PR을 새로운 관점에서 연구하는 데 있어 이러한 노력은 PR 커뮤니케이션 과정에서 중시되는 관계성과 마케팅 영역에서 다루어지는 관계관리가 실제로 어떻게 이루어지는지 쉽게 납득되지 않기 때문에 시도되었다. PR 커뮤니케이션 환경에서 그토록 중시하는 조직-공중 간의 관계가 무엇인지 불분명한 상황에서 조직과 공중의 요구가 어떻게 관계를 형성하게 되는지 모호한 측면이 있다. 특히 조직-공중 간에 관계가 있고, 중요하다는 점은 당위론적으로 설명되지만, 그것이 어떤 과정을 거쳐 어떻게 설정되는지는 별로 규명되지 않고 있다. 이 때문에 그동안의 조직-공중관계성에 대한 논의는 조직-공중관계성의 개념과 차원을 구성하고 변수 간의 관련성을 보기 위한 탐색적 방안을 제시하는 수준에 그쳤다. PR 커뮤니케이션 연구에서의 이러한 한계는 공중관계성에 대한 개념화와 이론적 설명력과 예측력 등을 높일 수 있는 변수의 도출과 이들 간의 관계를 설명하는 것을 어렵게 하고 있다. 그러나 게이미피케이션은 유희적 맥락에 의한 몰입을 통해 관계를 형성하는 방식을 구체적으로 설명하고 있다(Csikszentmihalyi, 1990).

게임의 핵심 요소는 재미이다(Hsu and Lu, 2004). 게이미피케이션은 게임이나 경기 분야는 물론 관광레저, 서비스, 그리고 디지털 미디어를 이용한 광고PR 분야에 접목할 수 있는 이론적 논의 체계이다. 심리학자 칙센트미하이(Csikszentmihalyi, 1990)의 몰입 이론에서 이미 다루어진 게이미피케이션은 게임 참여자가 이용 목적과 선택 동기에 있어 재미, 행복, 오락과 같은 놀이적 본질을 중요하게 인지한 상황에서 특히 주목받고 있다. 그러나 게이미피케이션 관점을 이론화하기 위해서는 좀 더 많은 연구와 사례 적용이 필요하다. 그럼에도 불구하고 게이미피케이션은 PR에서 중시하는 조직-공중 간의 관계를 어떻게 설정해야 상호 호혜적인 관계를 이룰 수 있는지 다양한 변인을 제시하며 설명하고 있다는 점에서 주목할 필요가 있다(Hsu and Lu, 2004). 이러한 이유로 마케팅 리서치 기관인 마켓 앤 마켓(Markets and Markets)은 게이미피케이션 시장 규모가 2020년 91억 달러에서 2025년 307억 달러로 급성장하리라 예측했고(Markets and Markets, 2020), 마인드커머스(Mindcommerce)도 2020년대에 게이미피케이션 시장 규모가 약 100억 달러를 이상이 될 것이라는 조사 결과를 발표했다(Mind Commerce, 2017).

게이미피케이션이 PR과 마케팅 분야에서 중요한 의미가 있는 관계성·관계관리 개념에 대한 조작적 정의에 얼마나 기여할 수 있는지는 여전히 불분명하다. 게이미피케이션에 대한 다양한 논의가 PR 커뮤니케이션 연구에서 문제가 되는 관계성 개념의 측정이나 척도 개발에 얼마나 기여할 수 있는가도 의문스럽다. 그러나 게이미피케이션은 관계성·관계관리를 설명할 수 있는 관련 변인을 도출하는 과정에는 어느 정도 기여하리라 기대된다. 특히 조직-공중 간 관계를 형성하고 상호 호혜적 관계를 구축하는 과정에서 게이미피케이션 과정에 참여하는 변인들(예: 도전, 경쟁, 성취, 보상 등)이 관계성 변인과 어떤 관계를 맺는지 살펴볼 수 있는 영감은 제시할 수 있을 것 같다(Hsu and Lu, 2004). 비록 게이미피케이션 관련 변인들이 어떤 위치에서 관계성에 영향을 미치는지 명확히 파악할 수 있는 상황은 아니지만 게이미피케이션에서 다루어진 여러 개념들이 유희적 맥락을 통한 몰입과 이러한 몰입에 의한 관계 형성에 기여한다는 다양한 실무적 사례에 주목할 필요가 있다.

조직-공중 또는 기업-고객·소비자 간 관계를 게이미피케이션의 구성요소와 운영 방식에 근거해 설명하는 것은 마케팅 분야에서의 기업-고객(소비자)과 PR 영역에서의 조직-공중 간의 관계를 게이미피케이션이라는 새로운 관점에서 살펴보게 한다. 이는 조직-공중 간의 관계를 공중관계성에 두고 이슈, 위기, 명성 등을 중심으로 관계관리성을 논해오던 기존 PR 커뮤니케이션 관점에 새로운 시각을 공급하고 이를 바탕으로 공중관계성에 대한 인식의 범위를 확장한다는 측면에서는 기여하는 바가 있다. 그러나 게이미피케이션의 핵심 구성요소가 '재미'라는 측면을 고려할 때 과연 공익성을 강조하는 PR 환경에서 조직-공중 간의 상호 호혜적 관계를 재미에 근거해 보는 것이 바람직한지는 의문이다. 특히 재미라는 요소가 개인이 느끼기에 따라 서로 다르다는 점에서 더욱 그러하다. 재미에는 도전, 탐험, 휴식, 완성, 반전과 같은 즐거움을 주는 경험 요소들이 있으며, 심지어는 가학, 전복(뒤엎음), 에로티시즘 등을 포함한 부정적인 측면에서의 재미들도 있다. 이와 관련해 코르호넨과 몬톨라, 아라스부오리(Korhonen, Montola and Arrasvuori, 2009)는 PLEX(Playful Experience) 모델에서 '재미'를 20개의 다른 경험 요소로 분류하기도 했다. 이러한 재미 요소 중에서 어떤 '재미·흥미' 요소와 게이미피케이션을 접목시킬 수 있는지는 중요한 이슈이다. 즉, 어떤 참여자들은 게임을 통해 재미를 느낄 수 있으나, 다른 고객들은 그렇지 않을 수 있다. 또한 재미 요소를 어디까지 수용할 것인지의 문제도 해결해야 하는 중요한 과제이다.

게이미피케이션의 문제 중 하나는 재미를 중심으로 게이미피케이션을 강조하면 왜 게이미피케이션을 적용해야 하는지에 대한 본질적 질문에 답하기 어렵다는 것이다. 다시 말해 참여자가 제공받는 적립금이나 포인트에 몰입하다 보면 궁극적으로 왜 자신이 이 제품을 사용하는지, 이 캠페인에 왜 참여하는지와 같은 본질적인 목적을 상실함으로써 게이미피케이션 현상이 무력화될 수 있다. 해당 게이미피케이션에 재미를 못 느끼거나 싫증을 느끼게 될 때 참여자는 관련 상품이나 서비스를 더 이상 이용하지 않을 것이다. 과연 제품이나 서비스, 캠페인의 본질이 주(主)가 아닌 상황에서 보조재인 게이미피케이션만으로 몰입 현상을 설명할 수 있는지 의심스럽다.

보상의 정도도 중요한 게이미피케이션 관련 중요 이슈이다. 게이미피케이션을 통해 적립금, 포인트, 레벨업 등의 보상 요소들이 제공되는 것이 비교 우위를 점하지 못하거나 하찮아질 때, 즉 본인의 노력에 비해 보상이 적다고 느낄 때 만족감이 떨어져 보상이 무의미해질 수 있다. 반면, 보상 금액이나 포인트를 많이 지급할 경우, 게임 참여도는 높아지겠지만 운영비가 많이 발생해 기업경영에 어려움이 생길 수 있다. 그럼에도 불구하고 게이미피케이션은 모바일 기술과 결합하여 향후 더욱 크게 성장할 것으로 예측된다. 모바일을 기반으로 하는 게이미피케이션 프로그램을 통해 고객들은 좀 더 일상생활에 밀착된 기업가치를 경험하게 될 것이다. 조직-공중, 기업-소비자 등에게 게임 환경이 주어지는 상황에서 게이미피케이션이 유희적 맥락에 의한 몰입을 통해 즐거운 놀이 경험을 제공함으로써 관계 형성과 관계관리를 위한 전략적 방안을 제시하는 중요한 역할을 할 수 있는지에 대해서는 좀 더 많은 이론적·방법론적 논의가 전개되기를 바란다(Xu and Buhalis, 2021).

2장

사내 커뮤니케이션이 왕도이다

신호창(서강대학교 지식융합미디어학부 교수)
박혜영(한신대학교 미디어영상광고홍보학부 조교수)

1. 미래에도 계속될 사내 커뮤니케이션의 중요성

극장에서 SF 영화를 보고 영화관을 나서는 순간 현실로 돌아온다. 팬데믹으로 비대면 회의와 재택근무에 익숙해졌지만, 팬데믹 이후의 일상으로 복귀 중이다. 한국과 미국 등 지역을 막론하고 대기업들이 오피스 근무로 전환을 서두르고 있는 지금, 사내 커뮤니케이션에 대해 이야기해 보고자 한다. 이는 4000년 전 함무라비 법전에 쓰인 문구가 지금도 유효하고, 2000년 전의 플라톤, 장자, 순자의 커뮤니케이션론이 지금도 우리 학문의 가이드 역할을 하듯이 과거에도, 현재에도 그리고 미래 어느 시점에도 비슷한 맥락에서 설명과 적용이 가능할 것이다.

PR학자들의 위기 커뮤니케이션 연구 대상인 사건과 사고들은 같은 맥락에 놓여 있다. 30년 전에 발생한 삼풍백화점과 성수대교 붕괴 사고나 최근 발생하는 사고나 거의 비슷하다. 2022년 9월 힌남노 태풍으로 포항에서는 냉천이 범람하여 대한민국을 대표하는 기업이 위험에 처했고, 아파트 단지에서는 다수의 안타까운 사망자가 발생했다. 냉천 범람은 충분히 예견된 사고이다. 삼풍백화점, 성수대교 사고도 예견되었던, 실패한 내부 커뮤니케이션 사례이다. 이 장에서는 왜 PR 실무자와 학자들이 전략적 사내 커뮤니케이션에 주목해야 하는지, 그리고 사내 커뮤니케이션을 어떻게 추진하면 좋을지에 대한 전략 등을 더불어 소개해 보고자 한다.

2. 사내 커뮤니케이션이 왕도이다

1) 사원, 사원, 사원

전략적 커뮤니케이션인 PR을 수행할 때 가장 중요한 공중 셋은 '사원, 사원, 사원'이다. 첫째도 사원, 둘째도 사원, 셋째도 사원이다. '사원'은 1차적으로 조직 내에서 기업의 목표를 달성하기 위해 직무를 수행하는 조직 구성원이다. 하지만 PR(Public Relations)의 대내외 공중관계 속에서 바라보면 기업의 마케팅과 기업 명성, 위기관리 등 다양한 차원에서 영향을 미칠 수 있는 내부 공중이다(사실상 내부와 외부 커뮤니케이션이라는 경계도 없어졌다. 내부 쟁점이 바로 외부에 위기로 나타나기 때문이다). 또한 몇 사람의 전문가나 경영진보다는 다수가 훨씬 더 훌륭한 비전, 정책, 기술, 기획 등을 창출하고, 이런 핵심 가치들은 절대 수직적 조직문화에서는 나올 수 없다. 따라서 경영진-사원, 관리자-사원, 경영진-중간관리자 등 다양한 차원에서 사내 커뮤니케이션의 활성화는 그 중요성이 더욱 커질 수밖에 없다.

향후 월드 클래스 리더가 되기 위해서 반드시 갖춰야 할 핵심 능력이 바로 커뮤니케이션 역량이다. 정확히 표현하자면 전략적 커뮤니케이션을 수행할 수 있는 능력이다. 우리 사회가 현재 등장하고 있는 모든 기술과 전략을 아우르고 통합하는 유기체적 접근, 즉 전략적 커뮤니케이션 능력을 필요로 하기 때문이다. 전략적 커뮤니케이션은 비즈니스를 수행할 때에 총체적 접근(holistic approach)을 통해 조직 생태계(ecosystem)를 만드는 데 기여하고 있다. 그리고 전략적 커뮤니케이션의 중심에는 사내 커뮤니케이션이 자리잡고 있다.

우량 기업들조차도 쟁점 또는 위기관리 무능으로 힘들어하고 있다. 언론에 보도되고 있는 사회의 모든 현상은 쟁점(issue) 또는 위기(crisis)라 할 수 있다. 4차 산업혁명이나 AI 시대가 도래하는 것보다 더 분명한 것은 아무리 디지털 기술이 발전하고 어떠한 시대가 오더라도, 쟁점 또는 위기를 전략적으로 커뮤니케이션할 수 있는 조직만이 명성(신뢰)과 경쟁력을 갖게 될 것이라는 사실이다.

한국의 삼성, SK, 현대, LG, 한화, 롯데, 포스코 등 소위 선발 대기업들의 경우, 불과 20~30년까지만 해도 다발성 쟁점과 위기들로 우여곡절을 겪었다. 지금은 이를 잘 극복하여 안정적이고 지속가능한 체계가 잡혀 있지만, 아직도 해결하지 못한 내재된 쟁점들로 인한 위기가 가끔 발생하기도 한다. 한편, 카카오, 네이버, 쿠팡 등 빅테크 기업들은 30년 전의 대기업과 같은 불안한 상태를 노출시키고 있다. 지난 3년간 뉴스에 투영된 이들 기업들은 어디에서부터 쟁점 및 위기관리를 시작해야 할지 모를 정도로 너무 많은 쟁점들을 지니고 있으며 실제로 위기도 비교적 자주 발생하고 있다. 더 심각한 것은 정부이다. 저출산, 교육, 부동산, 다문화, 자살 등 국민들이 눈치 챌 정도로 대수술이 필요한 쟁점들이 드러났다. 대기업의 내재적 쟁점이나 빅테크의 쟁점과 위기 그리고 정책 실패는 사내 커뮤니케이션의 결핍과 부재에서 시작된다. 최근의 사례들을 훑어보자.

2) 일상적으로 발생하는 사건 사고, 국내 최근 사례들

디지털화로 내부(직원)와 외부(언론, 소비자, 정부, 경쟁업체)의 경계가 사라지고 있다. 기업의 경쟁력을 훼손하는 쟁점과 위기가 내부(직원)로부터 시작하여 확대되는 경우가 국내에서도 왕왕 보인다. 최근의 사례 위주로 몇 가지를 정리해 보면 다음과 같다.

(1) 오스템임플란트 직원 횡령

오스템임플란트는 1세대 벤처사업가인 최규옥 회장이 창업한 치과용 임플란트 전문기업으로, 국내 시장 점유율 약 50%로 1위, 글로벌 시장 점유율 약 7.55%로 세계 4위 및 중국 시장 1위 등 독보적 지위를 차지하고 있다. 2021년 12월 말에 재무 팀장이 회사 자본금의 108%인 2215억 원을 횡령한 사건이 발각되었다. 해당 금액은 상장사 가운데 역대 최대 금액이다. 2022년 1월 5일 이 모 씨가 체포되고 8일에 구속 수감되었으며, 팀장 이 모 씨의 행위가 문제가 될 것을 알고도 묵인하는 등 방조한 혐의로 재무 팀 직원 2명이 추가로 입건되었다. 해당 사건으로 인해 오스템임플란트는 창사 이래 최악의 위기에 직면했다.

(2) 한성식품 불량 김치 사건

(주)한성식품은 1986년 설립된 국내 대표 김치 전문기업이다. 대한민국 김치 명장 1호인 김순자 대표이사의 명성에 힘입어 매출 550억 원(2021년 기준)을 달성하며 김치 업계 3위의 위치까지 성장했다. 그러나 2022년 2월 22일 MBC 뉴스데스크를 통해 자회사 (주)효원이 운영하는 김치공장에서 썩은 배추와 곰팡이 핀 무로 김치를 생산하고 있다는 고발 내용이 방영되면서 위기에 처한다. 후속 보도가 이어지면서 김순자 대표는 자진해서 식품 명장과 김치 명인을 반납하고, 자회사 공장을 폐쇄하는 조치를 취했으나, 회사에 대한 비난과 소비자의 불신이 계속되고 있다.

(3) 고 이예람 중사 사건

공군 제20전투비행단 소속 '고(故) 이예람' 중사가 직속상관에게 성추행을 당한 후 극단적 선택을 한 사건이다. 성추행 사건이 발생한 2021년 3월 2일부터 피해자가 사망한 2021년 5월 21일까지, 81일간 피해자는 군 내부 보고

체계에 따라 신고했음에도 적절한 피해자 보호 조치를 받지 못했고 오히려 군 구성원들에게 2차 가해를 지속적으로 당했다. 누구보다 군의 제대로 된 조치를 기대했던 피해자는 무너질 수밖에 없었고 결국 사망했다.

(4) 정용진 부회장의 멸공

정용진 부회장은 나름 유명인이다. 영화배우 고현정과의 결혼과 이혼, 이후의 행각뿐 아니라 2022년 상반기 일명 '멸공 사태'로도 유명하다. 정 부회장의 인스타그램 팔로워는 77만 6000명 정도로 곧 80만을 바라보고 있다. 정 부회장은 그동안 소셜미디어를 통해 자신의 일상은 물론 신세계와 계열사 제품들을 간접적으로 선보이기도 했다. 그가 자신의 SNS를 일종의 마케팅 수단으로 활용하는 것을 업계에서는 이슈 메이커 또는 도를 넘는 노이즈 마케팅이라며 우려를 표시한 적이 있다. 최근에도 아슬아슬한 화법이 문제되었다. 직선적이고 함축적이며 꾸밈없는 발언으로 대중들에게 쉽게 다가갔지만 결과는 매번 달랐다. 특히 멸공 사태 때는 독단적인 소통이 문제였다. 당시 정용진 부회장이 올린 SNS 메시지는 다음과 같다. 숙취해소제 사진과 함께 "끝까지 살아남을 테다. 멸공!"이라는 표현이었다.

(5) 과도한 택배 물량과 갑질

과도한 택배 물량과 코로나19 시국이 더해지면서 2020년 1월 31일부터 2020년 10월 20일까지 택배 기사 10명이 과로사했으며, 갑질로 인해 극단적 선택을 한 1명까지 총 11명의 생명이 희생되었다. 그럼에도 불구하고, CJ 대한통운을 비롯해 한진택배, 쿠팡 등 사망자가 나온 물류기업은 과로로 인한 사망 사실에 적극 대응하지 않았다. 과로사의 마지막 희생자인 CJ 대한통운 김 모 씨에 대해서는 '산업재해 보험 적용 제외 신청서 대필 의혹' 논란까지 불거졌다. 코로나19가 확산한 2020년 3월에는 입사 4주 차인 쿠팡맨이 새벽 배송 중 과로로 사망하는 사건이 발생했으며, 2020년 5월에는 부천 물류센터에서 코로나19 집단 감염이 발생했다. 특히 쿠팡발 코로나19 피해자에 대해서 쿠팡은 '국가적 재난 상황이라 회사는 책임이 없다'는 취지의 답변을 제시했으며, 방역의 책임을 개인에게 돌리는 모습을 보였다(조혜연, 2020.11.4; 김우, 2020.11.11).

(6) 간호사 태움

2018년 2월 서울아산병원에서 신입 간호사가 목숨을 끊은 사건으로 간호사들의 '태움 문화'가 수면 위로 떠올랐다. 10개월 뒤인 2018년 12월, 서울의료원에서 5년간 병동에 근무하던 간호사도 직장 내 괴롭힘으로 인해 극단적 선택을 했다. '태움'이란 '재가 될 때까지 태운다'는 뜻으로 간호사 간의 직장 내 괴롭힘 또는 폭력을 지칭하는 용어로 일반화되어 사용되고 있다. 간호사는 직장 내 괴롭힘이나 폭력에 노출될 가능성이 높은 집단으로 알려져 있으며(한은혜·하영미, 2016), 총 근무기간 동안 65% 이상의 간호사들이 괴롭힘을 경험할 정도로 간호사 조직 내 괴롭힘은 만연한 문제이다(이윤주·이미형, 2013).

3) 쟁점, 위기, 기회는 한 묶음

현실은 이렇다. 정보 교류가 활발한 사이버 네트워킹 시대인 현재, 넘치는 정보 덕분에 대체로 쟁점과 그 원인을 파악하는 일은 비교적 수월해졌다. 그러나 다음 단계로 핵심 전략과 전술을 개발하고 이를 실행하기 위해서는 고려해야 할 상황이 너무 많아졌다. 쟁점이나 위기를 해결하고 기회를 창출하는 방법이 과거보다 더 복잡하고 어려워진 것이다. 그러나 과거든 현재든 앞으로 다가올 시대든 조직은 문제를 진단하는 것에 그치지 않고 적극적으로 해결을 도모해야만 경영권 위기에서 살아남을 수 있으며 수많은 경쟁 기업 가운데에서 도태되지 않을 것이다.

대기업의 내재적 쟁점을, 빅테크 기업의 다발적 위기를, 현 정부의 총체적 난제를 어떻게 해결하면서 기회를 창출하겠는가. 사내 커뮤니케이션은 그 해결 방향을 찾는 과정이며 이를 통해 비즈니스를 성공시킬 수 있다. 그래서 왕도라고 과감히 제목을 붙였다.

위험 커뮤니케이션(Risk Communication)이란 화학공장 폭발, 원자력발전소 방사능 누출, 전염병 발생 등과 같은 사건 사고가 일어나지 않도록 관련 공중들과 사전에 커뮤니케이션하는 일종의 쟁점관리이다. 그런데 위험 커뮤니케이션이 실패하고 위기가 발생하는 과정을 보면, 쟁점 단계에서 반드시 사내 구성원들 간에 소통이 충분히 이뤄지지 않고 있다. 위기는 쟁점으로부터 발전하는데 구성원 간의 커뮤니케이션으로 이 쟁점을 해결하지 못할 경우 위기가 발생하고 때로는 더블 위기(double crisis)로 발전한다.

2015 메르스 사태와 2019 코로나 팬데믹 방역을 비교하면 비교적 이해하기 쉽다. 2015년에는 첫 메르스 의심 환자를 발견하고 한참 뒤에 삼성병원발 위기가 커졌을 때에야 비로소 위기관리를 시작한 반면, 2019년에는 중국에서 환자가 발생했을 때 한국 정부는 즉각 쟁점관리를 시작하여 방역에 성공한 국가가 되었다. 비슷한 조직과 인력으로 구성된 방역시스템임에도 다르게 대처하고 다른 결과가 나온 이유는 시스템 내에 원활한 사내 커뮤니케이션이 있었느냐 없었느냐의 차이이다. 2019년에는 활발한 의견 개진을 통해 쟁점관리, 즉 코로나 검사 방법을 일찍 개발할 수 있었으며, 위기관리도 일찍 시작했다.

'전략적 커뮤니케이션'이란 '특정 문제를 해결하거나 기회를 창출하기 위해 정치적·경제적·사회적·문화적·지리적 상황에 맞는 콘텐츠(정책)를 개발하고, 이를 이해시키는 방법을 만들어 책임지고 응답함으로써 조직을 발전적 유기체로 만드는 것'이다. 그리고 이 전략적 커뮤니케이션은 사내 커뮤니케이션으로부터 시작한다.

2020년 이래 코로나19로 정부나 기업이나 쟁점과 위기가 반복되었다. 2021년 그리고 2022년 그리고 이후에도 얼마나 많은 기업, 정부부처 등 조직들이 쟁점 또는 위기관리 무능으로 비판을 받을까. 쟁점 또는 위기를 효과적으로 관리하는 조직만이 신뢰와 경쟁력을 가질 수 있다. 특정 분야에 대한 단순한 선형적 지식을 요구하는 시대는 지났다. 기업이든 정부든 정책담당자는 인사, 재무, 콘텐츠, 지역사회, 연구개발 등 각 분야를 모두 이해하고, 정치적, 문화적, 사회경제적 쟁점을 해결할 수 있는 커뮤니케이션에 익숙해야 한다. 기본적으로 문제를 해결하고 기회를 창출하는 창의적이고 융합적인 사내외 전략적 커뮤니케이션을 추진할 수 있어야 한다는 말이다.

지금은 자기만의 관점을 지녀야 하는 시대이다. 더구나 일정 지점에 가야만 다음 단계가 보일 정도로 불투명하게 전개되는 상황이 자주 목격된다. 2021년 2월 15일, 뉴욕 시장 상장으로 뉴스 주인공이 된 '쿠팡'을 예로 들어보겠다.

쿠팡은 외부 투자를 받아 로켓배송을 시작했다. 다양한 마케팅, 영업 전략을 구사했으나 최근에는 쿠팡 노동자들이 고된 노동으로 사망하는 사건들이 다수 발생했다. 그리고 쿠팡이 미국 증시에 상장을 준비하는 과정에서 쿠팡 투자 자본의 본질, 쿠팡 경영의 핵심 멤버들, 왜 쿠팡이 로켓배송 등을 했는지 등이 드러나고 있다. 한편으로, 과거 19세기 중국과 한국에 미국, 유럽, 일본 등의 자본이 들어와 철도 및 광산권을 차지했던 것과 같은 기시감도 보인다. '유통'은 그렇다고 하더라도 '배달'은 전기, 철도와 같이 준공공재가 아닌지 고민했어야 했다는 생각도 든다. 아무도 이 지점을 고민하지 않았다. 오히려 한국의 홍남기 경제부총리는 "쿠팡 상장, 국내 유니콘 기업의 쾌거"라고 말했다. 그런데 일부 언론은 "쿠팡은 엄밀히 말하면 미국 기업"이라고 말했다. '디지털 최첨단 플랫폼 기업'을 내세워 투기를 하는 해외 헤지펀드에 놀아나고 있다는 생각도 조심스럽게 드는 지점이다. 쿠팡과 관련 기업들의 주가도 덩달아 올랐다. 쿠팡은 계약직 배송 직원에게도 향후 1년 더 근무하면 200만 원 상당의 주식을 배당하겠다고 발표했다.

쿠팡이 로켓배송이라고 명명했을 때부터 쿠팡은 사내 커뮤니케이션 차원에서 사원을 무시하는, 철학이 없는 기업이라는 생각을 지울 수 없었다. 인간이 로켓도 없이 로켓배송을 하려면 얼마나 힘들까. 로켓배송을 하면서도 각 집에 쿠팡맨이 메모를 남기는 장면이 언론에 미담으로 보도되었을 때 더욱 그런 생각이 들었다. 최근 2년간 쿠팡맨이 사망한 사건이 참 많았다.

사내 커뮤니케이션, MPR, 쟁점 또는 위기 커뮤니케이션, 즉 전략적 커뮤니케이션 차원에서 전혀 바람직하지 않은 행동을 하는 기업이 상장에 성공한다고 존경할 만한 기업이 될 수 없다. 주식 상장을 위한 기업공개(IPO)에 집중한 기업이 과연 지속가능할 수 있을까? 쿠팡은 어떻게 하면 조직 생태계를 갖출 수 있을까? 그 시작은 사내 커뮤니케이션이다. 아마도 사내 커뮤니케이션 외에 다른 방법을 먼저 생각할 수 있겠지만 만약 그렇게 해결하고자 한다면, 다름 아닌 담방약 처방에 불과하다. 사원들이 인정하지 않는 해결책으로는 결코 쟁점과 위기를 해결할 수 없기 때문이다. 2022년 교육 개혁으로 초등학교 입학 연령을 만 6세에서 만 5세로 낮추는 안이 나오고 결국 장관이 물러났다. 민주사회이기에 어린아이를 대변하는 부모들을 무시할 수 없는 것이다. 심지어 5세 어린아이를 수용하고 인정하지 않으면 교육체계(초중고) 개혁도 되지 않을 것이다. 우리 사회가 파시스트 사회가 아닌 한, 심지어 성인들로 구성된 사원들을 수용하고 인정하지 않고 조직이 어떠한 일을 추진할 수 있겠는가.

4) 조직을 만들고 키우는 사내 커뮤니케이션

"내가 이 층의 책임자인데 1년 동안 한 번도 대화하지 않는 친구들이 있다."

"실에서 커뮤니케이션이 잘 안 된다는 것은 임원 간의 커뮤니케이션이 안 된다는 것을 의미한다. 임원끼리 커뮤니케이션이 안 되니 팀장끼리도 안 되는 것이다."

"자기 일을 다른 사람과 공유하지 않으려 하고, 간섭받기를 꺼린다."

"본사 따로, 현장 따로, 스태프 따로, 대화가 안 된다."

대기업 임직원들이 인터뷰에서 한 말이다. 유발 하라리(2015)는 의사소통 능력이 없다면 개인도 회사도 망하며, 이에 그치지 않고 인류조차 도태될 수 있다고 했다. 불통의 한국 기업에 끔직한 경고를 하고 있다. 커뮤니케이션과 콘텐츠는 분리할 수 없다. 커뮤니케이션이 곧 콘텐츠라 할 수 있다. 수학에서 말하는 적분, 즉 융합이란 대안들의 단순한 통합을 말하는 것이 아니라 대안들의 핵심 또는 장점들만을 모아서 최적의 결과를 창출하는 것이다. 이는 전략적 소통으로 가능하다. 전략적 소통은 융합을 창출하는 과정이며 혁신적인 콘텐츠를 만들어내는 과정이기도 하다.

첨단 융합의 세계를 이끈 스티브 잡스는 25여 년 전에 혁신과 기술개발은 얼마나 많은 자금을 투자했는지에 따라 이뤄지는 것이 아니라, 같이 일하는 구성원들 간의 관계로부터 시작된다고 주창하며 이른바 유행어가 된 '집단지성'을 일찍부터 언급한 바 있다. 구글이 채용할 때 직원들과 잘 어울릴 수 있는 능력을 살펴보고, 업무 능력은 가장 마지막에 따지는 이유가 여기에 있다. 기업은 냉혹한 현실을 이겨내기 위해 훈련된 인적 자원, 엄격한 규율, 차별화 등을 바탕으로 지속적 성과를 창출해야 한다. 이는 원활한 소통 없이는 불가능하다. 이를 이해하는 사람이 미래의 리더가 될 수 있다.

지금은 기승전컴 시대이다. 삼성전자 권오현 회장이 최근 저술한 『초격차』에서 삼성전자가 어떻게 월드 클래스 기업이 되었는지 알 수 있다. 좋은 조직은 근본적으로 세 가지 특성을 가지고 있다. 첫째, 구성원이 스스로 알아서 일을 한다. 둘째, 구성원이 서로서로 협력한다. 셋째, 조직에 문제가 발생하면 빨리 그것을 드러내놓고 해결한다. 특히 지금과 같은 초연결사회에서는 뉴파워(New Power)가 특징이자 동력이다(하이먼즈·팀스, 2019). 조직은 수평적 문화를 지향하고, 사원들은 책임감을 가지고 주도적으로 참여해 일을 창출할 때, 그러한 조직은 성공하게 된다.

한편, 성공하는 데 필요한 두 가지가 있다. 하나는 조직 지능(organizational intelligence)으로 전략, 마케팅, 재무, 기술, 인사 등에 있어서 조직의 똑똑함을 말한다. 다른 하나는 조직 건강(organizational health)으로 최소한의 정치, 최소한의 혼란, 사원들의 자부심, 만족도, 사기, 화합, 협력, 낮은 이직률, 높은 생산성 등 조직의 온전함을 말한다(렌치오니, 2014).

조직 건강은 감상적인 개념이 아니다. 기업문화보다 훨씬 더 크고 중요한 주제이다. 건강한 조직이 되려면 시간이 걸린다. 빨리 가기 위해서는 속도를 늦춰 준비하는 꾸준한 노력이 필요하다. 그러나 좋은 의도를 가진 리더들마저도 똑똑한 조직을 만드는 데만 집중한다. 건강한 문화가 건강한 조직을 만든다. 건강한 조직은 문제를 빠르게 파헤치고 신속하게 고안한다. 나아가 직원들 역시 리더처럼 활동한다.

패트릭 렌치오니(2014)는 조직 지능보다 조직 건강에 의해 기업 성패가 판가름 난다고 말한다. 왜냐하면 기업들의 지능은 비슷한 수준으로 발전하고 있기 때문이다. 그는 조직 건강을 위해 원 팀 스피리트 4단계를 자신의 저서 전반에 걸쳐서 다루고 있다. 첫째, 리더 간의 화합, 둘째, 명료한 메시지 만들기, 셋째, 창출된 명료함을 반복적으로 소통하기, 그리고 마지막으로 시스템을 통해 인사관리 과정에서 명료함을 강화하는 것이다.

프랑스 기업 토탈(Total)에서 중요시하는 교육 프로그램이 바로 동료와의 공감대를 이끌어내고 부서 간 협업을 통해 새로운 아이디어를 창조해 낼 수 있는 커뮤니케이션 스킬을 배양하는 것이다. 이를 바탕으로 서로 다른 전문성을 지닌 부서, 개인 간 우수 활동 사례를 활발히 공유해 융합 시너지를 창출해 내는 교육에 중점을 두고 있다고 한다.

짐 콜린스는 『위대한 기업은 다 어디로 갔을까』에서 발전하는 팀과 몰락하는 팀을 구분했다. 발전하는 팀과 몰락하는 팀의 차이는 바로 사내 소통 능력 차이이다. 발전하는 팀은 비난이나 문책을 받을까 봐 사실을 숨기지 않고 토론의 장에 꺼내놓고, 리더들은 어려운 현실을 드러내는 사람들을 비난하지 않는다. 또한 심한 이견이 있더라도 일단 결정이 내려지면 성공에 마음을 모은다. 자신의 이익이 아니라 조직과 팀 전체를 위한 최선의 해결책을 논의한다. 그리고 동료를 신뢰하고 자랑스러워하고, 실패의 장본인을 찾기 위해 서로를 비난하거나 실수를 되짚어 보기보다는 뼈아픈 경험에서 지혜를 얻기 위해 서로 비판 없이 실수를 분석한다.

5) 사내 커뮤니케이션과 구성원 열의

최근 열의에 대한 시각이 점차 변하고 있는데 가장 큰 변화는 구성원 열의와 조직 내부 커뮤니케이션 간의 밀접한 관계가 강조되고 있다는 점이다. 많은 인사 전문가 및 조직 심리 연구자들은 구성원 열의를 '구성원이 회사의 전략 및 업무상 변화에 연루되는 사회적 과정'이라고 보기 시작했는데 그 과정에서 커뮤니케이션의 역할이 강조되고 있다. 특히 여러 학자들이 이론적으로 인적자원관리(HRM)가 조직과 구성원 간의 커뮤니케이션을 돕는 역할을 한다는 점(Guzzo and Noonan, 1994)과 인적자원관리를 통한 커뮤니케이션이 결국 구성원의 열의를 강화한다는 것을 증명했다(Bal, Kooij and De Jong, 2013).

열의는 '업무 수행 시 지적 활동에 대한 노력을 자발적으로 하는 동시에 조직 또는 다른 이들에 대해 긍정적인 감정과 의미 있는 연대감을 경험하는 상태'로 볼 수 있는데(Alfes et al., 2010), 조직과 구성원 또는 구성원들 사이에 의미 있는 연결고리가 형성되기 위해서는 소속 조직의 비전이나 목표에 대한 규칙적인 커뮤니케이션이 필요하다는 점이 강조되었다. 같은 맥락에서 바커 등(Bakker et al., 2009)은 구성원 열의를 구성원들 사이의 옮김(cross-over) 현상으로 파악하고 열의가 단순히 개인 내에서 발생하는 것이 아니라 동료, 집단 간에도 전이됨으로써 그 영향력이 광범위하게 미칠 수 있다는 점을 강조했다. 이는 열의를 개인의 내부 심리적 현상으로 바라보던 기존 연구들과 다르게 조직 내 상호 교환적 현상의 과정으로 본 것이다.

기업 사원을 대상으로 구성원 열의와 사내 커뮤니케이션 간의 관계를 조사한 연구에서도(신호창, 2003; 신호창·송주현, 2015; 신호창·최지영, 2015), 구성원이 조직의 경영이념과 비전에 대해 더 많이 알고 이해할수록, 구성원으로서의 바른 태도를 인지하고 있을수록, 조직에 대한 애착심과 소속감을 나타내는 정서적 열의가 높다는 상관관계가 나타났다. 또한, 두 변인 간의 영향 관계를 살펴본 결과, 비전에 대한 이해와 구성원으로서의 바람직한 자세는 정서적 열의에 영향을 끼쳤으나, 경영에 대한 이해와 경영진의 권한에 대한 이해는 정서적 열의 형성에 영향을 끼치지 않는 것으로 나타났다. 이러한 결과는 기존 연구들에서 자주 논의되었던 커뮤니케이션을 통한 비전 공유와 정서적 열의 간의 정적인 관계와 일치된 결과로 볼 수 있다(Tjosvold and McNeely, 1988; 류성민·권정숙, 2009).

(1) 가치관 공유 커뮤니케이션과 정서적 열의

가치관 공유 커뮤니케이션은 구성원들이 기업의 가치관, 이념, 경영 철학과 정책을 바람직한 자세를 갖고 존중하고 따를 수 있도록 효과적으로 이를 전달하는 커뮤니케이션을 의미한다. 기업의 가치관은 목표 달성을 위해 내부적으로는 기업의 제반 활동 지침을 제시하며(윤건우, 1999) 기업문화의 토대가 되기 때문에 기업을 움직이는 기본 원칙이라고 할 수 있다. 이러한 기업의 가치관 및 비전을 구성원들과 활발하게 공유하고 구성원과의 가치관 일치도가 높을수록 조직에 대한 구성원의 신뢰는 높아지고 공동의 목표 달성을 위한 노력에 긍정적인 효과를 보인다(이용재, 2012). 이 때문에 지금까지 많은 연구자들이 기업의 가치관, 비전, 목표에 대한 구성원의 공감을 이끌어내기 위해서는 효과적인 사내 커뮤니케이션이 필요함을 강조해 왔다(Bennis and Nanus, 1985; Cartwright and Baldwin, 2007).

한편 신뢰와 조직 몰입의 관계를 고찰한 김호정(1999)은 조직 내 가치관 공유 활동이 구성원 열의와 밀접하게 관련된다는 점을 증명했다. 또한 챗맨(Chatman, 1991)은 개인-조직 적합성을 조직의 가치 패턴과 개인의 가치 패턴 사이의 합치 정도로 보고, 양자가 상호작용하여 형성되는 가치의 내용 및 패턴이 조직 구성원의 행동과 태도, 판단에 영향을 미친다고 주장했다. 그 밖에도 많은 학자들의 연구를 통해 조직이 구성원들과 비전을 공유하는 정도와 양자 간의 가치관 일치 정도가 조직에 대한 구성원의 신뢰도를 제고하며 공동의 목표를 달성하기 위한 노력과 몰입에 긍정적인 영향을 미친다는 결과를 보였다(Meyer and Allen, 1984; O'Reilly and Chatman, 1986; Tsai and Ghoshal, 1998).

조직의 가치관 공유 및 비전에 대한 만족은 조직에 대한 구성원의 긍정적인 태도를 형성시키며 정서적 열의를 이끌어내는 데 영향을 끼친다는 것을 알 수 있다. 즉, 조직의 가치관을 구성원에게 명확하게 전달하고 비전에 대한 구성원의 이해를 이끌어내기 위한 사내 커뮤니케이션 활동이 정서적 열의를 이끌어내는 핵심 요소임을 알 수 있다. 요컨대 정서적 열의란 '회사에 대한 애착과 자부심을 지니며 회사와 자신을 동일시하는 상태'를 의미한다

(신호창·송주현, 2015).

(2) 명확한 업무 커뮤니케이션과 자주적 열의

명확한 업무 커뮤니케이션은 개인의 커뮤니케이션 능력, 채널의 적절성, 명확한 업무 숙지, 커뮤니케이션 평가, 개방성이라는 다섯 가지 세부 차원을 통해 조직 내 업무 수행에 있어서 커뮤니케이션이 얼마나 명확하게 이루어지는지를 진단한다(신호창·유선욱, 2004). 기업의 관리자급을 대상으로 업무 수행에 가장 중요한 역량에 대해 설문조사를 실시한 시겔과 맥윌리엄스(Siegel and McWilliams, 2000)의 연구에서는 절반의 응답자가 대인 간 커뮤니케이션 능력을 가장 중요한 역량으로 꼽았다. 이처럼 구성원의 커뮤니케이션 역량은 자신의 역할을 명확하게 인지하고, 타인에게 정보를 분명하게 전달하는 등 업무를 원활하게 하고 나아가 조직의 목표를 달성하는 데 주요한 요인이다. 이렇듯 구성원이 자신에게 기대되는 역할이 무엇인지 정확히 인지하고 있는 상태를 나타내는 '역할 명확성'은 조직 내 업무 수행에 있어서 중요한 개념으로 논의되어 왔다(Mukherjee and Malhotra, 2006).

회사에서 자신의 역할과 업무에 대한 적절한 정보를 얻은 구성원들은 조직에 대한 참여도가 높아지게 된다(신호창·유선욱, 2004). 조직 내에서 각자 맡은 역할을 수행하는 구성원들이 필요로 하는 정보는 단순한 정보가 아니라 자신들의 업무를 효과적으로 수행할 수 있게 해주는 시의적절하고 정확한 정보이기 때문에 커뮤니케이션이 활발하고 목표가 뚜렷한 업무는 그렇지 않은 업무에 비해 구성원 열의를 촉진시키기 더 유리한 조건을 갖고 있다. 칸(Kahn, 1990)에 의해 최초로 정의된 직무 열의는 '개인이 직무에 투입하는 인지적, 정서적, 행동적 에너지'를 의미하는데, 이때 중요한 것은 동기부여 측면으로서, 열의가 강한 직원은 직무 수행을 즐기고 좋아하기 때문에 일에 투여하는 에너지가 자발적인 특성을 갖고 있다(Bakker et al., 2008).

이처럼 동기적 측면이 강한 열의를 의미하는 '자주적 열의'와 관련된 선행 연구 중에서는 동기 부여 이론인 자기결정성 이론을 통해 열의와 직무 동기 간의 관계를 밝힌 연구가 많았다(Meyer, Becker and Vandenberghe, 2004). 이 연구 결과는 구성원에게 업무에 대한 정확한 정보와 권한 제공, 이에 대한 구성원과의 원활한 커뮤니케이션이 필요함을 보여준다. 즉 업무에 관한 명확한 커뮤니케이션을 통해서 구성원의 능동적이고 적극적인 업무 수행을 기대할 수 있다는 것이다.

(3) 커뮤니케이션 캠페인과 변화 참여 열의

커뮤니케이션 캠페인은 조직 차원에서 기획하고 장려하는 커뮤니케이션 프로그램으로서 회사가 당면한 문제나 나아갈 방향 등에 대해 구성원들과 합의하고 그들의 참여를 이끌어내는 목적의 커뮤니케이션 활동을 의미한다(신호창, 2013). 조직 구성원 열의 발전에 주요한 요소로 자리매김해 온 사내 커뮤니케이션의 세부 요소 중 커뮤니케이션 캠페인은 구성원의 참여 열의를 촉진할 수 있는 수단이라고 할 수 있다. 켄들(Kendall, 1992)은 캠페인을 주어진 기간 동안 목표한 결과를 얻기 위해 하는 집중적인 PR 활동 노력이라고 주장했는데, 이러한 맥락에서 봤을 때 커뮤니케이션 캠페인을 정기적이고 체계적으로 전담하는 시스템이 필요함을 강조했다.

실무적으로 커뮤니케이션 캠페인은 조직의 변화 관리 차원에서 주요하게 논의되어 왔다. 불확실성 감소 이론(Uncertainty Reduction Theory)에 따르면 구성원들은 조직 내 변화에 불확실성을 경험하기 때문에 이를 줄이고자 하는 동기를 갖게 되며 커뮤니케이션을 통해 불확실성이 줄어드는 경향을 보이게 된다(Berger and Calabrese, 1975). 뛰어난 변화 전략을 수립했다고 해도 변화의 주체 세력인 구성원들의 변화 과정에 대한 충분한 이해 및 참여 없이는 변화의 성공 가능성이 매우 낮기 때문에 조직 변화에 대한 구성원의

그림 2-1

사내 커뮤니케이션과 구성원 열의 관계

사내 커뮤니케이션 차원		구성원의 열의 차원
가치관의 공유 • 기업의 가치관(경영이념) 인식 • 경영에 대한 이해 • 조직원으로서의 바람직한 자세	↔	**정서적 열의** • 조직에 대한 애착심 • 조직 선택에 대한 확신 • 조직원으로서의 자부심
명확한 업무 커뮤니케이션 • 개개인의 커뮤니케이션 능력 • 채널의 적절성 • 명확한 업무 숙지 • 커뮤니케이션 개방성 • 협업 커뮤니케이션 (부서, 본사-지점 간)	↔	**자주적 열의** • 의욕적인 업무 태도 • 직무에 대한 자신감 • 직무에 대한 자기개발 의지 • 동료에 대한 신뢰 • 적극적인 문제해결 의지
커뮤니케이션 캠페인 • 사내 커뮤니케이션의 중요성 인식 • 캠페인의 수행과 시스템	↔	**변화 참여 열의** • 조직 변화에 대한 정보 습득 노력 • 조직 변화와 경영진에 대한 믿음 • 변화 결과에 대한 기대 • 동료의 참여 독려

자료: 신호창·송주현(2015).

공감 및 참여 의지를 이끌어내기 위한 커뮤니케이션 캠페인 활동은 매우 중요한 부분이다(신호창·노형신, 2010).

조직의 변화는 구성원들에게 있어서 익숙하고 안정된 문화, 구조, 시스템 등을 타파하고 미지의 세계로 나아가는 변혁의 과정이다. 이러한 시기 속에서 구성원들은 혼란과 불안을 경험하게 되면서 변화에 저항할 수 있기 때문에 구성원이 변화에 몰입할 수 있도록 하는 노력이 필요하다. 조직 내 변화가 일어나는 상황에서 구성원의 지지 및 참여 열의를 높이기 위해서는 조직 차원에서 변화에 대해 구성원에게 충분한 정보와 의미를 제공하는 커뮤니케이션 캠페인이 핵심적이다. 변화 참여 열의란 '조직 내 다양한 변화(인사

이동, 부서 개편, 새로운 기술에 대한 학습 등)가 있을 때 새로운 정책에 대해 갖게 되는 태도 및 경향'이라 할 수 있다.

6) 조직 건강 커뮤니케이션 진단 모델[1]

조직이란 하나의 살아 있는 유기체로서 탄생, 성장, 성숙, 쇠퇴의 현상을 겪는다(박종선·김진모, 2015). 인간이 건강한 삶을 통해 더 좋은 성과를 내고 더 나은 삶을 살아갈 수 있듯이 조직도 건강이 매우 중요하다. 건강이란 유기체가 자신이 속한 환경에 잘 적응하는 것을 말한다. 인간에게 건강이란 아프지 않고 오랫동안 사는 것이라고 정의한다면, 조직에 건강이란 치열한 경쟁 속에서 지속적으로 성장하며, 오랫동안 살아남는 것이라고 정의될 수 있다(김정은·유구창, 2011). 조직의 건강에 대한 연구는 꽤 오래전부터 시작되었지만(Argyris, 1958), 그 연구가 지금까지 활발하게 진행되어 왔다고 보기는 어렵다.

조직의 마케팅, 기술, 재무 등의 조직 지능은 모든 기업들이 점차 동등해지고 있는 실정이다. 따라서 기업 간의 차이를 만드는 것은 충성심, 자부심, 낮은 이직률, 높은 생산성, 화합, 협력 등을 말하는 조직 건강이다. 건강 개념에서 출발한 조직 건강의 개념은 상태(state)로서의 개념보다는 과정으로서의 개념 또는 능력이라는 측면에서 인식되고 있다.

교육학, 경영학을 중심으로 비교적 조직 건강 연구가 활발히 진행되었다. 행정학 분야에서는 조직 개발과 조직 진단을 위해 조직 건강 개념을 사용하고 있다. 행정 조직 자체가 서비스 지향적이기 때문에 조직 효과성을 진단하는 데 생산성과 같은 최종 산출물이 존재하지 않기에 조직의 능력을 나타내

1 이 모델은 2018년 서강대학교 대학원 사내커뮤니케이션 수강 학생들과 함께 개발했습니다.

는 건강성을 조직 평가 기준으로 채택하고 있는 것이다(이명재, 1984). 경영학 연구들은 조직 건강이 수익성, 생산성과 같은 조직의 성과를 나타내며 구성원들의 신체적, 정신건강적 요인으로 구성된다고 말한다(Jaffe, 1995). 또한 미국 산업안전보건연구원(NIOSH)은 건강한 작업 조직(HWO: Healthy Work Organization) 모델을 제시하면서 조직 건강을 조직 성과와 구성원 안녕감의 상호작용으로 보고 있다(Sauter, Lim and Murphy, 1996).

조직이란 '공동의 목표를 달성하기 위해 둘 이상의 구성원들이 규칙과 규정에 따라 서로의 역할을 분담하여 상호 협력하는 체제'로 정의할 수 있으며(주삼환 외, 2009), 유기체로서 탄생, 성장, 성숙, 쇠퇴의 현상을 겪고 인간이 건강한 삶을 추구하는 것과 마찬가지로 조직도 유기체로서의 조직의 탄생에서 쇠퇴를 포함하기에 조직의 건강은 매우 중요하다(김정은·유규창, 2011). 조직이 건강하다는 것은, '공통의 목표가 구성원들에게 내재화되어 상호 협동이 원만하게 이루어지는 상황이 제도적, 가치적, 사회적으로 일관되게 적용되는 상태'라고 설명할 수 있다. 다시 말해 개인이 신체적, 정신적, 사회적으로 잘 사는 상태는 조직이 제도적, 가치적, 사회적으로 잘 사는 상태로 다시 설명할 수 있다. 제도는 조직의 규칙과 규범 등을 의미하고, 가치는 조직의 미션과 비전 등을 의미하며, 사회적인 부분은 조직의 사회적 영향력, 곧 성과를 의미한다고 볼 수 있다. 즉, 건강한 조직이란 조직의 제도적 범위에서 가치를 추구하며 성과를 산출하는 일련의 과정이 균형적으로 순조롭게 운영되는 상태를 의미한다고 볼 수 있다.

(1) 조직 건강 측정 항목의 개념화

조직의 건강을 평가하고 측정했던 다양한 기존의 선행 연구들이 있었지만 기존 연구들은 교육학, 행정학, 보건학 등에서 이루어졌으며 커뮤니케이션 측면에서의 측정은 이루어지지 않았다. 특히 이종혜와 정면숙(2017)은 논문 45편의 주요어를 분석한 결과 조직 건강과 관련해서 스트레스, 조직 몰입, 직무 만족, 이직 의도, 리더십의 순으로 주요어들이 사용됨을 밝혔다. 그런데 대부분의 조직 건강 논의들은 조직 건강의 구성 요소 중 어느 한 부분에만 초점을 맞추어 설명하고 있을 뿐 조직 건강을 설명하는 다양한 변수를 포함하는 통합적인 틀을 제시하고 있지는 못했다.

서강대학교 사내 커뮤니케이션론을 수강하는 대학원생 10명이 참여하여 조직 건강 커뮤니케이션 진단 모델을 개발했다. 2018년 10월부터 12월까지 약 2달에 걸쳐 모델을 개발했는데, 우선, 조직 건강을 진단하기 위한 차원과 요소를 개발했다. 여러 차원들 중 한국 조직에 맞는 차원들을 선정하여, 비슷한 개념들을 하위 차원으로 묶는 작업을 진행했다. 총 네 가지의 조직 진단 차원이 선정되었고, 이를 평가할 수 있는 하부 차원들을 개발했으며 각 하부 차원들을 구성하는 요소들을 도출했다.

① 소통의 자유

임영신(2013)은 상하 관계의 전통적 조직에서보다 수평적 조직 구조에서 좀 더 많은 권한과 자율성을 보장받고 팀의 성과를 높이기 위해 셀프리더십을 발휘하게 된다고 밝혔다. 또 이준호와 이진규(2010)는 수평적 집단주의 조직문화의 특성은 조직커뮤니케이션을 통해 조직 능력을 강화함으로써 효과적인 지식 창출을 가능하게 할 것이라 말했다. 바가트 외(Bhagat et al., 2002)는 수평적 구도는 자발적인 지식 및 정보의 공유 활동을 가장 활발히 전개시킨다고 언급하기도 했다. 실제로 중국의 기업 '하이얼'은 수직적 구조에서 수평적 독립 커뮤니티로 전환하여 고객 중심의 경험을 강조하고 책임 경영의 문화와 수평적 네트워크를 통해 신속한 고객 대응을 가능하게 했다(동아비즈니스리뷰, 2016). 샤오미 역시 '고객 참여형 오픈 비즈니스 모델'을 만들어 수평적 구조에서 신속하고 자율적인 의사결정과 소통이 진행되게 했다

(동아비즈니스리뷰, 2016).

따라서 조직 건강을 증진시키기 위한 첫 번째 지표인 '소통의 자유'란 '의견을 개진하는 데에 있어서 거리낌이 없고 수직적인 위치가 아니라 평등한 위치에서 자유롭게 소통할 수 있는 상태'를 의미한다. 소통의 자유의 하위 차원으로는 ① 장애 없는 소통, ② 열린 소통, ③ 소통의 권리와 책임이 포함된다. 먼저, 장애 없는 소통이란, 조직 내에서 소통을 할 때에 직급이나 권력, 부서에 따른 제한 없이 자유롭게 소통할 수 있는 것을 의미한다. 구체적으로는 직급에 관계없이 의견을 개진할 수 있는지, CEO와 직접 소통할 수 있는지, 부서 간 소통이 원활하게 이루어지는지를 통해 측정할 수 있다. 둘째로 열린 소통이란, 조직 내에서 의견을 자유롭게 개진하며 소통할 수 있는 분위기를 의미한다. 구체적으로는 자신과 다른 의견에 대해 자유롭게 반대 의견을 말할 수 있는지, 구성원들은 조직을 신뢰하는지, 구성원들이 존중되고 있는지를 통해 측정할 수 있다. 마지막으로 소통의 권리와 책임이란, 구성원들이 스스로 더 나은 의견을 내야 할 권리와 책임이 있다고 느끼는 것을 의미한다. 소통에 대한 권리와 책임을 심어주는 조직에서 구성원들은 소통에 어려움을 느끼지 않는다. 이는 조직에서 본인의 의견에 대한 권리가 보장받고 있는지, 회사를 위해 적극적으로 의견을 제시할 책임이 있다고 느끼는지, 이러한 의견들이 존중되고 있는지 등을 통해서 측정할 수 있다.

② **합리적 의사결정**

의사결정 과정은 환경과 조직 간의 관계 속에서 환경의 변화에 대응하고 조직의 성과를 높이기 위해 이루어지는 환경에 대한 신중한 분석과 조사, 조직 내부의 상호 협력 과정, 심지어 최고 결정자의 결단 행동까지도 포함하는 것이다(이장우·장수덕, 2010). 따라서 의사결정의 과정은 직접적으로 혹은 잠재적으로 기업성과에 중요한 영향을 미칠 수 있다. 밀러와 리(Miller and Lee, 2001)는 기업 내 의사결정이 기업성과에 긍정적인 영향을 미치기 위한 열쇠가 사람에게 있으며 사람에 의해 이 과정이 만들어지는 것이라 주장한다. 즉 의사결정 과정에 있어서 조직과 조직의 구성원들이 얼마나 헌신적이고 적극적으로 참여하는지에 따라 의사결정의 질이 좋아질 수 있으며 이 과정을 통해 기업성과가 향상될 수 있다는 것이다. 그리고 조직은 구성원들을 배려함으로써 구성원의 헌신인 참여와 몰입을 유도할 수 있을 것이라고 제안한다.

따라서 조직 건강을 진단하기 위한 두 번째 지표로는 '합리적 의사결정'을 측정할 것이다. 합리적 의사결정이란, 조직의 의사결정 과정에서 구성원들의 몰입과 참여가 이루어진 상태를 의미한다. 합리적 의사소통의 하위 차원으로는 ① 상대방 존중, ② 절차의 투명성과 공정성, ③ 명확하고 적절한 표현, ④ 사전·사후 소통 중시를 포함시켰다. 먼저, 조직 내에서 상대방을 존중한다는 것은 그들의 의견을 가치 있게 여긴다는 것을 의미한다. 따라서 실제로 조직에서 모든 구성원들에게 의견의 다양성을 독려하는지, 실제로 부하 직원의 의견이 결정에 반영되는지를 통해 상대방 존중을 측정한다. 둘째로, 절차의 투명성과 공정성은 의사결정의 투명성과 절차적 공정성 그리고 분배에 대한 공정성을 측정함으로써 조직이 구성원들에게 투명하고 공정한 환경을 제공하고 있는지를 확인하고자 한다. 명확하고 적절한 표현이란 업무 지시뿐만 아니라 조직 내에서의 비공식적인 소통에 있어서도 명확하고 적절한 언행이 오가는 것을 의미한다. 업무 지시에 있어서 명확한 표현이 이루어지고 있는지, 조직 내에서 서로 모욕감을 주는 폭언이 존재하고 있는지, 공식 채널과 비공식 채널의 정보가 일치하는지, 정보 차단에 대한 처벌은 어떻게 이루어지는지를 하위 지표로 측정한다. 마지막으로 사전·사후 소통 중시는 의사결정 과정에 있어서 사전과 사후에 충분한 소통이 이루어지고 있는가를 의미한다. 이는 중요한 결정을 내리기 전에 구성원들과 충분한 사전 협의를 거치는지, 결정이 내려진 이후에 피드백이 잘 이루어지는지를 통해 측정한다.

③ 조직과 구성원의 목적 정렬

대부분의 조직에서는 리더들이 '무엇을 할 것인가'를 결정하고, 이를 구성원들에게 지시하여 실행하도록 한다. 아무리 구성원들에게 '어떻게 할 것인가'에 대한 일정 수준의 자율성을 부여하고 있더라도, 이러한 일방적인 업무 지시는 문제를 발생시킨다. 이러한 체계 속에서 구성원들은 일에 대한 충분한 동기를 형성하지 못한다. 결국 스스로를 거대한 기계의 부품이라고 인식하게 되면서 탈몰입과 무기력을 경험하게 된다. 직원들이 일로부터 동떨어지고 잠재력을 발휘하지 못할 때에, 더욱 보상 중심 시스템이나 성과주의 시스템으로 몰아붙이는 것은 오히려 상황을 악화시킬 뿐이다(라루, 2016). 구성원들은 각자의 목표를 지니고 있으며, 그 목적에 맞게 각자의 능력을 발휘할 수 있고 자신의 필요를 만족시켜 줄 수 있는 조직 환경을 기대한다(Mowday, 1982). 따라서 그들의 목표와 기대에 부응하는 환경을 제공할 때 각 개인들은 조직에 더욱 몰입하게 된다. 이는 탈몰입과 무기력으로부터 구성원들을 해방시켜 줄 것이며 나아가 더 건강한 기업을 만들어줄 것이다.

조직 건강을 측정하기 위한 세 번째 지표로 '조직과 구성원의 목적 정렬'을 확인해 보고자 한다. 조직과 구성원의 목적 정렬이란 구성원들이 조직의 목표에 대해 명확하게 알고 있고, 이를 의미 있게 여기고 실천하고자 하는 상태를 의미한다. 조직과 구성원의 목적 정렬의 하위 차원은 ① 조직 구성원의 업무 지향성, ② 조직-일-구성원 일체감 등이다. 조직 구성원의 업무 지향성이란 구성원이 조직의 목표에 부합하게 업무를 주도적으로 잘 이끌어가는 것을 의미한다. 이는 회사의 목표에 부합하게 일을 이끌어나가는지, 스스로 조직에 필요한 사람이라고 느끼는지, 본인이 하는 일에 의미를 느끼고 있으며, 회사에 대해 주인의식을 지닐 수 있도록 조직이 독려하는지를 통해 측정한다. 조직-일-구성원 일체감이란, 구성원들이 조직과 일에 대해 일체감을 지니고 있는가를 의미한다. 이를 알아보기 위해서 조직의 경영이념에 스스로 동의를 하고, 이에 맞는 전략을 잘 이해하고 그것을 실천하고 있는지, 구성원들이 다 같이 같은 목표를 향해 나아가고 있다고 느끼는지, 조직 자체에 대해 소속감을 강하게 느끼는지를 측정한다.

④ 조직 건강 전략적 구축

조직 건강은 조직 내 구성원들의 신뢰, 자부심, 소속감, 효능감 등을 의미하는 개념이다. 이와 같은 무형자산은 재무적으로 파악할 수 있는 유형자산에 비해 외견상 쉽게 드러나지 않는다. 따라서 조직이 이러한 무형자산을 제대로 활용하기 위해서는 좀 더 효과적으로 조직 건강을 파악하고 개발할 수 있는 전략적 시스템의 구축이 필요하다(이용탁, 2005). 또한 동기 부여 위생 이론에 따르면 커뮤니케이션 시스템을 적절하게 갖추지 못한 조직에서는 사원들이 동기 부여에 어려움을 느끼며 조직 건강에 부적(-) 영향을 미치는 것으로 나타났다(Hemberg, 1978). 캔필드(Canfield, 1968)는 회사의 정책과 철학 등을 이해시키기 위해 조직이 사원에게 필요한 정보를 공유함에 있어서 사원들의 의견 표현 및 수렴이 가능하도록 시스템화해 놓은 쌍방향 커뮤니케이션 캠페인을 실시해야 함을 주장했다. 또한, 우수 이론에 따르면 우수하고 건강한 조직에서는 측정할 수 있는 목적과 목표를 두고, 달성 과정에 대한 평가까지도 필요함을 제언하고 있다.

따라서 조직 건강을 진단하기 위한 마지막 지표인 '조직 건강 전략적 구축'이란, 조직 건강 개념을 제대로 측정하고 실행할 수 있는 시스템이나 활동 및 계획이 전략적으로 구축된 상태나 과정을 의미한다. 조직 건강 전략적 구축의 하위 차원으로는 ① 조직 건강의 개념 및 중요성 공유, ② 조직

표 2-1

조직 건강 진단을 위한 4개 차원 및 세부 하위 요인

4개 차원	차원별 세부 하위 요인 소개
1. 소통의 자유	① 장애 없는 소통 • 수평적 커뮤니케이션 • CEO와 직접 커뮤니케이션 • 부서 간 커뮤니케이션 ② 열린 소통 • 권력거리 • 구성원의 조직 신뢰 • 개방적 분위기: 정보 흐름, 문제 의사 표현의 자유 • 경영진의 소통 중시 ③ 소통의 권리와 책임 • 개인 의견 존중: 서로의 의견 잘 들으며, 상사의 의견 수용률이 높음. • 의견을 낼 권리 • 의견을 효과적으로 제시할 책임과 능력
2. 합리적 의사결정	① 상대방 존중 • 의견의 다양성 • 부하 직원의 의견을 결정에 반영 • 부하 직원의 의견을 장려 • 조직과 구성원 간의 신뢰: 결정에 대한 신뢰, 상대 의견을 반영하여 자신의 의견을 변화시킴 ② 절차의 투명성과 공정성 • 의사결정 절차의 투명성: 공개성 • 절차적 공정성: 승진, 인사고과 절차 공정성 인식, 이의 제기 절차의 공정성 • 분배 공정성: 보상의 공정성 ③ 명확하고 적절한 표현 • 부적절한 행동과 말투를 하지 않는다: 적절한 언어 사용 • 명확하고 솔직한 정보 제공: 정보 신뢰 • 공식과 비공식 채널의 정보 일치성 • 비보고, 정보 차단의 경우 처벌 ④ 사전·사후 커뮤니케이션 중시 • 충분한 사전 협의 • 적절한 피드백 제시
3. 조직과 구성원의 목적 정렬	① 조직 구성원의 업무 지향성 • 주어진 업무 완성 • 자기효능감(자기가 조직과 기업에 필요한 사람이라고 느낌)

	• 조직원들의 일에 의미 부여 • 구성원의 주인의식 • 구성원의 책임 인식 ② 조직-일-구성원 일체감 • 경영이념(비전, 철학)에의 동의 및 실천 • 업무와 조직 목적/목표와의 관련성(연계성) • 업무 전략, 조직 전략 이해 • 팀, 동료들의 목표 일치성 • 기업과의 일체감, 소속감
4. 조직 건강 전략적 구축	① 조직 건강의 개념 및 중요성 공유 • 조직 건강 개념, 교육을 통한 조직 건강 능력 향상 • 조직 건강 중요성 공유-캠페인(프로그램) 실시 (활동 장려) ② 조직 건강을 위한 체계 • 조직 건강 (검사) 지표 및 검사 제도 보유 • 조직 건강을(전사 조직 참여) 운용하는 팀이나 조직이 있어야 함. • 커뮤니케이션 시스템(전달, 피드백) 구축 • 중장기적인 조직 건강 구축 계획 여부 • 직무 설계 첫 단계에서 구성원 커뮤니케이션 방향(행태) 제시

자료: 2018년도 서강대학교 대학원 사내 커뮤니케이션 수강생들과 저자가 직접 작성함.

건강을 위한 체계가 있다. 조직 건강의 개념 및 중요성 공유란, 구성원들이 조직 건강의 개념을 명확히 이해하고 이에 대한 중요성을 제대로 교육받고 있다는 것을 의미한다. 이는 조직 건강에 대한 교육이 행해지고 있는지, 조직 내에서 관련 캠페인이 실시되거나 장려되고 있는지를 통해 측정한다. 조직 건강을 위한 체계란 조직 건강을 증진시키기 위한 시스템을 의미한다. 이는 조직 건강을 점검하기 위한 지표가 있고 검사가 이루어지고 있는지, 소통 시스템이 제대로 구축되어 있는지, 조직 건강을 위한 계획이 존재하는지, 조직 건강 관련 팀이 존재하는지를 통해 측정할 수 있다.

7) 사내 커뮤니케이션이 왕도임을 보여주는 실버 앤빌 어워드(Silver Anvil Award) 사례들[2]

사내 커뮤니케이션을 통해 쟁점을 관리함으로써 위기를 해결하고 위기의 순간을 기회로 만들어낸 기업들도 많다. 팬데믹 상황에서 사내 구성원들의 건강과 안전을 최우선의 과제로 삼은 기업이 있으며, 록다운 속에서 내외부 공중들의 필요를 수용해 사내 프로그램을 운영한 기업, 코로나19에 대한 신속한 대응으로 평판을 새롭게 다진 기업도 있다. 여기서 소개하는 사례들은 팬데믹이라는 위기의 순간, 사내 커뮤니케이션을 활성화함으로써 내부 브랜딩과 결속력을 강화하고 내부 구성원들과의 가치 공유를 통해 외부 공중에게도 그 이미지를 공고히 하여 새로운 도약을 시작한 사례들이다.

(1) 직원의 건강과 안전을 과제로 설정한 콕스

배경 콕스(Cox)는 콕스 커뮤니케이션, 콕스 오토모티브, 콕스 미디어 그룹 등 정보통신, 자동차, 미디어 관련 비즈니스를 운영하는 미국 기업이다. 미국 애틀랜타에 본사를 두고 있으며 1898년 설립되었고 약 5만 5000명의 임직원이 있으며, 약 25조 원의 매출을 올리고 있는 비상장 글로벌 기업이다. 콕스는 코로나19 팬데믹 상황에서 인종 갈등, 정치 양극화가 직원들의 건강에 주는 부정적 영향을 예방하기 위해 "웰니스 앳 콕스(Wellness at Cox)"라는 슬로건으로 사내 커뮤니케이션을 진행했다. 콕스는 2020년 4분기 임직원 대상 설문조사를 통해 콕스의 복지 혜택은 콕스를 직장으로 선택하는 두 번째 이유인 동시에 직원들이 계속 회사를 다니는 첫 번째 이유임을 알았다.

2 이 사례들은 2022년 서강대학교 사내커뮤니케이션 수업 학생들의 도움을 받아 작성했습니다.

기획 콕스는 매해 가을 직원 복지 프로그램을 운영해 왔는데, 팬데믹 상황에서 직원들의 정신 건강이 심각하게 위협받고 있음을 감지하고 한 해 전체에 걸쳐 매달 직원 복지 프로그램을 운영하고자 했으며 이를 위한 커뮤니케이션을 진행했다. 콕스는 직원들에게 인트라넷과 모바일앱을 통해 정신 건강과 신체 건강이 동일하게 중요함을 강조하며 콕스가 제공하는 지원 프로그램을 안내했다. 이때 중간관리자를 주요 메신저로 활용했다. 콕스가 운영한 프로그램은 수면과 명상, 피트니스와 영양, 온라인 정신건강 상담을 위한 애플리케이션, 가정에서 지키는 안전 수칙 제공(한 해 동안 완수 시 포상금 제공), 학교가 운영되지 않는 기간 가정돌봄서비스 제공 등이었는데, 콕스는 자사 직원과 그 가족들은 물론 협력업체 직원과 가족들에게도 이 서비스를 지원했다.

실행 콕스는 한 해 동안 꾸준히 캠페인을 전개했으며 설문조사를 바탕으로 정확하게 목표와 전략을 수립했다. 여기에 웨비나, 리더 영상, 인트라넷, 중간관리자, 이메일, 뉴스레터, 현장 근무자를 위한 인쇄 자료, 모바일앱 등 가용한 다양한 매체를 활용해 캠페인에 대한 접근성을 높였다.

결과 인트라넷의 4만 페이지뷰가 달성되었으며 6개의 관련 인트라넷 기사가 2020년 10대 가장 많이 본 뉴스에 해당한다. 관련 스토리들은 모바일 플랫폼에 게재되어 9000페이지뷰를 기록했으며, 14% 이상의 직원들이 인트라넷의 새로운 복지 페이지를 방문했고 6700명 이상이 새로운 복지 혜택 프로그램에 등록했다. 2020년 콕스의 내부 구성원 지원 프로그램은 전체 프로그램 중 8.3%를 유지하고 있으며 연간 등록률은 목표보다 3% 높은 74% 이상이 참여한 것으로 나타났다.

(2) 가족을 위한 교육용 자료를 제공한 HP

배경 HP(Hewlett-Packard)는 PC, 노트북, 프린터 등의 다양한 제품을 생산하는 미국의 컴퓨터 제조 및 판매 기업이다. HP는 내부 구성원들 및 외부 공중들이 코로나19 상황에서 어떠한 어려움을 겪고 있는지 분석했다. 그 결과, HP 직원들은 자신과 가족들에 대해 회사가 지원해 주기를 바라며, 외부 공중들은 자녀의 교육에 대한 걱정이 늘고 프린터 등의 원격 교육 기기에 대한 관심이 높아졌음을 알 수 있었다. 이에 HP는 자사 직원을 포함한 부모들에게 원격 학습을 지원하기 위해 인쇄 가능한 무료 자료(학교 커리큘럼을 보완할 수 있는 학습도구)를 개발해 제공했다.

기획 HP는 외부 공중들의 상황을 분석하기 위해 구글 검색 트렌드를 활용했으며 12세 이하 자녀를 둔 부모 1000명을 인터뷰했다. 이를 통해 HP는 내외부 공중들의 필요를 파악하고 아동용 가정 교육자료를 만들어 전 세계 직원들과 소비자들에게 제공했다. 이렇게 함으로써 HP는 창의적으로 즐거운 시간을 원하는 가족을 위한 기업과 제품이라는 브랜드 이미지를 확보했다. 이는 HP 프린터 매출 증가로 이어졌고 잉크 교체 서비스인 인스턴트 잉크(Instant Ink)의 사용자와 애플리케이션 다운로드가 늘었으며 아동용 교육자료 다운로드를 위한 HP 홈페이지 방문도 급증하게 만들었다.

실행 HP는 이를 커뮤니케이션하기 위해 가정적 이미지를 지닌 배우 헤일리 더프(Haylie Duff)의 언론 인터뷰를 진행했고, 캠페인에 참여한 예술가들의 포브스 심층 인터뷰 등을 지역 언론을 통해 노출했다. 또한 틱톡 인플루언서를 활용해 콘텐츠를 개발하여 교육자료의 다운로드를 장려했으며, 미국, 유럽, 캐나다 부모들이 휴일을 보내는 방법으로 이를 포지셔닝해 홍보했다.

결과 코로나19의 록다운 속에서 가족을 위한 아동용 교육자료는 HP 사내 구성원들 중 5만 5000명이 참여하는 적극적인 참여율을 이끌어냈으며 HP를 사내 직원 및 가족을 위한 기업으로 인식시켰다. HP 사내 커뮤니케이션은 내부 공중의 요구사항을 파악해 이를 외부 공중으로까지 캠페인 영역을 확장해 전개한 사례로 소비자들 역시 HP를 신뢰할 수 있는 기업으로 인지하게 만들었다.

(3) 신속한 대응으로 세계 10대 안전한 항공사로 선정된 알래스카 항공

배경 코로나19로 해외여행에 빗장이 채워져 항공 수요가 90% 이상 증발한 초유의 사태에 직면한 알래스카 항공은 이에 신속하게 대응하기 위해 알래스카 항공만의 프로그램을 시작했다. 이를 위해 알래스카 항공은 특별 연구를 수행해 새로운 정책을 추진하고자 했는데, 록다운 상황에서 최신 데이터와 정보를 직원 및 여행객들에게 제공하고 직원들을 이 솔루션에 참여하게 만들었다.

기획 알래스카 항공은 코로나 시국에 고객과 직원의 안전을 최우선으로 생각하고 '넥스트 레벨 케어(Next Level Care)'의 일환으로, '마스크 의무화, 비행 간 청소 강화, 헤파 필터 및 비접촉 기술을 포함한 안전 프로토콜'을 통해 안전한 비행 환경 제공 등 최소 수준의 안전을 지키기 위한 100가지 이상의 방법을 구현했다.

실행 알래스카 항공은 '넥스트 레벨 케어'를 홍보하기 위해 캐나다 밴드인 멘 위드아웃 해츠(Men Without Hats)가 1982년에 발표한 〈세이프티 댄스(Safety Dance)〉를 패러디했다. 이 패러디에는 알래스카 항공사 직원들이 직접 출연해 일반인들이 접하기 어렵고 불편한 안전수칙에 관한 정보를 신나는 춤과 영상으로 전달했다. 알래스카 항공은 이 세이프티 댄스를 홍보하기 위해 직원들에게 친구와 가족 할인권 등을 제공하기도 했다.

결과 AirlineRatings.com은 알래스카 항공을 세계 10대 안전한 항공사와 세계 20대 COVID 준수 항공사로 선정했는데, 알래스카 항공은 미국 항공사 중 유일하게 안전한 항공사 10위권에 진출하게 되었다. 이를 통해 가장 안전한 미국 항공사로 인정받게 된 셈이다.

(4) 코로나19 예방 행동 캠페인을 진행한 밴더빌트대학교

배경 미국 남부 테네시주 내슈빌에 있는 밴더빌트대학교(Vanderbilt University)는 2020년에 학교 구성원들을 대상으로 코로나19 안전 및 예방 행동을 촉진하는 '앵커 다운, 스텝 업(Anchor Down, Step Up)' 캠페인을 진행했다. 이 캠페인의 목적은 2020년 가을, 학생들이 캠퍼스로 돌아와 안전하게 공부할 수 있도록 학생을 비롯한 다양한 내부 공중을 지원하는 것이었다.

기획 캠페인을 효율적으로 진행하기 위해 밴더빌트대학교의 커뮤니케이션 부서는 의과대학의 의료 및 공중보건 전문가, 마케팅 전문가 부서인 오웬 경영대학원 등의 협조를 구했으며, 2020년 7월 전국 학생 설문조사를 검토하고, 가을 학기 이전에 학생, 가족, 교수진, 교직원 등 학교 구성원을 대상으로 타운홀 미팅을 실시해 메시지를 수정했다.

실행 '앵커 다운, 스텝 업' 캠페인 세부 전략으로 지역 사회 지도자들이 코로나19 보호 행동 실천을 시연했으며, 소셜미디어를 통해 개인 스스로 보호 행동을 채택하고 서약하는 챌린지를 진행했다. 많은 양의 온오프라인 게시물에 코로나19 보호 행동을 알렸는데, 웹사이트, 소셜미디어, 비디오, 포스터, 전단지, 이메일, 온라인 상점 및 대학신문 등을 매체로 활용했다. 특히 "누구를 위해 마스크를 쓰나요?" 사진 시리즈에는 44명의 학생, 교직원, 교수 등이 참여해 마스크를 쓴 사진과 착용한 이유 등을 화이트보드에 공유했는데 이는 대학 홈페이지와 소셜미디어에 게시되었다. 캠페인 주요 공중인 학생들이 "나는 가족, 친구, 반 친구들을 위해 마스크를 쓴다", "건강한 봄 학기를 위해 마스크를 쓴다" 등 코로나19 보호 행동을 채택하는 동기를 소셜미디어에 인증하도록 함으로써 40만 9000건의 참여를 이끌어내기도 했다.

결과 '앵커 다운, 스텝 업' 캠페인을 통해 학생들은 대학의 코로나19 예방 행동과 지침에 부응했고, 서로를 격려했으며 가을학기 동안 밴더빌트대학교에서 코로나19 양성이 나온 비율은 주 및 전국 비율보다 훨씬 낮은 경향을 나타낸 것으로 보고되었다.

(5) 실업자들을 위한 캠페인을 진행한 링크트인

배경 링크트인(Linkedln)은 2002년에 설립되어 200여 개 나라에서 6억 7500만 명 이상의 회원을 보유한 세계 최대 비즈니스 소셜미디어이다. 링크트인은 전 세계적으로 1400만 개 이상의 일자리와 7억 3700만 개 이상의 커뮤니티를 보유하고 있어 사람들이 새로운 일자리를 찾도록 도움을 주고 있다. 코로나19의 여파로 미국인들 중 3000만 명 이상이 실직했다. 링크트인은 실직자들이 실업을 실패가 아닌 기회로 받아들일 수 있도록 링크트인 회원, 실업자, 불완전 고용자들을 위한 캠페인을 전개했다.

기획 링크트인의 '함께 앞으로 나아가자(Let's Step Forward, Together)' 캠페인은 링크트인 회원들이 자신의 커리어를 계발할 수 있도록 설계되었다. 링크트인을 구직과 이직을 희망하는 사람들이 서로 도움을 주고받을 수 있는 장소로 설정해, 실업과 관련된 오명을 줄이고 회원들의 구직을 돕거나 현재 기술을 키워낼 수 있도록 도구를 제공하는 것이다. 또한 다음 구직을 위한 기회를 찾기 위해서 링크트인의 네트워크를 활용하도록 권장하는 것을 목표로 했다. 링크트인은 이 캠페인을 통해 821개의 전 세계적인 보도를 이끌어냈다.

결과 캠페인 결과, 구직 활동에 도움을 요청하는 회원들은 프로필 보기가 증가했고 회원들로부터 격려와 제안을 나누는 900개 이상의 게시물을 이끌어낼 수 있었다. 링크트인은 회원을 대상으로 운영되는 소셜미디어로 내부 회원 간의 커뮤니케이션 강화를 위한 캠페인 운영으로 구직률을 높이는 가운데, 링크트인을 국제적으로 더욱 알릴 수 있는 계기로 삼는 등 전략적이고 통합적인 커뮤니케이션을 진행한 사례로 볼 수 있다.

3. 결론을 대신하는 요약과 실마리

1) 핵심 단순계를 찾는 요약의 힘

요약(abstract)은 복잡한 사회 현상을 단순화시키는 능력이다. 이론, 모델, 혁신, 기술개발 등이 요약하는 힘에서 나온다. 비교적 오랫동안 한국 기업의 위기와 성공 사례를 분석한 결과 다음과 같이 요약할 수 있었다.

이해관계자에는 외부에는 고객, 투자자, 언론, 정부, 지역사회, 시민단체(NGO), 정부, 경쟁자 등이 있으며, 내부에는 사원이 있다. 이들 중에 기업에 가장 중요한 이해관계자 셋은 누구인가? 과거에는 '첫째도 고객, 둘째도 고객, 셋째도 고객'이었지만, 이제는 '사원, 사원, 사원'이다. 기업 내외부 커뮤니케이션 장벽이 허물어지고 기업의 정보가 활짝 열리면서, 사원이 모든 외부 이해관계자들에게 가장 큰 영향을 미치는 정보원(source)이 되었다. 사원이 기업의 전략, 마케팅, 기술, 기업 시민 등을 대변한다. 기업의 기회, 위기, 성공은 사원으로부터 시작된다. 그래서 이젠 기업의 내부 커뮤니케이션 기능이 왕도가 되었다.

지금과 같은 다문화 시대에 강렬한 조직문화로 다양한 생각을 지닌 사원들을 하나로 묶는 것은 불가능하며, 내부 쟁점이 바로 외부에 위기로 나타날 수 있다. 따라서 기업 구성원들 개개인이 수평적으로 열린 소통을 하면서 이견을 조율하고 쟁점을 해결하며 기회를 창출하는 융합 과정을 거칠 때에 비로소 기업에 적합한 시대정신, 즉 기업문화가 만들어질 수 있다.

복잡계 이론이 있다. 복잡계란 무수한 관계와 요소들이 서로 얽인 상황, 즉 단순계들이 어지럽게 모여 있는 상황을 말한다. 우리에게 익숙한 정황이론(Contingency Theory)도 일종의 복잡계 이론이다. 기업이 성공하려면 융합적 소통으로 복잡계를 관통하는 핵심 단순계를 찾아야 한다. 그래야 자원

표 2-2

팬데믹 이후 원활한 근무 복귀를 위한 사내 커뮤니케이션 프로그램 체크리스트(안)

사내 커뮤니케이션 목적	사내 커뮤니케이션 전략
1. 일의 성과(Work Performance) 증대. 재택근무의 장점을 활용하여 팬데믹 전보다 더 나은 생산성 증대를 꾀한다. (기회 창출) 2. 비대면 근무에 익숙해진 사원들이 원활하게 사무실로 복귀할 수 있도록 한다. (새 환경 적응 변화 관리) 3. 대면 근무 확대에 따라 발생할 가능성이 있는 쟁점을 미리 찾아 해결한다. (쟁점 관리 및 위기 예방) 4. 이번 기회에 사내 소통 체계를 단순하고 개방적으로 재구축한다. (Communication Reengineering & Restructuring)	**대전략 1: 새로운 근무 방법 구상** 전략 • 성과 창출을 위한 HR(채용, 교육, 평가, 승진, 복지, 퇴직 등) 커뮤니케이션 혁신+직위별, 부서별 유연근무제 • 멘토링 시스템 개선(회사에 맞는 방법으로)+나이가 기준이 아니라 업무상 멘토 해야 할 사람이 멘토링+회사를 '공동체'로 인식하도록 멘토링을 통한 교육 커뮤니케이션 • 그룹장(팀장)의 권한, 역할, 책임, 윤리의식, 직업정신, 공동체의식 강화
5. 이번 기회에 사원들이 직장을 '삶을 윤택하게 하는 공동체'로 인식하도록 만든다. (공동체 행복) • 직장(공동체)은 물질적이 아닌 정신적으로 의미가 있는 곳 • 행복은 개인이 홀로 추구하기보다는 공동체를 통해 추구해야 한다(애들러). • 행복을 위해서는 갈등, 파벌, 집단주의 등을 타파해야 한다.	**대전략 2: 새로운 근무 방법을 정착시키기 위한 혁신 커뮤니케이션** 전략 • 공간 변화: 사무실 재배치 • 새로운 사무실 설치 • 새로운 근무제에 적응하도록 변화 커뮤니케이션(Change communication) • 심리 회복 프로그램 운영(심리 상담 제도, 소책자, 심리 훈련 등) • 오피스 근무의 향수(장점)를 찾아서 스토리텔링, 쟁점 파악 및 선제적 해결 • 단계별 커뮤니케이션 프로그램 수행 - 사무실 출근 전 사전조사, 문제점 파악, 기회 확인 - 사전 전략 프로그램 기획 - 출근 확대 단계별 프로그램 - 평가 • '소통' 혁신, 권위적인 커뮤니케이션을 버리고 수평적이고 열린 커뮤니케이션을 당연시하도록(예: 언어 자존심↓ = 언어로 싸우지 말자!) • 재택근무자의 신체적, 정신적 역량 유지, 집과 회사 근무 효과가 동일하도록 (Personal Training)

을 적재적소에 배분하고 전략적으로 활용할 수 있다. 이것이 바로 요약의 힘이다. GE, IBM, 애플, 구글이 세계 리더가 된 과정이 이를 증명한다.

사내 커뮤니케이션은 핵심 단순계를 찾는 과정이다. 조직의 역사, 혁신, 기술개발을 만드는 요약이다. '소통으로 요약'하는 시대정신이다. 예를 들면, 역사적으로 조직 목적과 구성원 목적이 일치하는 조직보다 강한 조직은 없기 때문이다. 국가, 기업, 학교, 가정 모두 여기에 속한다. 〈표 2-2〉는 팬데믹 이후에 원활한 근무 환경을 만들기 위한 사내 커뮤니케이션 체크리스트이다. 다양한 목적들을 나열했고, 실행 가능한 대전략과 전략을 제시했다. 이 체크리스트는 팬데믹 이후에 업무 환경이 팬데믹 이전과 확 달라져야 함을 보여주는 것이 아니다. 팬데믹 이전에 했어야 할 업무 환경 혁신을 담고 있을 뿐이다.

2) 실마리(연결고리)는 수평 조직의 내부 커뮤니케이션에서

우리나라 대기업들은 국제화의 파고에서 국경을 성공적으로 허물어 글로벌 기업으로 성장했는데, 어처구니없게도 조직 외부에는 철조망을, 조직 내부에는 칸막이벽을 쌓았다. 이는 증권사 배당 사고, 차량 화재 빈발, 회장 가족들의 갑질, 화학 공장 폭발, 직장 내 성추행 등 각종 사건 사고의 배경이며, 우리나라 조직이 건강하지 못하다는 증거이다. 원활하지 못한 내부 커뮤니케이션의 영향은 사건 사고에서 그치지 않고, 우수 사원의 이탈, 마케팅력 하락, 명성 추락, 주가 하락 등으로 이어지게 되어 있다.

주요 원인은 즉시적으로 대응이 어려운 커뮤니케이션 무능력, 쟁점 무대응, 문제 제기가 어려운 권위주의, 사고 발생 가능성에 대한 비감수성, 비공개 및 폐쇄적 처리, 피드백 및 동기 부여 부재, 세대 차이, 눈치 보기, 성적순 채용, 부정적 쟁점 피하기, 이기적인 경쟁 문화 등 내재화된 사내 불통

문화이다. 끼리끼리 문화가 내재화되어 있으며, 일부만 정보를 공유하거나, 팀장의 독단적 결정에 도전할 수 없는 분위기가 형성되어 있고, 팀원들은 비판에 대한 두려움으로 소극적으로 의견을 개진한다. 이러한 현상은 바이러스처럼 우리나라 조직 전체로 확대되고 있다.

결론은 이렇다. 전략적, 혁신적 사내 커뮤니케이션은 당면한 과제이다. 전략적 사내 커뮤니케이션은 대내적으로 사원들의 만족과 열정을 이끌어내며, 위기를 예방하고, 화합과 활력을 불어넣어 건강한 조직을 만든다. 대외적으로는 기업의 마케팅력을 강화하고, 회사 및 CEO의 명성을 제고시키며, 주주 관계, 대정부 관계, 지역사회 관계, 사회공헌활동 등에도 긍정적으로 작용한다. 결국 이는 사원들의 회사에 대한 만족, 충성도 제고에 기여함으로써 건강한 조직으로서 지속가능한 경영을 가능하게 한다.

홀로 성장하는 시대는 끝났다! 세렌디피티 코드가 사내 커뮤니케이션의 시작점이다. 뜻밖의 행운은 평소 열린 마음으로 준비된 조직에서 나온다. 충분한 내부 커뮤니케이션이 있을 때 비로소 연결고리를 찾을 수 있다. 비즈니스의 핵심인 전략적 커뮤니케이션 실행 능력을 강화하고, 직원과의 내부 커뮤니케이션을 대내외 통합형 내부 커뮤니케이션으로 도약시켜야 한다. 전략적 커뮤니케이션이란 기술개발, 재무, 인사, 마케팅, 명성 등 비즈니스 각 분야를 대상으로 쟁점과 상황에 적합한 바람직한 콘텐츠를 개발하고 이를 효과적으로 실행하는 비즈니스 핵심 전략이며 이 같은 전략이 소비자, 정부, 지역사회로 확대되어야 할 것이다. 그래서 사내 커뮤니케이션이 비단 인사 업무를 담당하는 부서에 국한하지 않고, 마케팅, 재무 관련 업무에도 영향을 미치며 결국에는 브랜드 경쟁력을 제고하도록 만들어야 한다. 통합 커뮤니케이션 기회를 활용하여 새로운 비즈니스 영역을 발굴하고 재창조해야 하는 현재, 사내 커뮤니케이션에 대한 전략적 커뮤니케이션이야말로 기업 대내외 주변에서 발생하는 쟁점과 위기를 효과적으로 대처하고 해결할 수 있는 시작점이 될 수 있다. 이를 위해 사내 커뮤니케이션을 위한 부서 운영과 사내 커뮤니케이션을 시작으로 하는 통합적 커뮤니케이션을 전략적으로 운용하기 위한 시스템 도입이 필요하며, 그 시작점은 빠르면 빠를수록 좋겠다.

3장

갈등관리와 협상

이해관계자 집단 간의 커뮤니케이션

전형준(한국조지메이슨대학교 아시아 평화 분쟁 연구센터 연구위원)

1. 더 다양한 PR의 세계

고용정보원 워크넷은 우리나라의 PR 전문가들이 수행하는 업무를 다음과 같이 소개한다. "홍보전략 및 계획을 수립하고, 미디어를 통해 조직을 홍보하고, 조직 이미지 제고를 위해 사회공헌활동을 기획 및 실행하고, 조직과 관련된 부정적 사건에 대해 조기에 대응하는 위기관리 업무를 수행한다. 사실 워크넷에는 PR 전문가가 별도로 등록되어 있지는 않고, 홍보사무원에 대한 설명이 위와 같으며, 홍보사무원의 유사명칭에 PR 전문가가 있다"(워크넷, 2022).

PR 전문가의 업무에 대해 미국 노동통계국은 조금 다르게 설명한다. PR 전문가는 자신이 대변하는 의뢰인을 위해 긍정적인 공중 이미지(a positive public image)를 창조하고 유지하는 일을 하는데, 사무실에서 일할 뿐 아니라 연설을 할 때도 있고, 회의에 참석하거나 공동체 활동에 참석하고, 때때로 출장을 간다. 2020년 기준으로 볼 때, 미국 내에서 PR 전문가라고 할 수 있는 사람의 수는 27만 2300명인데, 2030년에는 3만 1200명(11%)이 증가할 것으로 예상되며, 이 증가율은 전체 평균을 상회하는 것이다(U.S. Bureau of Labor Statistics, 2022).

한편 이탈리아의 PR 전문가인 팔코니(Falconi, 2006)는 PR 전문가의 업무에 대해 좀 더 폭넓게 정의했다. 그는 PR 업무가 "의식적이고 계획된 관계를 창조하거나 통합하거나 개선시키거나 관리하는 것을 포함하는데, 그러한 관계는 조직과 공중 간에 상호의존적일 경우 필요하다. 즉 공중의 결정, 행동, 의견 및 태도가 조직에 영향을 끼치고, 동시에 조직의 결정, 행동, 의견 및 태도가 공중에게 영향을 끼칠 때 PR이 필요하다"라고 제안했다. 팔코니(Falconi, 2006)가 자신의 정의에 기반해 추정한 것에 따르면, 2006년 전 세계의 PR 전문가의 수는 230만 명에서 450만 명에 이른다.

우리는 이 장을 통해 우리나라의 일반적인 PR 업무 영역을 다소 벗어난 갈등관리와 협상을 다룰 것이다. 그동안 우리나라의 PR이 미디어 중심으로 이해되다 보니 협상과 같은 당사자 간의 직접적인 커뮤니케이션은 마치 PR과 무관한 것으로 인식되기도 했다. 하지만 그루닉(Grunig, 2022)은 갈등관리와 협상이 조직의 지속가능성을 높이는 PR과 관련되어 있다며, 현대적인 협상의 전기를 마련한 하버드의 협상 프로그램(Program on Negotiation)의 이론을 대칭적인 PR 전략과 관련된 아이디어의 원천으로 사용했다고 밝힌 바 있다. 이처럼 PR의 외연을 확장하는 관점에서 보면 갈등관리와 협상과 같이 이해관계자(또는 이해당사자) 집단 간의 직접적인 커뮤니케이션은 상당히 흥미로운 영역이 될 것이다.

2. 갈등관리의 시대적 배경: 정책의 민주화

최근 반세기 동안 우리나라의 가장 큰 변화는 경제적 성장, 문화적 성장과 더불어 민주화로 볼 수 있다. 이영희(2004)는 우리나라의 민주화가 정치의 영역, 산업의 영역, 정책의(행정의) 영역에서 진행되었다고 평가했다.

정치의 민주화는 1970년대부터 1980년대까지 진행되었는데, 그 중심에는 학생운동이 있었다. 이 시기에는 우리나라가 과연 민주주의 국가이고, 정당정치 등 민주주의의 기본적인 시스템이 제대로 작동하는지에 대한 치열한 갈등이 있었다.

1987년부터 1990년대 초는 산업의 민주화 시대로 구분된다. 노사 갈등이 정점을 이루었고, 이는 객관적인 지표에서도 드러났다. 1986년 8.5일이었던 노동손실일수(피고용자 1000명당 노동쟁의로 인한 손실일수)가 1987년에는 755.8일로 증가했고, 1988년 562일, 1989년 611.3일로 높은 수준을 유지했다. 이 수치는 1990년대 들어서면서 조금씩 감소해서 1990년 409.8일, 1991년 286.8일, 1992년 131.5일, 1993년 110.9일, 1994년 120.4일의 수준을 보였다.

2000년대 이후 현재까지 지속적으로 관찰되는 현상은 정책의 민주화이다. 주5일 근무제 후속대책, 한탄강댐 건설, 의약분업제도 개선, 교육행정정보시스템(NEIS) 구축 등은 2003년의 대표적인 정책 갈등 현안들이었다(이영희, 2004). 한편 주 52시간제 현장 안착, 4대강 보 처리방안 마련, 수술실 CCTV 설치 의무화, 온종일 돌봄정책 추진 등은 2021년의 대표적인 정책 갈등 현안들이다. 이는 약 20년이 지났지만 정책과 관련된 갈등이 여전함을 잘 보여준다(≪뉴스데일리≫, 2021.10.23).

정책 PR은 PR의 주요 영역 중 하나이다. 현재 우리나라에서 지속되고 있는 정책의 민주화 현상, 공공 갈등에 대한 중요성 부각 등은 이 맥락에서도 중요하다. 미국의 경우 최근 약 20년간 이념갈등의 문제가 점점 심각해지고 있다는 점(황수경 외, 2021: 50)도 우리에게 정책 PR이 중요함을 일깨워 준다. 갈등관리는 정책 PR에 있어서 직면하는 갈등 상황에 대응할 수 있는 또 하나의 도구이다.

3. 이해관계자 집단의 커뮤니케이션: 무연탄 파업 갈등 사례와 아이비 리의 원칙 선언문

PR과 이해관계자 집단의 커뮤니케이션은 오랜 인연이 있다. 아이비 리(Ivy Ledbetter Lee)는 현대 PR의 창시자인데, 그에게 큰 영향을 끼친 것으로 알려진 사례가 바로 1902년의 무연탄 파업 갈등의 해결 과정이기 때문이다.

당시 이 파업은 단순한 노동쟁의가 아니었다. 파업이 장기화된다면 미국

그림 3-1
1902년 루스벨트 대통령이 임명한 무연탄 파업 관련 중재위원회

자료: https://picryl.com/media/anthracite-coal-strike-commission-appointed-1902-by-president-roosevelt (검색일: 2022.8.27)

주요 도시에 거주하는 주민들의 겨울 난방에 심각한 문제가 발생할 수 있었기 때문이다.

파업의 당사자인 노조와 광산업자들은 언론에 대해 상반되는 태도를 보였다. 노조는 공개적인 태도를 보였지만, 광산업자들은 그렇지 않았다. 예를 들어, 노조 측은 신문에 자신들의 요구사항을 공개했는데, 그 내용을 보면 임금 인상, 근무일 축소, 노동조합에 대한 사측의 인정 등이 있었다.

루스벨트 대통령은 사실 관계에 대해 중립적으로 조사할 중재위원회[1]를 구성했다. 이는 미국 정부가 그 이전까지의 관행을 깨고 중립적인 제3자로서 개입한 최초의 사례였다. 그 이전까지 미국의 대통령들은 파업에 개입하지 않거나, 개입할 경우 파업에 대해 단호한 모습을 보였다. 대통령이 신중

1 무연탄 파업 관련 중재위원회에 대해서는 다음 사이트를 참조. https://www.dol.gov/general/aboutdol/history/coalstrike

그림 3-2
무연탄 파업과 관련된 집회 모습

자료: "Anthracite rallies in Pennsylvania", Library of Congress.

하게 선정한 무연탄 파업 관련 중재위원회의 위원들에 대해 광부들과 광산업자들은 수용적인 태도를 보였다. 그들은 모든 갈등 쟁점들을 중재위원회에 제출한다는 것에 합의했다. 양측은 또한 위원회의 조사 결과를 따르기로 합의했다.

중재위원회는 신중하게 행동했다. 그들은 광산 운영자들이 제안한 특별열차를 타지 않았고, 상대편 당사자들이 공동으로 선정한 광산들을 일주일 동안 순회했다. 그들은 광부들이 살고 일하는 조건을 직접 확인했다. 중재위원들은 현장 순회가 끝난 후 3개월 동안 양측과 면담을 실시했다. 파업을 하고 있는 광부 240명, 노조에 속하지 않은 광부 153명, 광산 운영자 154명

표 3-1
아이비 리의 원칙 선언문(Excerpts from Ivy Lee's Declaration of Principles)

- 우리는 비밀스러운 언론 대행 기관이 아니다. 우리가 하는 모든 일은 공개적으로 이루어진다. 우리는 뉴스를 공급하고자 한다.
- 우리는 광고 회사가 아니다. 우리가 보낸 어떤 것도 광고가 아니다. 당신이 우리 자료를 광고로 여길 바에는 사용하지 않기를 바란다.
- 우리는 정확한 자료를 만드는 것을 중시한다. 만약 우리가 다룬 주제에 대한 세부 사항이 더 필요하다면, 우리는 즉시 그 내용을 공급할 것이다. 어떤 편집자든 내용에 대해 사실 관계를 직접 확인하고자 한다면, 우리는 성심성의껏 도울 것이다. (중략)
- 요약하면, 우리는 기업체와 공공기관을 위해 일할 때, 그들과 관련된 정보를 솔직하고 공개적으로 미국의 신문과 공중들에게 제공하겠다. 어떤 주제라도 즉각적이고 정확한 정보가 제공될 것이다. 공중은 자신들에게 가치 있고, 자신들이 궁금해하는 주제에 대한 정보를 얻게 될 것이다.

자료: Miller and Barbour(2014).

을 만났다. 중재위원회의 중재안은 양측의 요구 사항을 절충하면서, 양측 모두 수용 가능한 수준을 모색한 것이었다. 광부들은 20%의 임금 인상을 요구했는데, 중재안은 10%를 제시했다. 광부들은 하루 8시간 근무를 요구했는데, 중재안은 하루 9시간을 제시했다. 당시 일반적인 근무 시간은 하루 10시간이었다.

가장 민감한 사안은 광산업자들이 노동조합을 인정할지 여부였다. 노조 측은 노동조합을 인정할 것을 요구했고, 광산업자들은 노동조합을 인정할 수 없다고 강조했다. 이에 대해 중재위원회는 6인 위원회를 구성하는 해법을 제시했다. 이 6명은 광산업자들이 3명, 광부들이 3명을 선정하도록 했다. 6인 위원회가 구성됨으로써 노조 측에서는 그동안 광산업자들이 노동조합을 인정하지 않았던 문제가 사실상 해소되었다고 인식했다.

이 사례를 통해 아이비 리는 미디어에 정확한 정보를 공개적으로 제공하는 것의 효용성에 확신을 가진 것으로 보인다. 그는 이를 반영한 원칙 선언문(〈표 3-1〉)을 1906년에 발표함으로써 PR이 광고와 어떻게 다른지, PR의 핵심이 무엇인지를 천명했다. 그는 정확하고 진실한 정보를 공개적으로 제공하는 것이 PR에서 매우 중요하다고 강조했다. 아이비 리는 정확한 정보가 충분히 제공되기만 한다면, 공중은 그 정보를 바탕으로 올바른 결정을 내릴 수 있을 것이라는 신념을 가지고 있었다(한정호 외, 2014: 56~57).

4. 공공 갈등

PR과 갈등관리의 관련성을 이해하기 위해서는 우선 갈등에 대해 새롭게 볼 필요가 있다. 즉 갈등을 문제로 볼 것이 아니라 갈등관리가 잘 안 되는 것이 문제라고 보는 것이다. 기업, 공공기관, 시민사회단체 등이 건강하게 활동하고 있다면 갈등에 직면하게 된다. 갈등은 그 자체로 문제는 아니다. 다만 우리가 갈등을 다루는 데 익숙하지 않기 때문에 스트레스를 받는 것이다. 갈등으로 인한 스트레스 때문에 모든 집단은 갈등이 없기를 바라지만 민주적인 사회에서 갈등이 전혀 발생하지 않게 할 방법은 없다.

과거 우리 사회에서는 갈등이 특히 부정적인 의미를 지녔다. 전통적인 관점에서 봤을 때 갈등은 발생하지 않아야 하는 것이며, 조직의 성과 달성에 방해가 되는 제거 대상이었다.

하지만 현대적 관점에서 볼 때, 갈등은 불가피하고 수용하는 것이 바람직하다. 물론 사회적 생산성 제고를 위해서는 적극적으로 갈등을 예방하고 해결하는 것이 필요하다. 그렇지만 이를 위해서 갈등과 관련된 이해관계자들을 억압하는 것은 부적절하며, 참여와 협력 속에서 이해관계자들 간에 합의를 도모하는 것이 바람직하다.

갈등은 세 가지 요소를 포함하고 있다. 첫 번째 요소는 상호의존적인(interdependent) 이해관계자들(interested parties)의 존재이다. 어느 한쪽이 다른 쪽

그림 3-3
갈등의 세 가지 요소

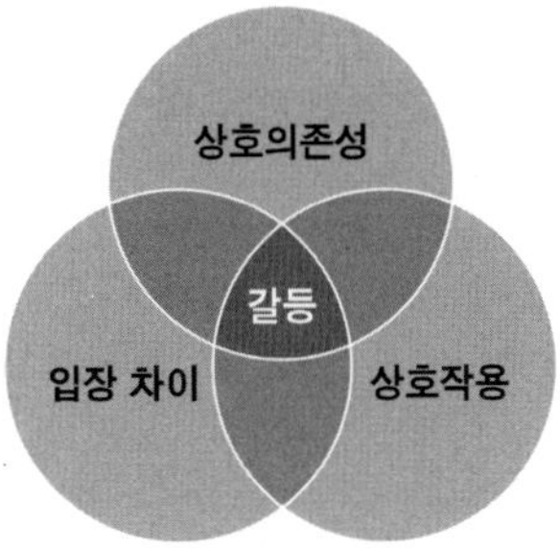

자료: Miller and Barbour(2014).

에 일방적으로 의존하는 상황 또는 서로 간에 영향을 끼칠 수 없는 상황이라면 갈등은 발생하지 않는다. 갈등의 두 번째 요소는 이해관계자들이 특정 쟁점에 대해 서로 다른 입장을 가지고 있다는 점이다. 한쪽 이해관계자가 무언가에 찬성하는데 다른 이해관계자가 그것에 반대할 때 갈등이 발생한다. 마지막 세 번째 요소는 상호작용이다. 찬성과 반대의 입장을 가지고 있더라도, 이해관계자들이 그것을 드러내놓고 추구하지 않는다면 갈등은 발생하지 않는다. 상호작용 중에는 자신의 입장을 상대에게 관철시키기 위해 상대를 압박하는 경우와 자신의 입장에 동조해 줄 다른 사람들을 모으는 경우 등도 포함된다.

갈등 중에서 공공 갈등은 PR과 관련이 깊다. 공공 갈등은 "정부나 국회에서 법령을 제정 또는 개정하거나, 공공기관 등에서 정부 정책이나 공공사업을 수립·추진하는 과정에서 발생하는 충돌과 대립으로서, 당사자 또는 제3자 중 적어도 한쪽이 정부나 공공기관인 경우"를 말한다(전형준, 2016: 98). 기업의 경우에도 정부 또는 지방자치단체에서 인허가를 받아 진행하는 사업에서 기업과 공공기관 간 또는 기업과 주민들 간에 갈등이 발생한 경우 공공 갈등에 해당할 수 있다. 앞서 예로 든 무연탄 파업 갈등의 경우에도 1차적인 이해관계자는 광산업자들과 광부들이지만, 정부가 제3자로 개입한 공공갈등 사례라고 할 수 있다.

갈등에 있어 주요 분석 단위이자 역할 단위는 이해관계자들이다. 이해관계자들은 활성 공중(active public)과 공통점도 있지만 차이점도 있다. 우선 활성 공중과 이해관계자들의 공통점은 그들이 쟁점에 대해 가장 적극적인 태도와 행동을 보인다는 점이다. 많은 경우 이들은 쟁점에 대해 지식수준이 높고 관여도도 높다(Hallahan, 2000, 2001).

다만 활성 공중은 공중의 일부로서 여론을 만들 수 있는 사람들이라는 측면이 강조되는 데 반해(한정호 외, 2014: 4), 이해관계자들은 특정 사안과 관련하여 당사자인 경우가 많고, 여론에 영향을 끼칠 뿐 아니라 시위, 소송, 대화 등을 통해 다른 이해관계자들에게 직접적인 영향도 끼칠 수 있는 사람들이라는 측면이 다르다.

통상적으로 이해관계자들은 활성 공중보다 훨씬 적은 수로 구성된다. 물론 예외적으로 수백만 명도 될 수 있지만, 일반적으로는 수십 명에서 수만 명 수준인 경우가 많다. 따라서 이들을 이해하기 위한 방법도 대규모 설문조사보다는 심층 인터뷰가 통상적이며, 이들이 소통하는 방식도 매스미디어를 통한 방법보다는 간담회를 통한 방식이나 대표들이 모여 직접 소통하는 방식이 일반적이다.

5. 갈등관리

갈등이 예상되거나 이미 발생한 경우 이해관계자들은 갈등관리를 시도할 수 있다. 갈등관리란 갈등이 가지는 순기능은 극대화하고, 역기능은 최소화하려는 다양한 시도를 말한다(대통령자문 지속가능발전위원회, 2005). 가끔 갈등관리를 사람(갈등의 이해관계자들)을 관리하는 것으로 생각하기도 하는데, 이는 갈등관리에 대한 오해이다. 갈등관리의 대상은 사람이 아니라 사안이다(국무조정실, 2020).

갈등이 가지는 역기능은 다양하다. 첫 번째 역기능은 의사결정의 지연이다. 예를 들어 지방자치단체가 화장장을 건설하고자 하는데, 입지 후보지 주민들이 반대해 갈등이 발생하면 사업이 원활하게 진행되기 어렵다.

두 번째 역기능은 집회·시위 등으로 인한 사회적 비용의 증가이다. 이러한 사회적 비용에는 수많은 사람들이 자신의 시간과 노력을 들여서 갈등 과정에 참여하는 측면뿐 아니라, 이에 대응하기 위해 행정력과 공권력이 투입되는 측면까지 고려될 수 있다.

세 번째 역기능은 심리적인 측면이다. 서로 다른 입장을 가진 이해관계자들은 자신들의 입장이 관철되어야 한다고 믿는 경우가 많으며, 어느 쪽의 입장이 관철될지 판단하기 어려운 갈등 상황에서 심리적 불안감을 겪게 되고, 자신들의 입장이 불리하다는 판단을 하는 경우 좌절감에 빠지기도 한다.

한편 갈등이 가지는 순기능도 다양하다. 이는 갈등이 전혀 없는 사회를 상상하면 이해하기 쉽다. 갈등이 전혀 없으려면 일사불란하게 입장이 통일되거나, 전통적으로 제시되는 입장에 대해 이견을 제시하지 못하는 사회여야 한다. 즉 둘 이상의 정당이 서로 지지를 호소하는 사회에서는 상상하기 힘들다.

다양한 관점과 입장이 표명되는 과정에서 얻을 수 있는 첫 번째 순기능은 정책의 합리성이 강화된다는 것이다. 중앙부처나 지방자치단체에서 아무리 전문가들의 자문을 받아 정책을 수립한다고 하더라도 지역의 상황이나 지역 주민들의 인식을 반영하는 것은 쉬운 일이 아니다. 갈등의 발생을 예상해 지역 주민들과 미리 소통하거나 갈등 발생 초기에 반대 입장을 가진

주민들의 의견을 적극적으로 경청한다면 기존 정책의 세부 내용을 보강할 수 있을 것이다.

갈등의 두 번째 순기능은 정책의 수용성을 높인다는 것이다. 여러 가지 정책 대안이 검토되고, 각각의 장점과 단점이 논의되는 과정에서 갈등의 이해관계자들은 사안의 복잡성에 대해 더 잘 이해하게 된다. 상대방과 대화가 진행되기 전에는 상대방의 입장이 가지는 문제점에만 주목하게 되는데, 대화를 통해서 상대방이 그런 입장을 내세우는 이유를 이해하게 되는 것이다. 이는 행정의 관점에서 볼 때, 갈등을 슬기롭게 극복한 정책에 대해서는 주민들이 높은 수용성을 가진다는 의미이다.

갈등의 세 번째 순기능은 갈등을 해결하는 과정에서 창의적 해법을 도출할 수 있다는 것이다. 갈등 과정에서 많은 대화가 오가면서 이해관계자들은 문제가 무엇인지를 좀 더 다양한 관점에서 바라볼 수 있고, 서로의 정보도 공유한다. 이 과정을 통해 기존에 각자가 생각하던 해법을 넘어서는 창의적인 해법이 만들어질 수 있다.

6. 공공 갈등의 변화 단계

다운스(Downs, 1972)는 쟁점에 대한 공중의 주목도가 다섯 단계를 거친다고 주장했다. 그는 특정 쟁점이 상당히 중요하고 때때로 그 쟁점이 해소되지 않았음에도 이러한 주기를 따른다고 보았다. 그가 말한 첫 번째 단계는 잠재단계(the pre-problem stage)이다. 이 단계에서 공중은 문제가 있음을 제대로 인식하고 있지 못하다. 그러나 실제로 문제가 있으며 이미 상당히 악화된 상태일 수도 있다.

두 번째 단계는 쟁점 발견 단계(alarmed discovery and euphoric enthusiasm)

이다. 이 단계에서는 쟁점과 관련된 몇 가지 이벤트가 발생하면서 공중이 문제가 있음을 갑자기 자각하게 된다. 이 시기에 공중은 사회가 이 문제를 풀 수 있는 충분한 능력을 가지고 있다고 믿으며 오래 걸리지 않아서 이 문제가 해결될 것이라고 기대한다.

세 번째 단계는 현실 자각 단계(realizing the cost of significant progress)이다. 쟁점에 대해 공중이 점차 객관적으로 이해함에 따라 문제를 해결하는 데 많은 비용이 든다는 것을 깨닫거나, 상당히 많은 사람들이 희생을 감수할 수밖에 없음을 깨닫게 된다.

네 번째 단계는 쟁점에 대한 관심이 감소하는 단계(gradual decline of intense interest)이다. 문제를 해결하는 것이 매우 어려움을 인지한 공중은 몇 가지 반응을 보인다. 예를 들어, 낙담하여 포기하거나 위기감을 크게 느끼지만 그런 생각을 억누르거나 흥미를 잃을 수도 있다. 대부분의 공중은 이런 반응을 복합적으로 경험하고, 그에 따라 쟁점에 대한 관심은 급속히 사그라든다. 이 무렵 새로운 쟁점이 쟁점 발견 단계에 들어서면 공중은 그에 대한 관심을 보인다.

다섯 번째 단계는 후속 단계(the post-problem stage)이다. 해결되지 않은 쟁점은 장기화되며 가끔 관심을 끌기도 하지만 공중의 주목도는 낮다. 그럼에도 새로운 조직, 프로그램, 정책이 쟁점을 풀기 위해 도입되기도 한다.

브람(Brahm, 2003)은 갈등의 변화를 다운스(Downs, 1972)와 유사한 일곱 단계로 설명했다. 갈등이 잠재되어 있는 단계(latent conflict), 갈등이 표출되는 단계(emergence), 갈등이 고조되는 단계(escalation), 갈등 상황의 교착 단계(stalemate), 갈등이 완화되는 단계(de-escalation), 갈등이 해소되는 단계(resolution), 갈등 후 단계(peacebuilding and reconciliation)가 바로 그것이다.

이 중에서 교착 단계는 갈등이 고조된 후 이해관계자 중 어느 누구도 자신이 갈등 상황에서 승리했다고 말할 수 없는 상황을 말한다. 교착 상태가

그림 3-4
공공 갈등의 진행 단계

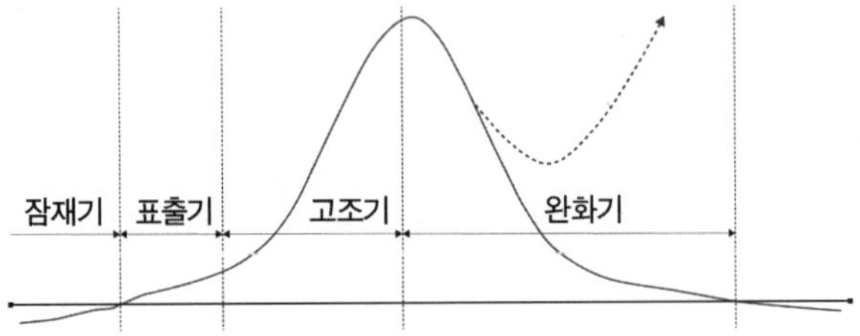

자료: 국무조정실(2020).

발생하는 이유는 여러 가지이다. 갈등 해결을 위한 전략이 실패한 경우, 갈등을 더욱 고조시키기 위한 자원이 고갈된 경우, 집단 구성원이나 연합 세력의 지원이 줄어든 경우 등이다.

공공 갈등도 유사한 단계를 밟는다. 다만 공공 갈등은 이해관계자가 많고, 변수도 많기 때문에 갈등이 완화되다가도 다시 고조될 수 있다는 점이 다르다. 이를 그래프로 표현하면 〈그림 3-4〉와 같다.

7. 공공 갈등에 대한 분석

공공 갈등이라는 하나의 현상이 예상되거나 발생하면, 이에 대한 진단이 필요하다. 가장 대표적인 진단 방법은 갈등영향분석(conflict assessment)이다.

갈등영향분석은 공공정책을 수립하거나 추진하는 과정에서, 해당 공공정책과 관련된 주요 이해관계자들이 '중립적'이라고 인정할 만한 사람(또는 팀)이 주요 이해관계자들과 필요시 관련 전문가들을 심층 면담한 후 면담 내용 등을 분석하는 것을 말한다. 면담과 분석 과정에서 주목하는 부분은 대략 다섯 가지 정도인데, 숨겨진 이해관계자들이 있는지, 쟁점이 무엇인지, 각 이해관계자들의 이해 관심사는 무엇인지, 이해관계자들이 모여서 대화를 할 경우 갈등 해결이 가능할 것인지, 갈등 해결을 위한 절차는 어떤 것이 가능할지가 그에 해당한다.

이 중에서 특히 입장(position)과 이해 관심사(interest)를 구분하는 것이 중요하다. 입장은 특정한 쟁점과 해법에 대해 이해관계자가 갖는 태도 또는 의견을 말한다. 통상적으로 입장은 찬성 또는 반대 등으로 표시된다. 반면에 이해 관심사는 이해관계자가 특정한 입장을 가지게 만든 동기가 되는 어떤 것이다. 대화로 갈등을 풀어갈 수 있느냐는 이해관계자들이 대화의 자리에서 입장만 반복적으로 이야기하느냐, 자신들의 이해 관심사도 터놓고 얘기할 수 있느냐에 달려 있다.

한편 갈등영향분석을 할 때 유의할 점은 분석 결과가 언제까지나 유효한 것은 아니라는 점이다. 갈등 상황은 시간에 따라 계속해서 변할 수 있기 때문이다. 사안별로 다르지만 갈등영향분석이 종료된 이후 6개월이 지나기 전에 후속 갈등 해결 과정을 시작하는 것이 바람직하다(전형준·김학린, 2018).

갈등영향분석이 진행된 사례는 많지만, 분석 결과를 즉각적으로 활용해서 갈등 해결에 성공한 사례는 상대적으로 적다. 그런 성공 사례 중에 인천시 부평구의 지하 보·차도 갈등 사례가 있다(전형준, 2019). 당시 중립적인 제3자가 갈등영향분석을 진행했고, 이를 통해 조정(mediation)이 갈등 해결의 적절한 방법이 될 수 있다고 분석되었다. 갈등영향분석이 끝난 직후 부평구청의 갈등관리 팀은 모든 이해관계자들을 만나서, 갈등영향분석에서 진단된 것과 같이 모든 이해관계자들이 조정에 참여하는 것이 문제를 해결하는 데 가장 바람직한 방법이라는 것을 설득했다. 또한 부평구청 갈등관리 팀은 중립적인 제3자를 조정 팀으로 선정하기 위해 신중을 기함으로써 절차에 대한 신뢰를 높였다.

8. 공공 갈등을 대화로 해결하는 세 가지 방법

공공 갈등을 이해관계자 중심의 대화로 해결하는 방법은 크게 세 가지가 있다. 첫 번째는 협상(negotiation)인데, 제3자의 개입 없이 이해관계자들만의 대화로 문제를 다루는 방식이다. 두 번째는 조정인데, 절차적 도움을 주는 중립적인 제3자가 개입하는 방식이다. 조정 과정은 협상을 바탕으로 하기 때문에 조력을 받아 진행하는 협상(assisted negotiation)이라고도 한다. 세 번째는 중재(arbitration)인데 중립적인 제3자가 개입한다는 점에서 조정과 유사하다. 다만 조정의 경우 대화가 진행되는 동안 합의를 할지 말지를 이해관계자들이 언제든지 결정할 수 있는 데 반해 중재의 경우 중립적인 제3자가 합의안을 제시하면 이해관계자들은 이를 따라야 한다는 점이 다르다. 따라서 조정에서 이해관계자들의 역할은 상대방을 설득하는 것인 데 반해, 중재에서 이해관계자들의 역할은 중재인을 설득하는 것이다.

1) 협상을 통한 공공 갈등 해결

협상은 상호의존적인 상황에 있는 둘 이상의 당사자가 공공 갈등 사안처럼 공동으로 가지고 있는 문제를 풀기 위해 커뮤니케이션 중심의 다양한 상호작용을 하는 것을 말한다.

(1) 주민 대표성의 문제

공공 갈등 해결을 위해 협상하는 경우 누가 주민 대표로 나설 수 있는지가 종종 문제가 된다. 중앙부처, 지방자치단체, 회사, 시민사회단체 등은 조직 내부의 절차를 거쳐 협상 대표를 선정할 수 있다. 그렇지만 주민들은 그렇게 상시적으로 운영되는 조직이 아니다. 물론 주민들의 투표로 뽑힌 대표들로 지방의회 의원들이 있다. 하지만 이들이 갖는 대표성이 특정 공공 갈등 사안에도 적용되는지는 불명확하다. 예를 들어 동물화장장을 생각해 보자. 지방자치단체에서는 동물화장장을 만들고자 하고 주민들은 그것에 반대하는 상황이라고 할 때, 지방의회 의원들이 동물화장장이 필요하다고 판단하고 주민들에게 이해해 달라고 한다면 주민들이 마음을 바꿔 순순히 수용할까? 그럴 수도 있겠지만 주민들은 의원을 잘못 뽑았다고 비난할 가능성이 더 높다. 따라서 특정 사안에 대해 주민들을 대표하는 사람들은 그 문제에 대해 주민들과 많은 시간을 토론하고, 리더십을 발휘해 온 사람일 수밖에 없다.

(2) 입장과 이해 관심사의 문제

특정 공공 갈등 사안이 발생하면 가장 많이 언급되는 것이 이해관계자들의 입장이다. 입장은 어떤 쟁점에 대해 한 당사자가 갖는 태도 또는 의견으로서 흔히 찬성 또는 반대로 표현된다. 그런데 갈등이라는 것은 입장이 충돌하기 때문에 발생한다. 즉 입장 중심으로 대화한다면, 윈윈은 불가능하다는 이야기이다. 그렇다면 어느 한쪽이 이기고, 다른 한쪽은 반드시 패배하는 것 외에는 방법이 없는 것일까? 피셔·유리·패튼(2011)은 그렇지 않다고 주장한다. 수십 년에 걸친 연구와 현장 적용을 통해 그들은 입장보다 더 중요한 것이 이해 관심사이며, 이해 관심사를 충족시키기 위한 대화를 한다면 윈윈도 가능하다고 설명한다.

이해 관심사란 어느 당사자에게 특정한 입장을 가지게 만든 이유로서, 그 당사자에게 중요한 의미를 지닌 것을 말한다. 예를 들어 어떤 정책에 반대하는 입장을 가진 사람은 자신의 거주 시설이 그 정책으로 인해 위험해질 수 있다는 불안감이 이해 관심사일 수 있다. 전력설비에 반대하는 동일한 입장을 가지더라도, 사람에 따라서 전자파에 대한 우려가 이해 관심사일 수도 있고, 땅값 하락에 대한 우려가 이해 관심사일 수도 있다.

(3) 세 종류의 협상가

이렇게 입장과 이해 관심사의 차이를 이해하게 되면 우리는 크게 세 종류의 협상가를 구분할 수 있게 된다. 첫 번째는 강경한 입장을 보이는 강성 협상가이다. 강성 협상가는 협상을 대결로 보고 상대를 적으로 인식한다. 협상의 목적은 자신이 원하는 것을 얻는 것이며, 그에 따라 입장을 고수하는 것이 중요하다. 그런 목적을 달성하기 위해 상대를 위협하기도 하고 자신의 힘을 과시하기도 한다. 이들은 사람과 문제 둘 다에 강경한 태도를 보인다.

두 번째 종류의 협상가는 입장 중심으로 접근하지만 상대에게 부드럽게 대하는 사람들이다. 이들을 연성 협상가라고 한다. 연성 협상가에게 협상은 의견 차이를 줄이는 방법이며, 상대는 적이 아니라 친구이다. 이들은 서로 양보를 해야 의견 차이가 줄어들 수 있다고 믿으며 사람과 문제 둘 다에 부드러운 태도를 지닌다.

세 번째 종류의 협상가는 입장이 아니라 이해 관심사에 기반한 협상가이다. 이들에게 협상은 쟁점을 풀어가는 과정이다. 그리고 협상에서 만난 상대는 쟁점을 같이 풀어갈 동료이지 적이나 친구가 아니다. 이들에게 협상의 목적은 협상 당사자 모두가 자신들의 이해 관심사를 충족시키는 것이다. 입장과 달리 이해 관심사는 동시에 충족시킬 수 있기 때문에 자신이 상대방에게 굴복할 필요도 없고, 상대방에게 굴복을 요구하지도 않는다. 이들은 윈윈의 해법을 도출하기 위해서는 많은 대화와 참신한 아이디어가 중요하다고 믿는다.

(4) 분배적 협상과 통합적 협상

협상의 유형은 크게 분배적 협상과 통합적 협상으로 나뉜다. 분배적 협상은 파이가 고정되어 있다고 가정하고, 그 파이를 어떻게 공정하게 나눌지의 문제를 다룬다. 반면 통합적 협상은 파이가 고정되지 않았다고 가정한다. 통합적 협상에서 중요한 것은 얼핏 고정되어 있는 것처럼 보이는 파이가 사실은 그렇지 않다는 점을 발견하는 것과, 그렇다면 그 파이를 어떻게 키울 수 있는지의 문제를 다룬다.

분배적 협상에서 가장 큰 걸림돌은 당사자 간에 정보 불균형 또는 불신의 문제가 존재한다는 것이다. 이럴 때 쓸 수 있는 전략으로 한 명은 빵을 자르고 다른 한 명은 먼저 선택하는 전략이 가능하다. 또 다른 전략으로는 중립적인 제3자를 공동으로 선정해서 그에게 결정을 맡기는 방법이 있다.

통합적 협상에서 파이를 키우기 위해서는 다양한 접근이 활용된다. 우선 서로 간의 이해 관심사 차이에 주목하는 방법이 있다. 예를 들어, 한쪽은 금액이 큰 것을 선호하는 반면, 다른 쪽은 빠른 거래가 이루어지는 것을 선호할 수 있다. 둘째, 공통된 이해 관심사를 극대화하는 방법이 있다. 학교와 학부모가 어떤 쟁점에 대해 입장이 다르더라도, 아이들의 안전을 중시하는 이해 관심사는 공통될 것이다. 세 번째로 규모의 경제를 활용하는 방법이 있고, 네 번째로 모니터링 등을 통해 손실이 발생할 가능성을 줄이는 방법도 있다.

분배적 협상이든 통합적 협상이든 종종 객관적 기준을 활용할 필요가 있다. 때로는 입장뿐 아니라 이해 관심사도 상충하기 때문이다. 예를 들어, 임대인과 임차인 간에 월세를 정하고자 할 때, 임차인은 좀 더 낮은 월세를 원하고, 임대인은 좀 더 높은 월세를 원하는 경우 이해 관심사가 충돌한다. 이때 최근 1년간 해당 단지의 평균 월세라는 객관적 기준을 적용하는 것이 갈등을 해결하는 하나의 방법이 될 수 있다. 객관적 기준의 예로는 평균값뿐 아니라 감정 평가사의 평가 결과, 유사한 선례 등이 있고, 객관적 기준을 찾는 작업 자체를 이해관계자들 간의 '공동 탐색 문제'로 상정해 다루는 것도 바람직하다.

(5) BATNA

BATNA는 Best Alternative To a Negotiated Agreement의 약자로서, 협상에 있어서 합의에 실패했을 때, 상대의 동의 없이 한쪽 당사자가 문제 해결을 위해 스스로 할 수 있는 것 중에서 스스로 생각할 때 가장 좋다고 생각하는 것을 말한다. 양자 협상이라면 BATNA는 각 당사자별로 1개씩 총 2개가 된다.

우리가 협상을 하는 근본적인 목적은 스스로의 이해 관심사를 효율적으로 충족시키기 위함이다. 협상을 하는 과정에서 자신이 진정으로 원하는 것을 얻을 수 없다면, 그 협상에 매달리는 일은 없어야 한다. 단 BATNA가 단순히 최저선을 의미하는 것은 아니다. 최저선을 의식하게 되면 입장 중심의 태도를 취하기 쉽고, 관점이 좁아져서 문제를 창의적으로 해결하기가 어려워지기 때문이다. 최저선이 지나치게 주관적인 기준이 될 수 있다는 점도 주의해야 한다. 예를 들어, 집을 거래하는 상황이라고 가정하면, BATNA는 "적어도 얼마를 받아야 하는가"에 대한 답이 아니라, "만약 내가 집을 팔지 못한다면 어떻게 할 것인가"에 대한 답이다.

2) 조정을 통한 공공 갈등 해결

조정은 가장 간단히 표현한다면 중립적 제3자의 절차적 도움을 받아 진행하는 협상이라고 할 수 있다. 조정은 기본적으로 협상의 과정을 포함하고 있기 때문에, 조정을 통해 합의에 이르기 위해서는 협상에서 합의를 도출하는 것과 마찬가지의 맥락으로 당사자들이 모두 수용할 수 있는 선택지를 찾아내야 한다.

공공 갈등에 있어서 조정이 활용되기 위해서는 통상적으로 이해관계자들 중 어느 한쪽이 조정에 대해 기본적으로 이해하고 갈등관리 전문가나 상대방에게 조정을 통해 문제를 해결할 의사가 있음을 타진해야 한다.

PR 전문가들은 기본적으로 어느 한쪽의 이해관계자들을 위해 서비스를 제공하기 때문에, 중립적인 제3자의 역할을 하는 조정인과는 역할이 다르다. 다만 PR 전문가가 조정에 대해 이해하고 있을 때 소속 기관이나 대행하는 기관에 조정을 통한 갈등 해결이 가능하다는 점을 조언해 줄 수 있다.

(1) 조정 회의를 준비하기

중립적으로 인정받을 수 있는 조정인으로 선정되면 조정인이 첫 번째로 할 일은 이해관계자들을 만나는 것이다. 이해관계자들과의 면담을 통해 조정인은 조정 과정에 대해 설명하고, 이해관계자들이 현안을 어떻게 인식하고 있는지를 파악한다. 그리고 조정 회의가 개최될 경우 이해관계자 집단을 대표해서 누가 참석할 수 있을지를 물어본다. 이 과정에서 사실 가장 중요한 것은 조정인과 이해관계자들 간에 기본적인 신뢰를 형성하는 것이다. 짧은 만남으로 조정인에 대해 모든 것을 다 알기는 어렵지만, 적어도 이 조정인이 조정 회의를 중립적으로 진행할 것이라는 기대는 할 수 있어야 한다.

(2) 조정 회의 시작하기

조정 회의는 보통 기본 규칙에 대한 합의로부터 시작한다. 기본 규칙은 상대방에 대한 에티켓을 포함해서 회의가 여러 차례에 걸쳐 진행될 경우, 각각의 회의 결과를 어떻게 해석할 것인지, 회의 결과와 회의 내용을 어느 수준에서 공개할 것인지 등을 포함한다.

기본 규칙을 정하는 것을 소홀히 하는 경우도 있지만, 절차적으로 발생하는 많은 문제들을 예방하고 신속히 대응하는 데 기본 규칙이 중요하게 작용하기 때문에, 기본 규칙을 이해하고 합의하는 데 소비되는 시간을 아까워해서는 안 된다.

또한 상대방을 굴복시킴으로써 빠른 시간 내에 대화를 끝내겠다고 생각하는 경우에는 기본 규칙이 필요 없다고 생각하기도 하지만, 어느 한쪽도 쉽게 굴복하지 않기 때문에 갈등이 발생한다는 점을 잊어서는 안 된다. 상대방을 이해시킬 뿐 아니라 상대방이 합리적으로 요구하는 것이 있다면 나도 받아들이겠다는 태도를 가져야 조정을 통해 모두가 수용 가능한 해결책을 도출할 수 있다.

(3) 대화를 통해 상호 이해하기

조정 회의가 진행되면 각 이해관계자들은 다양한 대화를 하게 된다. 기본적으로는 쟁점에 대한 자신의 입장을 표명한다. 하지만 대화가 여기서 그쳐서는 안 된다. 입장이 대립되기 때문에 갈등이 발생한 것이고, 그에 대해서는 대부분의 경우 모두 이해하고 있다.

입장을 넘어서 왜 그런 입장을 가지게 되었는지, 어떤 점이 중요하기 때문에 그런 입장을 가지는 것인지에 대한 솔직한 대화가 오가야 한다. 즉 대화를 통해 서로의 이해 관심사를 공유해야 한다. 이해 관심사는 때때로 드러내놓고 말하기 어려운 경우도 있다. 이를 이끌어내는 것이 조정인의 중요한 역할이다.

(4) 분배적 또는 통합적 관점에서 대화하기

상호 이해가 어느 정도 되었으면, 분배적 또는 통합적 관점에서 쟁점에 대한 대화를 한다. 분배적 관점에서 대화를 할 경우, 첫 제안을 누가 할 것인지, 그에 대해 상대방은 받아들일 것인지 아니면 어떤 수정 제안을 할 것인지, 양측에 합의 가능 영역이 존재하는지, 양측이 팽팽하게 맞서고 있다면 객관적인 기준을 수용하기로 합의하는 방식으로 문제를 풀 수 있는지 등을 검토하게 된다.

한편 통합적 관점에서 대화를 할 경우, 윈윈의 선택지로는 어떤 것들이 있을지, 현재 이해관계자들만으로는 윈윈 해법을 도출하기 어려울 경우 새로운 판짜기가 가능할 것인지 등을 검토하게 된다.

(5) 조정을 마무리하기

조정 회의를 진행할 경우 가급적 매 회의마다 회의 결과를 문서로 정리하고, 그에 대해 이해관계자들의 확인을 거치는 것이 좋다. 회의 결과는 회의 중에 나온 내용을 너무 많이 담아서 녹취록처럼 작성하는 것은 부적절하다. 다만 주요 주장이 무엇이었는지, 서로 간에 의견의 일치를 본 부분은 무엇이었는지는 구분해서 정리하는 것이 바람직하다.

(6) 최종 합의문 작성하기

여러 차례에 걸쳐 조정 회의를 진행한 경우, 마지막 회의에서 최종 합의문을 작성하게 된다. 최종 합의문에는 이해관계자들이 각각의 회의에서 합의한 내용이 종합적으로 담기게 되며, 마지막으로 세세한 내용을 한 번 더 조율할 수 있다.

(7) 조정을 통해 공공 갈등을 해결한 사례: 부평구 지하 보·차도 갈등 해결 사례

이 사례는 경인철도가 통과하고 있는 인천시 부평구 지역에 철도 하부로 새로운 지하 보·차도를 건설해 달라는 주민들의 요구로, 부평구가 사업을 진행하고자 했을 때 발생한 갈등을 해결한 사례이다.

당시 부평구는 주민들의 요구로 사업을 계획했던 것이었기 때문에 갈등

그림 3-5
현장의 항공사진

자료: 네이버 지도.

이 발생할 것을 예상하지 못했다. 그러나 막상 공사를 하려고 하자, 현장 주변에 있는 빌라 주민들과 초등학교가 공사를 반대하면서 갈등이 표출되었다. 지하 보·차도를 건설하고자 한 곳은 〈그림 3-5〉의 '지하굴다리'와 '고가도로 및 육교'의 중간 정도 되는 위치로 이 사이의 거리는 약 900미터였다.

사전회의까지 포함하면 총 14차례의 회의가 개최되었다. 이 과정에서 공사의 필요성에 대해 서로 가지고 있었던 인식 차이가 상당 부분 해소되었고 회의가 진행됨에 따라 상호 간에 신뢰가 높아졌다. 또한 회의 중에 새로운 아이디어가 도출됨으로써 윈윈의 해법에 다가갈 수 있었다.

지하 보·차도 공사에 대해 이해관계자들은 찬성 또는 반대의 입장을 가지고 있었는데, 최종합의까지 도달하는 과정에서 모두들 변경된 공사를 수용하는 것으로 입장을 바꿨다. 다만 각 이해관계자들이 가지고 있었던 중요 이해 관심사는 다양한 방법에 의해 상당 부분 충족되었다.

3) 중재를 통한 공공 갈등 해결

중재는 중립적인 제3자가 개입한다는 측면에서 조정과 같지만, 그 제3자가 중재안을 제시하고 당사자들은 그 중재안을 수용하기로 한다는 점에서 조정과 다르다. 조정과 비교할 때 중재는 결과가 도출될 것인지에 대한 불확실성은 감소하는 반면에, 이해관계자들이 중재를 시작해야겠다는 마음을 가지기까지 진입장벽이 높다고 할 수 있다.

중재에 있어서도 중재자의 역할이 중요하다. 중재자는 당사자들의 주장을 면밀히 검토하고, 가장 합리적인 결론이 도출될 수 있도록 대화를 이끌어나간다. 때때로 이해관계자들은 극단적인 주장을 함으로써, 최종 결론이 자신에게 유리하게 도출되도록 하려는 전략을 택하기도 한다. 중재자가 양측의 입장을 듣고 그 중간에 해당하는 중재안을 제시할 것이라는 추측을 하게 되면, 이러한 극단적인 주장을 할 유인이 생긴다.

이러한 문제를 최소화하기 위해 최종 제안 중재라는 방식이 쓰이기도 하는데, 이는 중재자가 양측의 중간치를 중재안으로 제시하지 않을 것임을 공언하는 방식이다. 즉 조금이라도 더 합리적인 쪽의 해결책을 채택할 것이라고 선언함으로써 이해관계자들이 중재인에게 더 합리적으로 보일 수 있는 해결책을 경쟁적으로 제시하도록 하는 방식이다.

9. 갈등관리와 협상으로 PR을 확장하기 위해

아이비 리의 원칙 선언문은 PR의 목적을 뉴스를 공급하는 것으로 정의하고 있다. 현대적 의미의 PR은 대중이 알아야 할 가치 있고 시의성 있는 정확한 정보를 미국 언론사와 공중을 위해 제공하는 것에서 시작되었다. 그 후로 약 120년이 흘렀다. 다른 학문 분야와 마찬가지로 PR 역시 그동안 많은 발전을 이루었고 영역을 확장했다.

PR 전문가는 미디어에 대한 이해, 메시지 기획 및 구성 능력 등 갈등관리 및 협상에 필요한 역량을 일정 부분 갖추고 있다. 여기에 대인 커뮤니케이션 역량까지 갖춘다면 갈등관리 및 협상 영역은 PR 전문가들의 새로운 개척지가 될 수 있다. 예를 들어 갈등관리에 관련된 부분으로 감정에 대한 이해, 정체성에 대한 이해, 대인 커뮤니케이션에 있어서 환경에 대한 이해 등을 생각해 볼 수 있다.

갈등은 우리 주변에서 항상 발생한다. 넓은 의미에서의 협상 역시 자주 직면한다. 아는 만큼 보인다고, 갈등관리 및 협상의 관점을 우리가 가지고 있다면, 우리 주변에서 일어나는 현상을 그 관점에서 해석할 수 있다.

미디어 환경은 급변하고 있다. 1인 미디어가 폭발적으로 증가함으로 인해 전통적인 미디어에 기반한 PR은 이전만큼 효과적이지 않을 것이다. 대인 커뮤니케이션의 경우 과거에는 PR에서 그 비중이 작았지만 앞으로는 점점 더 커질 것이다. 앞으로 PR이 더욱 영역을 확대하며 발전하기 위해서 갈등관리와 협상 등에 대한 개인 차원의 관심과 학계 차원의 관심이 중요하다.

4장
인공지능 시대의 PR 연구 방향 탐색

박노일(차의과학대학교 의료홍보미디어학과 교수)
정지연(홍익대학교 광고홍보학부 교수)

1. 인공지능 시대와 PR학 연구의 필요성

코로나19(COVID-19) 팬데믹과 함께 디지털 생태계가 역동적으로 진화하고 있다. 가상과 실제가 만나는 혼합현실(eXtended Reality), 지능을 가진 컴퓨터와 로봇, 스스로 운전하는 자동차, 예술작품을 만드는 인공지능(AI: Artificial Intelligence) 크리에이터 등 혁신적인 디지털 기술은 포스트 코로나 시대에 물을 만난 듯 빠르게 발전하고 있다. 누군가 이 역동적인 변환 시대의 핵심 기술을 짚어보라고 하면 단연 인공지능일 것이다. '첫째도 인공지능, 둘째도 인공지능, 셋째도 인공지능'을 강조한 소프트뱅크의 손정의 회장의 말처럼, 어쩌면 우리는 이미 와 있는 미래인 'AI-First' 시대에 살고 있다(정두희, 2019; MBC, 2019). 그렇다. 우리는 인공지능 시대에 살고 있다. 주변을 둘러보면 너무나도 자연스럽게 우리 일상에 인공지능이 파고들어 와 있음을 알 수 있다. 24시간 우리와 일상을 같이하는 스마트폰의 시리(Siri), 빅스비(Bixby), 구글의 어시스턴트(Assistant), 네이버의 번역기 파파고(Papago), 유튜브(YouTube)의 자동 자막, 넷플릭스(Netflix)의 영화 추천, 테슬라(Tesla)의 자율주행, 테이블매니저의 레스토랑 예약 및 로봇의 요리와 홀 서빙 등 모두가 인공지능이 가져다준 혁신이다.

인공지능과 인간의 일상적인 삶을 연결하는 흐름은 인류에게 전기 발명과도 같은 새로운 굴기를 제공하며 비즈니스 세계를 변화시키고 있다(안명옥, 2021; Forsbak, 2022.5.25; Ng, 2019.2.21). 전문가들은 인공지능 관련 산업이 2021년에 이미 400조 시장으로 성장했으며, 앞으로 매년 연평균 33%씩 급속히 성장할 것으로 예측한다(김진형, 2020; NVIDIA KOREA, 2021; SAS, 2022). 미국의 최대 IT 컨설팅 업체인 가트너(Gartner)가 CEO를 대상으로 실시한 설문조사에서 최고경영자들이 생각하는 가장 영향력 있는 신기술로 인공지능이 3년 연속 최상위를 차지했다(Rimol, 2022). 인공지능을 주목하는 기업은 대기업에 국한되지 않는다. PwC(PricewaterhouseCoopers) 조사에 따르면, 은행, 에너지, 헬스케어 등 1000개 이상의 다양한 기업의 86%가 인공지능을 '주류 기술'로 활용할 준비를 하고 있다(Rao and Greenstein, 2021). 대부분의 조직이 인공지능 기반의 시스템(AI-based system)을 도입하고 있거나 활용할 것이라는 의미이다. 구글의 최고경영자인 순다르 피차이(Sundar Pichai)가 인류의 생존과 번영의 토대가 되었던 불(fire)과 전기(electricity)를 인공지능 기술에 비유한 것처럼, 인류는 새로운 인공지능 시대에 진입하고 있다(Eliaçik, 2022).

커뮤니케이션 분야도 예외 없이 인공지능과 함께 변모 중이다. 인공지능은 지금까지 알고 있던 전통적인 미디어 커뮤니케이션 영역의 전반을 파괴적으로 대체하고 있다(Alawaad, 2021; Chittick, 2022.1.5; Liew, 2021). 알고리즘 저널리즘(algorithmic journalism) 혹은 로봇 저널리즘(robot journalism)으로 불리는 디지털 저널리즘의 실무 현장은 이미 뉴스 제작과 배포 과정에 인공지능을 활용하고 있다(정병희, 2020; Dörr, 2016; Montal and Reich, 2017). AP 통신은 2016년 6월부터 '오토메이티드 인사이트(Automated Insights)'라는 IT 기업과 함께 마이너리그 야구 경기의 결과 보도를 인공지능 로봇에게 맡기고 있다(Associated Press, 2016.6.30). 로봇이 쓴 AP 뉴스 기사의 질에는 문제가 있을 법도 한데, 실제로 로봇이 쓴 기사와 인간 기자가 쓴 내용에는 약간의 미사여구를 제외하고는 큰 차이가 없었다(Nunez, 2016). 국내 로봇 저널리즘을 개척한 이준환 교수도 인간 기자는 앞으로 인공지능 기자와 경쟁하게 될 것이라며 AI 저널리즘의 미래를 예측했다(이준환, 2016).

이뿐만 아니라 아이디어가 생명인 광고 크리에이티브 분야에도 인공지능은 충격으로 다가오고 있다. 2017년 일본의 광고회사 덴츠(Dentsu)는 인공지능 기반의 카피라이팅 시스템(AI-enabled copywriting system)인 AI Copywriter, 일명 아이코(AICO)를 선보였다(김병희, 2022.7.26). 정보만 충분하면 수요자의 니즈에 맞춰 아우트라인(outlines), 헤드라인(headlines), 시사점(main takeaways) 등을 자동으로 산출해 준다. 광고 실무 현장이 인공지능과 함께 진화하고 있듯이, PR 분야에서도 인공지능을 활용한 보도 자료 작성 서비스가 등장하고 있다. 일부 헬스케어 PR 회사에서는 자체의 인공지능 프로그램으로 빅데이터를 분석하고 세부 실행전략을 수립, 시행하는 사례도 있다(박노일·정지연, 2021). 위기관리에 인공지능을 활용한 '위기 지능(Crisis Intelligence)' 개념을 대입해야 한다는 논의도 등장하고(Ardila, 2020), 5년 이내 PR 실무의 80%가 자동화와 함께 지능화하리라는 마케팅 AI 연구소(the Marketing AI Institute)의 창립자이자 CEO인 폴 뢰처(Roetzer and Kaput, 2022)의 전망이 허투루 들리지 않는다. 예외 없이 인공지능 기반의 PR 커뮤니케이션 실무의 변화 추세가 거세다는 말이다.

그러나 포스트 코로나 시대에 더욱 가속하고 있는 인공지능 기반의 전략 커뮤니케이션 실무 현황을 점검하고 PR 연구자들이 탐색해야 할 분야를 제안하는 연구와 저술은 부족한 실정이다. 물론 인공지능 관련 선행 연구로 2016년 알파고(AlphaGo)와 이세돌 대국 이후 PR 실무자들의 인공지능 관련 인식을 탐색한 연구(김대원·김범진, 2016), 인공지능 기술의 도래와 PR 유관 산업에의 영향(차영란, 2018; Alawaad, 2021), 고객 관계관리 분야의 인공지능 관련 저널 검토(Ledro, Nosella and Vinelli, 2022), 방송영상 분야의 인공지능 학습데이터 구축 현황을 소개하고 PR 분야에의 응용 가능성을 명시한 발표(박대민, 2021) 등이 있다. 하지만 선행 연구들은 인공지능과 PR 학문의 체계적인 접근보다는 호흡이 짧은 기술적인(descriptive) 보고서나 지엽적인 영역을 주목한 전망이 주를 이루고 있다. 따라서 이 장에서는 포스트 코로나 시대의 인공지능 기반의 커뮤니케이션 실무 응용의 동향을 점검하고 PR학이 주목해야 할 인공지능 기반의 PR학의 연구 영역과 주제를 탐색하고자 한다. 이러한 시도는 인공지능 기반의 커뮤니케이션 실무 동향을 살피면서,

PR 학문의 체계 틀에서 인공지능 기반의 PR 분야의 실무적, 학술적 발전 방향을 조망하고 새로운 연구 분야를 개척한다는 데 의미가 있다.

2. 인공지능과 커뮤니케이션 실무 응용 동향

1) AI 저널리즘 분야

저널리즘(journalism)에 대한 정의는 다양하다. 박노일과 윤영철(2008)은 저널리즘이란 정적인 개념이 아니라 시대적, 문화적 산물임을 지적하면서 저널리즘의 핵심은 '검증 가능한 사실을 전달하는 제3자의 설명(any third-party account)'에 있음을 강조한다. 저널리즘은 누가 봐도 객관적이고 검증 가능한 사실(verifiable facts)을 제3자의 관점에서 책임 있게 전달하는 커뮤니케이션이라는 것이다. 또한, 전문직 훈련을 받은 기자뿐만 아니라 1인 미디어 운영자, 블로거 등도 저널리즘의 기능을 수행할 수 있다고 본다(박노일, 2008). 이러한 저널리즘의 열린 정의 개념에서 보면, 인간뿐 아니라 지적인 지능을 지닌 로봇도 저널리즘의 주체이자 역할을 담당할 수 있다. 어쩌면 미래에는 사이보그(cyborg) 기자가 현장을 취재하고 보도하는 일이 생길지도 모른다. 아니, 이러한 AI 저널리즘은 먼 훗날의 일이 아니라 이미 시작되고 있는지도 모른다. 현재 인공지능 알고리즘은 정제된 데이터만 충분하다면 데이터를 분석하여 독자에게 친숙한 문구(human-friendly prose narratives)로 요약해 주고, 헤드라인은 물론 세부적인 이야기를 풀어줄 수 있다(Reynolds, 2015).

뉴스 미디어 실무 현장에서는 AI 저널리즘이 이미 활성화되고 있다(Associated Press, 2016.6.30; Dörr, 2016; Montal and Reich, 2017). 이와 관련한 국내외의 사례들을 〈표 4-1〉이 제시하고 있다. 국내의 경우는 프로야구 경기, 금

표 4-1
국내외 로봇 저널리즘 활용 사례

구분	로봇 저널리즘	활용 내용
국외	내러티브 사이언스(Narrative Science)의 '퀼(Quill)'	자연어 생성(NLG) 전문기업, 포브스(경제 잡지): 기업 실적, 증권 시황, 스포츠 경기 결과 등 기사 작성
	오토메이티드 인사이트(Automated Insights)의 '워드스미스(Word smith)'	AP(Associated Press): 분기당 평균 3770개의 기업 실적 기사 작성
		GreatCall 'Link App': 인공지능 활용 헬스케어 관련 정보를 내러티브 형식으로 제공
		야후 '판타지 풋볼(Fantasy Association Football Worldwide)': 게임 이용자에게 맞춤형 게임뉴스 제공
	LA타임스의 '퀘이크봇(Quakebot)'	미국 지질조사국(U.S. Geological Survey) 정보를 실시간 접수하여 LA 주변 지진 정보 기사 작성
	텐센트(Tencent)의 '드림라이터(Dreamwriter)'	중국 경제동향과 전문가의 전망 등 경제뉴스 작성 및 게재
	북경대학교 샤오 쥔(Xiaojun) 교수가 개발한 '샤오난(小南)'	기차역 승객 운송 현황에 관한 300자의 기사를 AI가 작성 게재(편집부 제공 예문, 열차 편명, 표 잔여 수량 등 수치에 기반한 기사를 1초 만에 작성)
국내	서울대학교 이준환 교수 연구 팀이 개발한 '프로야구 뉴스 로봇'	프로야구 경기 결과를 실시간으로 작성하여 페이스북을 통해 정보 제공
	파이낸셜뉴스의 'IamFNBOT'	코스피 증권 경제 뉴스 기사 작성
	테크홀릭의 '테크봇'	조회 수, 소셜 반응 등의 지표를 기준으로 매주 핫이슈 기사 작성
	매일경제의 '엠로보(M-Robo)'	국내 상장 기업의 핵심 뉴스를 텍스트 기사, 그림, 도표 형식으로 작성
	SBS의 '나리(NARe)'	제19대 대선 결과에 관한 기사 작성
	연합뉴스의 '싸커봇(Soccerbot)'	영국 프리미어리그(EPL) 기사 작성
	연합뉴스의 '올림픽뉴스봇'	평창 동계올림픽 경기 결과 기사 작성
	전자신문의 'ET봇'	기업 매출이나 이익 증감률 자동 계산,

	증권 분석 로봇 기자	기업 공시 실시간 처리, 투자 의견까지 덧붙여 기사 작성 등 증시 전반의 정보를 추출, 비교 콘텐츠 제공

자료: 강우규(2019); 윤인아(2018)를 참고하여 재구성함.

융 증권 관련 e2BOT 기자 등이 활약하고 있다(박노일·정지연, 2021). 파이낸셜뉴스가 이준환 교수 팀과 협업해 만든 'IamFNBOT'도 있으며, SBS의 제19대 대통령선거 결과 중계방송에서는 '나리(NARe)'가 투개표 현황을 보도했다. 또한, 3.0 이상 지진이 발생했을 때 기상청으로부터 정보를 받아 연합뉴스의 인공지능 로봇이 자동으로 1보 초안 기사를 작성한 사례도 있다(강우규, 2019; 임화섭, 2017). 국외의 사례는 더 많다. 중국의 다국적 기업인 텐센트(Tencent)는 2015년 9월, 뉴스 작성 로봇인 '드림라이터(Dreamwriter)'를 공개했다. 이 인공지능 소프트웨어는 연설 원고의 초안을 작성하는 데 1초도 걸리지 않으며, 매일 2000개의 뉴스 기사를 작성한다(Wurzer, 2021). 또한, AP 통신이 이용하는 오토메이티드 인사이트의 '워드스미스(Wordsmith)'는 초당 2000개의 기사를 작성한다. 통상 인간 기자는 회사의 수익보고서(company earnings reports) 기사를 분기당 300개 정도 작성하지만, 워드스미스는 3750개를 생성한다(Peiser, 2019.2.5). 로봇 기자가 인간 기자보다 수십 배 많은 뉴스를 생산할 뿐만 아니라, 스포츠, 날씨, 금융, 재난 보도 등 다양한 분야로 그 영역을 확대하고 있다(Wurzer, 2021).

〈그림 4-1〉은 퀘이크봇(Quakebot)이 작성한 구체적인 뉴스 기사 사례이다. 퀘이크봇은 미국 지질조사국(U.S. Geological Survey)이 발송하는 재난 정보를 토대로 지진 발생 관련 속보 기사 초안(draft article)을 실시간으로 작성하는 인공지능 기반 소프트웨어이다. 로봇이 기사를 작성하면 뉴스룸의 편집자(editor)가 뉴스 가치를 판단하여 온라인으로 발간한다(Quakebot, 2022.

6.2). 〈그림 4-1〉은 2022년 6월 2일 오전 7시 6분에 캘리포니아 베이 포인트(Bay Point, Calif.)로부터 8킬로미터가량 떨어진 곳에서 실제로 발생한 지진에 관한 규모와 위치를 그래픽 이미지로 시각화하고 기사화한 내용이다. 이 기사 내용은 인공지능이 실시간으로 자동화한 시스템으로 작성한 것이나, 뉴스 발송 승인은 당시 ≪LA 타임스≫의 데이터와 그래픽 부서(Data and Graphics Department)의 케이시 밀러(Casey Miller) 기자가 담당했다(LA 타임스 홈페이지 참조). 퀘이크봇은 속보를 통해 지진 발생 시간, 장소, 규모, 과거 발생 빈도뿐만 아니라, 독자가 지진을 느꼈다면 미북 지질조사국으로 연락할 것을 당부하며, 지진 발생 전과 지진 도중에 대처해야 하는 가이드라인 안내와 함께 로봇 기자가 작성한 내용임을 명시하면서도 인간 기자의 검토를 거쳤음을 알리고 있다.

퀘이크봇이 언론인과 협업하는 사례처럼, 인공지능이 전문직 언론인의 역할을 대체하기보다는 언론인이 좀 더 심층적인 취재와 비판 및 판단력을 발휘할 시간을 준다는 데 의미가 있다(이준환, 2016; Colford, 2014.6.30). 기자들이 기초적인 데이터 문제로 씨름하기보다는 저널리즘 본질에 더 집중할 기회를 주기 때문이다. 물론 언론인은 인공지능 기술이 등장함에 따라 사라질 위험도가 상대적으로 낮은 직업이다. 366개의 직업 중 285위로, 자동화 위협 정도는 8%대로 보고되기도 했다(윤인아, 2018). 국가적 혹은 국제적 이슈보다는 더 세밀한 지역사회 맞춤형(geo-targeting) 기사를 발굴하는 데 인공지능을 활용하거나(Peiser, 2019.2.5), 급박하게 돌아가는 상황에서 인공지능이 실시간으로 데이터를 수집하고 기본적인 인사이트를 언론인에게 제공할 수 있다면, 저널리즘 실무의 깊이와 효용성은 더 높아질 수 있다. 분명한 것은 AI 저널리즘의 역할 수행은 지금보다 더 많은 영역에서 활성화할 것이라는 전망이다. 로봇이 저널리즘 양식과 관행 모두를 완전히 지배하는 일은 일어나지 않을 것이다. 인공지능이 얼마만큼 효율적으로 저널리즘의 역할

그림 4-1
LA 타임스의 퀘이크봇이 작성한 캘리포니아 지역의 규모 4.1 지진 관련 뉴스 기사

Los Angeles Times

Magnitude 4.1 earthquake strikes near Bay Point, Calif.

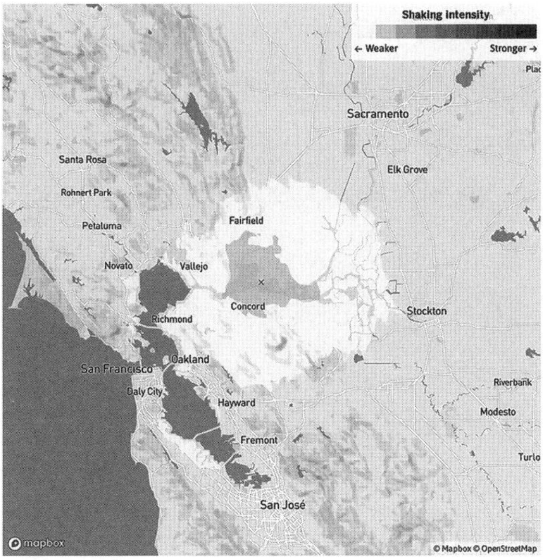

Map showing approximate epicenter of magnitude 4.1 earthquake Thursday morning. (U.S. Geological Survey)

SUBSCRIBERS ARE READING >

CLIMATE & ENVIRONMENT
This power line could save California — and forever change the American West

TRAVEL & EXPERIENCES
FOR SUBSCRIBERS
20 things to do in L.A. before summer ends

MUSIC
Welcome to the 'Hotel California' saga: Missing lyric sheets, rare book dealers and a relentless Don Henley

HIGH SCHOOL SPORTS
High school football: Friday's scores

LATEST CALIFORNIA >

BY QUAKEBOT / JUNE 2, 2022 7:06 AM PT

A magnitude 4.1 earthquake was reported east of San Francisco Bay on Thursday morning, five miles from Bay Point, Calif., according to the U.S. Geological Survey. The earthquake occurred at 5:07 a.m. five miles from Pittsburg, seven miles from Fairfield and Antioch and eight miles from Suisun City. The quake occurred at a depth of 12.3 miles.

......

This story was automatically generated by Quakebot, a computer application that monitors the latest earthquakes detected by the USGS. A Times editor reviewed the post before it was published. If you're interested in learning more about the system, visit our list of frequently asked questions.

자료: Quakebot(2022.6.2).

수행과 민주적 가치 제고에 기여할 수 있는가는 언론 현장 실무자와 학계의 몫이다.

2) 인공지능 기반 광고PR 분야

AI 저널리즘 환경의 변화처럼 전략 커뮤니케이션 분야도 인공지능 시대에 부응하고자 변모하고 있다. 흔히들 인공지능 시대에 인간만이 가질 수 있는 고유한 능력 중의 하나가 창의성이라고 한다(조병익, 2018). 체스 게임이나 수학, 공학과 같은 높은 수준의 분석과 추론 등에서는 컴퓨터가 출중한 능력을 발휘하지만, 인간처럼 단순한 움직임이나 감각적으로 무엇인가를 지각하고 즉흥적으로 창작해 내는 일은 인공지능에게 어렵다는 모라벡의 역설(Moravec's Paradox)처럼 말이다(Rotenberg, 2013). 이처럼 인공지능에게 쉬운 일은 역설적으로 인간에게 어렵고, 인간에게 쉬운 일은 인공지능에게 어렵기 때문에 무엇인가 새로운 것을 만들어내는 창의적인 분야만은 영원히 인간의 고유 영역으로 남을 것으로 생각해 왔다. 하지만 모라벡의 역설이 깨지고 있다. 창의성이 엉뚱한 것을 은유나 비유, 차용 또는 연결해서 비슷하지만 다른 무엇인가를 창조해 내는 능력을 말한다면, 인공지능의 생성적 대립 신경망(GAN: Generative Adversarial Network) 알고리즘 등이 만들어내는 창작물은 전통적인 크리에이터나 광고 실무자들에게 충격으로 다가오고 있다(박노일, 2022; 안대천 외, 2021). 이미 인공지능은 정형화된 디지털 데이터를 토대로 논리와 추론, 예측 분류 등에서 인간의 능력을 앞지르고 있을 뿐만 아니라(김정환·박노일, 2022; 정두희, 2019; Roetzer and Kaput, 2022), 시를 쓰고, 유명한 화가의 화풍을 모방하여 새로운 작품을 만들거나 패션 디자인 콘텐츠를 만드는 등 못하는 것이 거의 없을 정도이다(박노일, 2022; Sung et al., 2020).

실제로 2022년 기준, 전 세계적으로 인간 광고 크리에이터가 맡았던 카피라이팅을 카피 닷 ai(Copy.ai), 카피스미스(Copysmith), 제스퍼(Jasper), 프레이즈(Frase), 애니워드(Anyword), 라이트소닉(Writesonic), 라이트크림(Writecream) 등 인공지능 소프트웨어가 담당하고 있다(Cotter, 2022). 특히 일본의 덴츠는 AI 카피라이터인 '다이렉트(Direct) AICO(automatic copy generation system for digital advertisements)', TV 시청률 예측 인공지능 알고리즘인 'SHAREST,' 마케팅 AI인 'MAI' 등도 운영 중이다(이주현, 2022.2.17; Adobo magazine, 2019.2.21). 이 외에도 인공지능을 갖춘 가상 인간이 광고 모델로 등장하기도 한다. 한국의 로지(Rozy), 중국의 화즈빙(華智冰), 일본의 이마(IMMA) 등이 그 예이다(김승한, 2021.10.4). 이렇게 인간의 고유 영역으로만 여겨지던 광고 제작과 광고 모델 활동 영역까지 인공지능이 등장하고 있는 추세이다.

이렇듯 인공지능이 광고 제작을 대신하거나 광고 모델로 등장하는 등 광고 업무 자체가 인공지능과 함께 급변하고 있지만, 커뮤니케이션 실무의 모든 일을 인공지능이 대체하기는 어려울 것이다(이희복, 2019). 인간 기자가 인공지능의 도움을 받아 더 본질적인 업무에 집중할 수 있는 것처럼, 광고 실무자도 콘텐츠 제작에 앞서 자료 조사와 소재 발굴 등을 인공지능에 맡길 수 있다(홍윤정, 2019.1.8). 실제로 한국방송광고진흥공사(KOBACO)의 아이작(AiSAC)은 수만 건의 광고 영상에 인공지능 기술을 접목하여 광고 스토리보드를 자동으로 제작하는 서비스를 제공하고 있다(박노일·정지연, 2021). 이와 같은 인공지능 기술을 잘만 활용하면 인공지능 기반 광고 실무의 효과성을 증대할 수 있다.

PR 분야도 당연히 예외가 아니다. PR 실무에 인공지능을 적용한 소셜미디어 모니터링, 미디어 관계, 여론 분석, 위기관리 등 다양한 분야에서 인공지능을 활용한 사례들이 있다. 예를 들면 뉴스와이어(NewsWire, 2016)는 인공지능을 활용하여 PR 실무자가 커뮤니케이션해야 할 최적의 언론인을 식별해 주고 있다. 약 3500개의 언론사 소속 언론인 중에서 해당 보도 자료를 기사화할 가능성이 가장 큰 언론인을 표적화하여 보도 자료를 배포해 주고 있기 때문이다. 국내의 한 스타트업도 PR 핵심 메시지(텍스트)만 입력하면 카드 뉴스나 음성 영상 뉴스를 만들어주는 특허 서비스를 제공하고 있다(비티 에프테크, 2020). 이제 PR 실무는 효과적인 공중관계관리를 위해 인공지능 분야의 전문가와 파트너십을 맺거나 협업해야 하는 시대가 오고 있다. 인공지능 플랫폼을 기반으로 조직의 커뮤니케이션 환경을 실시간으로 모니터링하고, 상황 맞춤형 PR 기획과 커뮤니케이션을 정밀하게 집행할 수 있어야 생존할 수 있는 시대가 도래하고 있기 때문이다(Ardila, 2020; Galloway and Swiatek, 2018).

〈그림 4-2〉는 다국적 IT 기업인 시스코(Cisco)의 SMO(Strategic Marketing Organization) 팀이 퀴드(Quid) 플랫폼을 이용하여 사물인터넷(IoT: Internet of Things) 및 만물인터넷(IoE: Internet of Everything)과 관련한 내러티브를 식별한 결과를 시각화한 것이다(Weiner and Kochhar, 2016). SMO 팀은 IoT/E 관련 소셜미디어와 전통 미디어 공간에서 수집한 수백만 개의 비정형 데이터를 자연어 분석(natural language processing)을 활용하여 일종의 수용자 의견 분석(audience listening analysis) 결과를 도출함으로써, PR 실무자가 최우선으로 살펴야 하는 주제나 실행 가능한 인사이트(actionable insights)를 제공했다. SMO 팀이 찾아낸 IoT 관련 주제군들을 구체적으로 살펴보면, 기술 탐색 관련 시장(Verticals, 17%), 보안(Security, 17%), 프라이버시 우려(Privacy Concerns, 15%), 스마트홈(Smart Homes, 15%), 웨어러블 시장(Wearables Cluster, 13%), 스마트 도시와 자동차(Smart Cities and Connected Cars, 12%), IoT/E 관련 스타트업 펀딩(11%) 등으로 나타났다. 이렇게 인공지능 알고리즘을 활용하여 시스코는 IoT/E 관련 내러티브 구조를 파악하고 그에 맞춘 PR 메시지를 개발함으로써, 온라인 가시성을 높이고 소비자의 정보 수요를 선제적으로 충족할 수 있었다(Weiner and Kochhar, 2016).

인공지능은 위기 커뮤니케이션(crisis communication) 분야에서도 활용성이

그림 4-2
퀴드 플랫폼을 활용한 IoT 관련 핵심 주제 연결망(n=1158)

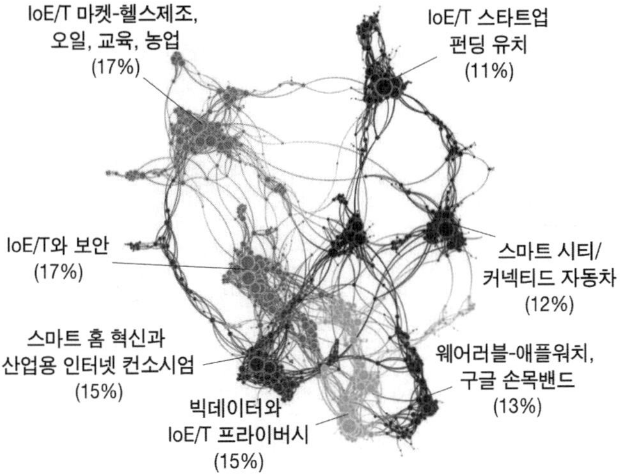

자료: Ardila(2020: 29).

크다. 위기란 기회와 위험이 공존하는 역동적인 상태이다. 핑크(Fink, 2013)에 따르면 위기관리(crisis management)와 위기 커뮤니케이션은 다르다. 위기관리가 실재(reality)하는 위기를 다루는 것이라면, 위기 커뮤니케이션은 실재하는 위기와 관련한 공중의 인식을 다룬다(handling the public perception of that reality). 위기는 전조(Prodromal), 급성(Acute), 만성(Chronic), 해결(Resolution) 단계로 진행하지만, 전광석처럼 빠르게 진화하는 소셜미디어 등 다매체 환경에서 위기 커뮤니케이션을 실시간으로 추진하기란 쉬운 일이 아니다. 인공지능은 바로 이 지점에서 PR 실무를 보조한다. 인공지능 기반의 모니터링 체계는 위기 상황을 효과적으로 파악하고 커뮤니케이션할 기회를 제공한다. 실제로 2016년 선거 등에서 인간과 유사한 방식으로 악성 허위 정보를 유포하는 봇(bots)을 조직이 실시간으로 파악하고 관리하기 위해서는 위기관리를 위한 인공적 지능, 즉 '위기 지능'이 필요하다는 주장이 있었

그림 4-3

지그널 랩스의 AI 기술을 활용한 실시간 위기 발생 장소와 주제 식별 서비스

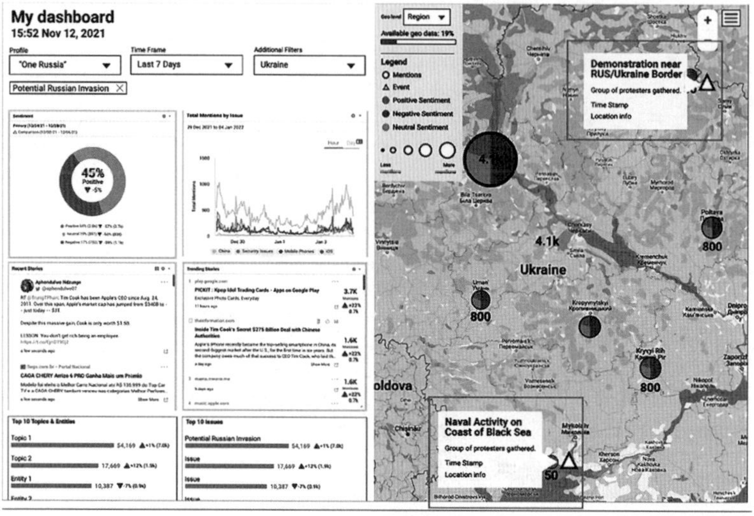

Actionable Intelligence

Zignal's sensor network scans billions of data points every day, detecting both physical and narrative threats in real time and providing organizations with the context they need to make mission-critical decisions.

자료: 지그널 랩스 홈페이지.

다(O'Connor, 2017; Zignal Labs, 2018).

인공지능 기반 위기 커뮤니케이션 시스템을 조직이 갖추고 있다면, 위기 대응의 신속성, 정확성, 비용 효용성, 상황 변화에 능숙하게 대응할 수 있는 유연성까지 겸비할 수 있을 것이다. 지그널 랩스(Zignal Labs), 브랜드 워치(Brandwatch) 등과 같은 기업이 제공하는 실시간 위기 모니터링 시스템을 잘

만 활용하면 PR 실무자들은 공중의 인식을 실시간으로 파악하고 맞춤형 메시지 전략을 수립할 수 있을 뿐만 아니라, 잠재적인 쟁점이나 위협에 선제적으로 대응할 수 있기 때문이다(Zignal Labs, 2018).

PR의 핵심인 미디어 관계(media relations) 활동도 인공지능의 도움을 받을 수 있다. 통상 인하우스(in-house) PR 부서나 PR 회사는 자체적으로 자사 또는 클라이언트와 관련한 언론인 리스트를 관리하고 있다. 하지만 저널리즘 역할 주체의 다변화로 주제별, 상황별로 적절한 기자나 인플루언서를 식별하기란 쉽지 않은 일이다. 이러한 고단한 일을 인공지능이 대신할 수 있다. 〈그림 4-4〉는 미국의 PR 회사인 '인터디펜던스 PR(Interdependence Public Relations)'이 실제로 제공하는 인공지능 기반 언론인 큐레이팅 서비스에 대한 설명이다. 이 회사가 특허로 보유 중인 'Interviewed™' 기술을 이용하여 클라이언트의 브랜드를 가장 잘 나타내는 50개 키워드를 선별하고, 이와 관련한 뉴스, 속보, 트렌드나 스토리를 검색하여 일치도가 높은 언론인을 매칭하여 관련 보도 자료를 배포하는 퍼블리시티 서비스를 제공한다(Interdependence Public Relations, 2022).

인공지능 기반 PR 실무는 위기 지능을 동원한 쟁점 모니터링과 위기 커뮤니케이션(Zignal Labs, 2018), 로봇 기자라는 새로운 저널리즘 대행자의 등장(Hendrickson, 2019)을 고려한 핵심 언론인 식별, 난도 높은 인공지능을 활용한 PR 기획 등 넘어야 할 인공지능 시대의 파고가 높다. 앞으로 더 많은 PR 회사나 실무자들이 인공지능 시스템을 활용하여 신속한 공중의 의견 모니터링과 인사이트 도출, 적합한 PR 메시지 기획, 정밀한 핵심 공중과 언론인 식별, 또 이에 따른 커뮤니케이션 결과를 체계적으로 계량화할 수 있을 것이다. 앞서 서술한 AICO의 광고 제작 참여, 인공지능 가상 광고 모델 등 광고 산업 생태계의 확장은 물론 저널리즘 분야의 퀘이크봇과 편집 기자의 협업처럼 PR 실무도 급변하고 있지만, PR 전문가의 개입이 필요하다. 인공

그림 4-4
인터디펜던스 PR의 인공지능 활용 언론인 큐레이팅 서비스 방법

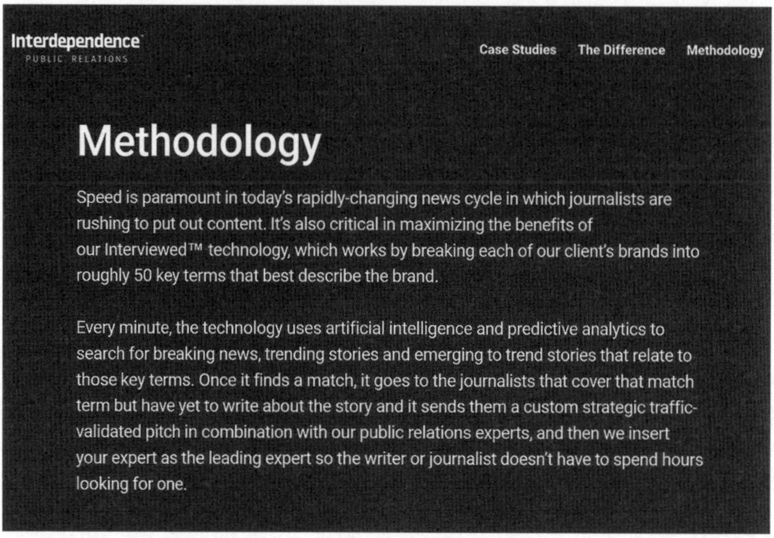

자료: https://www.interdependence.com/the-difference/our-methodology/

지능이 모니터링하여 도출한 핵심 키워드가 '왜' 또는 '무슨 의미'인지 등 '설명 가능한 논리'가 뒷받침되어야 한다. 인공지능이 아무리 높은 중요도로 제안한 PR 전략이더라도 '공중의 이익', '사회통념 위배', '윤리적, 도덕적 가치관 충돌' 등을 고려할 필요가 있기 때문이다. '인공지능 기술+PR 우수성(excellence)'을 조합한 PR 실무의 양수겸장의 역량을 갖추었을 때, 최고경영진과의 논의 테이블(C-suite)에서 조직과 공중의 상호 호혜적인 관계성에 대한 최선의 판단을 할 수 있을 것이다. 다시 말해 인공지능이 PR 실무의 모든 것을 대체할 수 없다는 말이다. 그렇지만 인공지능이 PR 실무의 효용성을 높이는 도구로서는 매우 혁신적인 기술임은 분명하다. 따라서 PR 실무는 적극적으로 새로운 인공지능 지식을 체화하고 데이터 사이언스 전문가 혹은 IT 기업과 파트너십을 맺음으로써 인공지능 기반 PR 커뮤니케이션의

효과성을 높여나가야 한다.

3. 인공지능 기반 PR 연구 동향과 연구 응용 분야 탐색

인공지능 관련 PR학 차원의 연구는 이제 태동 단계라고 할 수 있다. 글로벌 PR 회사인 플레시먼힐러드(FleishmanHillard, 2018)가 유럽과 미국 소비자 2000명을 대상으로 조사·분석한 보고서인 「인공지능과 커뮤니케이션(Artificial Intelligence and Communications: The Fads, the Fears, the Future)」을 보면, 우리 사회에 인공지능 기술의 유행과 공포가 공존하며 인공지능의 미래 가치에 대비해 관련한 교육이 부족함을 알 수 있다. 사실 PR 실무자들도 인공지능에 관한 지식, 기술 또는 인공지능 이용 자기효능감(AI Use Self-Efficacy)을 갖추고 IT 전문가들과 협업할 수 있는 역량 교육이 필요하다(박노일·정지연, 2021). 교육은 이론과 실무를 아우르는 학술 연구에 토대를 둔다. 거세게 다가온 인공지능 시대에 PR학이 인공지능 기반의 PR 실무 변화를 어떻게 학문적으로 소화할지는 순전히 PR학 연구자들의 몫이다.

인공지능 관련 주제를 다룬 국내외의 PR 연구를 검토해 보면 다음과 같다. PR과 유관 학문인 광고학계의 반응이 빨랐다. 국제 광고 학술지인 *Journal of Advertising*은 2019년 9월에 "인공지능과 광고(Artificial Intelligence and Advertising)"라는 특별호를 발행하고 인공지능과 광고 연구 분야를 조망했다(Li, 2019). 2021년에도 주제 논문(Themed Issue Introduction)을 통해 인공지능과 광고의 미래 및 쟁점을 탐색했다(Rodgers, 2021). 반면 PR학 차원에서 인공지능과 PR을 직접 조망한 연구는 많지 않은 편이다. 일부 선행 연구들은 인공지능의 파괴적 혁신에 두려움(AI anxiety)을 표하면서도(Johnson and Verdicchio, 2017), 인공지능이 저널리즘 생태계 변화를 추동(텍스트-오디오-영상 콘텐츠 제작 자동화 등)하듯이(Túñez-López, Ceide and Vaz-Álvarez, 2021), PR 실무 차원에서도 24시간 미디어 환경 실시간 감시, 쟁점 관련 인사이트 도출, 핵심 공중 식별, 위기 예측과 대응에 활용 가능성이 클 것으로 전망한다(Alawaad, 2021; Chittick, 2022.1.5; Ledro, Nosella and Vinelli, 2022). 반면 갤러웨이와 스와이텍(Galloway and Swiatek, 2018)은 PR 분야에 인공지능 응용이 증가하고 있지만 학술적 관심이 부족하다고 지적했다. 특히 이 연구자들은 PR 환경 감시 등에 인공지능의 완벽한 자동화를 기대하는 것은 무리이며, PR 실무자 모두가 IT 기술 전문가가 될 필요가 없다고 지적했다. PR 실무자가 인공지능에 관한 적절한 수준의 이해도를 가지고 인공지능 개발자와 협업한다면, 커뮤니케이션 컨설팅을 제공하는 데 문제가 없다는 말이다.

국내 연구로는 김대원과 김범진(2016)이 2016년 알파고와 이세돌 대국 이후 PR 실무자 36명의 인공지능 기반 지적(知的) 업무 전환에 관한 인식을 질적 조사를 통해 탐색했는데, 알파고 대국 이후에 인공지능 기술의 PR 활용성을 크게 전망하는 것으로 나타났다. 차영란(2018)도 인공지능 전문가 10명을 대상으로 심층 인터뷰하여 광고, PR 및 미디어 분야의 인공지능 활용 가능성을 탐색하는 연구를 진행했다. 이 연구의 결과를 보면 산업계와 학계가 협업하여 인공지능과 커뮤니케이션 현황을 진단하고 미래 방향을 시급히 설정할 필요성을 강조하고 있다. 이 외에도 비록 일부 연구가 방송영상 분야의 인공지능 학습데이터 구축 현황을 소개하고 PR 분야의 응용 가능성을 명시해 주기도 했지만(예, 박대민, 2021), 대부분의 선행 연구는 PR 학문의 큰 틀보다는 기술적인 보고서나 지엽적인 영역을 주목한 전망이 주를 이루고 있다. 따라서 이 장의 마지막으로 인공지능과 PR 학문의 접합점을 이론이나 모형을 통해 체계적으로 탐색함으로써, PR 연구자는 물론 실무자들이 앞으로 응용하거나 탐색해야 할 'AI-based PR' 또는 'AI-assisted PR' 주제와 분야를 제안하고자 한다.

1) 아르딜라 시각화 모형에 따른 인공지능의 커뮤니케이션 응용 분야[1]

아르딜라(Ardila, 2020)는 남가주대학교(University of Southern California)에서 석사 학위 논문으로 "The Rise of Intelligent Machines: How Artificial Intelligence is Transforming the Public Relations Industry"를 작성했다. 이 논문은 인공지능에 관한 이해도가 높을 뿐만 아니라, PR 연구자들이 주목해야 할 인공지능 기반 PR 분야를 제시하고 있다는 측면에서 주목할 만하다. 아르딜라는 구체적으로 자신의 논문에서 인공지능 기술의 예측, 분류, 특히 인간의 언어처리(NLP: Natural Language Processing) 기능을 활용하면 PR 실무가 공중의 관심사, 선호도, 행동을 이해하고 예측할 수 있다고 강조한다.

〈그림 4-5〉는 인공지능 기술의 기본 분류인 Supervised/Unsupervised Learning, Reinforcement Learning, Machine Learning, Deep Learning에 대한 소개를 시작으로, 인공지능이 할 수 있는 분야를 Natural Language Processing(NLP)/Natural Language Understanding(NLU), Computer Vision, Audio-Signal Processing, Knowledge Representation and Reasoning, Predictive Systems, Speech-to-Text, Expert Systems(Inference)로 나눈 후, 또 다시 커뮤니케이션 영역에서 응용할 수 있는 분야를 11가지로 정리하고 인공지능이 가져다준 기회와 위험 요인을 함께 도식화하고 있다. 구체적으로 인공지능이 응용할 수 있는 11가지 커뮤니케이션 분야는 Sentiment Analysis, Social Monitoring(Social or Audience Listening), Content Creation & Curation, Voice Recognition, Image Recognition, Speech Coaching, Person-

1 인공지능 관련 일부 용어는 우리말 표기에 대한 학술적 합의가 아직 이루어지지 않은 상황이다. 이를 고려하여 이 절에서는 독자에게 정확한 의미를 전달할 수 있도록 영문을 그대로 표기했다.

그림 4-5

AI의 기능과 기술, 커뮤니케이션 응용 분야 및 장단점 시각화

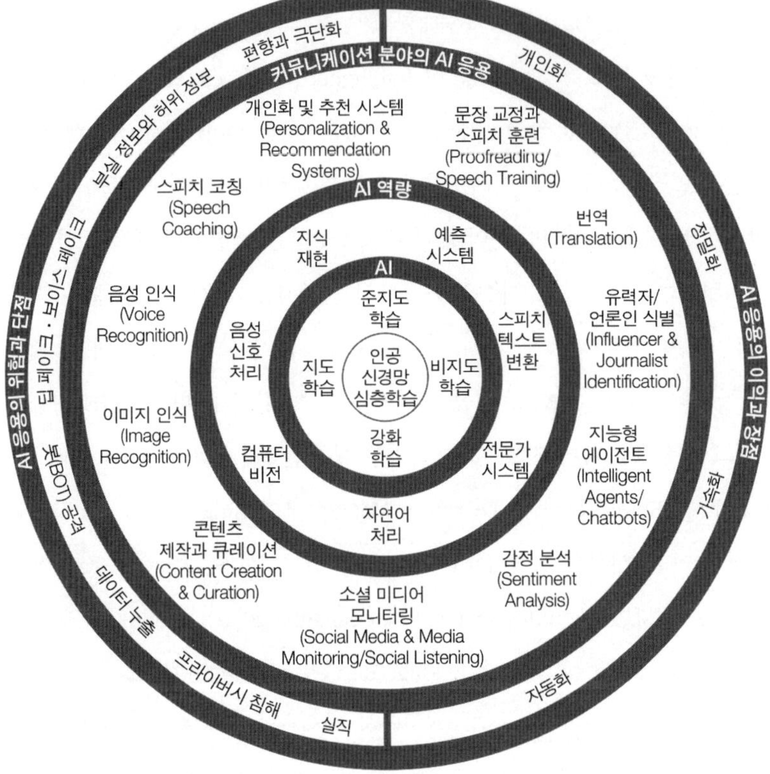

자료: Ardila(2020: 16)를 재구성.

alization, Proofreading, Translation, Influencer/Journalist Identification, Intelligent Agents(Voice Assistants) 등이다.

이 중에서 Sentiment Analysis/Social Monitoring/Image Recognition은 AI-powered platforms 형식을 통해 온라인 공간에서 수없이 많이 쏟아지는 비정형 데이터(텍스트, 영상 자료 등)에 대한 감정분석을 할 수 있다. 이는 PR 실무에 급변하는 디지털 미디어 환경 속에서 변화하는 공중의 쟁점에 대한

인지와 감정 상태의 좌표를 세밀히 살필 수 있는 토대를 제공할 수 있다. Content Creation & Curation의 경우는 소셜 모니터링과 함께 PR 실무자가 쟁점이나 특정 주제에 관한 프레임 혹은 이야기 서사구조를 시각화할 수 있게 도와준다. Speech Coaching의 경우는 CEO, 대변인 등의 미디어 트레이닝에 활용할 수 있다. Personalization, Influencer/Journalist Identification은 공중의 행동 패턴인 장소와 시간을 고려한 공중 세분화가 가능하며, 이들에게 영향력을 행사할 수 있는 언론인이나 인플루언서를 효과적으로 매칭하는 전략으로 활용할 수 있다. Intelligent Agents(Voice Assistants)를 활용하면 사물화된 조직이 생명력이 넘치는 대행자(agent) 혹은 인격화한 존재로 커뮤니케이션할 수 있기 때문에 고객의 인간적 접촉 경험을 극대화하고 공중관계성의 질을 제고할 수 있다.

한편 다채로운 인공지능 기능과 다분야의 인공지능 응용 가능성을 고려할 때, PR 실무자는 공중관계관리의 효용성을 극대화할 구체적인 영역을 식별하는 작업이 중요하다. 인공지능 마케팅 전문가인 가렛(Garret, 2018)은 인공지능 기반 PR의 강점은 자동화(automation), 가속화(acceleration), 정밀화(accuracy)에 있다고 보았다. 이를 통해 비용 효율이 높아질 뿐만 아니라, 더 신속하고 더 효과적인 조직의 관계성 관리와 실질적인 이윤 창출에 기여할 수 있다는 말이다. 자동화는 온라인 소셜 모니터링, 인사이트 도출과 함께 인공지능이 언론인과 유력자 등 목표 공중을 자동으로 식별해 주는 것에 의미를 부여한 것이다. 가속화 차원에서 보면 온라인 공간에서 실시간으로 버즈(buzz)를 분석하고 인사이트를 도출한다는 것은 과거와 달리 PR 업무의 효율을 높여준다. 특히 인공지능이 위기 발생과 거의 같은 시간대에 위기의 소재와 쟁점의 프레임 및 관련 데이터를 PR 실무자에게 제공할 수 있다는 것은 위기 커뮤니케이션의 진행 속도를 높인다. 실제 시전(Cision, 2022)의 데이터베이스에는 140만 명의 전문직 언론인과 9억 1000만 명의 소셜미디어 인플루언서 명단이 있는데, 인공지능이 이를 활용하여 해당 PR 메시지의 주제와 조직의 특성 및 퍼블리시티 소재에 가장 부합하는 미디어 공중을 빠르고 정밀하게 식별해 주고 있다. 이는 정밀화 개념과 연결되면서도 인공지능 기반 PR 커뮤니케이션의 효과성 측면에서 보면, 조직에 대한 공중의 정서적 반응, 태도뿐만 아니라 관여도, 주가, 판매와 연동하여 매우 세밀하게 계량화할 수 있다는 측면에서도 가치가 있다.

2) OSPC 모형을 통한 인공지능 기반 PR 연구 응용 분야 탐색

PR 실무에 응용하거나, 그럴 가능성이 큰 인공지능 기술을 학술적으로 소화하는 작업은 PR의 정체성을 유지하면서 경계를 확장할 기회를 제공한다. 단지, 인공지능이 PR 실무에 자동화, 가속화, 정밀화 특성을 부여한다는 의미에서 한 발 더 나가야 한다. 인공지능의 기술적 속성에 대한 단순한 나열은 하나의 학문 영역에서 인공지능 기술이 어떻게 스며들고 있는지를 파악하고, 관련한 실무 응용 트렌드와 학술적인 연구의 방향성을 잡는 데 한계가 있기 때문이다. 따라서 PR학은 학술적인 구성 체계와 프레임을 틀거리로 하여 인공지능이 가져다준 가치와 특성 및 세부적 기능을 해석해 보는 작업이 필요하다. 이런 차원에서 박노일·오현정·정지연(2017)이 제시한 PR의 학술 체계를 아우르는 틀에 관한 연구를 주목할 필요가 있다.

〈그림 4-6〉과 같이 박노일·오현정·정지연(2017)은 PR의 학술 체계를 네 가지 변인(Organization, Situation, Public, Communication)을 조합한 OSPC 모형으로 체계화했다. 이 모형에 의하면 PR 주체에 따른 조직 분류, PR 상황에 따른 관리 분류, PR 대상에 따른 공중 분류, PR 커뮤니케이션 차원에 따른 세부 실행 방안을 상호 배타적이고 고갈적으로(mutually exclusive, collectively exhaustive) 분류할 수 있다. 즉 OSPC 모형의 틀에서 보면 PR의 학술적, 실

그림 4-6
OSPC 모형 개념도

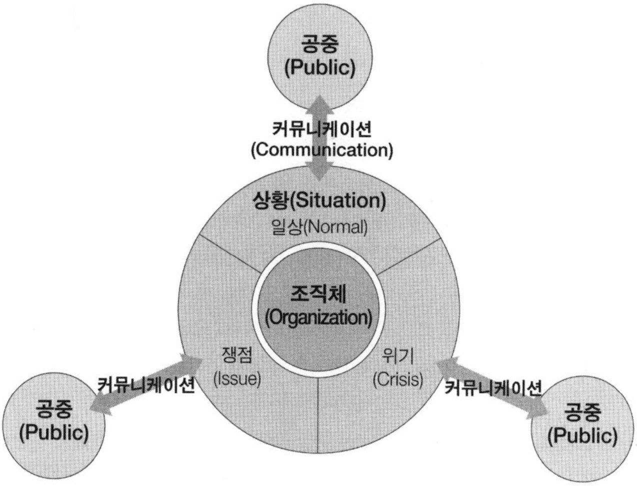

자료: 박노일·오현정·정지연(2017: 301).

무적 영역을 체계적으로 분류할 수 있다는 것이다.

OSPC 모형의 유용성은 PR의 핵심적인 변수인 조직, 상황, 공중, 커뮤니케이션 변인을 토대로 학문 전체를 조망하거나 점검할 수 있는 토대를 제공하는 데 있다. 이 모형을 대입해 보면 PR 활동이 영리기업에 집중되었거나 미디어 관계 등 특정 공중에 초점을 둔 연구 트렌드를 파악할 수도 있다. 실제 일부 선행 연구자들(김수연·김대욱·최명일, 2013; Liu and Horsley, 2007)이 주장했던 PR 학문의 치우친 현상을 입체적으로 볼 수 있기 때문이다. 특히 OSPC 모형은 소셜미디어와 인플루언서의 등장에 따른 PR 실무 혹은 연구 분야를 입체적으로 이해하는 프레임으로 활용 가치가 있다. 실제 박노일·오현정·정지연(2017)은 OSPC 모형을 제안하면서 PR 분야에 신기술을 단순히 추가하거나 나열하는 평면 배치를 경계해야 하며, OSPC 모형 등이 제공하는 PR 학문의 체계 틀 안에서 새로운 기술과 응용 분야를 이해하려는 노력

표 4-2
OSPC 모형 체계 변인과 인공지능 기반 PR 응용 분야

구분	인공지능 기반 PR 응용 분야		
	자동화(Automation)	**가속화(Acceleration)**	**정밀화(Accuracy)**
조직	OPR, 평판 측정 자동화	OPR, 평판의 변화 실시간 파악	PR 커뮤니케이션의 결과(outcomes) 계량화
상황	PR 환경 모니터링 자동화 및 쟁점 관련 인사이트 자동 도출	실시간 위기·쟁점 식별 및 상황관리 PR 전략 수립 시간 단축	정교한 메시지, 정확한 메시지 전달로 상황관리 PR 효과성 제고
공중	공중관계성-평판 수준별 이해관계자, 목표 공중 프로파일 자동 추출	실시간 목표 공중·미디어 공중 식별 및 커뮤니케이션 전략 신속 실행	핵심 공중의 세밀한 페르소나(personas) 확보 및 공중 니즈 부합 메시지 정밀 발굴
커뮤니케이션	조직의 디지털 인격화 AI 대변인 24시간 자동 대응 텍스트·영상 보도자료 제작 자동화	실시간 맞춤형 PR 메시지 생산 및 실시간 공중 반응 측정으로 커뮤니케이션 대응 순발력 제고	PR 문제 맞춤형 및 개인화 커뮤니케이션 전략·실행방안 정밀 추진

이 중요하다고 지적했다. 즉 변화하는 미디어 환경에서 새롭게 등장한 커뮤니케이션 기술을 무비판적으로 추종하기보다는, OSPC 모형과 같은 PR 학문의 구성 체계의 틀 안에서 이해하고 확장 가능성을 입체적으로 탐색해야 한다는 것이다. 이러한 맥락에서 OSPC 모형의 조직, 공중, 상황, 커뮤니케이션 변인을 토대로 한 인공지능과 PR의 응용 분야를 〈표 4-2〉와 같이 정리할 수 있다.

〈표 4-2〉의 OSPC 모형 변인과 함께 아르딜라(Ardila, 2020)의 11가지 인공지능 커뮤니케이션 활용 분야를 정리해 보면 다음과 같다. 먼저 OSPC 모형의 [조직] 변인을 중심으로 PR 연구가 필요한 분야는 조직-공중관계성(OPR: Organization-Public Relationships)이다. 인공지능을 활용하여 정밀하게 관계성

과 평판을 측정하고, 이를 계량적인 지표(주가변동, 매출, 이윤 등)와 연계하여 살펴볼 필요가 있다. 인공지능이 가져다준 PR의 정확성(accuracy) 측면에서 보면, 관계적 신뢰, 만족, 상호 통제성, 헌신 속성 등의 전통적인 OPR 변인의 측정 방식은 PR의 결과물(outcomes)을 정확히 대변한다고 보기가 어렵다. 따라서 조직의 OPR이나 평판, 긍정-부정 이미지 등을 실시간으로 측정하고 인공지능 기반 PR 커뮤니케이션 전략 수립의 절차를 모형화하는 연구가 필요하다. 구체적으로 인공지능을 활용하여 PR 커뮤니케이션의 결과물인 OPR과 평판 등을 어떻게 측정할 수 있는지 살피고, 다른 지수(이윤, 주가변동 등)와 연계함으로써 OPR 변인의 가치를 검증하는 한편, 조직과 공중관계성을 종속변인으로 한 인공지능 기반 PR 커뮤니케이션 절차를 모형화하는 연구가 필요할 것이다.

두 번째로 [공중] 변인을 중심으로 살펴보면, 인공지능을 활용한 핵심 공중 식별이 우선적인 연구 주제이다. 이미 인터디펜던스 PR(2022)이 'Interviewed™'이라는 인공지능 기술로 특정 브랜드나 소재에 가장 연관성이 큰 미디어 공중을 식별해 주는 기술을 서비스하고 있다. 이런 측면에서 보면, 선행 연구(예, 박노일, 2010)가 동원한 인구통계학적 속성 또는 공중 상황 이론(situational theory of publics)에 따라 공중을 분류한 이론은 수정되어야 한다. 공중의 상황 인식을 토대로 했던 공중 세분화 모형은 고비용이기도 하고 실무적으로 효용성이 떨어진다. 따라서 인공지능의 Social Monitoring (Social or Audience Listening), Sentiment Analysis, Influencer/Journalist Identification 기술을 접목하여 역동적으로 변화하는 여론 동향에 발맞춰 PR 실무자가 접촉해야 하는 핵심 공중 식별 혹은 공중 세분화 모형을 탐색할 필요가 있다. 이에 따른 PR의 연구 과제는 인공지능 기반의 PR 환경 모니터링 절차와 공중의 감정 분석 방법, 유력 공중을 식별하는 이론이나 모형을 수립하는 데 있다.

세 번째, [상황] 변인을 토대로 인공지능 기반 PR에 관한 연구 주제를 살펴보면, 당연히 위기 커뮤니케이션 분야이다. 조금 거칠지만, 인공지능 선행 연구를 토대로 인공지능을 활용한 위기관리 단계를 정리해 보면, Realtime monitoring & analytics → Gathering instant insights → Connecting with the right influencers → Staying on top of a crisis or opportunity의 절차로 표현할 수 있다. 기본적으로 모든 조직은 어떠한 상황에 속해 있다. 일상(normal), 쟁점(issue) 혹은 조직의 미션 수행이 불가능하거나 그럴 가능성이 큰 위기 상황들의 연속선에 속해 있다(박노일·오현정·정지연, 2017). 상황 변인과 관련한 PR 연구는 위기의 책임과 상황의 엄중함에 대해 인공지능이 얼마나 정밀한 측정과 평가 데이터를 제공할 수 있는가에 있다. 즉 인공지능 알고리즘이 어떠한 상황 변인을 중심으로 위기·쟁점을 식별·측정·평가해야 하며, AI-assisted 위기 커뮤니케이션 모형을 어떻게 구축할 수 있는가에 관한 연구가 필요하다. 특히 선행 연구가 제시한 위기 위협 계산 공식 CT=L×OI×SI(Crisis Threat formula=Likelihood×Organizational impact×Stakeholder impact)나 위기관리 커뮤니케이션의 다섯 가지 단계(The five-step crisis prevention process: ① Identify the sources to scan, ② Collect the information, ③ Analyze the information, ④ Take preventive action if warranted, ⑤ Evaluate the effectiveness of the correction)(Coombs and Holladay, 2002) 등이 인공지능을 활용했을 때 어떻게 수정될 수 있는지를 탐색해 보아야 한다.

마지막으로 [커뮤니케이션] 변인을 중심으로 살펴야 하는 PR 연구 분야는 인공지능 기술이 제공하는 Intelligent Agents(Voice Assistants), Content Creation & Curation, Image Recognition, Sentiment Analysis 기능을 고려해야 한다. 예를 들면, PR 차원에서 활용 가능한 가상 인간 대변인 등 조직의 커뮤니케이터에 관한 공중의 인식과 태도를 인간 대변인과 비교 분석하는 작업이 필요할 것이다. 또 PR 커뮤니케이션 메시지를 인공지능이 생산(creation)하거나 선별(curation)해 주었을 때 이를 받아들이는 수용자의 태도와 반응을 공중의 표정 이미지를 분석하거나 온라인 공간에 남겨진 포스팅, 댓글과 같은 텍스트에 대한 인지 및 정서적인 분석을 진행함으로써 정교한 PR 메시지의 효과를 파악할 수 있을 것이다. 따라서 커뮤니케이터인 인공지능 대변인, 디지털 휴먼과 인공지능이 생산한 메시지의 효과, 커뮤니케이션 채널로서 인공지능 스피커나 챗봇, 로봇 등을 PR 연구자들이 주목할 필요가 있다.

4. PR학의 인공지능 응용 연구와 과제들

우리는 지금까지 저널리즘과 PR 분야 등에서 현재 진행 중인 인공지능 기반 실무 응용의 동향과 PR 학문의 체계 틀을 제안한 OSPC 모형의 네 가지 핵심 변인을 중심으로 연구자들이 주목해야 할 영역을 살펴보았다. 우선 인공지능의 자동화, 가속화, 정밀화 속성은 PR 학문의 중요한 기둥인 조직, 상황, 공중, 커뮤니케이션 분야 모두에 영향을 미칠 것으로 보인다. PR학은 중요한 변곡점에 서 있는 것이다. 현재 PR 연구자들이 탐색할 필요가 있는 연구 분야를 정리하면 AI-based organization-public relationship management(PR학의 공중관계성의 계량적 지표 연계 검증 연구 등), AI-assisted issue management/AI-assisted crisis management(위기관리 이론 모형 개발, 실시간 혹은 선제적 정보공개인 Stealing thunder 효과 검증 등), AI-based key public identification(공중 세분화 이론 모형 수정 등), AI-assisted PR planning and analyzing the communication effect(PR 기획 단계의 인공지능 활용 및 이론적 검토 등)이다. 이 외에도 PR 커뮤니케이션(SMCRE) 모형에 대입하여 인공지능의 응용 가능성을 탐색하거나 인공지능이 PR 산업에 미치는 영향을 질적 또는 계량적으로 조명해 볼 수도 있다.

무엇보다 인공지능과 PR 연구의 활성화를 위해서는 인공지능 개발자, PR 실무자, PR 학계의 적극적인 협업이 필요하다. 전통적인 PR 회사도 인공지능 기술을 반영한 커뮤니케이션 서비스를 요구하는 클라이언트의 니즈를 충족할 필요가 있고, 인공지능 개발자도 사회문제 해결에 기여하는 실용적인 알고리즘을 개발할 필요가 있기 때문이다. PR 학계는 이러한 수요를 연결하는 가교 역할을 맡음으로써, PR 학문의 정체성을 유지하면서도 인공지능 시대를 학문적 틀에서 소화해야 하는 과제를 안고 있다.

이를 위해서는 먼저 PR 학계가 인문사회학 배경의 PR 전공 학부생들과 대학원생들에게 인공지능 이용 자기효능감을 심어줄 수 있는 지식, 기술의 공유와 나눔의 학문적 커뮤니티를 제공할 필요가 있다. 물론 인문사회학 배경의 PR 연구자가 인공지능을 활용한 연구를 진행하거나 제자를 양성하기란 쉽지 않음을 잘 안다. 하루가 다르게 최고 성능의 최신 인공지능 모델(SOTA: State-Of-The-Art)이 갱신되고 있기 때문이다. 그럴수록 PR 연구자는 더욱 인공지능의 핵심 지식을 자기화하고, PR 영역에서 인공지능을 어떻게 응용할지를 깨닫는 동시에(Knowing what AI will be capable of doing) 다양한 학문적 커뮤니티 및 공적 인공지능 데이터를 활용한 연구에 도전할 필요가 있다. 이제 PR 연구자의 인공지능 수용과 연구 활성화는 시대적 소명이다. PR 학계는 학문적 특성화와 더불어 빅데이터, 컴퓨터 사이언스 전공자들과 다학제적인 연구를 활성화해야 한다. 이러한 시도에 이 저술이 조금이나마 도움이 되기를 기대하면서 이 글을 마친다.

5장
광고와 PR의 경계 소멸과 범위의 확장

김병희(서원대학교 광고홍보학과 교수)
김현정(서원대학교 광고홍보학과 교수)

1. 마케팅 커뮤니케이션 패러다임의 진화

미디어 환경이 급변함에 따라 광고 산업과 PR 산업에서 콘텐츠의 생산과 유통 방식도 변화를 거듭하고, 광고와 PR을 운용하는 전략 커뮤니케이션 방식도 달라지고 있다. 광고의 본질이 '널리 알리는 목적'에서 '폭넓게 모이게 하는 목적'으로 변했고, PR의 본질도 '관계관리의 목적'에서 '행동 유발의 목적'으로 달라졌다. 광고와 PR의 기능도 '미디어를 통한 메시지의 전달'이라는 전통적인 관점에서 '콘텐츠를 매개로 플랫폼에서의 만남'이라는 새로운 관점으로 변모하고 있다. 광고 전문가나 PR 전문가도 잠시라도 한눈팔면 지체되는 초연결 시대에, 우리는 광고와 PR을 어떻게 이해할 것인가? 전통 미디어와 뉴미디어가 융합되고 소비자와 공중의 행동 양식도 갈수록 복잡해지고 있다. 이런 상황에서 중국 춘추전국시대의 제자백가(諸子百家)들이 숱한 학설을 쏟아냈듯이, 광고학자와 PR학자들도 다양한 관점을 제시하고 있다.

코로나19로 인해 한국 사회는 혼돈의 시기를 보냈고 인간관계도 유동적으로 흐르고 있다. 코로나19가 시작되기 직전인 2019년에 칸 라이언스(Cannes Lions)는 세 가지 핵심어를 제시했는데, 접근성(access), 전자상거래(e-commerce), 브랜드 액티비즘(brand activism)이 그 세 가지이다. 광고와 PR 전문가들은 장애와 인종 및 성차별을 넘어서는 제품이 환영받는다는 접근성, 상품을 구매하는 소비자의 플랫폼에서 언제 어디서든 구매할 수 있는 전자상거래, 기업이 사회공헌활동을 통해 헌신해야 소비자의 마음을 얻는다는 브랜드 액티비즘을 강조했다(이성복, 2021). 기업과 브랜드의 지속가능한 발전을 위해서는 브랜드 액티비즘과 전자상거래 및 접근성이 더 중요해졌다.

미국마케팅학회(AMA, 1963)가 제시한 광고의 개념은 오랫동안 타당성을 인정받아 왔다. 즉 광고주의 명시, 비용을 지불하는 유료, 아이디어와 제품 및 서비스 내용의 포함, 비대인적 제시, 판매 촉진 활동이 광고 개념을 구성하는 다섯 가지 핵심 요인이었다. 그렇지만 전통적인 광고의 정의가 디지털 미디어 시대의 광고 현상을 설명하지 못한다며, 광고의 개념을 재정의해야 한다는 주장이 계속되어 왔다. 온라인 광고, 양방향 TV 광고, 소셜미디어(SNS) 광고처럼 소비자와의 상호작용이 중요해진 상황에서 광고주의 명시성, 비용 지불의 여부, 비대인적 제시 같은 광고 개념의 구성 요인이 오늘날의 미디어 환경과 맞지 않는다는 것이다(김병희, 2013; 김현정, 2020).

미디어 기술이 발전함에 따라 마케팅 커뮤니케이션의 패러다임도 진화를 거듭했다. 아날로그 시대(제1세대), 디지털 1.0 시대(제2세대), 디지털 2.0 시대(제3세대)를 거쳐 제4세대인 디지털 3.0 시대로 패러다임이 바뀐 지금은 모바일과 인공지능이란 핵심 기술을 바탕으로 연결 패러다임을 추구하고 있다. 미디어의 특성은 트랜스 미디어, 네트워크의 특성은 초연결, 커뮤니케이션 특성은 개인 맞춤형 소통, 마케팅 특성은 체험 마케팅의 시대로 접어들었다. 백혜진(2013)이 지적했듯이, 어떤 공동체를 하나의 유기체로 간주하고 개인의 행동 변화를 지속적으로 유지하며 마케팅 프로그램에 더 깊이 관여하게 하는 데 공동체의 역할을 중시하는 커뮤니티 소셜 마케팅도 보편화되었다.

광고의 개념을 재정립하게 만드는 핵심 동인은 급변하는 미디어 기술이었다. 이제, 정보통신기술(ICT)을 바탕으로 자동화와 지능화를 추구하는 4차 산업혁명 시대가 본격적으로 시작되었다. 하이테크와 하이터치의 융복합 마케팅(마켓 4.0)으로 진화를 거듭하는 가운데 디지털 기술로 사물의 지능화를 실현하기에 이르렀다. 광고업계와 PR업계에서도 빅데이터, 인공지능(AI), 사물인터넷(IoT)이라는 4차 산업혁명의 핵심 기술을 바탕으로 사실과 데이터에 근거하는 '데이터 주도(data-driven)' 혹은 데이터 기반의 마케팅 커뮤니케이션 활동을 전개하고 있다. 데이터 기반의 마케팅 커뮤니케이션 활동은 구매와 소비가 이분화되는 추세와 개인화 마케팅과 브랜드 마케팅의 추세라는 두 방향에서 진화를 거듭했다(김유나, 2020). 성공적인 브랜드 마케팅은 다양한 생활 데이터를 분석해 마케팅 전략을 수립할 수 있는 분석 프레임을 갖추고 이를 실행할 수 있는 캠페인 전략을 실행해야 가능해진다. 광고와 PR 활동도 개인화 마케팅과 브랜드 마케팅의 추세를 현실적인 맥락에서 고려해야 효과를 발휘할 수 있다.

이 밖에도 마케팅 커뮤니케이션 환경은 이전과 전혀 다른 양상으로 변모했다. 모바일 미디어가 보편화되자 PC를 기반으로 한 온라인 쇼핑 위주의 전자상거래 시장이 모바일 상거래 시장으로 확장되고 국경도 사라졌다. 누구나 안방에서 세계 곳곳의 매장에 접속해 상품을 구매하는 시대가 되었다. 쇼핑 채널이 다양해지고 새로운 구매 형태가 등장함에 따라, 언제 어디서나 접속이 가능한 O2O 서비스 플랫폼이 새로운 상거래 모델로 등장했다. 오투오(O2O)는 온라인에서 오프라인으로(Online-to-Offline) 혹은 오프라인에서 온라인으로(Offline-to-Online)의 축약어로, 온라인과 오프라인의 서비스를 서로 연결시켜 소비자의 구매 활동을 도와주는 새로운 서비스 플랫폼이다.

나아가 온라인 쇼핑의 풍부한 정보를 물리적 매장의 장점과 연결해 통합적 경험을 제공하는 옴니채널(Omnichannel)의 등장은 유통의 개념을 바꿨다. 인터넷, 모바일, 오프라인 매장, TV, 직접 우편(DM), 카탈로그 같은 여러 채널을 유기적으로 결합해 소비자의 경험을 극대화하고 판매를 촉진하는 것이 옴니채널 전략의 핵심이다(Wikipedia, 2022). 유통업 분야에는 싱글채널, 멀티채널, 크로스채널이 있었는데, 옴니채널은 세 채널을 거쳐 진화했고, 온오프라인의 경계를 허물고 소비자에게 놀라운 쇼핑 경험을 제공했다. 멀티채널이 오프라인 매장, 온라인 쇼핑몰, 모바일 앱 같은 채널별 매출을 높이는 데 집중했다면, 옴니채널은 독립 채널들을 연결해 상호 보완을 시도했다. 소비자들은 옴니채널 환경에서 시간과 장소에 구애받지 않고 채널을 비교하며 쇼핑의 즐거움을 누리고, 기업은 일관된 메시지를 다양한 접점에 내보낸다.

2. 광고 산업과 PR 산업의 환경 변화

광고업계와 PR업계에는 지금 당면한 해결 과제가 산적해 있다. 예컨대, 패러다임의 변화에 따른 새로운 소비자나 새로운 공중에 대한 이해, 미디어와 크리에이티브 콘텐츠의 새로운 양상에 대한 해결책의 제시, 광고 효과와 PR 효과를 제고할 수 있는 구체적인 운영 전략의 수립, 광고와 PR의 실행 과정에서 각각의 차별성을 활용할 방안의 마련, 광고와 PR 분야의 인력 양성과 산업계의 지원에 이르기까지, 구체적이고도 현실적인 대응 방안을 찾는 문제가 시급해졌다.

4차 산업혁명 시대에 접어들어 정보통신기술은 플랫폼의 다각화를 유도하면서 광고 산업과 PR 산업에도 결정적인 영향을 미치고 있다. QR코드, 사물 인터넷, 증강현실(AR), 가상현실(VR), 비콘 같은 위치 기반 서비스, 홀로그램, 드론을 활용한 광고 등은 광고와 테크놀로지가 결합된 '광고 기술(ad tech)'이라는 개념을 탄생시키며, 광고 형태나 PR 기법에 획기적인 변화를 가져왔다. 광고와 PR 분야에서 주목받는 기술은 가상현실, 증강현실, 혼합현실(MR) 기술이 대표적이다. 세 가지 기술은 소비자 스스로 직접 겪어볼 경험을 제공하는 경험 마케팅(experiential marketing)과 광고 분야에 폭넓게 활용될 가능성이 높다.

새로운 정보통신기술 기반의 광고가 증가하고, 빅데이터를 활용해서 광고주, 광고매체, 광고 타깃을 연결하고 정확한 시기에 정확한 소비자에게 정확한 메시지를 전달하는 기술도 현실화되었다. 광고 분야에서는 예컨대 프로그래매틱(programmatic) 광고가 대표적이다. 프로그래매틱 광고는 광고주, 광고회사, 수요자 플랫폼, 광고 트래픽 거래소, 공급자 플랫폼이라는 경로를 거쳐 매체사와의 거래가 이루어진다. 이 과정에서 광고 주체들은 수시로 상호작용을 하게 된다. 수요자 플랫폼(DSP: Demand Side Platform)은 광고주가 광고 트래픽 거래소(Ad Exchange)에서 막대한 물량의 지면을 효과적으로 선택해 구매할 수 있는 디지털 미디어의 구매 플랫폼이다. 이 플랫폼에서는 광고주의 입장에서 효과적인 광고 인벤토리를 편리하게 구매하도록 실시간 경매(RTB) 기능을 제공하고 다양한 데이터를 제공해 준다(김병희, 2021a). 미디어 환경이 변화함에 따라 전통적인 광고PR 산업이 위기에 처한 상황에서 정보통신기술은 광고와 PR의 개념과 범위를 변화시키는 주요 동인이었다.

개인 맞춤형 광고도 급성장했다. 개인 맞춤형 광고란 이용자의 온라인 검색 기록과 브라우징 정보를 종합한 개인정보를 일정 기간 수집해서 만든 행동 프로파일을 개인별로 최적화시킨 광고 기법이다. 소비자 행동을 반영한 맞춤형 광고에서는 같은 인구통계적 특성을 지닌 소비자일지라도 각자의 취향과 관심사에 맞춰 광고 메시지를 제공한다. 예컨대, 미국의 훌루(Hulu), 페이스북, 구글, 아마존, 영국의 애드스마트(AdSmart), 홍콩의 나우(NOW)-TV를 비롯해, 네이버와 카카오에서도 맞춤형 광고를 시도했다. 개인 맞춤형 광고를 노출하려면 웹이나 디지털 매체에서 정보를 확보할 수 있는 다양한 입력 정보가 필요하다. 소비자의 로그인 정보를 바탕으로 개인의 소비 행태를 추적할 수 있어야 비로소 개인 맞춤형 광고가 가능하다는 뜻이다.

더불어 OTT(Over The Top) 광고도 급성장했다. 보통 '온라인 동영상 제공 서비스'로 번역되는 OTT는 디지털 콘텐츠를 텔레비전이나 유사한 장치로 보내는 데 사용되는 모든 장치나 서비스이다. 전파나 케이블 없이 동영상을 보내는 스트리밍 서비스가 시작되자, 시청자들은 셋톱박스가 없어도 다양한 동영상 콘텐츠를 저가에 즐길 수 있게 되었다. 온라인 동영상 제공 서비스 플랫폼에서 노출되는 OTT 광고는 텔레비전 광고와 유사하지만 결정적 차이는 OTT 플랫폼의 스트리밍 미디어를 통해 광고가 노출된다는 점이다. 스마트 TV나 셋톱박스의 경우에 텔레비전 광고와 같은 길이의 동영상 광고가 대부분이지만, OTT 플랫폼에서는 광고 길이를 자유롭게 늘려 삽입할 수 있다. OTT 광고는 기존의 텔레비전 광고와 달리 가구별 특성에 알맞게 맞춤형 메시지를 전달할 수 있고, 프로그래매틱 광고 거래도 할 수 있다. 또한, 인터넷을 연결할 수 있는 장치가 있다면 기존의 인터넷 광고와 모바일 광고 형식을 그대로 적용할 수 있다.

모바일 디바이스에서 모든 것이 연결되는 트랜스 미디어 환경이 조성되자 다중채널 네트워크(MCNs: Multi-Channel Networks)도 활성화되었다. 다중채널 네트워크는 광고와 PR 영역에 새로운 기회를 제공했다. 다중채널 네트워크란 전통 미디어에서의 콘텐츠 제작과는 달리 디지털 시대의 개인 창작자가 작가, 연기자, 프로듀서, 마케팅 기획자 같은 여러 역할을 수행하는 상황에서 개인의 창작 과정을 지원하면서 손수 창작물의 체계화와 상업화를 지향하는 서비스이다(Gardner and Lehnert, 2016). 유튜브는 개인 창작자인 유튜버(YouTuber)가 올린 콘텐츠가 인기를 끌면서 광고 수입도 늘어났다. 다중채널 네트워크는 수익원을 다각화하기 위해 광고나 PR 활동의 수익 이외에도 해외시장의 진출, 플랫폼 다양화, 브랜디드 콘텐츠(Branded Contents), 제품배치(PPL), 캐릭터 상품 판매 같은 비즈니스 모델을 만들었다. 마케팅 커뮤니케이션 활동에서도 다중채널 네트워크를 넘나들며 소비자의 관심을 유도하는 마케팅 커뮤니케이션 전략이 더욱 중요해질 수밖에 없다.

소비자(광고)나 공중(PR)은 메시지 형태에 관계없이 자신이 흥미를 느끼는 메시지에 능동적으로 접촉하며 자신만의 욕구를 충족한다. 능동적 소비자나 적극적 공중은 광고 산업과 PR 산업의 패러다임을 바꾸는 데 결정적으로 기여했다. 능동적 소비자나 적극적 공중이 있었기에 소셜미디어나 1인 미디어도 급격한 성장을 이루게 되었다. 소셜미디어와 1인 미디어의 성장은 광고 산업과 PR 산업은 물론 정치, 경제, 사회, 문화의 변동에 결정적인 영향을 미쳤다. 소셜미디어와 1인 미디어 환경에서 개인들은 생비자(Prosumer, 생산자+소비자)로서 광고나 PR 캠페인에 참여하기 시작했다.

나아가 메타버스(Metaverse)는 광고와 PR의 범위를 확장하는 데도 결정적 동력을 제공했다. 초월과 가상을 뜻하는 메타(meta)와 현실을 뜻하는 우주(universe)의 합성어인 메타버스는 온라인 3차원 가상공간에서 아바타로 참여하는 개인들이 현실 세계처럼 활동하는 플랫폼이다. 게임 속에서 현실처럼 활동하는 메타버스는 인터넷을 넘어서는 새로운 패러다임인데, 국립국어원은 메타버스를 우리말로 '확장 가상세계'로 부르기를 권고했다. 메타버스 기술은 3차원 기반의 미래형 플랫폼 비즈니스 모델이다. 다중 가상세계의 오픈소스를 이용하려는 전문 기업들의 시장 개발도 날로 늘어났다. 디지털 미디어에 익숙한 MZ세대가 주요 소비층으로 부상함에 따라, 소셜미디어의 기능을 수행하는 메타버스는 더 주목을 받았다. 이용자들은 가상세계에서 친구를 만나고 생산 활동을 통해 수익을 올리기 때문에, 기업에서는 새로운 광고PR 플랫폼으로 메타버스에 주목한다(Steinwold, 2020.3.12). 앞으로 메타버스를 활용하는 전략 커뮤니케이션 활동은 다양한 비즈니스 영역에서 다각도로 전개될 것이다.

더욱이 광고나 PR 메시지는 브랜디드 콘텐츠라는 성격을 띠게 되었다(김종민, 2020). 전통적인 광고가 메시지를 강제 노출하는 형식이었다면, 네이티브 광고(native advertising)나 브랜드 저널리즘(brand journalism)에서는 광고 메시지와 PR 메시지의 경계가 무너지면서 융합되는 형태로 바뀌었다. 전통 미디어 환경에서는 미디어 콘텐츠(방송 프로그램이나 기사)와 브랜드 메시지(광고나 PR)가 분리되었지만, 디지털 3.0 시대에는 미디어 콘텐츠에 브랜드 메시지를 연계하는 간접광고나 가상광고가 보편화되었다. 네이티브 광고나 브랜드 저널리즘처럼 콘텐츠, 광고, PR 메시지가 버무려진 혼종 콘텐츠가 다수 등장했다. 따라서 광고와 PR의 경계도 당연히 모호해질 수밖에 없게 되었다.

이런 현상을 대표하는 장르가 브랜디드 콘텐츠이다. 기업에서는 콘텐츠와 광고를 물리적으로 결합시키는 데서 나아가 콘텐츠를 직접 제작해 브랜드 메시지를 전달하고 영역을 확장했다. 그러나 브랜디드 콘텐츠는 광고의 정의에서 벗어나는 측면도 있기에, 기업의 사회적 책임이라는 거시적 측면에서 접근하는 경우가 많다. 구매하라고 직설적으로 강조하기보다 간접적 형식으로 콘텐츠의 즐거움을 느끼게 하고 사회적 책임을 환기하며 브랜드에 대한 호의를 높이는 방식이다. 재미있고 유익한 콘텐츠에 브랜드를 배치하는 방식은 앞으로 광고와 PR 활동에서 필수 요소가 될 수밖에 없다. 앞으로의 광고와 PR 활동에서는 오직 콘텐츠끼리의 경쟁만 필요하기 때문에, 광고와 PR을 애써 구분하지 말고 마케팅 커뮤니케이션 활동에 필요한 상호 보완적인 수단으로 관계를 설정해야 한다.

PR 산업 분야에서도 2010년 이후부터 온라인 PR 회사가 두드러지게 증가했다. 온라인 PR 회사들은 온라인 바이럴 마케팅 활동을 전개하며 단기간에 회원을 늘리고 매출 증대를 모색하는 PR 기획을 적극적으로 시도했다. 그렇다 보니 PR주들은 PR 기획을 매출 증대의 수단으로만 활용하려 했는데, 이런 경향은 디지털 미디어 시대에 PR의 범위를 확장시킬 호기(好機)를 놓치는 결과를 초래했다(이진우·조재형, 2018). 좋은 기회를 살리지 못하고 업계 스스로 PR 범위의 봉쇄를 자초했다고 지적받는 대목이다. 이제, 광고와 PR이 나아갈 미래의 방향을 고민해야 할 시점이다. 환경 변화를 정확히 읽어내고 자원을 다각적으로 활용해, 시시각각 변하는 비즈니스 문제점을 해결해 주는 해결책으로서의 광고와 PR 활동이 필요한 이유이다. 디지털 시대에는 광고와 PR을 별도로 구분하는 것은 무의미하며, 어떤 콘텐츠를 만들어 소비자나 공중이 어떻게 그것을 경험하게 하고 즐기게 할 것인지가 중요할 뿐이다(김운한·김현정, 2018).

3. 광고와 PR의 경계 소멸

1) 플랫폼 전쟁터로 변한 디지털 생태계

광고와 PR 사이의 경계가 소멸해 가는 데는 디지털 생태계가 플랫폼으로 변해가는 현상이 결정적인 영향을 미쳤다. 디지털 트랜스포메이션이 화두가 되면서 많은 기업들은 플랫폼 기업으로 전환하기 시작했다. 기존의 플랫폼 기업 외에 새로 생긴 스타트업, 심지어 제조사까지도 신규 비즈니스로 플랫폼 사업에 뛰어들면서 디지털상에는 하루가 다르게 많은 플랫폼들이 넘쳐나고 있다. 한국 사회에 그야말로 플랫폼 전쟁이 일어난 것이다. 디지털 생태계에 현재 존재하는 플랫폼의 유형은 크게 아홉 가지로 분류할 수 있다.

디지털 시장의 관점에서 본 다양한 플랫폼 유형들은 〈그림 5-1〉에서 확인할 수 있다. 플랫폼의 아홉 가지 유형을 좀 더 구체적으로 살펴보자. ① 생활 전반을 다루는 '네이버'와 '카카오' 같은 '종합 플랫폼', ② 지인 중심으로 일상을 나누는 '페이스북'과 '인스타그램' 같은 '소통 플랫폼', ③ 주로 상품 유통에 치중하는 '아마존'과 '배달의민족' 같은 '커머스 플랫폼', ④ 라이프스타일의 추세를 이끌어가는 '오늘의집'과 '무신사' 같은 '생활 정보 플랫폼', ⑤ 취향 콘텐츠를 제작해서 올리는 '유튜브' 같은 '개인 창작 플랫폼', ⑥ 인플루언서나 셀럽의 매력으로 팬들을 보유하는 '인플루언서 플랫폼', ⑦ 청각을 자극해 소셜미디어의 소통을 주도하는 '오디오 플랫폼', ⑧ 유통업계에서 실시간 쇼핑을 주도하는 '라이브 커머스 플랫폼', ⑨ 메타버스에서 자기만의 세계를 구축하는 '제페토(ZEPETO)' 같은 '가상공간 플랫폼'이 있다(김유나, 2021).

플랫폼의 아홉 가지 유형은 성격에 따라 '판매 지향의 푸시형(push)' 플랫폼과 '관계 지향의 풀형(pull)' 플랫폼으로 구분되며, 플랫폼의 이원화 운영 전략이 가능하다. 판매 지향의 푸시형 플랫폼은 기업이 주도하는 플랫폼으로 커

그림 5-1
다양한 플랫폼 유형들

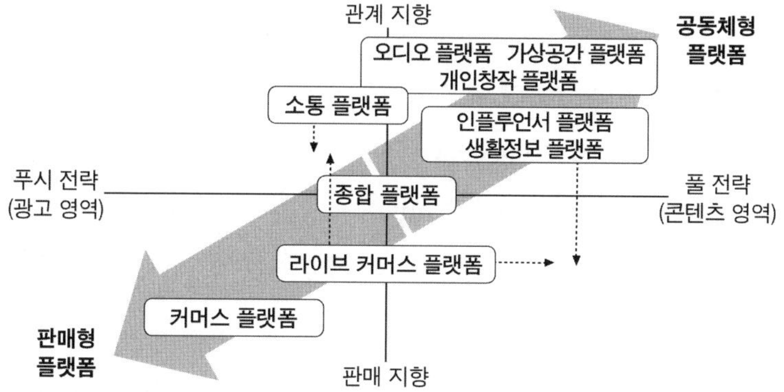

자료: 김유나(2021: 111).

머스 플랫폼이 대표적이다. 이에 비해 관계 지향의 풀형 플랫폼은 소비자가 주도하는 플랫폼으로, 소통 플랫폼, 생활 정보 플랫폼, 인플루언서 플랫폼, 개인 창작 플랫폼, 가상공간 플랫폼으로 다채로운 편이다. 푸시형 플랫폼은 개인의 구매 이력과 취향 데이터를 함께 분석해서 고객이 원하는 스타일에 따라 제품을 밀어 넣으려 하고, 관계형 플랫폼은 개인의 취향 커뮤니티에서 관심 콘텐츠를 제공하며 그들이 기대하는 라이프스타일을 제공한다. 플랫폼은 시간이 지날수록 진화하기 때문에 플랫폼 시장이 발전할수록 푸시형 플랫폼은 풀형의 방향으로, 풀형 플랫폼은 푸시형의 방향으로 기능이 통합된다. 시작은 다르지만 많은 플랫폼의 지향점은 판매와 관계를 모두 통합하고 개인화할 수 있는 '라이프스타일 플랫폼'이 될 것으로 전망할 수 있다(김유나, 2021).

2) 트랜징을 통한 광고와 PR의 범위 확장

미디어 환경이 통합적 맥락으로 변화한 것도 광고와 PR의 경계를 무너뜨리고 확장시키는 데 결정적인 영향을 미쳤다. 미디어 채널의 범위가 확장되고, 운영 방식이 다변화되자 트랜스 미디어라는 개념이 등장했다. 트랜스(Trans)는 현대 사회의 복합적인 현상을 대변하며, 주체와 객체가 구분되지 않고 능동적으로 상호작용함으로써 서로 영향을 미치며 초매체적으로 연결되는 모든 움직임 속의 다양성을 포괄하는 개념이다(장대련·장동련·박세범, 2015). 트랜스는 변화를 거듭하는 미디어 환경에서 나타나는 현상이기 때문에, 새로운 사건은 아니며 이전에도 존재하던 매체에 대한 새로운 시각의 통찰력이다.

여러 분야에서 시간의 흐름에 따라 다양한 모습으로 변화를 거듭하며 진화하는 모습이 트랜스인 셈이다. 복합 현상을 예견한 트랜스의 징후에는 다음과 같은 여덟 가지 현상이 있다. 즉, ① 아날로그에서 디지털로(Analog to Digital), ② 고정된 모습에서 이동성을 띤 모습으로(Stationary to Mobile), ③ 개인에서 다수의 네트워크로(Singular to Network), ④ 직접적인 방법에서 간접적인 방법으로(Direct to Indirect), ⑤ 고체 형태에서 유동적인 형태로(Solid to Liquid), ⑥ 수직에서 수평으로(Vertical to Horizontal), ⑦ 제로 타임에서 시간축 경쟁으로(Zero time to Time Based), ⑧ 상업적인 것에서 오픈 소스로(Commercial to Open Source)와 같은 여덟 가지 현상이다(박하영, 2022).

광고와 PR이 서로의 경계를 넘어서며 새롭게 확장되는 현상을 설명하는 데 있어서 '트랜징(Transing)'의 개념을 차용하면 최근에 광고 산업과 PR 산업의 현장에 나타나는 현상을 이해하는 데 도움이 될 것이다. 트랜징은 트랜스 현상이 일어나는 움직임의 원리를 설명하는 동시에 역동적인 변화를 수용하는 메타 콘셉트의 하나이다. 〈그림 5-2〉에서 알 수 있듯이 프리즘이 빛을 스펙트럼으로 분리하면 분산과 굴절이 일어나는데, 다양한 미디어가 혼재하는 상황에서 공존과 융합을 위해 빛(광고와 PR)이 다양한 형태로 분화하고 발산한다. 트랜징의 대표적인 특성은 다음과 같다(장대련·장동련, 2014).

그림 5-2
트랜징의 개념

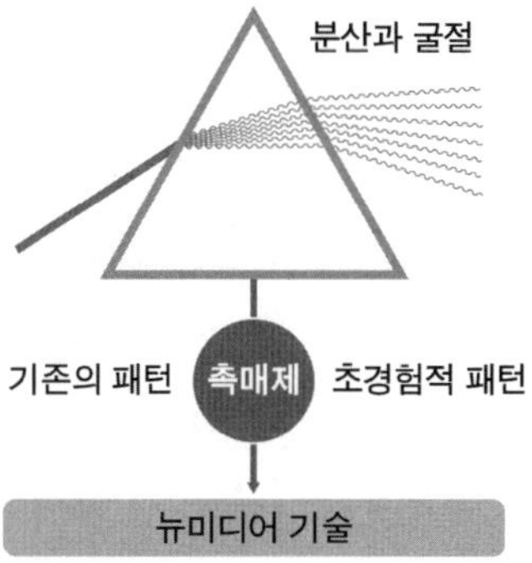

자료: 박하영(2022: 432).

첫째, 어떤 브랜드 마케팅 커뮤니케이션의 방향성이 기업 중심에서 소비자 중심으로 변화할 때 세밀하게 대응해야 한다는 분산(dispersion)의 특성이다. 소비자의 취향을 존중하는 데 집중해 소비자(광고)나 공중(PR)의 기호를 고려하는 타깃 세분화 과정에서 분산 현상이 자주 발생한다. 기업에서는 전략 커뮤니케이션 활동을 전개하는 과정에서 사람들의 취향의 다각화와 개성화를 고려해 브랜드 메시지를 창작하게 된다. 소비자와 공중은 나눔과 경험, 참여를 선호하며 트랜징 환경 속에서 기업의 전략 커뮤니케이션 활동에 반응한다고 할 수 있다.

둘째, 새로운 트렌드가 부상할 때 과감하게 대응해야 한다는 굴절(refraction)의 특성이다. 프리즘처럼 굴절에 의해 새로운 트렌드가 나타나면 정확히 예측하고 대응해야 한다는 뜻이다. 분산된 소비자나 공중의 패턴에 굴절이 있다는 것은 평균 자체가 바뀌었다는 뜻인데, 새로운 기술 발명과 응용에 따라 획기적인 변화가 이루어진다. 불특정 다수를 대상으로 하던 ATL 중심의 미디어 생태계에서 벗어나 소수의 타깃까지 접근하는 BTL 매체를 활용하는 것도 미디어의 굴절에 해당된다. 소비자나 공중이 일상생활의 모든 과정에서 접하는 미디어를 통해 광고 메시지나 PR 메시지를 만난다면 결국 브랜드 체험의 기회가 늘어난다.

셋째, 모든 변화에는 열린 마음(open mind)으로 대응해야 한다는 특성이다. 소비자나 공중의 욕구가 계속 변화하고 있으며, 획기적인 기술도 속속 등장하고 있다. 전략 커뮤니케이션 활동을 전개하는 기업에서는 역동적인 변화를 수용하는 트랜징의 원리를 바탕으로, 현재의 수요와 기술은 변화되고, 분리되고, 합쳐서 새로운 그 무엇을 창조할 수 있다는 열린 마음을 가지고 변화의 파고를 넘어서야 한다. 어떤 광고학자나 PR학자들이 세부 전공이 광고인지 PR인지만 따지고 있는 현실은 열린 마음이 아닌 '닫힌' 마음이다. 광고학자나 PR학자 그리고 각 산업 분야 종사자들의 열린 마음만이 트랜징을 통한 광고와 PR의 범위 확장을 가능하게 한다.

4. 경계 소멸에 따른 광고와 PR 개념의 재정립

미디어와 소비자 그리고 공중을 비롯한 여러 영역에서 '트랜징'이 진행되고 있는 시대에, 광고와 PR의 정의를 커뮤니케이션 위주로만 정립하기보다 포괄적인 차원에서 재검토하는 문제가 시급하다. 앞으로 광고 메시지와 PR 메시지는 콘텐츠의 형태로 소비되며 양방향 소통을 지향할 수밖에 없다. 이제, 광고의 정의에서는 광고 영역에만 국한하는 협소한 시각을 버리고 기술과 한계를 넘어 새로운 광고를 찾아내는 폭넓은 시각이 필요하다(김현정, 2020). 예컨대, 인공지능 광고, OTT 광고, 가상현실 광고, 증강현실 광고, 융합현실 광고, 디지털 사이니지 같은 여러 분야로 광고의 범위를 확장시키고, 위치 기반 서비스(LBS: Location Based Service)나 근거리 무선 통신(NFC: Near Field Communication) 같은 기술과 연계해야 한다는 뜻이다.

최근 들어 광고의 경계가 더 모호해지고 있다. 미국마케팅협회가 개념화해 대표적인 광고의 정의로 통용되던, 광고란 명시된 광고주가 있고, 유료로 아이디어와 제품 및 서비스에 대해 비대인적 형태로 제시하고 판매를 촉진하는 일체의 활동이라는 정의가 수정되고 있다(김병희, 2013). 명시된 광고주, 유료, 비대인적 형태 등이 현대 광고에서 점점 희미해지고 있다. 실제로 여러 유튜브 광고는 분명히 판촉 활동이며 소비자의 구매를 목표로 하고 있지만 명시된 광고주가 쉽게 드러나지 않는다. 유료도 아니며 무료로 유튜브 공간에 광고 영상을 올린 것이다. 누구나 무료로 영상을 올릴 수 있기에 누구라도 유튜브의 광고주가 될 수 있다.

과연 여러 유튜브 광고를 광고의 개념에 부합하지 않는다고 해서 광고가 아니라고 할 수 있을까? 광고라는 사실을 인지하는 순간 어떤 소비자들은 광고를 회피하려는 경향이 있기에, 오히려 광고의 개념이나 정의에 부합되지 않아야 광고 효과가 높을 가능성도 있다. 김종민(2020)은 광고에 대한 소비자의 회피는 결코 하향곡선을 그리지 않는다고 설명했다. “아무리 재미있는, 유익한, 흥미로운 정보라 할지라도 광고라는 것을 알게 되면 콘텐츠에 대한 배신감에 회피 현상이 작용되기 마련”(김종민, 2020: 296)이라는 주장이 대표적이다. 광고 회피의 논리는 인공지능을 비롯한 광고 기술(ad tech)을 활용하는 광고들이 오히려 광고라는 사실을 ‘인지하지 않게’ 하는 데 기여할 수 있다는 측면에서 시사점을 제공한다. 광고의 정의에 부합하지 않을수록 광고 효과를 높일 수 있는 기술적 장치로 작용하기 때문이다.

광고에 대한 과거의 정의를 무색하게 하는 기술의 진화는 광고의 개념과 범위를 재정립하는 데 있어서 새로운 방식을 요구한다. 기존의 미디어 환경에서는 ‘어디에’가 중요했지만 현대의 디지털 환경에서는 ‘누구에게’가 더 중요하게 되었듯이(최익성, 2020), 광고는 소비자 중심의 능동적 환경의 진행형 콘텐츠로 정의할 필요가 있다. 메타버스가 주목받는 이유도 능동적 미디어 소비자인 MZ세대가 메타버스를 적극 이용하기 때문이다. 따라서 광고가 진행형 콘텐츠라는 정의는 좀 더 거시적으로 다양한 소비자의 미디어 활동을 모두 아우를 수 있는 범위에서 이해되어야 한다. 이런 맥락을 고려해 김현정(2020: 22)은 광고를 "개인(소비자)이 접근 가능한 어떠한 접점을 통해서, 궁극적으로 제품 구매에 이르도록 만드는 모든 정보나 활동"이라고 정의했다. 광고를 광고물에 한정하면 안 되고 진행형 콘텐츠로 간주해야 한다는 것이다. 고도화된 디바이스 환경 속에서 소비자들은 선호하는 미디어 콘텐츠를 능동적이고 탄력적으로 이용하기 때문에 광고도 역동적인 진행형 콘텐츠로 인식해야 한다는 뜻이었다.

더욱이 광고, 홍보(PR), 콘텐츠가 융합되는 현상도 보편화되었다. 예를 들어, 네이티브 광고는 기존의 기사형 광고와 협찬 기사가 진화한 것으로 브랜드 저널리즘의 일종이다. 브랜드 저널리즘이란 언론에서 기사를 작성해 확산하듯, 마케팅 활동을 위해 브랜드 스토리를 생산하고 유통하는 것이다. 네이티브 광고는 후원사나 협찬사를 명시하기 때문에 광고가 분명하지만, 광고 주체를 명시하더라도 소비자들은 네이티브 광고를 언론 기사로 오인할 수 있다. 네이티브 광고와 브랜드 저널리즘은 광고와 홍보(PR)가 혼재된 영역이다.

미디어 플랫폼에 따라 산업구조가 재편되는 현상에 알맞게 광고업계와 PR업계에서는 브랜디드 콘텐츠를 생산하는 데 많은 노력을 기울여 왔다(김운한·김현정, 2018). 플랫폼과 디바이스에 적합한 브랜디드 콘텐츠를 생산하고, 상업적 콘텐츠와 비상업적 콘텐츠를 뒤섞은 변형된 콘텐츠를 확산하려는 시도였다. 디지털 기술이 발달하자 손가락 콘텐츠(finger contents)도 늘어났다. 바이럴 영상, 카드 뉴스, 모션그래픽, 웹툰 같은 디지털 콘텐츠는 콘텐츠 산업의 새로운 지평을 열고 있다. 이런 콘텐츠들은 시공간의 제약을 넘어 상호작용성, 비동시성, 정보의 무한성을 극대화하며 광고와 PR 산업

그림 5-3
광고와 PR의 관계 변화

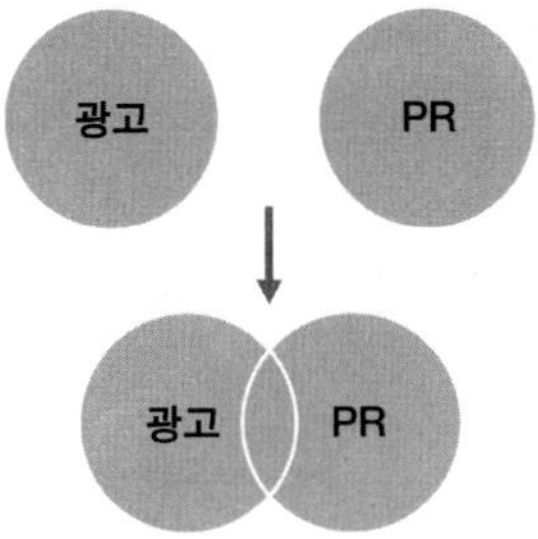

자료: 김병희(2021b: 45).

에 융합과 협업(collaboration)을 유인했다. 광고 영역에서 융합 미디어를 활용해 콘텐츠를 소비하는 융합 전략이 필요한 이유이기도 하다.

이상을 종합하면 광고가 마케팅 커뮤니케이션의 기능을 선도해 왔기 때문에 광고의 영역과 기능이 더 포괄적이며, 홍보(PR)는 광고를 보조하는 수단이라거나 혹은 광고는 홍보(PR) 활동의 수단이라는 편협한 관점을 수정해야 한다는 결론에 이르게 된다. 현대의 마케팅 커뮤니케이션 활동에서는 광고든 PR이든 각 영역이 따로따로 운영되지 않고 경계선도 모호해졌다. 광고가 소비자를 대상으로 한다면 PR은 공중을 대상으로 한다는 차이 외에는 광고와 PR 모두가 전략 커뮤니케이션의 방법이다.

광고와 PR의 관계 변화를 설명한 〈그림 5-3〉에서 알 수 있듯이, 광고와 PR은 상호 독립적인 관계에서 상호 지향적인 관계로 변하고 있다. 메시지의 주체(정부, 기업, 공공, 개인 등) 입장에서는 PR 캠페인을 전개하는 과정에서 광고를 함께 활용할 수도 있고, 광고 캠페인을 전개하면서 PR 활동을 동시에 수행할 수도 있다. 기업이나 정부의 입장에서는 목적과 필요에 따라 광고나 PR을 선택적으로 활용할 뿐이다. 따라서 광고 개념을 재정의할 때는 광고와 PR의 동반 관계성(companion relationship)을 반드시 고려해야 한다. 이상의 논의를 종합해 디지털 시대에 적합한 광고의 새로운 정의를 다음과 같이 제시할 수 있다(김병희, 2021b: 46).

> 광고란 광고 주체가 미디어(플랫폼)를 통해 제품이나 브랜드 콘텐츠 메시지를 소비자에게 전달하거나 상호작용함으로써 소비자 행동에 영향을 미치기 위한 전략적 마케팅 커뮤니케이션 활동이며, 필요에 따라 홍보(PR) 활동과 함께 실행된다.

이상에서 제시한 광고의 새로운 정의는 디지털 시대의 미디어 환경과 소비자 행동 변화를 환기했고, 기존의 정의에서 제외시킨 마케팅의 중요성을 고려했으며, 홍보(PR) 활동과의 동반 관계를 적극적으로 반영한 것이다. 디지털 시대의 광고 생태계를 포괄적으로 설명할 수 있는 광고의 정의를 제시하려고 했지만, 분명 부족한 점도 있을 것이다. 광고에 대한 좀 더 다양한 관점이나 스펙트럼을 모두 고려하고자 했는데 아마 누락된 부분도 있을 것이다.

예를 들어, 예술(art)과 광고(advertising)의 합성어인 아트버타이징(Artvertising)은 광고에 예술 기법을 결합시켜 예술의 광고화와 광고의 예술화를 시도하는 예술 주입(art infusion)의 한 형태이다. 또한, 드론(drone)과 광고(advertising)의 합성어인 드론버타이징(Dronevertising)은 드론을 활용한 광고이다. 광고의 정의에서 이런 맥락을 반영하지 못했을 수 있다. 하루건너 새로운 콘텐츠가 속출하는 상황에서, 이런 현상을 광고의 새로운 정의에 어떻게 반영할 것인지를 고민해야 한다.

광고와 유사하게 PR의 경우에도 개념과 정의의 변화가 불가피하게 일어나고 있지만 PR의 경우에는 PR을 수행하는 방식과 수단의 변화가 중심이 되고 있다. 즉, PR의 대상과 수행 방식이 다른 무엇보다 달라지고 있다. 그렇다면 PR 학계와 업계에서 제시한 PR에 대한 정의를 먼저 살펴보자.

현대 PR에 대해 단정적으로 하나의 정의를 내리기보다 PR의 정의에서 자주 나타나는 용어들을 두루 망라해 보는 것이 더 의미가 있다는 주장은 흥미롭다. 한정호는 조직(organization), 공중(public), 이해(understanding), 호의(good will), 관리(management)라는 용어가 PR의 정의에서 자주 나타나는 다섯 가지 용어라고 분석했다. 그는 이 다섯 가지 용어를 바탕으로 PR을 "조직이 다양한 공중들, 특히 중요 이해당사자들을 대상으로 공중의 이익과 호혜, 쌍방 커뮤니케이션을 바탕으로 그들로부터 이해와 신뢰, 호의, 좋은 이미지를 얻어 궁극적으로 공중관계성을 잘 유지하려는 의도적이고도 계획된 관리적 노력"이라고 정의했다(한정호, 2014). 그리고 PR학자들은 미국PR협회(PRSA: Public Relations Society of America)에서 2012년에 제시한 PR의 정의를 자주 인용하고 있다. 미국PR협회에서 제시한 PR의 정의는 다음과 같다.

PR은 조직과 공중 사이의 상호 호혜적 관계를 구축하는 전략적 커뮤니케이션 과정이다(Public relations is a strategic communication process that builds mutually beneficial relationships between organizations and their publics)(PRSA, 2012).

이 정의에서 특히 주목해야 할 대목은 PR의 궁극적 목적을 조직과 공중 사이의 호혜적인 '관계'라고 규정했다는 점과 '과정'이라는 단어를 사용했다는 사실이다. 이는 공중과 조직의 구분이 느슨해져 커뮤니케이션의 주체가 조직이 될 수도 있고 공중이 될 수도 있다는 현상을 반영한 것이다(이유나, 2017). 그리고 한국PR기업협회(2020: 189)의 『PR 용어 사전』에서는 PR에 대해 별도의 정의를 내리지는 않았다. "PR은 조직과 공중 사이에 서로 유익한 관계를 구축하는 전략적 커뮤니케이션 과정이다"라고 미국PR협회에서 제시한 PR의 정의를 소개했을 뿐이다.

이상의 정의들과 달리 현대 PR은 생태학적 정의를 통해 PR의 활동 범위와 기능을 넓히고 있다. 어떤 조직을 사회적 환경에서 서식하는 생물체로 간주하고, 그 생물체가 환경 변화에 잘 적응하도록 조직의 내·외부를 연결하는 활동이 PR이라는 관점이다. 이때 PR은 어떤 조직의 표피에서 경계 확장자(boundary spanner)의 역할을 수행한다는 것이다. 조직 내부의 커뮤니케이션 활동도 관장하지만, 외부적인 사회 환경 변화에 적응하며 PR은 끊임없이 변화한다는 관점이었다.

일반적으로 국내에서 PR에 대해 정의할 때는 'Public Relations'를 공중관계로 해석하기보다 '홍보(弘報)'라고 번역해 왔다. 번역의 이런 문제는 널리 알린다는 의미로 PR을 이해하게 하면서 공중관계성의 의미를 퇴색하게 만들었다. 특히, 언론에 보도 자료를 배포하는 것이 PR 업무의 전부인 양 인식하게 하는 오해를 낳기도 했다. 하지만 'Public Relations'는 문자 그대로 "개념적으로 의역하자면 조직을 둘러싸고 있는 다양한 공중(public)과 좋은 관계들(relations)을 맺는 활동을 의미"(정원준, 2021: 17)한다.

그렇다면 공중과 좋은 관계를 맺는다는 것은 무엇인가? 조직과 공중이 서로에게 이익이 되는 관계를 형성하고 유지한다는 뜻이다. 관계라는 말 속에는 서로 무엇인가 주고받는 양자가 존재하며, 그 관계는 양자가 서로 균형을 지닐 때 유지된다. 어느 한쪽만 불균형적으로 이익을 더 크게 누려서는 관계가 성립될 수 없다. 좋은 관계의 형성과 유지는 서로가 호혜적인 영향을 주고받아야 가능하다. PR의 관계 맺기에서도 관련된 이익을 상호 간에 균형적으로 나눠야 PR 효과가 높아진다. 공중과 함께 만든 경영적 결과물을 조직만이 소유하지 않고, 공중에게 다시 되돌려 주거나 나누는 활동이 PR의 핵심이다.

홍보라는 용어와 공중과의 좋은 관계를 비롯한 여러 관련 개념을 검토한 다음, PR을 공중관계로 지칭하자는 시도도 이루어졌다. 연구자들은 PR을 공중관계로 지칭하는 것이 바람직하지만 이 용어가 익숙하지 않고 생소하다는 점을 감안해 'Public Relations'와 '공중관계'를 병기해 표기하는 것이 혼란을 막는 방안이라고 하며 다음과 같은 PR의 정의를 제시했다. 공중관계(Public Relations)란 "조직과 공중이 상호 호혜적인 관계를 형성 및 유지하기 위해 전략적인 커뮤니케이션을 통해 의미를 공유하는 과정이다"(신호창 외, 2017: 37).

결국 PR의 정의와 개념, 수행의 목적을 달성하기 위해서는 공중과의 좋은 관계를 맺고 이를 유지하기 위한 다양한 활동이 뒤따르게 되는데 디지털 기술 현상은 이러한 활동들의 양태를 바꾸고 있다. 무엇보다 보도 자료에 의존하던 기존의 PR은 보도 자료 이외의 매체들을 활용하면서 더 많은 종류의 PR 활동을 기획하는 단계로 들어섰다. 광고의 정의가 변하고 있듯이, 기업과 조직의 경영이념이나 메시지를 전달하는 PR의 방법도 달라지고 있다. 오늘날의 소셜미디어는 조직과 공중과의 관계관리에서 혁신적인 PR 기회를 제공했다. 간접 미디어를 통해 전달되던 조직의 메시지가 개인들의 소셜미디어로 직접 전달되도록 변했기 때문이다. 나아가 소셜미디어를 통해 표출되는 개인의 의견은 다수 공중의 여론으로 구체화되었다.

소셜미디어에서 개인들은 개인화된 형태로 커뮤니케이션을 하지만 실제로 그들은 무수한 개인들과의 연결을 통해 어떤 집단으로서의 집단적 행동과 인식을 다중적 커뮤니케이션으로 확산하기도 한다(김운한·김현정, 2018). 따라서 PR의 중요한 주제로 인식되던 이슈관리나 위기관리 같은 전통적인 PR 활동도 조직과 개인의 이익과 관련된 이슈나 위기에 있어서 디지털 매체에서 개인에 대한 공유와 확산을 어떻게 관리할 것인지에 집중되고 있다. 즉, 공중과의 관계 맺기와 관리 활동은 개인들이 주로 이용하는 디지털 매체를 중심으로 새로운 PR 기획과 전개가 필요해졌다.

최근 들어 정원준은 대부분의 PR 정의에 공중(public), 양방향 커뮤니케이션(two-way communication), 상호 호혜적 관계(mutually beneficial relation), 관

리 기능(management functions)이라는 네 가지 개념이 공통적으로 포함되어 있다고 분석했다. 이 개념들을 바탕으로 제시한 PR의 정의는 다음과 같다. "PR이란 개인 또는 조직이 자신과 이해관계가 있는 다양한 공중과 양방향 커뮤니케이션을 통해 상호 호혜적 관계를 형성하고 유지하며 발전하기 위해 지속적으로 계획하고 실행하는 전략적 관리 활동이다"(정원준, 2021: 26).

이처럼 PR은 광고학, 마케팅학, 사회학, 심리학 같은 다양한 학문 분야와 연계할 필요가 있다. 현대의 복잡한 사회현상은 개인의 의견에 영향을 미치며, 개인의 의견 표출은 디지털 미디어를 통해 다수의 문제로 순식간에 확산된다. 조직의 경영 활동과 연계되어 발생하는 다수의 문제는 사회적 쟁점으로 부상하는 경우도 많다. 이제, 사회의 이익을 공유하는 일은 PR의 핵심 업무가 되었다. 현대 PR은 조직 위주로 공중관계 활동을 하는 미시적 활동에 머무르지 않고 다수에게 유익한 호혜적 쟁점관리나 위기관리로 영역을 확장했다. 광고에 대한 기존의 정의를 해체하고 새로운 개념을 재정립할 필요가 있듯이, PR의 개념과 범위에 대해서도 근본적인 재검토가 필요한 시점이다. 따라서 학자들과 실무계의 종사자들은 '트랜징'의 맥락에서 광고와 PR 활동의 새로운 방향성을 모색해야 한다.

5. 광고와 PR의 통섭적 범위 확장을 위해

광고와 PR의 경계를 허물고 그 범위를 확장하는 데 필요한 몇 가지 방안을 생각해 볼 수 있다. 미디어 플랫폼을 중심으로 광고 산업과 PR 산업의 구조가 재편되는 과정에서 경계를 허물고 통섭하는 방안을 다각도로 모색할 필요가 있다. 예컨대, 브랜드 유니버스(Brand Universe)를 고려하는 광고-PR 활동, 메타버스 플랫폼을 활용하는 광고-PR 활동, 브랜디드 콘텐츠를 활용하는 광고-PR 활동, 브랜드 경험(brand experience)을 창출하는 광고-PR 활동, 스티커 메시지를 구사하는 광고-PR 활동, 세상을 더 이롭게 하는 공적 가치의 광고-PR 활동을 생각해 볼 수 있다. 특기할 만한 강조점은 '광고 활동과 PR 활동'처럼 각각 별도로 확장하려는 노력이 아니라, '광고-PR 활동'처럼 함께 추진하려는 통섭적 노력이 무엇보다 중요하다는 사실이다. 광고와 PR의 경계를 허물고 그 범위를 확장하는 여섯 가지 방안을 좀 더 구체적으로 설명하면 다음과 같다.

1) 브랜드 유니버스를 고려하는 광고-PR 활동

광고와 PR의 경계를 허물고 확장하는 데 있어서 지금까지는 브랜딩을 하기 위해 소비자나 공중의 머릿속에 브랜드 개념에 대한 구조물을 세우는 데 집중해 왔다면, 앞으로는 플랫폼이라는 디지털 생태계에서 독보적 가치를 중심으로 외부 플랫폼과 연계해서 더 큰 생태계로 진화해 가는 광고 활동과 PR 활동이 필요하다. 브랜드 유니버스란 디지털 생태계에서 강력한 존재감을 발휘할 수 있도록 소비자와 공중의 독자적인 경험을 설계하고 작동시켜 나가는 브랜드 중심의 라이프스타일 플랫폼을 구축하고 운영하는 디지털 생태계 전략이다(김유나, 2021). 브랜드 유니버스 생태계의 설계도는 〈그림 5-4〉와 같다. 인력이 더 강한 행성이 약한 행성을 끌어당기듯, 매력적인 브랜드는 생태계 중심에 더 강하게 자리 잡는다. 이처럼 디지털에서는 '자기'를 중심으로 스스로 작동하는 생태계를 만들어야 하는데, 브랜드 유니버스는 디지털 플랫폼 위에 구축하는 브랜드 뉴노멀 전략이다.

브랜드 유니버스를 만들고 운영하고 성장시키는 과정은 4단계의 창조 과정을 거친다. 먼저 시장을 만들기 위한 '고객가치 창조'가 필요하고, 이어서 거래의 장을 만들어 플랫폼 구조를 형성하는 '플랫폼 창조' 과정이 필요하

그림 5-4
브랜드 유니버스 생태계의 설계도

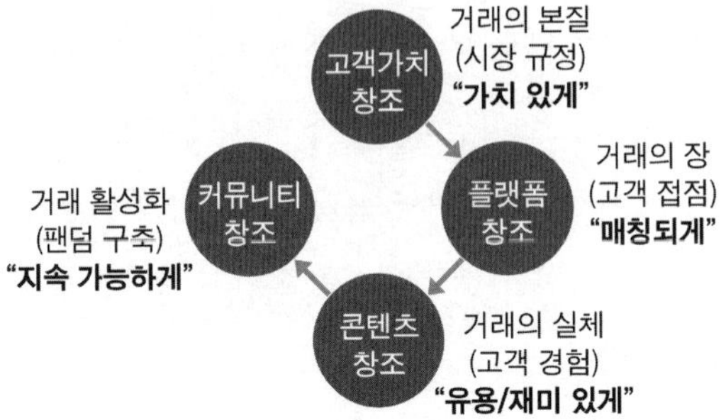

자료: 김유나(2021: 147).

다. 나아가 소비자와 공중에게 유용한 '콘텐츠 창조'를 시도해 거래의 장으로 이끌어야 하며, 마지막으로 소비자나 공중이 장기적으로 거래를 지속하고 관계를 유지하는 '커뮤니티 창조'가 필요하다. 브랜드 유니버스는 브랜드를 구심점으로 소비자나 공중이 함께 즐기는 독자적인 놀이터를 만드는 설계도이기 때문에, 광고와 PR의 경계를 허물고 확장하는 데 필요한 중요한 세계관이다. 물론 그 세계관을 성립시키는 근본 개념은 광고와 PR이 서로의 경계를 넘어서며 범위를 확장하는 현상을 설명할 때 차용했던 '트랜징'의 개념이다.

2) 메타버스 플랫폼을 활용하는 광고-PR 활동

기업은 물론 광고업계와 PR업계에서는 메타버스 플랫폼에 주목하고 있는데, 이용자의 대부분이 MZ세대이다. 네이버 제페토의 회원 3억 명 중에서 80%가 10대이다. 미국의 게임 플랫폼이자 메타버스 게임으로 급부상한 '로블록스(Roblox)'는 이용자의 83%가 24세 이하이고, 55%가 16세 미만이다.

국내 구직 사이트인 알바몬의 2022년 조사 결과에 따르면 MZ세대의 68.8%가 메타버스를 이용한 경험이 있는 것으로 나타났다(이은지, 2022). 특히 MZ세대의 69.3%는 메타버스에서 일상을 보낸다고 응답했고, 이용 내용은 게임 등 여가활동 69.7%, 아바타 및 가상공간 꾸미기 52.2%, 다른 아바타와의 소통 44.7%, 지인들과의 친목 모임 43.8%로 나타났다. 게임이나 엔터테인먼트가 인기를 끄는 데 비해 전통적인 광고PR 콘텐츠의 인기는 앞으로 한풀 꺾이겠지만, 광고와 PR이 메타버스 플랫폼에 올라타 가상세계에서 가능한 모든 기회를 종합한다면 엄청난 폭발력을 지니게 될 것이다.

네이버의 자회사인 네이버제트에서 운영하는 제페토는 메타버스 기반의 플랫폼이다. 제페토는 2018년 8월 출시되어 우리나라를 비롯해, 중국, 일본, 미국 등 전 세계 200여 개 국가에서 서비스하고 있으며, 아이템 누적 판매량 23억 개를 달성하는 성과를 나타냈다(황순민, 2022). 제페토 이용자의 90%는 외국인이며 연령대로는 10대가 80%로 다수를 차지한다. 제페토 이용자들은 '제페토 월드'에서 만난 아바타 친구들과 사회적 관계를 유지한다. 누구든 자신의 콘텐츠를 만들 수 있는 제페토의 매력은 이용자들을 단숨에 사로잡았다. 〈그림 5-5〉와 같이 구찌는 제페토와 '구찌 하우스'(2021)라는 협업을 진행했다. 이용자들은 캐릭터에 구찌 아이템을 입혀보며 자연스럽게 상품과 친해진다. 이용자들은 구찌, 나이키, 디즈니, 컨버스, 푸시버튼 같은 패션 브랜드가 입점한 제페토에서 내부의 유료 화폐인 '젬(Zem)'으로 상품을 구매할 수도 있다. 버버리는 'B 바운스'라는 게임을 만들어 버버리 상품을 활용해 게임을 하게 했다. 이 밖에도 여러 민간 기업에서 메타버스에 깊은 관심을 나타내고 있다.

기업들은 MZ세대를 사로잡기 위해 메타버스 비즈니스에 적극적으로 진출하고 있다. MZ세대(밀레니얼+Z세대) 간의 소통 공간이 현실에서 가상세계까지 확장하면서 광고업계는 잠재적 소비자를 겨냥해 메타버스 마케팅에

그림 5-5
제페토×구찌 컬래버레이션 콘텐츠 '구찌 하우스' 편(2021)

자료: 구찌 홈페이지.

나서고 있다(정민하, 2021). 디지털 기술이 발달해 현실과 가상의 경계가 무너질수록 메타버스 영역이 확장된다. 이용자들은 '확장 가상세계'에서 게임을 하며 친구도 만나고 생산 활동으로 수익까지 올린다. 메타버스는 디지털 미디어와 상거래의 미래를 열어가고 있으며, 앞으로의 광고 환경도 MZ세대에게 친숙한 메타버스 기반으로 탈바꿈할 것이다. 메타버스는 기업의 전략 커뮤니케이션 활동의 판을 뒤집는 진화된 종(種, species)으로, 광고와 PR의 경계를 허물고 통섭적 맥락에서 범위를 확장할 것이다.

3) 브랜디드 콘텐츠를 활용하는 광고-PR 활동

24시간 자유롭게 검색할 수 있는 스마트 모바일 미디어가 중심이 되고 있는 스마트 미디어 환경에서 수용자의 선택은 오직 콘텐츠를 따라, 콘텐츠 중심으로 이루어진다. 미디어 산업도 시청자들이 어떤 콘텐츠를 어떻게 이용하는지에 따라 재편되고 있다. 전통적인 미디어 중심의 광고-PR 전략 수정이 불가피한 실정이다. 수백 개의 채널과 소셜미디어를 앞에 두고, 광고회사는 소비자의 개인화된 커뮤니케이션 욕구를 어떻게 충족시킬지 고민하고 있다. 이때 브랜디드 콘텐츠는 어떤 해답으로 떠올랐다. 따라서 미디어를 중심으로 산업 구조가 재편됨에 따라 광고업계와 PR업계에서는 디지털 콘텐츠 생산에 집중하고 있다. 1인 방송 등 다양한 플랫폼과 디바이스에 맞춘 콘텐츠가 활발히 제작되고, 브랜드 저널리즘과 네이티브 광고 같은 상업적 콘텐츠와 비상업적 콘텐츠의 혼합을 비롯해 미디어 간에 콘텐츠를 변형하거나 이동하려는 노력이 계속되고 있다.

세계 유수의 광고회사들은 브랜디드 콘텐츠를 이용한 커뮤니케이션 활동에 주력했다. 결국 브랜디드 콘텐츠란 기업이 어떤 브랜드를 핵심 구성 요소로 고려해 새로 제작한 콘텐츠이다(김운한·김현정, 2018). PPL의 한 유형인 브랜디드 엔터테인먼트(Branded Entertainment)는 콘텐츠 제작사와의 협력이나 공동 창조를 통해 어떤 브랜드를 해당 콘텐츠의 핵심 요소로 포함시킨 것으로, 브랜디드 콘텐츠에 오락 기능을 강조해 수용자의 소비 욕구를 만족시킨다. 앞으로는 융합 전략을 통해 브랜디드 콘텐츠를 어떻게 배치하고 소비자들이 그 콘텐츠를 즐겁게 소비하느냐의 여부로 광고의 판도가 달라진다. 브랜디드 콘텐츠를 통한 수용자의 반응을 위해 PR 분야도 기업 브랜드를 기획하고 브랜디드 콘텐츠를 소비하는 수용자를 관리하기 위한 양상으로 방법적 전환이 이루어진다.

전략적 광고PR 기획 방안의 하나는 콘텐츠 수용자들이 보다 유익하고, 보다 재미있게, 보다 더 상호작용하면서 체험하고 경험하도록 만들어주는 것이다. 브랜디드 콘텐츠 형태의 엠비언트 광고를 '광고'라고만 규정할 것인가? 기업 PR이라고 정의할 것인가? 광고의 전통적 정의에 입각할 때 광고라고 단정 짓기는 쉽지 않다. 그렇다고 PR이라고만 부르기에도 석연치 않다.

옥외광고 같으면서도 판매에 신경 쓰지 않으며 기업의 사회적 책임에 관련되는 메시지를 내보내기도 하기 때문이다. 융합 전략의 시대에 광고와 PR의 명확한 구분은 의미가 없다. 다만 콘텐츠를 어떻게 구성하고 그 콘텐츠를 어떻게 경험하고 즐기게 할 것인지가 중요하다. 결국 재미있고 유쾌하고 유익한 콘텐츠에 브랜드를 배치하는 방식이 향후의 광고-PR에서 필수 요소일 수밖에 없다. 따라서 미래의 광고와 PR은 오직 콘텐츠만으로 경쟁해야 한다.

4) 브랜드 경험을 창출하는 광고-PR 활동

광고와 PR의 경계를 허물고 범위를 확장하려면 브랜드 경험을 창출하는 통합적 크리에이티브가 필수적이다. 광고-PR 활동에 대한 기대가 변화하면서 크리에이티브도 변화했다. 예컨대, 브랜드 경험 디자인에 바탕을 둔 통합적 크리에이티브(integrated creative) 영역이 대표적이다. 오래전부터 커뮤니케이션의 통합성을 강조하며, 크리에이티브 측면에서도 시스템과 방식을 통섭하는 '통합적 크리에이티브'가 전개되었다. 광고와 PR 활동은 인접한 예술 장르와 미디어, 방송 콘텐츠, 문화 산업의 트렌드를 적극 수용하지 않으면 후진성을 면할 수 없다. 커뮤니케이션의 통합성은 상호작용적 소통을 담당하는 광고회사에서 디자인 기능을 중시하는 현상에 관련된다. 예컨대, 광고회사 이노션의 '커뮤니케이션 디자인 센터'나 SK텔레콤 브랜드 전략실의 'BX(브랜드 경험) 디자인 팀'이 대표적이다.

앞으로는 광고와 PR 메시지를 구사할 때 소비자나 공중의 주목을 끌고 브랜드 경험을 창출하는 미디어 크리에이티브 전략을 구사해야 한다. 최근에는 어떤 경로에서든 상품 구입이 가능한 환경을 실현하는 '옴니채널 전략'이 주목을 받았다(김병희, 2021a). 대중매체와 인터넷은 물론 카탈로그나 DM,

오프라인·온라인 점포 등 다양한 경로를 조합하는 것이 옴니채널 전략의 핵심이다. 옴니채널 전략에서도 통합적 크리에이티브는 가장 우선적인 고려 요인이다. 또한 빅데이터를 실시간으로 분석함으로써 사이트 이용자의 특성을 파악해 최적의 광고 집행을 실현할 수 있는 시스템은 옴니채널 전략과 무관하지 않다. 통합적 크리에이티브를 이런 경우에 우선적으로 고려해야 한다. 브랜드 경험이 광고와 PR의 핵심 과제로 떠오른 상황에서, 다중채널을 활용해 광고-PR 전략을 다각도로 전개해야 한다. 다중 채널을 활용해 일관된 브랜드 이미지를 제고하려면 브랜드 경험을 유도하는 통합적 크리에이티브가 필요하다.

5) 스티커 메시지를 구사하는 광고-PR 활동

광고와 PR의 경계를 허물고 확장하려면 미디어별 특성을 고려하고 소비자와 공중의 관심을 유발하는 메시지 전략이 중요하다. 사라지지 않고 착착 달라붙는 메시지는 소비자와 공중의 주목을 끌고 그들의 참여를 유발할 수 있다. 효과적인 광고 사례와 PR 사례들을 분석한 결과 일관된 성공 규칙은 단순성(Simplicity), 표적화(Targeting), 흥미성(Interesting), 구체성(Concreteness), 핵심어(Keyword), 정교화(Elaboration), 상관성(Relevance)이라는 7개의 키워드로 정리되었다. 키워드의 머리글자를 모으면 스티커(STICKER)가 되는데, 스티커 메시지를 만드는 일곱 가지 구성 요인과 연관 개념은 〈표 5-1〉에 제시했다(김병희, 2022).

단순성(S)은 광고와 PR 메시지에서 필요한 것만 최소한으로 남기고 불필요한 것을 버리는 미니멀리즘과도 관련되며, 광고와 PR 메시지에서 단순성을 추구한다면 경이로운 효과를 기대할 수 있다. 표적화(T)는 효과적으로 공략할 수 있는 최적의 목표 시장을 선정하고 결정하는 전략적 판단 과정인

표 5-1
스티커 메시지의 구성 요인

구성 요인	연관 개념		
단순성(Simplicity)	새로움	명료성	손쉬움
표적화(Targeting)	위치화	모델링	상호성
흥미성(Interesting)	유쾌함	침묵함	체험성
구체성(Concreteness)	생동감	공감성	진정성
핵심어(Keyword)	과단성	단일성	현저성
정교화(Elaboration)	의문형	숙련도	신뢰성
상관성(Relevance)	적절성	의미화	연결성

자료: 김병희(2022: 23).

데, 대상자의 마음을 겨냥하는 광고와 PR 메시지는 소비자와 공중의 마음에 정확히 꽂히게 된다. 흥미성(I)이란 말과 글이 얼마나 재미있고 유쾌한가 하는 성질인데, 광고와 PR 메시지도 흥미로워야 주목을 끌 수 있다. 구체성(C)이란 어떤 것이 뚜렷한 실체와 내용을 가지고 있는 성질인데, 광고와 PR 메시지에 구체성을 담으면 진정성이 생생히 전해진다.

그리고 핵심어(K)란 전하려는 내용을 짧게 간추린 단어나 문구인데, 광고와 PR 메시지에서 아무리 그럴듯한 단어를 나열해도 한 마디 핵심어로 정리할 수 없다면 실패한 것이나 마찬가지이다. 정교화(E)란 메시지를 심사숙고하게 할 것인지 그렇지 않게 할 것인지 광고와 PR 메시지의 양과 질을 섬세하게 다듬는 과정인데, 수용할 의지가 높은 사람들이 많으면 메시지 내용을 신중하게 생각하도록 핵심 주제 위주로 중심 경로를 통해 전달해야 하고, 수용할 의지가 낮은 사람들이 많으면 유머 코드가 있는 주변 단서를 활용해 주변 경로를 통해 전달해야 한다. 상관성(R)이란 어떤 사물이나 사건 사이에 서로 관계되는 성질인데, 광고와 PR 메시지에서 전달하고자 하는 주제를 집중적으로 활용한다면 광고PR 전략과의 상관성이 그만큼 높아진다.

6) 세상을 이롭게 하는 공적 가치의 광고-PR 활동

광고와 PR의 경계를 허물고 확장하는 광고-PR의 마지막 활동은 공적 가치를 확산해 세상을 더 이롭게 하는 데 치중해야 한다. 최근의 기업경영에서 대표적인 화두는 ESG 경영이다. 과거에는 기업의 주요 목표가 이윤 창출과 이윤 극대화였지만 오늘날에는 지속가능한 기업으로 그 목표가 변화했다. 기업이 사회적 책임을 다하는 가운데 비재무적 성과를 달성함으로써, 기업경영과 투자에서 투명성을 확보해 지속가능한 성장을 모색하는 것이 중요해졌다(최동호, 2021). ESG 경영은 환경에 대한 책임(Environment), 사회에 대한 책임(Social Responsibility), 주민과 여성의 참여 비율과 노동 시간 같은 기업의 지배구조(Governance)에서 투명성을 중시한다. 환경과 사회에 대한 책임은 기업의 사회적 책임(CSR)에서 핵심 주제였지만, 최근의 ESG와 기존의 CSR의 큰 차이는 재무적 요인이 아닌 비재무적 요인에 초점을 둔다는 사실이다. ESG를 비롯한 관련 개념들이 유사한 맥락에서 사용되지만, 지속가능경영과 CSR은 기업과 바깥 조직의 호혜성으로 사용되는 반면, ESG는 비재무적 리스크 측면에 연계된 투자 의사결정과 비재무적 요인에 초점을 맞추고 있다는 데에 차이가 있다. 이러한 비재무 요인은 결국 기업의 평판 및 브랜드의 평판과 연결된다.

특히 최근에는 과거에 비해 기업을 둘러싼 이해관계자의 범위가 넓어지면서, 기업들은 기업 내·외부의 이해관계자에 대한 관계의 유지와 개선을 요구받고 있다. 소셜미디어처럼 개인화된 미디어들은 기업 활동에 대한 감시자이자 동조자로서 공중의 여론을 형성한다. 특히 ESG 경영은 기업 이미지나 평판을 결정하는 중요한 요인이 된다. 2021년의 매출 상위 500대 기업들은 ESG 경영이 필요한 첫째 이유로 '기업 이미지 제고'(43.2%)라는 목적을 들었다(문성후, 2021: 146). 평판의 가치는 자사를 타사와 차별화시키고 제품과 기업에 대한 선호도를 높이기 때문에(이선미·박종철, 2022), 기업의 목표를 사회적·공적 가치에 두고 광고와 PR의 경계를 허무는 통합적 커뮤니케이션을 시도한다면 소비자와 공중이 동조하는 공유 가치를 창출할 수 있다. 공적 가치의 실현에 소비자와 공중이 공감한다면 소통의 성과도 향상된다.

광고 영역이든 PR 영역이든 범위의 확장을 시도하려면 공적 가치의 확산이라는 전제에서 출발해야 한다는 뜻이다. 광고와 PR 메시지가 사회를 견인하는 공적 가치를 담아낼 때 광고-PR의 미래 가치도 더욱 높아진다. 과거처럼 매출 이익만 높이려는 광고 목표나 공중과의 호의적 관계를 구축하려는 PR 목표를 넘어서야 한다는 뜻이다. 공적 가치를 확산하려면 광고-PR 활동의 목표를 공중과 소비자가 함께 참여하도록 설정해야 한다. 소비자와 공중과의 수평적 소통 활동으로 공적 가치를 확산하는 것은 광고와 PR의 범위를 확장하는 결정적 방안이 될 수 있다. 첨단 기술은 개인 미디어에 집중하게 하지만 역설적이게도 '개인'을 넘어 '우리'라는 공적 가치를 제고하는 광고-PR 활동에 집중해야 한다. 공공 캠페인 하나가 세상을 바꿀 수 있기에, 광고-PR의 범위가 확장된다면 '개인의 시대'에서 '우리의 시대'로 패러다임이 바뀐다. 광고와 PR은 그때 비로소 공공을 이롭게 하는 전략 커뮤니케이션으로 도약할 수 있다.

지금까지 광고와 PR의 경계를 허물고 확장하는 데 필요한 여섯 가지 방안을 살펴보았다. 이 밖에도 여러 가지 방안이 있을 수 있다. 발전과 가속화에 대응하는 테크저널리즘(기술+뉴스 융합), IMC가 아닌 통합적 커뮤니케이션 솔루션(ICS) 전략, 동영상을 크로스 미디어에 활용해 광고와 PR의 범위를 확장시킬 수도 있다. 앞으로 경계의 소멸과 범위의 확장을 통해 광고-PR 활동을 효과적으로 전개하는 방향은 크게 세 가지로 정리할 수 있다. 첫째, 광고와 PR의 구분이나 경계의 소멸 현상에 주목해 광고와 PR의 새로운 정의와 범위를 다각도로 모색해야 한다는 점이다. 둘째, 광고와 PR의 새로운 정의와 범위를 재정립해 광고-PR의 통섭으로 관련 산업을 어떻게 발전시킬 것인지 구체적인 해법을 찾아야 한다는 점이다. 셋째, 광고-PR 산업을 발전시킬 해법을 단기간의 성과 지향에서 찾지 말고, 장기적 차원에서 광고-PR이 전략 커뮤니케이션으로 통합되도록 브랜드 유니버스처럼 '광고-PR 유니버스'를 구현해야 한다는 사실이다.

전공자들은 협소한 시각에서 광고와 PR을 애써 구분하지만, 기업의 입장에서 보면 광고와 PR은 필요할 때마다 어느 하나를 선택적으로 활용하는 전략 커뮤니케이션의 일종일 뿐이다. 다른 말로 하자면 기업 입장에서 광고와 PR은 동전의 양면과 같거나 시소 놀이에 비유할 수 있다. 정원준(2021)은 디지털 시대에 필요한 PR의 기능을 무게 차이에 따라 힘의 불균형이 이루어지는 시소 놀이에 비유했다. 즉, 힘의 분배와 사회적 책임 실현, 듣는 소통의 실현, 협력적 커뮤니케이션 실현, 합의 형성을 위한 조정자 역할의 강조라는 네 가지가 PR 활동에 필요하다고 강조했다. 이는 비단 PR 분야에만 해당되지 않고 광고 분야에도 적용할 만한 소중한 가치이다.

코로나19 백신을 맞아 항체가 형성된 몸이 면역력이 더 강하듯 광고 산업과 PR 산업도 위기에 대응하는 변화의 백신을 맞고 슬기롭게 적응할 때 생존과 번영이 가능하다. 위기(危機)는 기회의 다른 측면이다. 광고업계와 PR 업계는 일찍이 없었던 불확실성의 시대를 건너가고 있지만 이 시기를 모색과 충전, 경계 확장의 기회로 포착해야 한다. 이 글에서 제시한 시사점을 바탕으로, 광고와 PR 분야의 학자들과 업계 전문가들이 '광고 나라'와 'PR 나라'로 분단된 오랜 국경선을 허물고, 전략 커뮤니케이션의 영토를 넓혀나갈 지혜를 함께 모으기를 기대한다.

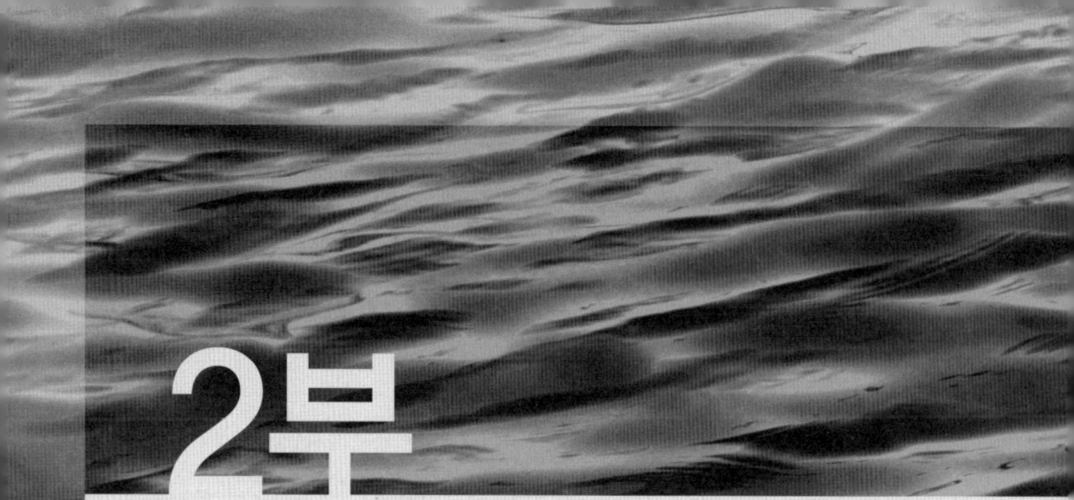

2부

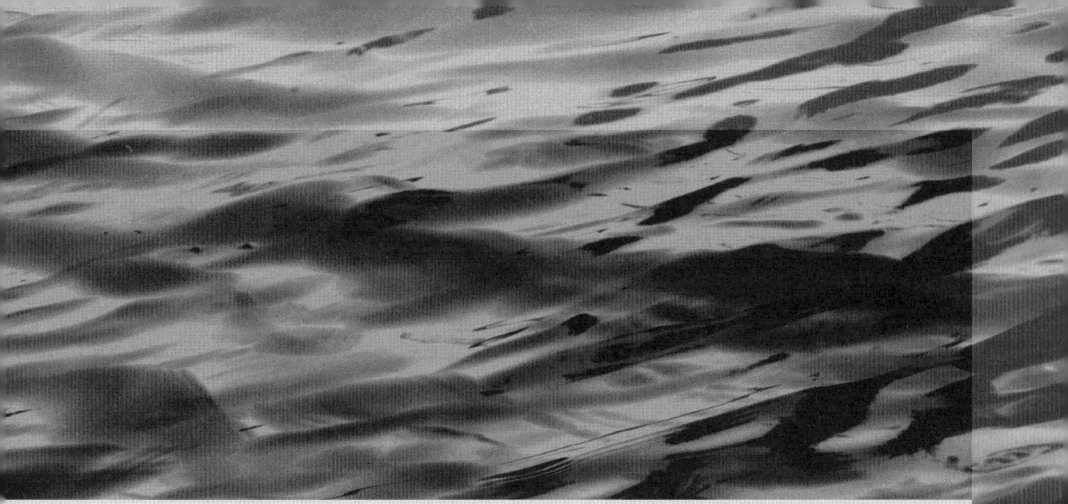

공중,
관계,
소통에 대한
새로운 관점

6장

공동주의를 향해

뉴노멀 시대에 행성적 거버넌스를 모색하다

김재인(경희대학교 비교문화연구소 학술연구교수)

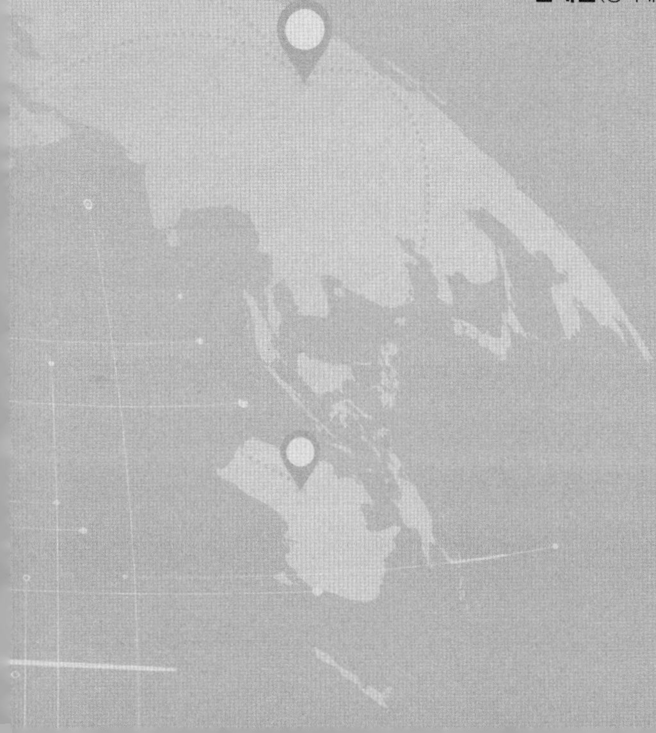

2020년 인류에게는 3중 위기가 닥쳤다. 기후위기, 인공지능, 감염병 대유행이 동시에 인류에게 들이닥친 것이다. 이변은 이제 일상이 되었고, 이상은 정상이 되었다. 그래서 '뉴'노멀이다. 내가 말하는 '뉴노멀(New Normal)'은 이미 와 있는 미래이다. 위험을 무릅쓰고라도 미래를 말해야, 때를 놓치지 않고 대비할 수 있다. 뉴노멀은 인간의 변신을 압박한다. 인류가 살아남기 위해서는 한 번 더 힘을 모아야 한다. 새로운 행성적 거버넌스가 필요하다.

문제에 대응하기 위해, 인류는 지금의 위기에 대한 '공통의 느낌'에 집중해야 한다. 이를 통해 전 지구적 협력과 연대라는 거버넌스를 실현해야 한다. 그것이 내가 제안하는 '공동주의(共同主義, commonism)'이다. 지금이 바로, 인간이라면 누구나 공통으로 가져야 할 공동의 몫과 권리를 확인하고 강조해야 할 때이다.

1. 코로나19, 혹은 3중 위기의 동시 발생

1) 이미 와 있는 미래, 뉴노멀

미래를 말하는 일은 항상 위험을 무릅쓸 수밖에 없다. 미래란 아직 오지 않은 현실이기 때문이다. 그러나 이미 와 있는 미래는 말할 수 있다. 내가 말하는 '뉴노멀'은 이처럼 이미 와 있는 미래이다. 위험을 무릅쓰고라도 미래를 말해야 하는 이유는 무엇일까? 지금 당장 적절하게 대비하지 못하면, 그 미래가 아예 존재하지 않을 수도 있기 때문이다. 적어도 인간의 미래가.

* 이 글은 2021년 대한민국 교육부와 한국연구재단의 지원을 받아 수행된 연구임(NRF-2021S1A5B8096142).

더는 미룰 수 없다. 유적(類的) 존재로서 인간이 살아남기 위해서는, 한 번 더 인류 전체가 힘을 모아 행동해야 한다. 2020년 인류에게 닥친 3중 위기, 곧 '기후위기, 인공지능, 감염병 대유행의 동시성'은 새로운 행성적 거버넌스를 요청한다. 이변은 이제 일상이 되었다. 이것이 이미 와 있는 미래이다.

아주 많은 사람들이 뉴노멀을 시간이 지나면 극복할 사고(事故) 정도로 여기고 있다. 빨리 옛날의 무난했던 시절로 돌아가고 싶어 한다. 심정적으로는 이해가 간다. 집 밖 실내에선 항상 마스크를 써야 하고, 친구들과 마음껏 어울리지 못하고, 대부분의 중요한 만남까지도 온라인을 통해야 하니, 어서 이 굴레를 벗어나고 싶은 심경이 당연하다. 오미크론 변이로 코로나19가 풍토병으로 가라앉을 것이라는 희망도 크다.

그러나 이 모든 생각은 현실을 외면한 데서 비롯한 것이다. 나는 코로나19가 터진 직후 출판한 『뉴노멀의 철학』에서 달리 외쳤다. "어떤 변화는 일시적이지만, 어떤 변화는 돌이킬 수 없다. (중략) 세상은 다시는 전과 같지 않으리라. 코로나19는 근대화 이후 인류가 직면한 가장 끔찍한 재난이자, 전체로서의 지구를 직감적으로 느끼게 해준 최초의 사건이다. 인류는 지금 '공포와 놀라움'이라는 느낌 속에서 살아가고 있다"(김재인, 2020). 사실이지, 여러 차례에 걸친 세계전쟁마저도 지금과 같은 전 지구적 사건이기보다 지역적 사건이었다. 전쟁의 발발 자체를 알지 못했던 지역이 허다하다. 20세기 말 통신 혁명이 있고 난 후, 그리고 스마트폰이 필수 개인 장비가 된 후에야, 손바닥 안에서 전 지구의 사건을 거의 실시간으로 각자가 동시에 체험할 수 있게 되었다. 공교롭게도 지금의 뉴노멀은 그렇게 한 사람 한 사람에게 닥쳤다.

지금 인류는 새로운 변곡점에 놓여 있다. 나는 선언한다. 뉴노멀은 선택 사항이 아니라 필연이다. 그것은 부정한다고 사라질 허깨비가 아니다. 뉴노멀은 허상이 아니다. 여러 논자가 코로나19에 초점을 맞추어 '뉴노멀'을 말하는 것과 달리, 나는 감염병 대유행 주기의 단축, 전면화된 기후위기, 인공지능과 생명공학 등 첨단기술의 오남용 등 '3중 위기'의 동시 발발이 초래한 새로운 세상을 지칭하기 위해 뉴노멀 개념을 사용했다. 여기에 전부터 지적되어 오던 '핵 문제'와 '심화한 불평등'도 함께 고려해야 할 것이다.

'뉴노멀'은 본래는 2008년 미국발 글로벌 금융위기 이후 펼쳐진 '저성장, 저금리, 고규제' 경제 환경을 가리키기 위해 사용된 용어였다. 나는 이것을 전면 개정해서 유적 존재로서의 인류가 새롭게 처한 유례없이 새로워진 생태계를 가리키는 개념으로 확장했다. 인류는 이제 이 새로운 조건에서 살아남아야 한다. 이 점에서 뉴노멀은 극복해야 할 필연적 사건이다.

2) 상황에 대한 거부와 저항

뉴노멀은 정치의 문제이기 전에 과학의 문제이다. 물론 과학에서 정치가 배제될 순 없다. 과학 나름의 정치도 있으니까. 다만, 코로나19 발발 초기에 그랬듯, 뉴노멀을 정치적 당파의 문제로 치부하거나 과학을 빗댄 수사로 치부하면 안 된다. 코로나19는 인공지능과 기후위기에 이은 '대격변의 마침표'일 뿐이며, 설사 인류가 코로나19를 극복한다 해도 지금의 대격변은 무효로 될 수 없다. '포스트 코로나'라는 용어보다 더 확장되고 포괄적인 개념인 '뉴노멀'을 선호한 까닭이 그것이다. 포스트 코로나에는 '코로나19가 끝난 후'라는 전제가 깔려 있지만, 코로나19가 끝나도 그것이 일깨워 준 현실은 결코 끝날 수 없으니까.

그런데 유감스럽게도 한국 사회에서는 심정적 차원을 넘어 이성적 차원에서도 뉴노멀에 대한 '저항'이 의외로 거세다. 이른바 '진보'와 '보수'를 가리지 않고 뉴노멀에 대해 부정적 태도로 일관한다. 젊은 세대일수록 수용도가 높고 민감하게 반응하는 데 반해, 어느 정도 자리를 잡은 기성세대는 반발이 심하다. 기득권을 가진 입장에서, 안정된 기존 질서의 붕괴를 감당하지 못하겠기에 그러는 것이리라. 뭔가 잃어버릴 것이 많은 이는 물론이고, 적더라도 가진 것 모두를 날려버릴까 두려운 사람도 기성 체제의 급변을 받아들이기 어려울 것이다. 어차피 잃을 게 별로 없는 사람만이, 아니 과거로 돌아가게 되면 '좋지 않던' 일상이 되풀이될 것이 분명한 사람만이, 뉴노멀을 호기심을 갖고 알려 한다.

여러 논자가 코로나19에만 집중한 나머지 3중 위기의 큰 그림을 보지 못하는 것이 안타깝다. 특히 진보를 자처하는 논자로서는 뉴노멀이라는 용어가 '자본의 경제 논리'에 악용되는 것이 걱정되기도 할 것이다. 코로나19가 극복되어도 이를 빌미로 만들어진 새 체제는 우리 삶을 더 옥죌 것이라 걱정하는 심정은 이해한다. 최근에 원격의료 규제를 약화해야 한다는 목소리가 높아지는 예가 대표적이다. 원격의료는 시설과 인력을 갖춘 거대 의료자본만이 진료와 치료를 할 수 있으며, 소득과 재산이 많은 사람이 원격의료의 주 고객이 될 것으로 예상된다. 결국 사회적 의료 격차가 커질 것이 분명하다. 이처럼 뉴노멀이 자본 논리가 강화되고 확대되는 계기가 되어서는 안 된다는 우려는 충분히 이해한다.

하지만 이는 짧은 시각에 불과하다. 자본의 운동 자체가 삐끗할 때가 올 수밖에 없기 때문이다. 그동안 자본은 지구 전체를 자신의 운동장으로 만들며 성공적으로 증식해 왔다. 하지만 뒤에서 더 자세히 확인하겠지만, 3중 위기 아래에서는 자본조차도 변신하지 않을 수 없다. 자본이 부품과 톱니바퀴로 삼았던 인류와 자원에 심각한 위기가 올진대, 자본 홀로 무사할 수는 없지 않겠는가. 자본주의가 탄생한 후 처음으로 자본주의의 변신을 목도하게 될지도 모른다.

이렇게 주장하면 내가 호들갑이 심하다고 여길지도 모르겠다. 하지만 과학자들은 시간이 10년밖에 남지 않았다고 말한다. 이 경고를 무시하고 근시안적인 걱정만 하고 있을 처지가 아니다. 코로나19보다 더 크고 험한 물결이 오고 있기 때문이다. 2019년 8월 26일, '기후위기비상행동'은 다음과 같은 결의문을 발표했다. "IPCC를 비롯해 전 세계 과학자들은 기후위기를 경고하고 있다. IPCC는 기후변화가 점차 가속화되고 있으며, 파리협약에 따른 2도(혹은 1.5도) 목표를 지킬 수 있는 탄소 예산이 얼마 남지 않았다고 분석한다. 그러나 이런 분석도 보수적으로 평가되며, 유엔 사무총장조차 최근 아부다비 기후회의에서 기후위기의 진행이 예상한 것보다 심각하다고 평가한 바 있다. 향후 10년 안에 급진적인 온실가스 감축이 이루어지지 않는다면, 기후변화의 마지노선을 넘어서 가뭄과 홍수, 태풍과 산불, 식량 위기와 물 부족, 생태계 붕괴 등 돌이킬 수 없는 결과를 낳게 될 것으로 예측되고 있다"(기후위기비상행동, 2019.8.26). 코로나19는 바로 이런 상황의 전조로서 찾아왔을 뿐, 기후위기라는 태풍의 핵은 아직 도달하지 않았고 충분히 확산하지 않았다. 최근 몇 년 동안 국내외 기상 관련 뉴스에서 빠지지 않고 등장하는 "기상 관측 이래" 최대, 최고, 최소, 최강, 최악 등의 표현만 봐도 지금이 기후위기 상황임은 분명하다. 문제는 해결의 실천을 위한 실마리를 찾지 못하고 있다는 점이다.

2. 3중 위기와 '공통의 느낌'

1) 지구의 위기가 아니라 인간의 위기

인류는 진화의 초기에 멸종 위기를 극복한 적이 있다고 한다. 인류학자와 고생물학자의 연구에 따르면, 먼 옛날 혹한으로 인해 현생 인류의 개체 수가 1200명까지 감소했다고 추정된다. 당시 살아남은 이토록 적은 개체 수를 통해 짐작해 보면, 구성원 간의 '협력'은 필수적이었을 것으로 보인다. 한편으로 협력은 위기를 극복하기 위해 온 힘을 짜내는 데서 생겨났을 것이다. 하지만 다른 한편 협력은 이미 유전자에 새겨져 있던 본능에 크게 의존했을 것이다. 애초 '유전적 소질'이 없었다면, 소질의 '발현'은 아예 불가능했을 테니 말이다. 위기를 극복한 후 초기 인류는 뿔뿔이 흩어져 지구 곳곳에 터를 잡게 되었고 지금에 이르렀다. 필경 이 유전적 소질은 유전자에 그대로 간직되어 후손에게 전달되었을 것이다. 비록 그런 소질이 여전히 남아 있는지조차 의심되고 있지만, 바로 지금을 살아가는 우리에게 말이다.

인류가 현재 직면한 3중 위기 또한 그때의 위기와 별로 다르지 않다. 차이라면, 당시 인류는 좁은 지역에 거주했고 힘이 약했던 반면, 오늘날 인간은 지구 전체에 퍼져 있고 힘이 많이 강해졌다는 점이다. 이렇게 인간의 힘이 아주 크게 강해졌다는 점을 강조하기 위해 도입된 지질학적 개념이 '인류세(人類世, Anthropocene)'이다(김보람, 2018). 인간이 지질학적 변화를 유발할 만큼 영향력이 커졌다는 주장이다. 대략 제2차 세계대전이 끝난 후부터 이 시대로 접어들었다고 본다. 물론 대부분의 지구 시스템 과학자는 판단을 유보하고 있다. 더 지켜봐야 한다는 것이다.

'인류세'가 지질학적 의미를 지니는지 지니고 있지 않은지와는 별개로, 많은 논자가 지적하듯이 '인류세'라는 명칭은 적절치 않다. '인류세'라는 명명은 너무도 인간 위주의 관점에서 본 접근이다. 니체가 비난의 어조로 표현한 '인간적인, 너무나 인간적인' 접근 말이다. 문제를 잘못 설정하면 해결은 요원하다. 산업혁명 이후 지구의 평균 온도가 급격히 상승했고, 제2차 세계대전 종전 이후 이른바 '대가속'을 겪으며 이 경향이 더 급격화했다는 것은 과학적으로 검증된 사실이다. 그러나 이것이 지구 생태계 '파괴'를 가져온다는 주장은 지질학적 시간에서 보면 지나친 과장이다. 왜냐하면 지구는 수많은 격변을 겪어왔으며, 그럼에도 불구하고 늘 제 나름의 생태계를

그림 6-1

지구의 기온 변화

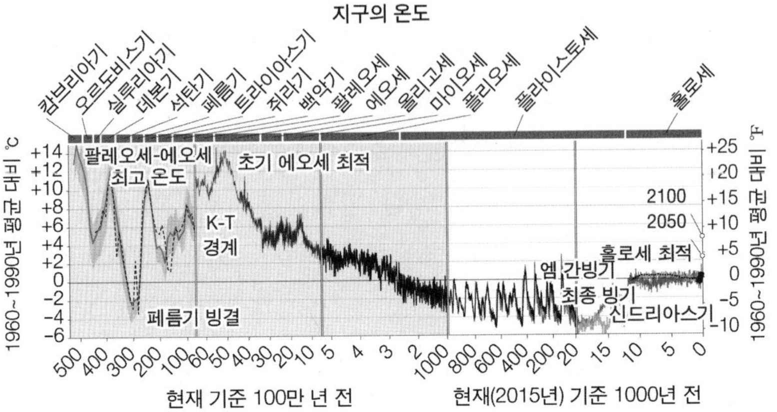

자료: 위키미디어 커먼즈. https://commons.wikimedia.org/wiki/Image:All_palaeotemps.png?uselang=ko (검색일: 2020.9.30).

간직해 왔다. 말하자면 생태계의 급변은 있었지만, 파괴는 없었다. 지구가 파괴되지 않는 이상 생태계는 파괴될 수 없다. 요컨대 생태계 파괴 운운은 철저히 인간의 관점에서 바라본 사태일 뿐이다.

인간은 인간이 없던 지구를 좀처럼 생각하지 못하는 데다, 인간이 없는 지구를 떠올릴 만한 상상력도 없다. 너무나 인간적인 관점을 제거하고 말하면, 산업혁명 이후의 생태계 변화란 최소한 최근 약 10만 년 정도 이어져 온 낮은 평균 온도에서 벗어나 원위치로 돌아간 미미한 변화에 불과하다(〈그림 6-1〉 참조). 그전에 지구의 평균 온도는 오늘날의 상상 이상으로 훨씬 높았다. 하지만 생태계 파괴는 없었고 지구는 굳건했다. 다만 그때는 인간이 없었을 뿐이다.

따라서 겸손하고도 정직하게 외쳐야 한다. 현재의 기후변화는 인간에게 절체절명의 위기이며, 인간을 존립할 수 있게 했던 현행 생태계의 급변이고, 현재 생태계에 최적화된 생물 종들이 함께 맞이하는 위기이다. 초기 인류가 그랬듯, 위기를 막으려는 온 인류 차원의 절박한 노력과 실행이 필요하다. 행성적 거버넌스를 발명해야 이 문제를 풀 수 있다.

마침 코로나19에 의해 야기된 공포와 불안의 느낌이 공동 실천의 계기가 될 수 있으리라는 작은 희망이 보인다.

2) 위기 앞에서의 공통의 느낌

나는 코로나19가 전해준 경고를 기회로 전환해 기후위기를 극복할 동인과 힘을 모아야 한다고 주장했다. 초기 인류가 극소수의 개체로 쪼그라들었던 때 발휘했던 협력과 연대를 지금 발휘해야 한다. 그 후로 인류가 한 번도 해내지 못했던 그 일을 하지 않으면, 그야말로 인류는 곧 멸종이다. 꼭 종이 사라져야만 멸종인 것은 아니다. 다수가 죽고 난 후 살아남은 인간의 삶이 견디기 어려울 정도로 몰락한다면 그 역시 멸종이나 다름없다. 인류는 지금 함께 사느냐 모두 죽느냐의 기로에 서 있다. 심지어 일부가 살아남는다고 해도 더 이상 전과 같은 안전과 풍요를 누리지 못할 것이다. 지금까지의 안전과 풍요는 이 와중에 죽어갈 다수의 희생 아래 누렸던 것들일 터이니 말이다. 따라서 함께 사는 새로운 방법을 찾는 것이 인류에겐 최선의 선택이다. 더욱이 그동안 더 많이 누려왔던 이들이 결단해야 한다. 과연 다른 선택이 가능할까?

새로운 거버넌스를 형성하고 인간의 변신을 이끌 동력은 '공통의 느낌'이다. 나는 '느낌의 합의'라는 개념을 『뉴노멀의 철학』에서 처음 사용했다. '합의'라는 말이 너무 이성적으로 생각된다면, '공통의 느낌'이라고 해도 좋다. 인간의 이성은 문제 해결 능력이다. 문명의 발전은 이 능력에 기초한다. 하지만 이성은 문제를 공유할 능력이 없다. 인간 본성이 비이성에 뿌리를 두고 있기 때문이다. 그런데 인간은 느낌을 통해 문제를 포착한다. 만약 서로 간의 느낌이 다르다면 너와 나의 해법은 서로 다를 수밖에 없다. 중요하다고 판단되는 문제가 서로 다르기 때문이다. 이처럼 느낌이 다르면 이성은 서로 다르게 작동한다. 따라서 가장 우선은 공통의 느낌이다. 지금까지 많은 이성적 해결책이 제시되어 왔지만 씨알도 안 먹힌 데는 이런 저간의 사정이 있었다. 이미 1986년부터 울리히 벡이 '위험사회'를 경고했다(벡, 2006). 하지만 인류는 30년이 훨씬 넘도록 아무런 진전도 보이지 못하고 있다. 인간 이성의 한계를 보여주는 사례이다.

그렇다면 온 인류가 공통의 느낌에 이르는 일이 어떻게 일어날 수 있을까? 오래전부터 답은 있었다. 소설이나 영화에 종종 등장하듯, 외계인이 침공하면 된다. 그 놀라움과 그 공포 앞에서 인류는 하나의 목표를 세우고 일에 집중하게 된다. 외계인에 맞서 인류를 보호하는 일 말이다. 그런데 지금 3중 위기 앞에서 인류는 역사상 처음으로 지구적 관점을 '강요'받고 있다. 3중 위기는 외계인의 침공과 유사한 사건이며, 코로나19는 지금 상황을 일깨워 준 전령이다. 갖은 수를 쓰며 외면하려고 노력했건만, 이제 소용없게 되었다.

150년도 훨씬 전에 프리드리히 니체는 『차라투스트라는 이렇게 말했다』(1883~1885)에서 이 목표를 간결하게 예언한 바 있다. "지금까지 천 개의 목표가 있었다. 천 개의 민족이 있었기 때문이다. 단지 천 개의 목덜미에 채울 족쇄가 아직 없을 뿐. 단일한 목표가 없다. 인류는 아직 목표를 갖고 있지 않다. 하지만 말하라, 형제들이여. 인류가 아직 목표가 없다면, 인류라는 것 자체도 아직 없는 게 아닐까?"(Nietzsche, 1999). 니체는 그때까지의 인간이 아직 하나의 '인류'가 아니었다고 진단했다. 인간은 지금 3중 위기에 직면해 있으며, 새로운 거버넌스를 발명해야 살아남을 수 있다. 이제 인간은 '하나의' 인류로 거듭나지 않으면 안 될 운명이다. 하나의 인류가 되느냐 되지 못하느냐가 생존의 성패를 좌우할 것이다.

3. 행성적 거버넌스와 한국의 교훈

1) 행성적 거버넌스를 향한 오랜 소망

행성적 거버넌스는 인류의 오랜 숙제였다. 유럽 전역이 갈기갈기 찢어져 오랜 전쟁을 치르고 난 후, 이마누엘 칸트는 「세계 시민적 관점에서 본 보편사의 이념」(1784)에서 이렇게 주장했다. "완전한 시민적 정치체제를 수립하는 문제는 합법적인 국제 관계의 문제에 의존하며, 이 후자의 해결 없이는 해결될 수 없다"(칸트, 1992). 개별 국가가 평화롭고 독립적으로 시민사회를 건설하기 위해서는 무엇보다 국가 간 전쟁이 없어지고 세계시민정부가 세워져야 한다는 것이다. 개별 국가가 임의로 타국의 자율적 통치를 훼방할 수 없도록, 국가보다 상위 차원에서 통치가 실행되지 않으면 안 되기 때문이다. 그것이 바로 세계시민정부이다.

세계시민정부의 구체적인 모습을 그려보는 일은 쉽지 않다. 국제연합(UN)은 물론이고 세계무역기구(WTO), 세계보건기구(WHO), 국제노동기구(ILO) 등 각종 국제기구도 실질적 집행력이 없어 형식적이라는 한계를 넘어서지 못한다. 요컨대 행성적 거버넌스를 발휘하지 못하고 있다. 전 지구적 위기를 이겨내기 위해 협력이 필요하다는 건 누구나 알고 있다. 그럼에도 불구하고 왜 협력이 도출되지 못했는가? 가장 중요한 원인으로 국가 이기주의가 많이 지적된다. 미국과 중국 간 패권을 둘러싼 헤게모니 다툼이나, 유럽연합에 반기를 든 영국의 브렉시트 같은 것 말이다. 40년가량 전성기를 구가하던 신자유주의는 이제 막을 내리고, 보호무역과 지역주의로 돌아서고 있다는 걱정도 크다. 다시 대결주의가 오고 있다.

하지만 국가이기주의도 일이 잘 돌아갈 때의 얘기이다. 코로나바이러스와의 싸움에서 인간이 밀리고, 기후난민이 안전지대를 점거하기 시작하면,

협력과 협조는 불가피해진다. 아무리 장벽을 높고 튼튼하게 쌓더라도, 바이러스의 이동을 이기긴 어렵다. 나는 인류에게 아직 '공통의 느낌'이 확산하지 않았기 때문에 아직 협력이 도출되지 못했다고 진단한다. 다시 말해, 인류는 아직 충분히 절실하지 않다.

2) 한국의 교훈: 메르스와 세월호의 집단 경험에서 배우다

한편 코로나19가 대못을 박은 3중 위기 앞에서 인류는 점점 절실해지기 시작했다. 함께 잘 행동하지 않으면 다 죽을 것 같다는 느낌의 압박이 있기 때문이다. 코로나19가 발발한 직후 한국의 김명희 박사는 다음과 같은 통찰을 제공했다. "2014년 4월, 세월호 참사는 사람들에게 잔인한 교훈을 일깨워 주었다. 각자도생(各自圖生). 위험한 순간에 '가만히 있으라'는 지시를 따르고 차분히 구조의 차례를 기다려서는 살아남을 수 없다는 가르침이다. 국가와 사회를 믿을 수 없으니 어떻게든 혼자서 살아남아야 했다. 하지만 1년 만에 메르스로 닥친 또 다른 사회적 위기는 인간 사회에서 각자도생이란 불가능하다는 것을 가르쳐 주었다. 아무리 나 혼자 조심하고 또 조심해도 '감염'이라는 상호작용의 소용돌이를 홀로 빠져나갈 수는 없었다. '사회' 속에서 다른 사람들과 함께 어울려 살아가는 이상, 최근의 코로나19 유행은 어렵사리 얻은 사회적 교훈을 다시금 떠올리게 만든다"(김명희, 2020). 얽혀 살아가는 세상에서 각자도생, 그리고 각국도생(各國圖生)마저 불가능하다는 건 명백하다. 서로 돕고 함께 헤쳐 나아가지 않으면 위기는 극복할 수 없다.

어렵게 얻은 이 교훈은 아직은 한국인만의 것이다. 협력과 연대가 필수라는 공통의 느낌, 놀라움과 공포에서 비롯한 숭고한 결정은 아직 온 지구에 다 퍼지지는 않았다. 여기서 '숭고'라는 개념은 칸트 미학의 용법으로 썼다. 칸트에 따르면, 상상력은 숭고를 통해 자기를 극복하고 영혼을 확장시켜,

아직 가본 적 없는 것에 이르게 된다. 칸트는 『판단력비판』(1790)에서 이렇게 말한다. "상상력은 감성적인 것 너머에서는 자기가 의지할 수 있는 아무것도 발견하지 못하지만, 그럼에도 불구하고 바로 자기의 경계를 이렇게 제거함으로써 자기가 무제한적임을 느낀다. 저러한 떼어냄은 하나의 무한한 것의 현시로서, (중략) 그것은 영혼을 확장시킨다"(칸트, 2009). 요컨대, 영혼은 극복 불가능에 가까운 어려움을 극복하고 지금까지 하지 못했던 일을 할 수 있게 된다. 어떤 점에서는, 고난을 극복한 후 부쩍 성장한 교양소설의 주인공과 흡사하다. 인류가 지금 겪고 있는 것은 바로 저 성장통이다.

현재까지 코로나바이러스에 대해 알게 된 과학적 지식에 따르면, 저 느낌이 인류의 공통 느낌이 되는 건 시간문제, 그것도 짧은 시간이 필요한 문제이다. 이 점에서 다음과 같은 시민건강연구소의 논평에 귀 기울여야만 한다. "이제는 다음 전제를 추가해야 한다. ① 내가 다른 사람에게 병을 옮기는 감염원일 수도 있다(무증상 감염이 많다고 하지 않는가), ② '나는 걸려도 괜찮다' 또는 '나만 지키면 된다'가 아니라 다른 사람과 사회 전체가 더 안전해야 한다. (중략) 이타적 가치를 강조하는 것처럼 보이지만, 감염병(그리고 팬데믹)의 특성상 돌고 돌아 나를 지키고 돕는 길이기도 하다. 온 사회(다른 나라까지)가 건강하지 않으면 '끝나도 끝난 것이 아니다'. 협력과 연대는 그저 바람직한 것이 아니라 필수이다"(시민건강연구소, 2020.4.6).

더욱이 이 바이러스에 대한 백신과 치료제가 나오더라도, 곧바로 다른 변종 바이러스가 나올 것이 분명하다. 변종 바이러스의 출현과 백신과 치료제 개발은 서로 꼬리를 물겠지만, 바이러스가 항상 앞서간다는 점은 분명한 사실이다. 2022년 가을 현재, 낯선 이름의 감염병이 발생했다는 보도가 이따금 터져 나오고 있는데, 사람들의 공포 반응은 전과 다르다. 코로나19가 현존하는 인류 구성원에게 새긴 각인의 깊이가 그만큼 크다는 뜻이리라. 지금까지 '협력과 연대' 같은 용어는 그저 윤리적 이상에 불과했으며, 현실에서 실현될 수 있는 개념이라고 여겨지지 못했다. 지금 상황을 행성적 거버넌스를 위한 기회 혹은 전환점으로 삼는 지혜가 필요하다.

3) 세계자본주의의 완성과 3중 위기

우리는 기후위기를 낳은 원인이 코로나19를 낳은 원인과 다르지 않다는 것도 알고 있다. 요컨대 자본주의적 지구화 혹은 세계자본주의의 완성이 그것이다. 이제는 인간의 단순한 호기심 때문이 아니라 자본의 이윤 증가 동기로 인해 지구에 인간의 손길이 닿지 않은 곳은 한 곳도 없다. 그 와중에 인간은 코로나바이러스와 접촉하게 되었다. 오지까지 가는 건 단순한 탐험 정신 때문이 아니다. 뭔가 돈 될 거리가 있을까 해서 가게 되는 것이다. 결국 낯선 바이러스는 자본주의가 파놓은 인적·물적·정보적 연결망을 타고 지구 곳곳으로 퍼져나갔다.

또한 안전과 편리함을 위해서가 아니라 자본의 자기 증식 운동 경향 때문에 비롯된 '생산을 위한 생산'은 자원 소비와 탄소 배출을 지수함수적으로 가속했다. 이는 기후위기의 직접적 원인이다. 최근 지속되는 분쟁과 전쟁도 에너지 공급 문제를 일으켜 기후위기를 가속하고 있다.

여기에 인공지능의 등장을 함께 고려하지 않을 수 없다. 자본주의가 인공지능의 발전을 초래한 직접 원인은 아닐지라도, 인공지능의 이용 방향을 결정하는 중요한 동인임은 분명하다. 글로벌 ICT 대기업의 동향은 이 점을 증언한다. 이들은 인공지능을 중심으로 하는 ICT 비즈니스를 통해 막대한 부를 획득했다. 옥스팜 2017년 통계에 따르면 "세계 최고 부자 8인의 재산이 인류의 가난한 절반이 가진 재산을 모두 합한 것보다 많다"(옥스팜, 2017). 하지만 저 슈퍼리치들은 극심한 글로벌 빈부격차를 구조적으로 해결하는 문제엔 관심이 없다. 요컨대 인공지능의 자본주의적 이용은 인간에게 또 다른 재난이다.

이처럼 자본주의가 문제라고 해서 '인류세'를 '자본세(Capitalocene)'로 바꿔 부른다고 큰 도움이 되는 것도 아니다. 문제가 무엇인지 이성적으로 안다고 해서 그로부터 실천적 해법을 끌어낼 수 있는 건 아니기 때문이다. 반복해서 말하지만, 과제는 행성적 거버넌스를 끌어낼 구체적 방안이다.

4. 협력과 연대라는 묵계

1) 계약이 아니라 묵계에서 협력과 연대를 도출하다

코로나19 상황에서 우리는 유례없는 경험과 실천을 해왔다. 전 같았으면 좋은 말이긴 한데 이상일 뿐이라고 치부했을 일들이 눈앞에서 실현되는 것을 현실에서 목도하고 있다. 나는 『뉴노멀의 철학』에서 그 상황을 이렇게 적었다. "'강 건너 불구경'은 이제 불가능해졌고, 옆집에 난 불이라서 함께 꺼야 하는 상황이 되어버렸다. 내가 아무리 조심한다 해도 언제든 감염 위험에 노출될 수 있으며, 내가 아무리 주의한다 해도 남을 감염할 위험을 안고 살아가야 한다. 지구라는 행성 위에서 인류는 한배를 탄 공동 운명체라는 사실을 실감하고 있다. 함께 난파를 막아야 한다. (중략) 한 사람의 반칙은 모두를 위협하기 때문에 그 한 사람이 반칙하지 않도록 미리 배려해야 한다. 사후 수습이 아닌 선제적 대비가 필요하다. 우리가 역내(域內) 모든 구성원에게 마스크를 지급하는 건 선한 의도 때문만이 아니다. 이주민과 외국인과 난민에게도 선행을 베푸는 것은 현 상황에서 그렇게 해야만 모두가 안전할 수 있다는 '공통의 느낌'이 있기 때문이다. 이 과정에서 전에는 추상적으로만 보였던 협력과 연대, 상호 신뢰와 투명성 말고 다른 해법을 찾기는 어렵다"(김재인, 2020). 나는 우리가 선례 없는 일을 집단으로 행할 수 있었던 비결을 이 지점에서 찾을 수 있다고 본다. 나아가 이 실천은 인류 전체로 확장되어야 한다.

나는 같은 책에서 계약론 전통을 비판하고 자기 통치의 묵계에 이르러야 한다고 주장했다. 일찍이 데이비드 흄은『인간본성론』(1739~1740)에서 서양 근대사회가 형성되던 시점에 유행했던 '계약론' 전통을 비판했다. 그는 토머스 홉스나 존 로크 같은 사상가의 사회계약 이론을 비판하며, 자기 나름의 독창적인 정치철학을 전개했다. 흄은 '계약(contract)'을 '묵계(convention)'로 대체했다(Hume, 2007). 계약은 약속을 지켜야 한다는 의무가 있기에 성사될 수 있다. 약속을 맺고서도 지키지 않으면 계약은 무효가 되기 때문이다. 하지만 계약론자들은 이 의무의 기원을 설명하지 못한다. 약속을 어겼을 때 약속의 이행을 강제하는 힘이 없다면 약속 행위는 무의미하다. 그런데 강제력이 존재한다는 것은 이미 정부(government)와 같은 무언가가 구성되어 있다는 뜻이다. 따라서 계약론은 순환논증의 오류에 빠질 수밖에 없다.

2) 위기로부터 묵계의 성립

묵계는 약속이 아니다. 오히려 묵계가 맺어진 후에야 약속의 안정성이 성립한다. 그렇다면 묵계는 어떻게 성립할까? 그것은 경험이 알려준다. 흄은 이렇게 주장한다. "이익에 대한 공통감(common sense)이 표현되고 서로에게 알려질 때, 그것은 적합한 결심과 행동을 산출한다. 이것은 비록 약속의 중재는 없었지만 우리 사이의 묵계 또는 일치(agreement)라고 부르기에 매우 충분할 것이다. 우리 각자의 행동들은 상대방의 행동들을 참조하며, 어떤 것이 상대방한테서 수행될 것이라는 가정 아래 수행되기 때문이다. 배의 노를 젓는 두 사람은 서로 약속한 적이 전혀 없더라도 일치 또는 묵계에 의해 그 일을 행한다." 이 마지막 문장은 질 들뢰즈가 자신의 정치철학을 뒷받침하기 위해 자주 인용했던 것이기도 하다.

묵계는 약속 덕분에 성립하는 게 아니다. 그때그때의 상황에 대한 관련 당사자의 '공통된 경험적 판단'이 중요하다. 사실이지, 상대방의 선의를 믿지 않을 수 없기에 '서로' 같은 실천에 착수하고, 또 상황을 지켜보면서 그 믿음을 강화해 가며 실천을 가다듬는다. 묵계를 성립시키는 힘은 난파라는 최악의 위험에 대한 '공통의 느낌' 또는 '느낌의 합의'이다. 이처럼 흄은 약속이나 계약이 없더라도 묵계에 의해 사회가 성립할 수 있다고 주장했다. 초기 인류를 위기에서 구출한 협력의 유전적 소질이 발현되었다고나 할까. 나아가 흄은 정부를 구성하는 일도, 묵계를 유지하기 위해 주권을 성립하는 과정이라고 보았다. 위반에 대한 제재를 포함한 강제력 없이는 모두에게 유익한 것인 묵계가 유지될 수 없을 것이기 때문이다. 흄의 철학이 설득력이 있는 건 구체적 경험에서 출발해 분석을 진행했기 때문이다.

흄은 이성과 계산에 따른 계약을 허구라고 비판하면서 공통의 느낌에서 비롯한 묵계를 통해 사회가 구성된다고 보았다. 따라서 무엇을 지향하고 어떤 삶을 살고자 하는지가 관건이 된다. 사회의 건설은 긍정이며, '~가 아니다'라는 부정이 아니다. 부정만으로 미래 사회를 건설할 수 없다. 더 적극적인 설계가 있어야 한다. 3중 위기에 직면한 2020년대 초반인 지금 우리는 어떤 가치를 지향하고 어떤 삶을 꿈꾸고 있는가?

3) 자기 통치의 거버넌스

흄이 제안하고 들뢰즈가 반복한 이 논의의 교훈은 무엇일까? 서양의 전통에서는 상당히 낯선 어떤 요소를 발견하는 것에서 시작해 보자.

모든 가치는 구체적 상황 속에서 그 의미를 발현한다. 근대 서양은 정부로부터 권력을 빼앗는 과정에서 성숙했다. 정부는 처음에는 왕의 것이었고(왕권신수설), 따라서 도망치고 벗어나야 할 악의 중심이었다. 서양 근대의 역사는 왕, 교황, 제후 등 폭력적 권력에 대항하며 형성된 '시민-개인'의 해방과 독립 과정이었다. 이런 역사적 맥락에서 정부는 지배적 위계의 정점에 있는, 일방적으로 군림하는 권력이었다. 반면 흄과 들뢰즈가 제안한 '묵계' 및 '묵계로부터 출발해서 구성되는 정부'는 서양 주류 전통에서 상당히 비켜선 곳에 있는 이미지이다. 나는 그것을 군림하는 이미지로 가득한 정부가 아닌 다른 이름으로 부르고 싶다.

오늘날 국가 대부분은 국민이 선출한 정부의 통치 아래 운용된다. 적어도 형식적으로는, 정부는 인민의 집단 의지의 구성물이다. 이런 맥락에서 국민에게 군림하며 국민을 돌보는 정부는 국민이 낳은 정부이기도 하다. 이를 자기 통치, 영어로 Self-Governance라고 부를 수 있다. 흄과 들뢰즈의 교훈은 자기 통치라는 형태의 새로운 민주주의가 아닐까? 국가의 초월성에 기초해 성립한 근대적 개념인 '정부'는 인민의 내재적 의지에서 비롯한 탈근대적 개념인 '거버넌스'로 전환될 수 있는 건 아닐까? 이것을 잘 활용하고 실현하는 것이 근대 대의민주주의의 적절한 대안이 될 수 있는 건 아닐까? 방심하면 언제든지 파시즘이나 포퓰리즘으로 추락할 위험을 내포하고 있는 외줄 타는 민주주의, 이것이 민주주의의 참모습 아닐까?

지금 지구는 하나의 공동체로 거듭났다. 역사상 처음으로 닥친 문제 상황, 즉 전 지구적 감염병 대유행, 인공지능, 기후위기의 결합은 협력과 연대가 아니고서는 해결할 수 없음이 판명되고 있다. 지구 시민들 모두가 협심해서 새로운 지구적 거버넌스를 만들어내야 한다. 지구 위에서 인류는 난파 직전의 상황이다. 흄의 예시에서처럼 승선자는 함께 새로운 묵계를 발명해야 한다. 배를 가라앉지 않게 하려면 지구인들은 어떻게 노를 저어야 하는지 배워야 하며, 뉴노멀의 묵계를 발명해야 한다.

5. 서양 근대 가치의 한계들

1) '5중 질곡': 식민주의, 시장주의, 사유재산, 개인주의, 자유주의

유감스럽게도 서양 근대가 마련한 가치 목록은 상황을 타개하는 데 도움이 되지 않는다. 서양 근대는 인류에게 소중한 여러 가치를 일깨우고 또 성취했다. 자유·평등·유대 등 기본 권리의 쟁취, 민주 공화정이라는 정치 체제를 지향한 혁명, 과학적 사고를 통해 이룩한 기술 문명 건설 등은 높게 평가할 만하다. 하지만 그 바탕에 짙은 부정적 그림자가 있었다. 구체적 분석은 다른 자리가 필요하겠지만, 가장 중요한 것으로 침략적·약탈적 식민주의, 허구 위에 건설된 사유재산, 시장 만능 자본주의, 원자(原子)적 개인주의, 개인주의적 자유주의를 꼽을 수 있다. 이것들이 서양 근대를 떠받치고 있는 공리의 집합, 즉 공리계이다.

그런데 이 공리들은 서양 근대의 성취와 가치라는 빛의 단순한 그림자가 아니다. 그것들은 그림자를 은폐하는 빛이었다. 이 점에서 그것들을 비판적으로 재고하고, 지금 시대에 어떤 요소들을 되살려야 하는지 실험해야 한다. 서양 근대를 넘어 지구 공동체를 먼저 생각하는 새로운 탈근대 가치 시스템이 절박하다. 이는 식민주의로부터의 원상 복귀를 지향하는 탈식민성, 시장과 원자적 개인을 넘어 인류가 공동으로 누려야 할 마땅한 몫의 회복 같은 주제로 이어져야 한다.

다음에서는 서양 근대의 가치 중 넘어서야 할 몇 가지 사례만 짧게 언급하겠다.

2) 사례 1: 침략적·약탈적 식민주의

먼저 식민주의 문제를 들여다보자. 손쉽게 '역사보다 미래'를 말하는 이들이 있다. 한국 수구세력이 내세우는 프레임이기도 하다. 이들은 역사 청산 문제를 한일 관계로 좁힌다. 하지만 비판적 관점에서 묻고 싶다. 누가 그 말을 하고 있나? 그 말을 통해 이루고자 하는 목표는 무엇일까? 누가 이득을 볼까?

수구세력은 역사 청산 문제를 한일 관계로 좁혀 해석하면서 출발한다. 하지만 그들이 다가 아니다. 자칭 진보세력도 문제의 범위를 오해해서 한일 관계 프레임에서 벗어나지 못한다. 이 문제에 관한 한 진보 담론도 좁은 시야에 갇혀 있는 셈이다. 하지만 역사 청산 문제는 200년 넘게 이어져 온 식민주의의 관점에 도전하는 탈근대 담론의 핵심이다. 식민주의 전반에 대한 문제 제기를 한일 관계 문제라고 축소하면 안 된다.

식견이 부족해서인지 몰라도 이 문제를 '국가 단위'에서 이토록 집요하게 물고 늘어지는 다른 사례는 없다. 식민지 경험을 딛고도 오늘날 이 정도 힘을 갖춘 나라가 한국밖에 없기 때문이리라. 한국이 역사 청산을 계속 외칠 수 있다는 건 정의의 관점에서 자랑스러운 일이다. 우선 국력의 징표이기 때문이며, 또한 과거 식민 지배를 당했던 모든 지역을 대표해 외치는 진보의 목소리이기 때문이다. 힘이 없거나 자신이 없어서 외칠 수 없는 자들에게 힘을 주고 자신감을 주는 행위는 퇴행적이라고 비판받을 문제가 아니다.

한국을 제외하고 보면, 프란츠 파농처럼 식민지 경험을 한 사상가의 목소리를 드물게 확인할 수 있다. 한편 20세기 후반에 라틴아메리카 '출신' 학자들이 '근대성/식민성(modernity/coloniality)'이라는 문제를 던졌다는 점에도 주목해야 한다(김선영, 2021). 이들은 서양 근대가 식민성과 동시에 형성되었다고 주장하며 급진적 탈식민성(decoloniality)을 역설한다는 점에서, 북미 중심의 포스트식민주의 논의와 날카롭게 대립한다.

서양 근대 사상은 식민주의에서 자유롭지 않다. 거듭 강조해야 할 문제인데, 과거에도 오늘에도 식민주의를 반성하고 배상해야 한다고 주장하고 또 이를 실천하는 서양 사상가나 정치인은 별로 없다. 또, 근동지역과 아프리카의 국경선과 거기서 드러나는 분쟁과 전쟁은 식민주의의 필연적 유산이지만, 이를 시정하려는 움직임도 찾아보기 어렵다. 현재의 부강이 과거 식민 지배의 결실임을 모르는 이 없건만, 저들은 뻔뻔하게도 자유와 인권, 평화를 외치며 걸핏하면 전쟁도 불사한다. 가령 이라크 침공에 찬성하면서 진보 정치인임을 자처하는 버니 샌더스(Bernard “Bernie” Sanders) 상원의원이야말로 위선의 표본이다. 그런데 그가 유일하지도 않다. 너무 많은 정치인의 실상이 그토록 위선적이다.

3) 사례 2: 시장 만능주의

시장이 합리적으로 결정하니 모든 걸 시장에 맡기자는 논리도 현재의 세계 질서를 낳은 식민주의를 은폐한다. 시장 논리는 힘을 통해 이미 판을 장악한 자들이 내세우는 가짜 공정성 주장이다. 식민주의와 제국주의 이후에, 공정한 경쟁은 애초부터 불가능하다. 넓은 운동장 한쪽에는 부와 자원을 수탈해 식민 지배자의 후손이, 다른 쪽에는 모든 것을 잃은 황무지 거주자의 후손이 있다. 부강의 질서는 돌이킬 수 없을 정도로 편성되어 버렸다. 이미 달라진 체급 아래 경쟁은 무의미하다.

시장주의의 함정은 그것이 불평등에서 출발해 정당화된 사유재산 논리와 닿아 있다는 점이다. 이 점은 앞에서부터 강조했다. 여기에 또 다른 함정이 있다. 그것은 ‘지식 재산’의 정당화와 관련된다. 오늘날 부를 창출하는 주요 원천은 지식 재산에 있다. 20세기 후반까지 물리적 상품 생산과 서비스가 부의 원천이었다면, 그 후부터는 '특허'를 중심으로 한 지식 재산이 그 역할을 대체하고 있다.

그런데 대부분의 지식 재산은 인류 공동의 역사적 협업에 의존한다. 특허권을 갖는 지식 재산의 구성 비율을 보면, 마치 수면 위 빙산의 부분이 빙산 전체의 일부분(순수한 물에서 9%, 바닷물에서 17%)에 지나지 않는 것과 비교할 수 있다. 특허권자의 몫은 9~17%에 불과하다는 뜻이다. 그렇다면 나머지 기여분은 어떻게 처리해야 할까? 필경 인류 공동의 자산 창고에 넣는 것이 정당할 것이다.

4) 새로운 가치 목록을 건설하자

서양 근대는 앞에서 열거한 저 공리계를 깔고 있다. 서양 근대는 이것을 자발적으로 재고할 의사가 전혀 없다. 힘의 논리, 강자의 논리가 지배하는 현실이다. 달라진 것이 있다면, 지금 세계는 인적·물적으로 통합되어 상호작용의 정도가 극에 달해 있다는 점이다. 이에 따라 과거와 달리 영향력이 전 지구적으로 미친다.

이 맥락에서 서양이 가공한 다른 가치 개념들도 다 되짚어 볼 때이다. 원자(原子)적 개인, 자유, 평등, 사유재산권 등 현재를 지배하는 가치들도. 역사를 잊어서는 안 된다. 역사 청산을 부정하는 목소리는 현재의 지배자한테서 나온다. 현재의 지배자는 과거를 지배함으로써 미래를 지배하려 한다. 역사 청산은 식민주의 청산이며, 근대 가치의 전환이며, 지금 여기의 힘 대결이다. 미래를 위한 투쟁은 항상 과거를 소재로 벌어졌다. 과거를 어떻게 해석하느냐가 미래를 장악한다.

철학은 가치를 다루고, 가치 창조를 말한다. 서양 근대의 가치 목록을 문제 삼지 않고서, 현 세계의 문제를 해결할 길은 없다. 패권자의 논리가 정당성 담론조차 뭉개고 가는 마당에는 더욱 그러하다. 과거 식민 지배를 통해 앗아갔던 것을 되돌리는 탈식민성을 가속해야 한다.

6. 공동주의를 향해

1) 격차와 차별이라는 장애물

코로나19는 사회의 취약한 곳을 차례로 드러냈다. 탐욕의 고리를 잇달아 폭로하기도 했다. 취약 지점을 내버려두면 사회는 더 위태로워질 것이고, 탐욕의 고리를 방치하면 '협력과 연대'라는 해법은 더는 작동하지 않을 것이다. 평상시라면 아닐 수도 있었겠지만, 적어도 코로나19 상황에서는 그러하다.

코로나바이러스는 3중 위기를 볼 수 있게 해주었다. 『뉴노멀의 철학』에서 나는 이 점에서 '코로나 혁명'이라 평가한 바 있다. "'코로나 혁명'이 일어났다. 인공지능과 기후위기에 이은 대격변의 마침표이다. 혹자는 이 재앙을 '혁명'이라고 칭하는 것에 이의가 있을 것이다. 보통 혁명이라고 하면 사회가 진보하는 방향으로의 급격한 정치적 변화를 뜻한다고 보기 때문이다. 그러나 '과학혁명'이나 '산업혁명' 같은 말처럼 '혁명'을 꼭 정치적 의미로 한정할 필요는 없으며, 나아가 이런 표현들을 정치혁명의 비유라고 이해할 필요도 없다. 본질을 놓고 보면, 혁명은 한 체제가 더 이상 지탱하지 못하고 다른 체제로 급격히 변화하는 사건이다. 체제는 정치적 의미를 넘어 한 사회의 전체적 구성을 가리킨다. 관건은 변화를 나은 방향으로 이끄는 일이리라"(김재인, 2020). 우리가 가야 할 방향은 행성적 거버넌스를 발명해서 세계시민정부를 실현하는 일이다. 나중에 또 분열될 수도 있겠지만, 당장 그리고 당분간은 3중 위기를 극복하기 위한 지구적 협력과 연대가 필수이다. 감염병과 기후위기 앞에서는 나라별 각자도생도 불가능하기 때문이다.

마스크 착용, 비접촉, 거리두기 등 뉴노멀은, 서양에서는 도저히 받아들일 수 없는 '자유의 침해'로 여겨졌지만, 바이러스가 인류에게 강요하는 새로운 규범이 되었다. 인간은 뉴노멀을 거부할 수 없다. 뉴노멀은 받아들이고 받아들이지 않고의 문제가 아니며, 그저 필연이다. 이제는 새로운 삶의 방식을 발명하는 것만이 앞서가는 지름길이다. 피할 수 없다면 즐겨야 한다. 이는 패배주의가 아니라 새로운 미래를 향한 환호이다. 왜냐하면 지금까지의 정상은 실은 기형이었고, 지금까지의 일상은 예속이었기 때문이다.

협력과 연대가 필수라면 무엇이 가장 큰 장애물일까? 바로 용납하기 힘든 격차이다. 인간이 일상에서 분노를 '느끼는' 가장 큰 원인은 격차와 차별이며 현대 사회는 이를 적절히 은폐함으로써 그럭저럭 유지될 수 있었다. 하지만 정보통신기술의 발전으로 인해 은폐는 점점 어려워지고 격차는 생생한 느낌으로 공유되고 있다. 북미와 유럽에서 보듯, 때로 이 격차는 포퓰리즘이나 파시즘 형태의 설명하기 힘든 감정 전이와 폭발로 드러나기도 한다.

코로나19 상황에서 돈이 없어 마스크를 살 수 없다면? 돈이 없어 생활필수품을 구입할 수 없다면? 허드렛일하러 이동해야 한다면? 거리를 떠돌아야 한다면? 지금까지 자본주의는 '돈이 없는 이들'을 사회에서 가리고 배제할 수 있었고, 그런 방식으로 그럭저럭 잘 유지될 수 있었다. 하지만 코로나19 상황에서는 그럴 수 없다. '돈이 없어 배제된 이들'은 원치 않더라도 좀비처럼 살아남아 유령처럼 거리에 출몰할 것이다. 이들은 바이러스의 분신이며, 사회의 틈새에서 자본주의에 복수할 것이다.

2) 공동의 몫을 회복하려는 공동주의

인류는 무엇을 어떻게 공동으로 나눌 것인지를 함께 풀어가야 한다. 빼앗는 것이 아닌 나누어주는 것이 행성적 거버넌스의 핵심이 되어야 한다. 나는 이런 거버넌스를 '공동주의'라고 명명하겠다. 공동주의의 핵심에 있는 '공동, 공통, 공공, 공유, 함께'를 가리키는 common은 공동체(community), 커먼즈(commons), 공산주의(communism), 공화주의(republicanism) 등의 사상 경향을 관통한다. 이 개념은 앞으로 더 발전시켜야 하겠지만, 그 개요는 다음과 같다.

공동주의란 인류가 공동으로 누려야 할 공통의 몫에 대한 권리 주장이다. 가령 한국은 내국인뿐 아니라 이주민, 난민, 외국인을 가리지 않고 코로나19를 무료 혹은 최소 비용으로 치료해 주었다. 혹자는 왜 내가 낸 세금으로 저들을 치료하느냐고 묻는다. 어리석은 항변이 아닐 수 없다. 아니, 그러면 몇몇 사람이 코로나19에 감염된 채로 거리를 활보하게 그냥 놔둬야 한다는 말인가? '저들'을 돌보고 치료하는 건 '우리'가 건강하고 안전하기 위한 가장 빠른 해법이다. '남'과 '나', '저들'과 '우리'는 딱 부러지게 가를 수 있는 존재가 아니다. 모두는 한 장소에서 함께 살고 있다. 코로나19가 환히 드러내 준 진실이다.

모두가 얽히고 엮인 현대 사회에서 협력과 연대는 허울 좋은 수사가 아니라 필수이고 필연이다. 격차와 차별을 느껴 사회에 분노하고 나아가 복수하게 될지도 모를 약자들을 미리 배려하는 것은 이제 공동체의 의무이다. 내가 살려면 남부터 살려야 한다. 위기를 겪으면서 현실과 당위가 맞닿고 있다. 이런 식으로 우리는 인간 공동의 공통된 권리 목록을 하나하나 찾아낼 수 있고, 찾아내야 한다.

자본주의 사회의 가장 중요한 특징은 모든 것이 상품의 형태로 존재하기 때문에 돈이 없으면 생존할 수 없다는 점이다. 이제 물음을 바꿔볼 수 있다. 현대 사회에서 모든 사람이 '공통으로' 얼마의 돈을 '기본적인 것'으로 공유하면 격차와 차별을 느끼지 않을 수 있을까? 그리하여 협력과 연대에 자발적으로 동참할 수 있을까? 요컨대, 부자가 바이러스에 감염되지 않기 위해 지불할 수 있는 최대 비용은 얼마일까? 빈자가 얼마만큼을 '공동'으로 나누어야 분노하지 않을 수 있을까?

예전의 관점에서 보면 이 질문은 어리석기 그지없다. 시장 논리에 따르면 능력과 노력, 성공에 따라 보상을 받는 건 당연한 일이었다. 패자는 무능의 증거일 뿐이며, 사회에 기여하지 않은 자는 가난이라는 대가를 치러야 마땅하다. 그러나 코로나바이러스 이후 시장은 실패했음이 판명 났다. 시장의 논리도 허구임이 입증되었다. 실제 시장이 무탈하게 작동하기 위해서는 가사, 돌봄, 봉사, 이주민 노동 등 돈으로 환산되지 않거나 아주 적은 돈으로 환산되었던 이러한 수많은 부품이 사회의 톱니바퀴와 지렛대로 작동해야 했다. 바이러스는 이 점을 적나라하게 드러냈다. 이들이 사라지거나 줄어들자 '경제'는 성장을 멈추고 후퇴했다. 역설적으로, 코로나바이러스는 음지에서 조용히 일하던 이들의 존재감을 일깨웠다. 따라서 우리가 알던 시장은 거짓이며, 무대장치가 가려진 채 작동한다고 착각해 온 무대이다. 기능의 관점에서 보면, 무대 위 배우만이 아니라 무대 뒤 스태프도 똑같이 중요하다.

사막에서 물 한 병의 가격을 따지는 건 부질없다. 이제 가격은 허물을 벗고, 가치가 생생하게 현현한다. 시장이 자랑하는 교환가치 말고, 니체가 말하는 가치와 의미가 주목받는다. 들뢰즈와 과타리는 "인권이 우리로 하여금 자본주의를 찬양하게 하도록 하지는 않을" 것이라면서도, "인권은 공리이며, 인권에 모순되는 것은 물론이요, 인권을 무시하거나 인권을 유예하는 다른 공리들과, 시장에서, 특히 소유권 안전 위에서 공존할 수 있다"(Deleuze and Guattari, 1991)라고 비평한다. 즉, 인권이라는 지고의 가치도 구체적 상황에 따라 의미가 달라진다는 말이다. 우리가 생각하는 인권과 저들이 생각하는 인권이 구체적으로는 다를 수 있다는 폭로이다. 따라서 니체가 말한 인류를 위한 '한 개의 목표'를 위해 조력할 수 있는 가치 목록을 재구성하고 새로 발명해야 한다.

3) 실험을 통해 한 걸음씩 나아가기

한 개의 목표를 세우기 위해 인류가 해야 할 일이 무엇인지 선험적으로 답할 수는 없다. 목표의 건설과 가치의 재구성에는 실험이 필요하고 시행착오도 거칠 수밖에 없다. 다만 지금 시점에서 강조하고 싶은 것은, 코로나19라는 이 유례없는 상황에서 '인간 공동의 권리(마땅히 가져야 하는 것)'를 다시 생각해 봐야 한다는 점이다. 앞서 질문했듯, 오늘날 부자가 살아남기 위해 지불할 수 있는 최대치는 얼마이고 빈자가 분노하지 않기 위한 최소치는 얼마인지 정확히 찾아가야 한다. 그 값은 미리 알지 못한다.

이 대목에서 과타리가 쇼펜하우어한테서 인용한 고슴도치의 사례는 무척 도움이 된다. "살을 에는 듯한 겨울 어느 날, 고슴도치 한 무리가 서로 몸을 껴안아 따뜻하게 함으로써 추위를 견디고자 서로 무리를 이루었다. 그러나 자신들의 가시가 너무 아프게 서로를 찔러서 그들은 곧 다시 흩어졌다. 하지만 추위가 계속되었기 때문에 그들은 다시 한번 가까이 모였고, 찔려서 아프다는 것을 한 번 더 알았다. 그들이 두 개의 악으로부터 자신들을 보호하기 위해 아주 적당한 거리를 발견할 때까지 이렇게 모이고 흩어지는 일이 계속되었다"(Guattari, 1972). 지금까지 부자와 빈자는 한 공간에 있었던 적이 없었지만, 이제 감염병 대유행으로 인해 예화 속 고슴도치들과 같은 실험을 계속해야 하는 처지가 되었다. 지금 시대에 '함께'는 선택이 아니라 명령이기 때문이다.

나는 코로나바이러스로 요청된 '공동주의'가 기후위기와 인공지능이 초래한 위기를 이겨낼 수 있는 공통의 열쇠라고 본다. 3중 위기는 행성적 거버넌스를 통해서만 극복될 수 있는데, 특히 코로나바이러스가 아니었다면 위기를 극복하려는 실천은 시작조차 불가능했을 것이다. 위기를 기회로 만들고, 나아가 혁명으로 만드는 일이 지금 당장 시작해야 할 일이다.

7장

인간-동물-환경, 하나의 건강을 위한 커뮤니케이션의 역할

백혜진(한양대학교 광고홍보학과 교수)

1. 코로나19, 중국산 육류와 올림픽 경고, 약 먹은 한강의 공통점은?

"코로나19: 유엔 '환경 보존 안 하면 동물 매개 감염병 증가할 것'"(BBC News 코리아, 2020.7.7).

"베이징올림픽서 중국산 육류 먹지 말아야"(이귀전, 2022.1.11).

"'약물 먹은 한강' … 당뇨약이 1위, 카페인보다 15배 많아"(강찬수, 2022.2.17).

위 세 기사의 헤드라인은 내용만 보아서는 전혀 다른 주제를 다루지만 공통점이 있다. 인간, 동물, 환경의 건강 사이에 연결고리를 암시한다는 것이다. 코로나바이러스감염증-19(이하 코로나19)는 아직까지 정확한 원인과 감염의 경로에 대해 이견이 있지만, 박쥐로부터 비롯해 중간 숙주를 거쳐 인간에게 전파된 것으로 알려졌다. 이렇게 야생동물이나 가축에서 발생하는 질병이 사람에게 전파되는 전염병을 인수 공통 감염병(zoonoses)이라고 한다(이관, 2019). 기존 감염병의 60%가 인수 공통으로 알려져 있고, 코로나19뿐만 아니라 사스(SARS, 급성호흡기증후군)와 메르스, 에볼라, 최근의 원숭이두창에 이르기까지 신종 감염병의 75%가 동물에서 기인할 정도로 위협적이다(김영인 외, 2017).

질병이나 건강에 있어 동물과 인간의 연결고리는 위의 두 번째 기사에서도 알 수 있다. 중국산 육류에 스테로이드의 일종인 클렌부테롤이라는 약물이 검출된 사례들이 종종 있어서 독일 반도핑기구가 2022 베이징 동계올림픽 출전 선수들에게 중국산 육류를 먹지 말라고 권고했다는 내용이다(윤태희, 2022.1.12). 이전에도 스페인의 사이클 선수 알베르토 콘타도르와 중국의 유도 선수인 통원은 도핑검사에서 클렌부테롤 성분이 검출되어 우승 타이틀을 박탈당하거나 세계 대회에 출전 자격이 정지된 적이 있는데, 이들 모두 육류를 먹고 양성반응이 나왔다고 주장한 바 있다. 이쯤 되면 동물의 건강이 인간의 건강과 안녕에 직격타를 날린 셈이다.

동물과 사람이 쓰는 각종 약물은 환경으로 흘러간다. 위의 세 번째 기사 제목이 그것을 알려준다. 위의 기사에서는 서울 한강이 전 세계 137개 강 중에서 각종 약물 농도 43위를 차지할 정도로 오염되어 있다고 보도한다. 이렇듯 오염된 강물은 다시 물고기나 생태계 전반에 악영향을 미칠 뿐 아니라, 상수원 오염을 통해 사람의 건강에도 영향을 준다(강찬수, 2022.2.17). 인간-동물-환경의 건강 상태가 얼마나 밀접하게 연결되어 있는지를 알려주는 사례들이다. 그런데 이 세 가지 축의 건강 상태는 점차 악화되고 있다. 도시화와 공업화로 아마존 밀림 등의 자연 생태계는 계속해서 파괴되고 있다. 대량생산을 최우선으로 하는 공장식 축산 방식으로 가축을 밀집해서 사육함에 따라 동물의 생존 환경은 열악해졌다. 이러한 환경의 악조건은 곧 인간의 생존 환경의 악화로 이어지며 악순환이 계속되는 것이다. 이는 사람-동물-환경의 건강 생태계를 통합적으로 고려해야 함을 의미한다. 이러한 하나의 건강, 즉 '원 헬스(one health)' 관점은 20여 년 전에 처음 제시되었는데 코로나19로 인해 그 중요성이 다시 부각되었다(Zinsstag et al., 2011). 국내에서는 2012년에 보건복지부, 농림축산식품부, 환경부 등의 정부기관과 학계가 공동으로 문제의식을 가지고 원 헬스 포럼을 열어 공식적인 논의를 시작한 바 있다. 그러나 체계적인 원 헬스 관점에 관한 학문적 발전이나 실무적 차원의 효과는 여전히 걸음마 단계이다. 충분히 공감되는 원 헬스 접근의 중요성에도 불구하고 실질적인 발전이 어려운 이유는 무엇보다 다학제적인 협업을 위한 전문가 간의 소통이 어려운 데다가 그 중요성을 인지하고 실천하는 전문가로부터 일반인으로 지식이 전달되지 않고 있기 때문이다. 이 두 가지 도전 과제를 해결할 수 있는 방안으로 소통, 즉 커뮤니케이션이 부각된다. 사회과학으로서의 커뮤니케이션 학문이 하나의 이슈를 사회적인 의제로 설정하고 일반 공중의 인지도와 태도 제고, 행동 변화 등을 이끄는 데 기여할 수 있기 때문이다. 따라서 이 장에서는 원 헬스의 개념과 발전사를 검토하고 그간의 연구 동향과 한계점을 기술한 후, 커뮤니케이션 학문의 역할과 연구 방향에 대해 제언하고자 한다.

2. 원 헬스란 무엇인가

1) 개념과 발전사

원 헬스는 사람, 동물, 환경의 건강이 밀접하게 연결되어 있다는 개념이다. 따라서 원 헬스 접근은 이들이 모두 최적의 건강을 성취하도록 문화적, 학제적, 제도적 차원에서 여러 이해관계자들이 협력하는 체계와 과정을 말한다(Errecaborde et al., 2019). 이러한 통합적 노력이 필요한 이유는 위의 사례에서 보았듯이 사람, 동물, 환경의 건강과 안녕을 따로 떼어 생각하기에는 질병과 건강의 문제가 점점 더 복잡하게 얽히고 있기 때문이다.

사람과 동물의 건강을 함께 고려하고 치유한 역사는 고대로 거슬러 올라간다. 고대의 치유사들은 종종 성직자로 인간과 동물 모두를 돌보았으며, 동물을 치료하거나 도살하면서 해부학이나 병리학적인 기술을 얻었다고 한다. 고대 이집트의 의학에서는 인간과 동물이 함께 '신의 무리'라는 시각으로 질병을 다루었다고 전해진다. 또한 인도의 의학 지식은 동물과 인간 사이의 윤회와 환생에 대한 믿음에 영향을 받았다고 한다(Zinsstag et al., 2011).

현재의 개념에 싹을 틔운 것은 캘빈 슈바베(Calvin Schwabe)이다. 그는 1984년 『수의학과 의학』이라는 저서를 통해 영양, 생활, 건강에 있어 인간과 동물의 밀접한 상호작용을 인지했고, '하나의 의학(one medicine)'이라는 개념을 제시했다(Zinsstag et al., 2011). 특히 1980년대 초반 후천성면역결핍증(HIV/AIDS)이 나타나 높은 사망률과 미지의 감염 경로로 사람들을 공포에 떨게 했고, 1993년에 설치류에서 사람으로 전염되는 바이러스성 질병인 한타바이러스가 발생함으로써 새로운 질병이 국경과 문화, 인간-동물의 종을 넘나들 수 있다는 자각이 생겼다. 이러한 시대적 흐름이 '하나의 의학' 개념에 불을 붙인 셈이다(Errecaborde et al., 2019). 이어서 사스나 조류독감과 같은 새로운 인수 공통 감염병, 사람이 만들어낸 생화학 물질인 탄저균 등 여러 건강의 위협이 인류에게 도전 과제로 등장하면서 국가, 지역 및 국제 보건 커뮤니티는 공식적이고 체계적인 협력이 필요하다는 인식을 공유하게 된다(Errecaborde et al., 2019). 2004년 뉴욕에서 열린 '하나의 세계, 하나의 건강' 심포지엄은 이러한 인식의 공유를 공식화했다. '하나의 의학'이라는 개념이 다소 임상적인 의미로 국한되고, 더 폭넓게 인간과 동물 건강의 상호작용성을 의미하면서 생태학, 보건학 등 다른 사회적 측면을 포함하는 개념이 필요했기에 하나의 건강, 즉 '원 헬스' 개념이 도입되었다(Zinsstag et al., 2011).

이 심포지엄에 참여한 기관은 세계보건기구, 유엔식량기구, 야생동물보존협회 등 국제기구뿐만 아니라, 미국 질병통제예방센터와 지질조사국의 국립 야생동물보건센터, 캐나다 야생동물보건센터, 콩고 국립연구소 등 다양했다. 여기에서 원 헬스 관점의 초석을 다지는 '맨해튼 12 원칙'이 발표되었다. 이 맨해튼 원칙은 질병과의 전쟁에서 이기고 미래 세대를 위한 지구의 생물학적 온전함을 보장하려면 질병 예방, 감시, 모니터링, 통제 및 완화 등 분야별 경계를 초월한 다학제적 접근이 필요하며 광범위한 차원의 환경 보전이 더해져야 함을 강조한다(One World, One Health, 2004; 김재호, 2021). 맨해튼 12가지 원칙의 주요 내용은 인간과 동물의 연결성과 생물 다양성을 인식하는 것, 토지와 물 사용에 대한 결정이 건강에 영향을 미친다는 점을 인식하는 것, 야생동물의 건강학을 국제 질병 예방이나 감시 통제에 중요한 요소

그림 7-1

원 헬스 관점에서 인간-동물-환경 건강의 연결고리

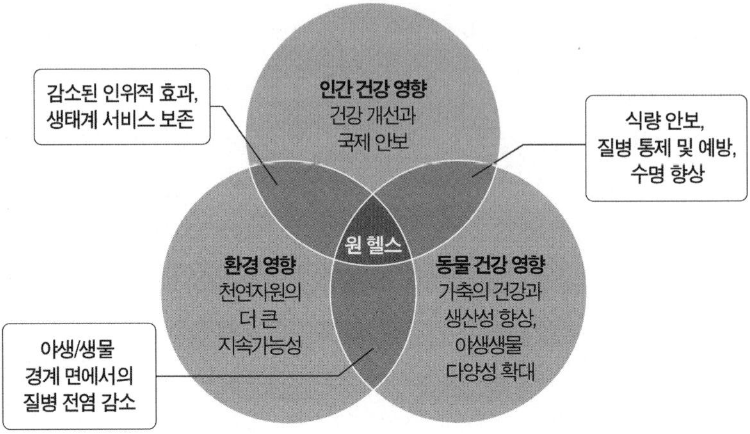

자료: Okello et al.(2014).

로 포함하는 것, 야생동물의 거래를 규제하고 대량 도살을 제한하며 수요를 감소하는 것, 야생동물 보건 감시 네트워크에 자원을 지원하고 협업하는 것, 더 건강한 지구를 위해서는 건강과 생태계의 관계를 이해해야 하며 이를 위해 교육과 정책 도입에 투자하는 것 등이다. 〈그림 7-1〉은 원 헬스 관점에서 인간-동물-환경 건강의 연결고리와 효과를 도식화하여 제시한다.

이후 2009년에는 미국 워싱턴 DC에 비영리 조직인 원 헬스 위원회가 설립되었고 위원회와 미국의 국립과학원이 원 헬스 서밋을 개최하면서 주요 연구소들의 협업 추진에 합의했다. 특히 2011년에는 원 헬스 위원회의 주관으로 제1회 국제 원 헬스 회의를 열었는데 60여 개국의 여러 분야의 전문가들이 참여하여 폭넓은 개념의 원 헬스에 대해 논의했다. 2018년에는 22개의 유럽 회원국에서 44개의 수의학 및 관련 연구소가 모여 원 헬스 유럽 연합 프로그램(OHEJP: One Health European Joint Programme)을 출범시켰다.

코로나19는 신종 인수 공통 감염병으로서 원 헬스의 중요성을 재부각했다. 해외 저명 학술지인 ≪랜싯(Lancet)≫의 원 헬스 위원회에서는 코로나19가 야생동물 거래 등 인간과 동물의 상호작용으로 야기되었으며 지구의 지속가능하고 건강한 미래를 위해서 인간-동물-환경의 상호 연결성을 이해하고 통합하는 연구를 위해 학문 공동체가 서로 협력해야 한다는 논평을 출판했다(Amuasi et al., 2020). 또한 국제연합(UN: the United Nations)은 이러한 인수 공통 감염병으로 한 해 200만 명이 사망하며 코로나19로 세계 경제에 2년간 약 9조 달러의 피해가 생길 것으로 추산했다. 지속 불가능한 농업 관행, 기후변화, 산업발전을 빌미로 한 무분별한 동물 및 환경 생태계 파괴와 자원 채굴이 지속되는 한, 감염병 증가 추세는 지속될 것임을 경고하기도 했다(BBC News 코리아, 2020.7.7). 실제로 코로나19에 확진된 사람이 반려동물을 감염시키거나 가축이 사람에게 감염시키는 사례도 있었다. 감염의 결과는 참담했다. 예를 들어 덴마크 정부는 밍크 농장에서 일하던 인부들이 감염되자 대량으로 사육되고 있는 밍크 사이에서 돌연변이 바이러스가 나왔고 사람들을 감염시켰다고 판단해 그 나라에서 사육 중인 밍크 1700여 만 마리를 살처분해 땅에 파묻었다. 사체가 부패하면서 일부 사체가 흙더미를 뚫고 나오자 이번에는 사체를 발전용 연료로 소각했다(신유리, 2021.5.4). 이 사례는 사육되는 동물의 열악한 환경이 동물은 물론 사람에게도 건강상의 악영향을 끼친다는 점과 사람을 위해 사육된 동물의 비극을 가르쳐준다. 그러나 더 큰 문제는 이러한 대량 학살이 다시 인간과 환경에 악영향을 미칠 수 있다는 점이다. 언제, 어디에서, 어떤 규모로 그 악영향이 나타날지는 지켜볼 일이지만 말이다.

2) 국내에서의 논의

원 헬스 관점에 대한 해외의 관심에 비해 국내에서의 논의는 상대적으로 지지부진하다. 2004년 사스 유행 이후 보건복지부, 농림부 및 관련 전문가들이 함께 인수 공통 감염병에 대한 국가적 대응을 했으나 이때는 원 헬스 관점이 강조되지는 않았다. 원 헬스 관점이 공식적으로 논의된 것은 2012년이다. 보건복지부, 농림축산식품부, 환경부 및 학계가 공동의 문제의식을 기반으로 '원 헬스 포럼'을 개최하여, 인류의 보건 문제를 해결하기 위해서는 사람, 동물, 생태계의 연결고리를 주목해야 하며 의사, 수의사, 보건 전문가, 야생동물 관리자, 생태학자 등 다양한 분야의 전문가들과 기관들이 힘을 모으고 소통해야 한다는 내용을 논의했다(김영인 외, 2017). 2004년 사스, 2009년 신종플루 감염병에 이어, 2015년 메르스, 2016년의 고병원성 조류 인플루엔자 등 인수 공통 감염병이 반복되는 상황에서 방역 당국이 원 헬스 개념에 주목한 것은 지극히 당연해 보인다. 2019년 보건복지부와 질병관리본부는 제1차 원 헬스 포럼을 개최하고, 감염병으로부터 국민건강 보호를 위한 다부처 협력 방안을 논의했다. 신종 감염병이나 환경성 질환 등 최근의 건강 문제는 다양한 원인과 복잡한 경로를 통해 발생하므로 원 헬스 관점에서 협력이 필요하다는 점을 강조했다. 특히 항생제 내성이 중요한 보건 이슈로 등장함에 따라 2021년에는 2021 원 헬스 항생제 내성균 심포지엄을 개최하고 항생제 내성은 사람, 농·축·수산, 식품, 환경 등 다양한 경로에서 발생하고 확산한다는 점에서 원 헬스 접근에 따른 포괄적인 정책 수립 및 관리가 필요하다는 점을 강조했다.

3) 개념 경쟁과 비판

원 헬스뿐만 아니라 생태계 건강(Ecohealth), 행성 건강(Planetary health)이라는 유사 용어가 등장했고, 이 용어들을 내세운 학술지가 생겨날 만큼 이 분야에 대한 학문적 관심은 커졌다. 이 용어들은 인간-동물-환경의 밀접한 연결성과 상호작용을 강조한다는 점에서는 공통되나 강조하는 부분이 조금씩 다르다(World Bank, 2018).

원 헬스는 수의학에서 시작하여 점차 증가하는 인수 공통 감염병에 초점을 두어 동물의 질병이 인간의 건강 및 질병과 연관된다는 점을 강조하며 태어났다. 반면 '생태계 건강'은 생태학과 건강의 상호 연계에 방점을 두고, 자연보호와 지속가능한 자원의 활용 등을 강조한다. 마지막으로 행성 건강은 '원 헬스'가 지나치게 인수 공통 감염병에 초점을 맞추고 사회과학이나 행동학적 측면을 충분하게 통합하지 못했다고 비판하며 의학과 보건학 분야를 중심으로 새로이 등장한 개념이다(Rabinowitz et al., 2018). 다른 두 개념보다 '인간 중심적인' 관점으로서 동물을 더 큰 환경 생태계 안에 포함하며 기후변화와 공해, 인간이 유발하는 지구 순환계의 변화와 오염까지도 고려한다. 즉 지역에서 세계로, '분자구조에서 지구'의 관점으로 나아가, 인간-동물-환경의 건강과 복지와 지구의 지속가능성을 고민해야 한다는 것이다. 〈그림 7-2〉는 이러한 세 축의 연결고리를 미시적 수준인 분자부터 거시적 수준인 생물권, 국제사회까지 다양한 수준을 보여주고 각각을 다루는 관련 학문을 제시하고 있다(Rabinowitz et al., 2018). 예를 들어, 인간이나 동물의 세포가 환경의 화학물질에 노출되었을 때 어떠한 영향이 있을지, 인간과 동물의 기관과 환경의 미생물들이 항생제 내성 유전자를 어떻게 교환하는지를 각 관련 학문의 협업을 통해 탐구해 볼 수 있다. 이러한 상호작용의 대부분은 시스템 생물학 또는 병원체 생물학에서 설명될 수 있고 사람과 가정 내 반려동물 사이의 직접적인 접촉과 같은 개인 수준에서 발생할 수 있으며, 감염 치료와 같은 임상적 개입이 필요할 수 있다. 한편 지역사회, 국가, 지역 및 세계 인구와 같은 거시적 수준의 상호 작용에서는 대기 및 지질 과학뿐만 아니라 역학과 사회과학에 '빅데이터' 전문 지식과 접근법이 요구될 것이다(Rabinowitz et al., 2018: 3).

그림 7-2

다양한 유형과 수준의 원 헬스 상호작용 체계

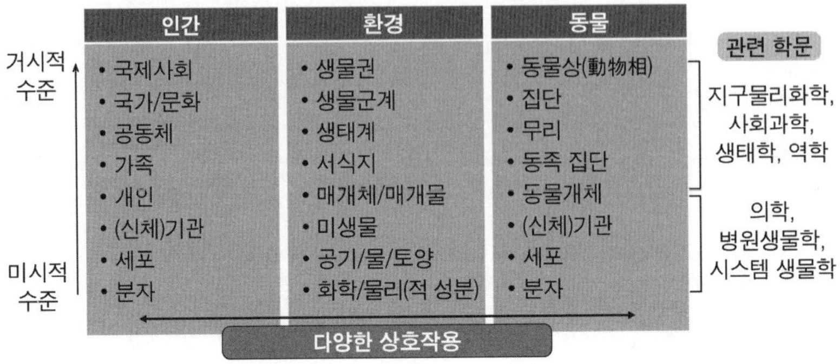

자료: Rabinowitz et al.(2018)의 그림을 수정·보완함.

코로나19 상황에서 원 헬스 관점의 중요성을 강조한 ≪랜싯≫의 논평(Amuasi et al., 2020)에 대해서도 원 헬스 개념이 인수 공통 감염병의 약 30% 정도만 설명할 뿐이며 기후변화 등 환경에 대한 고려가 부족하다는 점에서 원 헬스 개념만으로는 한계가 있다는 점을 지적하는 반박 글이 출판되기도 했다(Waugh, Lam and Sonne, 2020). 이 저자들은 삼림 벌채나 멸종을 줄이고 기후 재앙을 되돌리는 것까지 포함하는 등 인간이 관리하는 생태계에 대한 완전한 변화가 필요하기에 이 점을 포괄하는 행성 건강이 더 적절하다고 주장한 것이다. 이에 대해 다시 원저자들(Amuasi and Winkler, 2020)은 원 헬스가 인수 공통 감염병뿐만 아니라 기후변화나 산업화된 동물 사육과 환경 파괴를 모두 포함하는 개념이라는 점을 강조했다. 실제로 코로나바이러스의 한 종류인 사스(2002~2003), 메르스(2012), 코로나19에 대한 체계적인 문헌연구를 통해 원 헬스 접근이 어떻게 활용되었는지를 검토한 연구(Schmiege et al., 2020)에 따르면 대부분의 연구들이 인간과 동물의 상호작용에 초점을 맞추고 자연이나 주변 환경에 대해서는 덜 주목했지만 최근 들어서는 이러한 환경을 고려한 원 헬스 개념으로 확장되는 경향이 있었다.

국내에서도 기존의 원 헬스 관점을 비판하면서 개선안을 제시하는 연구가 있었다. 원 헬스 측면에서 보건 연구의 동향을 검토한 김재호(2021)는 새로운 차원의 원 헬스를 고려할 시점이 왔다며 원 헬스 2.0을 세 가지 방향으로 제안했다. 첫 번째는 기후변화 등 전 지구적 문제까지 포괄해야 한다는 것이고, 두 번째는 정보 공유와 접근성 개방, 공중보건에 대한 인식 제고와 교육 차원에서 원 헬스 개념을 적용하고 활용해야 한다는 것이며, 세 번째는 정신건강을 포함해야 한다는 것이다. 특히 세 번째와 관련해서는 미국 질병통제예방센터(CDC)에서도 정신 건강을 원 헬스에 포함시켰다는 점을 이유로 들면서 반려동물이나 야생동물의 정신 건강까지 고려해야 한다고 주장했다.

김민정(2021)은 기존의 원 헬스 개념이 질병과 건강에 대해 이분법적으로 사고한다는 점, 사회구조적 환경을 고려하지 않은 채 감염원과 감염 경로 파악을 우선시한다는 점, 전통적인 바이러스 퇴치 모형에 기반을 둔 접근방식이라는 점 등을 비판한다. 대안으로 '구조적인 하나의 건강' 관점을 제안한다. 질병과 건강을 관계론적으로 인식하고, 감염원과 감염 경로보다는 숙주나 환경요인과 같은 사회경제적·정치적 요인을, 의학, 수의학 등 과학적 기술보다는 권력 및 사회관계의 변화를 꾀하는 정치적 접근방식을 우선시해야 한다는 관점이다(김민정, 2021: 25에서 재인용). 코로나19와 같은 인수 공통 감염병의 해결 방안을 예로 들어보자. 중국 광둥성과 윈난성은 급속한 산업화, 공장식 축산업화, 도시화로 박쥐의 서식지가 빠르게 파괴되고 전략적으로 희귀동물 거래 산업이 발전되면서 신종 바이러스와의 접촉면이 넓어졌기에 과거부터 종종 인수 공통 감염병이 발생했던 지역이다. 이에 대해 기존의 원 헬스 관점은 생태계 보존과 야생동물과의 거리두기라는 다소 제한적인 해결 방안을 제안한다. 반면 구조적인 하나의 건강 개념은 인간과 다른 생물 종이나 생태계의 건강을 가로막는 자본주의와 사회구조적 환경을 함께 고려해야 한다고 설명한다. 즉 동물과 사람의 관계 방식은 사회마다 다르다는 점, 하위계층의 노인이나 집단 노동자 등 사회적 취약계층이 코로나19와 같은 감염병에 더 취약하다는 점, 백신 보급 등에서도 사회가 공평하지 않다는 점에서 사회구조적 관점을 함께 검토해야 한다는 것이다(김민정, 2021).

종합해 보면 원 헬스로 시작한 인간-동물-환경의 연결고리에 대한 이해와 협력은 여러 개념을 파생했다. 학문적으로 원 헬스, 생태계 건강, 행성 건강이라는 세 가지 개념의 차이와 유사점을 명확히 이해할 필요는 있다. 다만 이 세 가지 개념을 각각 강조하는 학자들 사이에서 인간-동물-환경의 건강이 연결되어 있으며 모두의 건강을 위해서는 협력이 필요하다는 대전제에 관한 한 이견은 없다. 행성 건강이 원 헬스보다 더 큰 개념이라고는 하지만 하나의 개념이 정착하려면 용어 자체가 직관적으로 이해하기 쉬워야 하고 오랜 시간 동안 학계에서 논의되어 높은 인지도가 있어야 한다는 점에서, 개념을 확산하고 정착시키기에는 원 헬스가 행성 건강보다 더 우월한 위치에 있다. 다만 생태계 건강이나 행성 건강을 번역했듯이 원 헬스를 '하나의 건강'으로 번역하는 것은 고민할 필요가 있다. 그 이유는 신영전(2020)이 원 헬스가 '하나'라기보다는 '전체'의 의미에 가까우므로 '(공생적) 온존'으로 번역하자고 주장한 것과 일맥상통한다. 또한 하나의 개념을 번역하기 위해서는 관련 분야와 전문가들 사이에 충분한 논의를 통한 합의가 있어야 하는바, 이 장에서는 원어 그대로 '원 헬스'라고 명명하기로 한다.

4) 축적된 근거와 한계

원 헬스 개념에 대한 건설적 비판과 새로운 개념 제안 등은 의미 있는 논의이다. 하지만 대전제인 인간-동물-환경 건강에 대한 통합적 관점이 과연 기존의 독립적이고 개별적인 관점보다 더 큰 효과를 낼 수 있는지 검증할 필요가 있다. 이를 위해서는 그간 어떠한 연구가 진행되었는지를 파악하는 것이 중요하다.

원 헬스와 관련한 연구를 검토하기 위해서는 그동안 축적된 원 헬스 관련 문헌의 "체계적 검토(systematic review)" 연구를 보는 것이 유용할 것이다. 구글 학술 검색(Google Scholar)에서 검색 키워드로 'one health'와 'systematic review'를 같이 입력하면 4만 5800여 개의 결과가 검색된다. 이 두 가지 용어가 제목에 포함된 것으로 한정하여 검색하면 1만 4400개 정도의 결과가 나타난다. 그동안 여러 분야에서 원 헬스에 대한 관심이 많았다는 것을 입증한다. 검색 결과를 훑어보면 원 헬스 접근 전반에 관련된 체계적인 연구(Ribeiro, van de Burgwal and Regeer, 2019), 감염병 전반(Asante, Noreddin and Zowalaty, 2019; Bowser and Anderson, 2018; Errecaborde et al., 2019; Huff et al., 2017) 혹은 코로나바이러스(Schmiege et al., 2020)나 브루셀라병(Ghanbari et al., 2020) 등의 특정 인수 공통 감염병과 관련한 분야에서의 원 헬스 접근을 체계적으로 연구한 경우 등으로 분류해 볼 수 있다.

리베이로 외(Ribeiro et al., 2019)는 원 헬스 접근을 실행하는 데 있어 당면한 도전 과제와 해결 방안이 그동안 어떻게 제시되었는지를 파악하기 위해 체계적으로 문헌을 수집하고 스크리닝 과정을 거친 56편의 논문을 최종적으로 검토하여, 21가지 도전 과제를 도출했다. 정책과 연구비, 교육 및 훈련, 감시, 다수의 영역과 수준에서 협력의 어려움, 증거 도출 등의 도전 과제 주제가 나타났다. 이러한 도전 과제들은 원 헬스 프로그램을 시작하는 데 필요한 조건을 충분히 확보하는 단계, 실행하는 단계, 모니터링과 평가하는 단계 등 여러 단계에서 동시다발적으로 나타났다. 이 중 여러 분야와 영역의 전문가들이 협력하는 것이 가장 어려운 과제인 것으로 나타났다. 원 헬스 접근의 효과를 평가하는 방법이나 도구의 필요성도 강조했다.

원 헬스 관련 문헌은 빈번하게 등장하는 신종 인수 공통 감염병으로 인해 원 헬스 관점이 부각된 만큼 감염병 분야에서 다수 축적되었다. 에레카보르드 외(Errecaborde et al., 2019)는 기존의 원 헬스 연구들이 협력을 위한 다학제적 능력 훈련에 주목한 반면, 원 헬스를 효과적으로 작동시킬 수 있는 요인과 조건을 확인한 연구는 드물다는 점에 주목했다. 따라서 어떤 질병이나 건강 이슈와 관련하여 효과적인 협업을 지원하는 핵심 요소를 식별하고 원 헬스 협업을 좀 더 균일하고 체계적으로 문서화하고 평가할 수 있는 프레임워크를 제안하고자 했다. 그들은 세 가지의 개념적 틀을 정한 후 문헌 검토를 했는데, 시작 조건, 과정, 결과 측정이 그것이다. 시작 조건은 기존의 파트너십이나 성공과 실패에 관련된 역사, 협력을 이행하는 데 있어서의 힘의 균형과 같은 관계 역학 등으로 구성된다. 과정은 효과적인 협력을 지지하는 리더십, 목표 공유, 신뢰와 상호이해, 기관의 구조나 자원, 커뮤니케이션, 데이터 관리 등을 포함한다. 결과 측정은 원 헬스 관점의 협력에 있어 효과를 측정하는 검증된 지표를 말한다. 그들은 참고 문헌 검토의 첫 단계에서 찾아낸 2630개의 중복되지 않은 문헌 중 스크리닝을 거쳐 최종적으로 50편의 문헌을 검토하여, 성공적인 원 헬스 협력을 위한 12가지 요소를 세 가지 수준에서 정리했다. 개인 차원의 요소로 교육·훈련과 사전 경험 및 기존의 관계, 조직 차원의 요소로 조직의 구조, 문화, 인력, 소통, 네트워크 요소로 네트워크의 구조, 관계, 리더십, 관리, 이용과 접근이 가능한 자원, 정치적 환경이 있다. 한편, 검토한 문헌에서는 협력을 위한 도전 과제나 성공 여부를 보고하는 데 있어 통일성이 부족했고, 협력 과정의 결과에 대해서는 거의 보고되지 않은 점을 한계로 지적했다. 향후 원 헬스 협력을 위해서는 일관된 보고, 이행, 평가를 위한 공통된 언어와 틀이 필요함을 강조했다. 특히 소통에 대해서는 정기적이고 빈번하게 소통하고 지역적, 국가적, 국제적 수준에서 지지도를 제고하고 다양한 이해관계자들의 개입을 지지하도록 고안

될 때 가장 효과적이었다고 보고했다.

“모두의 건강을 위한 통합적 관점이 필요하다”라는 원 헬스 관점의 규범적 정당성에는 이견이 없다. 다만 이러한 통합적 관점이 과연 실제적인 건강과 복지에 어떠한 효과를 가져왔는지를 평가하고 확인하는 절차가 필요하다. 상당 부분의 원 헬스 관련 연구들은 필요성이나 중요성을 강조하고 원 헬스를 위한 다학제적 협력의 어려움 등 여러 도전 과제를 도출하고 해결 방안을 제안하는 데 그치고 있다. 실제적인 효과 평가에 대한 연구는 드물었다. 예외적으로 하슬러 외(Häsler et al., 2014)는 스리랑카 콜롬보에서 원 헬스 접근법을 바탕으로 한 광견병 통제 프로그램을 역학적, 경제적, 사회적, 동물 복지 및 윤리적 평가지표를 사용하여 평가했다. 그 결과 738명의 장애 보정 수명(DALY: Disability-Adjusted Life Years)을 되돌렸고, 광견병 사례는 연간 43건에서 처음 6개월 동안 2건으로 감소했으며, 유기견의 숫자가 감소되었다는 긍정적인 인식의 변화를 가져왔다고 보고했다.

원 헬스 프로그램의 효과로서 비용이나 노력의 절감 등 실제 효과를 보고한 논문이 어느 정도 되는지 파악하기 위해 체계적으로 문헌을 검토한 연구(Baum et al., 2017)에 따르면 2003년부터 2015년까지 ‘원 헬스’ 용어를 사용한 영어 논문을 3858편 찾았고, 그중 기준에 맞는 1839편의 논문을 검토한 결과 오직 일곱 편만이 정량적 결과를 보고했다. 평가를 통해 결과를 보고한 논문도 과학적으로 타당한 방법론을 따르지 않았고, 그중 일부는 중간 결과만을 보고하기도 했다. 대부분은 원 헬스 접근법의 효과를 입증하기보다는 가정했다. 연구자들은 원 헬스 중재 프로그램을 통해 효과를 평가하고 입증하기 위한 공통된 결과(outcome) 평가 매트릭스가 필요하다고 제언하며 장애 보정 수명, 사전-사후 유병률 및 사망률, 질병 발발(outbreak)의 기간, 비용-편익 분석, 생산성 등의 효과 평가 방법을 제안했다.

효과를 평가하기 위해 원 헬스 관련 연구를 어떻게 개념화하고 조작화할지에 대한 고민도 다수 있었다(예: Conrad, Meek and Dumit, 2013; Lee and Brumme, 2013). 다만 다수의 연구들이 경제나 역학 차원의 결과 평가에 집중하고 있는데 사람들의 인지도 제고, 태도와 행동 변화 등 단기적 차원이나 중간 단계의 효과도 함께 평가하는 것을 고려할 필요가 있다. 궁극적인 결과를 보기까지는 오랜 시간이 소요되며 그 결과를 야기한 프로그램의 요소가 무엇인지, 어떤 기제를 통해 효과가 있었는지 면밀히 파악해야 하기 때문이다.

해외에서 진행된 원 헬스 접근에 대한 문헌 연구를 종합해 보면, 새로 등장하는 질병과 건강에 대해 원 헬스 접근의 중요성과 협업을 강조한 규범적·선언적 연구, 원 헬스 접근에 관련된 논의를 체계적으로 검토한 연구, 원 헬스 접근의 한계를 비판하며 새로운 접근 혹은 개선된 접근을 논의한 비판 연구, 원 헬스 접근을 활용한 프로그램을 소개하고 평가한 실증 연구 등으로 정리해 볼 수 있다. 특히 다수의 논문을 체계적으로 수집하여 종합적으로 검토하는 연구가 다수 진행된 것을 보면 해외에서는 원 헬스 연구가 활발했다고 볼 수 있다. 그렇다면 국내에서의 연구 동향은 어떠할까.

구글 학술 검색과 도서관에서 자료를 검색한 결과, 국내에서는 '원 헬스'에 대한 논의 자체가 상당히 부족해 보인다. 보건, 환경, 수의학 분야에서 원 헬스 접근에 주목하고 논의하는 노력이 일부 있었다(예: 김동섭·박성준·이관, 2019; 김민정, 2021; 이관, 2019; 한상진, 2021). 그러나 신종 감염병의 등장이나 환경 재해를 우려하며 원 헬스 접근의 중요성 혹은 필요성을 피력하거나(공혜정, 2019; 최은주, 2021; 한상진, 2021; 함태성, 2021), 원 헬스의 개념과 해외 동향을 소개하고 비판적으로 제언하는 논평(김민정, 2021; 김영인 외, 2017; 김재호, 2021)이 대부분이다. 예를 들어 함태성(2021)은 대규모 집약형 축산업이 항생제 등 약물 오남용, 살충제 과다 사용, 인수 공통 감염병 발병 등으로 인간의 생명과 건강을 위협하고 있다며 대안으로 '하나의 건강, 하나의 복지' 개념을 법과 정책에 적용할 필요성을 강조했다. 공혜정(2019)은 기후 재앙은 미세먼지나 황사 등의 대기오염으로 건강 문제를 야기할뿐더러, 콜레라, 이질 등의 수인성 질병, 식중독 등 식인성 질병, 말라리아, 한타 바이러스 등의 감염병을 야기해 건강을 위협하게 된다면서 이러한 문제를 극복하기 위해서 인문사회과학의 역할이 포함된 원 헬스 패러다임을 제안했다. 김동섭과 박성준, 이관(2019)은 민간, 가축방역기관, 보건 당국이 상호 협력 체계를 구축하여 가축 전염병 발생 농장의 농장주와 가족을 대상으로 브루셀라증 환자를 발견한 사례를 소개했다.

종합해 보면 수의학, 의학, 보건학, 환경생태학, 미생물학 등 관련 분야에서 원 헬스 패러다임에 대한 중요성은 어느 정도 공유되었지만, 원 헬스 관점이 실질적인 사회적 변화로 진전하지 못한 듯하다. 전문가들의 다학제적 협력도 잘 이뤄지지 않고 있으며 무엇보다 일반인에게 원 헬스 개념을 널리 알림으로써 태도와 행동의 변화를 이끌어내야 하는데 그렇게 하지 못하고 있기 때문이다. 사회과학, 특히 커뮤니케이션학의 역할이 절실한 이유가 여기에 있다.

3. 원 헬스 관점을 확산시키는 데 커뮤니케이션은 어떻게 기여할 수 있는가

영국의 커뮤니케이션 학자 배리(Barry, 1965)는 커뮤니케이션 없이는 사람들 사이의 협동이 불가능하며, 협동이 없는 사회는 존재할 수 없다고 했다. 원 헬스, 생태계 건강, 행성 건강에서 공통적으로 강조하는 협력 체계는 소통이 전제된다. 따라서 다학제적인 협력을 위한 소통을 강조한 원 헬스 관련 문헌을 종종 접할 수 있다. 예를 들어 유럽의 원 헬스 프로그램의 전문가들을 인터뷰한 스웨덴의 논문에서는 다학제적인 협업의 필요성을 강조하며 3C, 즉 '소통(communication), 조화(coordination), 협력(collaboration)'을 제안했다(Humboldt-Dachroeden, 2021). 그러나 다학제적인 협력을 위한 소통뿐만 아니라, 일반인들을 대상으로 한 소통도 필요하다. 전문가들이 공유하는, 원 헬스 관점에 대한 지식과 중요성에 대한 공감대를 전달하는 소통 말이다(Crockford et al., 2018). 이렇듯 원 헬스 관점의 저변 확대와 그를 통한 실질적인 변화를 위해서 커뮤니케이션 학문이 기여할 수 있는 부분을 세 가지, 즉 사회과학으로서의 기능, 커뮤니케이션 이론과 실증 연구를 활용한 소통 전략 개발, 커뮤니케이션의 세부 분야이자 원 헬스 관점과 더 밀접하게 연관된 건강·위험·과학·환경 커뮤니케이션 분야의 역할로 정리해 볼 수 있다.

1) 인간 심리와 행동을 사회적 맥락에서 설명하는 사회과학의 기능

사회과학은 사람들의 심리와 행동은 물론 사회의 체계와 사람들 사이의 관계를 연구하는 학문이다. 라핀스키와 펑크, 모치아(Lapinski, Funk and Moccia, 2015)는 사회과학이 원 헬스 관점을 실행할 때 직면하는 여러 도전 과제를 해결하는 데 기여할 수 있다고 주장한다. 기후변화와 같은 생태학적 영향을 이해하면서 이러한 복잡한 변화의 본질을 어떻게 정확하고 알기 쉽게 일반 공중에게 전달하고, 그들이 이러한 변화에 어떻게 영향을 받으며, 사람들의 행동이 생태계 건강에 어떤 영향을 미치는지 등을 이해하는 데 사회과학적 사고가 유용하기 때문이다. 특히 저자들은 다음의 세 가지 차원에서 사회과학의 역할을 설명한다. ① 사람들이 자신의 건강을 어떻게 동물과 생태계 건강의 맥락에서 이해하는지를 파악할 수 있다는 점, ② 정보 교류와 소통으로 원 헬스 결과를 개선할 수 있다는 점, ③ 원 헬스 이슈에 대한 정보 추구와 공유에 필요한 새로운 통신 기술을 파악하고 활용할 수 있다는 점이다. 각각에 대해 좀 더 자세히 설명해 보자.

첫째, 사회과학 분야의 여러 이론적 틀은 개인 수준에서 공동체, 국가, 국제적 수준까지 다양한 수준에서의 상호작용을 설명한다. 예를 들어 사회 생태학적 모형(social ecological model)은 개인의 건강행동을 포함한 다양한 행동을 다양한 사회 및 규제 환경 속에서 이해하고자 만들어진 모형이다(Stokols, 1992, 1996). 이 모형에 따르면 개인의 건강과 안녕은 한편으로는 개인의 행동, 다른 한편으로는 환경 조건에 의해 영향을 받는다. 여기서 환경조건은 개인의 심리 수준뿐 아니라 가족과 친구와 같은 대인관계, 학교, 기업, 종교기관과 같은 기관 수준, 공동체를 넘어 국가와 국제 차원의 정책 수준 등 여러 수준의 조건을 포함한다. 저자들은 호주에서 있었던 헨드라 바이러스 감염병을 예로 든다. 1994년 호주의 '헨드라'라는 마을에서 사람들이 경마용 말을 키우며 생활했는데, 말과 사람에게 급성 호흡기 질환과 발열 증상 등을 일으키는 질환이 생겼고, 이 마을의 이름을 붙여 '헨드라 바이러스'라고 부르기 시작했다(황주선, 2018.7.2). 숙주인 과실박쥐가 말과 사람들과 가까워지면서 이러한 인수 공통 감염병이 생겨난 것으로 알려졌다. 인과관계를 설명하는 모델링의 결과, 도시화로 인한 야생동물의 서식지 파괴와 기후변화가 선행 요인이고, 인간과 가축이 과실박쥐의 생태계로 침입한 것, 그로 인해 먹이 공급원이 교란된 것 등 여러 단계의 요인들이 이 질병을 발생시킨 잠재적 요인으로 파악되었다. 개인, 사회, 조직 수준에서 일어나는 여러 원인의 경로에 인간의 활동이 영향을 미치고 있으며, 자신들의 활동으로 인해 새로운 감염병이 출현할 수 있음을 이해해야 한다고 라핀스키 외(Lapinski, Funk and Moccia, 2015)는 주장한다. 또 한편으로는 농업의 발전이나 기후변화 등이 부차적으로 자신의 건강에도 영향을 미친다는 것을 이해하고 행동을 변화해야 한다는 것이다.

둘째, 커뮤니케이션 학자들은 중재 프로그램을 설계하기 위해 설득 메시지와 교육 콘텐츠 등의 정보를 개발하는 과정에서 사람들의 지식, 인식, 욕구 및 행동의 본질을 연구한다. 이러한 커뮤니케이션 연구는 질병 예방과 건강 촉진에 상당한 기여를 했다는 것이 축적된 문헌과 실제 프로그램에서 밝혀진 바 있다. 즉 사람들이 어떻게 정보를 처리하는지, 사회규범 등의 사회적 맥락이 어떻게 사람들의 태도나 행동에 영향을 주는지, 어떠한 메시지가 의사결정에 설득적인지에 대한 여러 이론적 틀이 개발되었고 실증 연구들이 축적되어 있다. 따라서 커뮤니케이션의 이론적 틀과 축적된 자료들이 원 헬스 관점의 결과를 개선할 수 있다. 어떤 이론과 축적된 자료가 유용할지 다음에서 조금 더 자세히 설명하기로 한다.

셋째, 새롭게 등장하는 커뮤니케이션 기술의 특징을 파악함으로써 원 헬스 이슈에 대한 정보를 추구하고 공유하는 데 사용할 수 있다. 원 헬스는 다학제적 성격으로 범위가 넓고 복잡하므로, 커뮤니케이션 기술을 활용해 자료를 종합하고 단순화할 수 있다. 또한 모바일 앱 등은 건강을 위한 행동 변화나 질병 관리를 개선하는 데 사용되며 메타 연구에서 그 효과가 검증된 바 있다(Lapinski, Funk and Moccia, 2015에서 재인용). 원 헬스 관점에서 동물과 환경의 건강상태를 모니터링하는 정보 기술도 개발되었다. 예를 들어 사람의 활동량이나 수면, 건강상태를 추적하는 여러 무선 센서 네트워크(Fitbit, Jawbone UP 등) 기술이 동물의 활동을 추적하는 기술(WhistleGPS 등)로 응용되어 사용된다. 또한 페이스북, 트위터, 유튜브와 같은 소셜미디어나 소셜 네트워크 서비스(LinkedIn, ResearchGate 등)를 통해 전문가들 사이에 원 헬스 프로젝트를 활성화하거나 자발적으로 참여하는 시민들과의 네트워킹을 활성화한 사례도 있다(Mekaru and Brownstein, 2014). 특히 커뮤니케이션 기술은 코로나19 상황에서 방대한 데이터를 수집하고 축적하여 매일 전 세계 코로나 확진자 및 사망자를 확인하고 지역적인 차이를 지도화(geo-mapping)하여 정보를 공개했다. 방역 수칙이나 예방 행동에 대한 수많은 정보를 다양한 매체를 통해 전달하고 마스크 및 진단 키트 수급이 어려웠던 상황에서 구매 가능한 곳을 네이버 앱 등을 통해 제공하는 등 감염병 확산을 방지하고 예방 행동을 유도하는 데도 많은 기여를 했다.

2) 커뮤니케이션 이론과 실증 연구를 활용한 소통 전략 개발

인간 커뮤니케이션이 인류사회를 유지하고 발전시켜 나가는 기본 요소라면, 커뮤니케이션학은 이러한 커뮤니케이션 현상을 과학적 연구 방법을 갖추어 연구하는 학문이다. 커뮤니케이션 이론은 연구 대상 영역에 관련된 보편타당한 지식 체계로서 커뮤니케이션 현상을 기술·설명·예측·통제해 왔다(차배근·하종원·이종혁, 2017). 이러한 커뮤니케이션 이론을 활용하여 원 헬스 관점을 일반인에게 이해시키고 궁극적으로 태도와 행동의 변화를 가져오는 데 기여할 수 있다.

특히 미디어를 이용한 커뮤니케이션은 다양한 정보를 제공할 뿐만 아니라 환경을 감시하고, 위험을 경고하거나 탐지하고, 사회적 의제를 설정하며, 어떠한 행동의 적법성이나 적합성을 규정하는 규범 강화의 역할을 한다(차배근·하종원·이종혁, 2017에서 재인용). 특히 원 헬스 관점이 사회 저변으로 확산되기 위해서는 일반인뿐만 아니라 정책입안자나 의사결정자에게 중요한 의제로 인식되어야 하기에 의제 설정 역할을 하는 언론을 잘 활용할 필요가 있다. 공중은 뉴스를 통해 새로운 이슈에 대해 정보를 얻고, 언론이 그 이슈를 얼마나 비중 있게 보도하느냐에 따라 중요도를 다르게 인식한다(백혜진·이혜규, 2012). 예를 들어 신종플루, 메르스, 코로나19와 같은 신종 감염병이 발생할 때마다 언론들은 서로 경쟁하듯 보도하고 사회적으로 중요한 보건 이슈로 의제를 설정한다. 언론이 어떤 이슈를 비중 있게 다루면 일반 공중에게도 중요한 의제가 되며, 이는 다시 정책입안자나 의사결정자의 의제에도 영향을 미치게 되는 것이다.

의제 설정 이론이 어떠한 이슈가 중요한 의제로 선정되는 과정을 설명한다면, 프레이밍 이론은 그 이슈의 '어떤 측면'이 강조되고 부각되는지를 설명한다. 즉 프레이밍은 사건이나 이슈의 어떤 측면만이 선택·강조됨으로써 사람들이 그 측면으로 어떤 이슈를 해석하고 평가하는 과정이다(백혜진·이혜규, 2012에서 재인용). 어떤 측면을 선택하고 강조할지는 언론사의 정치 성향, 뉴스 생산 과정에 관여하는 언론인들의 규범이나 가치, 데드라인이나 시공간의 제한과 같은 언론의 제약, 사회 운동 조직이나 이해 단체들의 압력, 뉴스를 수집하는 과정에서의 정보원 영향 등 다양하다(백혜진·이혜규, 2012에서 재인용). 커뮤니케이션 학자들은 이러한 언론의 역할과 현상을 연구해 왔다. 예를 들어 신종 감염병 등 다양한 건강과 위험 주제에 대해 언론이 어떻게 보도하고 있는지를 검토하는 내용 분석 연구는 커뮤니케이션의 단골 메뉴이다(예: Hove et al., 2015; Oh et al., 2012). 또한 프레이밍의 효과를 추적한 연구에서는 특정한 미디어 프레임이 그 프레임 된 이슈에 대한 사람들의 인식이나 태도를 변화시킨다는 것을 경험적으로 입증했다(예: 백혜진 외, 2015). 원 헬스 관점과 관련된 메시지 프레이밍 연구도 있다(Lu et al., 2017; Roh et al., 2018). 로 외(Roh et al., 2018)는 미국 성인을 대상으로 야생 질병 위험에 대해서 그 위험의 책임이 누구(사람 대 동물)에게 있으며 그 위험이 얼마나 시간적으로 가까운지(현재 대 향후 10년)를 메시지에 다르게 조작한 실험 연구를 진행했다. 연구 결과 생물권에 대한 우려가 낮은 참여자들 중에서 위험의 책임이 사람에게 있으며 10년 후에 위험이 올 것이라고 조작한 메시지에 노출된 경우 자연 보호 의도가 높아졌다. 이 효과는 메시지의 핵심 주장에 대한 참여자들의 수용도에 의해 매개되었다. 반면 위험에 대한 책임이 사람에게 있으며 그 위험이 가까운 시기에 올 것이라고 조작한 메시지는 연구자들의 예상과는 달리 자연 보호 의도에 영향을 미치지 않았다.

이 연구 결과는 사람-동물-환경의 연결고리를 사람들에게 이해시키고 책임을 부과하면 사람들의 자연 보호 의도가 높아질 것이라는 원 헬스 연구자들의 예측을 지지하지 않는다. 즉 로 외(2018)의 연구가 환경과 동물의 건강은 우리 모두의 책임이라는 윤리 프레임의 효과를 검토했다면, 이 연구 결과는 이러한 프레임만으로는 사람들의 태도나 행동을 변화시키기 어렵다는 것을 보여주며 그러므로 더 효과적인 다른 주제 프레임을 찾거나 효과의 매개 및 조절 조건들을 찾아야 함을 함의하고 있다. 예를 들어 같은 연구에서는 '생물권에 대한 우려'라는 사람들의 심리적 성향이 영향을 미쳤다. 또 다른 연구에서도 정치 성향과 같은 심리 성향이 코로나19의 동물원성의 기원에 대한 인식과 관련이 있음을 보여주었다(Beall et al., 2021). 이 연구에서는 동물원성 감염증을 예방하기 위해 인간의 독창성을 강조하는 기술 관료 프레임으로 주어진 메시지에 노출된 경우 보수적인 참여자들은 자연과학 연구의 타당성을 더 높게 인식하는 한편, 진보적 참여자들은 더 낮게 인식하는 경향이 있었다. 이렇듯 의제 설정과 프레이밍은 효과적인 언론 프레임을 찾아 활용하는 미디어 옹호(media advocacy) 전략으로 활용할 수 있다는 점(백혜진 외, 2015; Wallack and Dorfman, 1996)에서 유용한 이론적 틀이다.

한편, 메시지 프레이밍 연구의 또 다른 축은 트버스키와 카너먼의 전망 이론(prospect theory)을 바탕으로 한다. 이 이론은 불확실한 상황에서 그 상황이 어떻게 제시되느냐에 따라 사람들은 의사결정을 다르게 한다는 것을 전제한다. 즉 같은 메시지라도 이득을 강조하는 이득 프레임과 손실을 강조하는 손실 프레임에 따라 메시지 효과가 달라진다는 것이다. 다만 암 검진, 피부암 예방 등의 건강 맥락에서 진행한 몇 편의 메타 분석 연구에서 이득-손실 프레임의 효과에 대해 일관되지 않은 결과가 도출된 바 있어 앞으로도 건강 주제 유형에 따른 프레임 유형의 효과 및 다른 매개 변수나 조절 변수 등에 대해 더 면밀한 검토가 필요하다(좀 더 자세한 설명은 백혜진, 2015; 백혜진·이혜규, 2012 참조).

이러한 메시지 프레임뿐만 아니라 메시지의 효과를 가늠하는 메시지 특성에는 메시지의 구조(일면 대 양면 메시지), 구성(통계·수치 대 내러티브), 순서, 소구(이성 대 감정) 등이 있다(백혜진·이혜규, 2012). 효과적인 원 헬스 메시지 전략을 개발하기 위해 이러한 메시지 특성뿐만 아니라 여러 가지 커뮤니케이션 요소와 특성을 고려해야 한다. 즉 정보원의 공신력, 수용자의 심리적 특성 및 관심, 다양한 매체의 특성 등을 고려하여 효과적인 원 헬스 소통 전략을 개발할 수 있다.

3) 커뮤니케이션 세부 분야의 역할: 건강·위험·과학·환경 커뮤니케이션

아마도 원 헬스 관점에 가장 주목해야 할 커뮤니케이션 분야는 건강 커뮤니케이션일 것이다. 건강 커뮤니케이션은 '건강 관련 정보를 전달하고 건강한 행동으로 유도하고 설득하기 위해 행해지는 개인, 조직, 사회의 전략적 소통'으로 정의된다(백혜진, 2015에서 재인용). 여기에서 말하는 건강이란 단순히 질병이 없는 상태가 아니라 정신적, 육체적으로 안녕한 상태를 말한다. 따라서 건강 커뮤니케이션은 암, 심장병, 당뇨병과 같은 개인적인 질병뿐만 아니라 신종플루와 메르스와 같은 감염병 등의 사회적인 건강 문제, 가뭄이나 홍수처럼 자연 재해로 인한 건강 위험, 방사능이나 원자력과 같이 사람이 만든 여러 재해로 인한 건강 영향 등 다양한 주제를 다루고 있다. 또한 비만, 흡연, 음주, 마약과 같은 건강 관련 이슈의 원인을 개인의 성향 및 유전자 등에 국한하지 않고 사회 규범, 또래 집단의 영향력 등 사회적인 차원에서도 다룬다. 즉 건강 커뮤니케이션 분야에서는 개인의 건강 문제는 복잡해서 단순히 유전이나 병 세포 혹은 개인의 심리를 이해하는 것만으로 해결할 수 없다고 전제하고, 개인과 관계하는 가족이나 친구, 개인이 속한 학교,

직장 등의 조직 및 기관, 공동체, 국가, 더 나아가 여러 제도와 사회경제적 정책 등 다양한 수준에서 이해(백혜진, 2015에서 재인용)하고자 한다는 점에서 원 헬스 관점과 매우 밀접하게 연관된다.

건강 커뮤니케이션 분야에서의 다수준 접근은 위에서 언급했던 사회생태학 모형에서도 강조되어 활용되었으며 각각의 수준에서 여러 이론적 개념을 활용하고 있다. 가령 개인 및 자아 수준에서는 건강 신념 모형, 이론 횡단 모형, 합리적 행위 이론·계획된 행동 이론, 대인 수준의 이론으로는 사회 인지 이론, 조직·공동체 수준의 이론으로는 개혁 확산 이론 등을 활용해 왔다. 이 이론들은 개인의 건강 행동 혹은 행동 의도를 결정하는 여러 요인들과 영향의 과정을 설명하는 데 사용된다. 또한 메시지 관련 이론으로는 위에서 설명한 메시지 프레이밍 이외에도 공포 소구 메시지가 효과를 발휘하는 과정을 설명하는 확장된 병행 과정 모형(EPPM: Extended Parallel Process Model)도 있다. 언급한 여러 이론적 틀과 실증 연구를 활용하여 원 헬스 관점을 일반 공중이 인지하고 선호하며 실천하도록 하는 소통 전략을 개발할 수 있다.

건강 커뮤니케이션 분야 외에도 다양한 위험 이슈에 대한 정보 제공 등의 소통 주제를 다루는 위험 커뮤니케이션, 여러 이슈의 과학적 특성을 어떻게 효과적으로 소통할지를 탐구하는 과학 커뮤니케이션, 환경 주제를 다루는 환경 커뮤니케이션 분야 등도 원 헬스 관점과 연관된 커뮤니케이션 세부 분야이다. 위험 커뮤니케이션과 과학 커뮤니케이션에서는 특히 어떤 위험 이슈의 과학적 지식 차원에서 전문가와 일반 공중 사이의 격차를 줄이면서 정확한 정보를 제공하는 것에 주목한다. 또한 단순히 전문가가 알고 있는 과학적 지식의 불확실성이나 확률에 대해 일반인이 전문가처럼 모두 이해하기를 바라기보다는 심리적인 부분, 즉 불안, 공포, 걱정, 분노, 신뢰 등과 같은 여러 감정을 이해하는 것이 얼마나 중요한지 오랜 연구와 실전에서 입증되었다. 한편 커뮤니케이션 분야에서는 단순히 메시지 노출이 직접적인 행동에 영향을 미치는 강한 미디어 효과보다는 여러 중간 단계를 거치고 매개와 조절의 과정을 거쳐 나타나는 조건적 효과에 대해 오래 연구해 왔다. 이러한 실무적, 학문적 경험은 사람들이 어떻게 원 헬스 관점을 인지하고 어떤 단계를 거쳐 태도와 행동을 변화할 수 있는지를 파악하는 데 활용될 수 있다.

공중관계(Public Relations)를 연구하는 PR학에서도 원 헬스 관점에 관심을 가져야 한다. 위에서 언급했던 사회생태학 모형 등 개인, 집단, 조직, 사회 등 여러 수준은 물론 다학제적인 분야에서의 여러 전문가들과의 관계에 있어 전략적인 협업을 모색하기 위해서는 PR학의 여러 이론적 개념과 실무적 함의가 활용될 수 있다.

4. 앞으로 무엇을 해야 하는가

첫째, 위에서 논의한 커뮤니케이션학의 여러 이론적 틀과 축적된 자료를 바탕으로 건강·위험·과학·환경 커뮤니케이션 분야의 연구자들은 원 헬스 관점으로 연구 주제를 확장해야 한다. 즉 인수 공통 감염병, 야생동물의 생태계 파괴로 인한 건강 문제, 식품 유래 항생제 남용 등 원 헬스에서 주목해온 주제들을 다루되 인간-동물-환경의 상호작용과 연결고리에 주목하는 연구가 필요하다. 예를 들어 코로나19 보건 위험 맥락에서 코로나19로 인한 건강 문제, 백신 수용, 방역 당국의 권고사항 준수 등 여러 태도와 행동에 미치는 영향 요인을 파악하는 연구들이 무수히 진행되었지만, 코로나19와 같은 인수 공통 감염병의 기원으로 지목되는 야생동물의 서식처 파괴에 대한 문제의식을 제기하는 연구는 드물었다. 또한 이러한 인수 공통 감염병의 문제 해결을 위해 야생동물 영역 보호, 야생동물 섭취나 접근 자제 등을 어떻게 일반인에게 알리고 설득할지에 대한 커뮤니케이션 연구도 부재했다. 식용 가축들에게 남용한 항생제가 인체에 영향을 미친다는 사실, 무심코 변기에 버린 약이 환경을 오염시키고 다시 사람들의 건강을 해칠 수 있다는 사실을 인지시키고 이러한 문제를 예방할 수 있는 행동 변화를 가능하게 하는 요인들을 파악하는 연구가 필요하다.

둘째, 커뮤니케이션 학자들은 원 헬스 관점에서 요구되는 다학제적 협력에 적극적으로 참여하여 여러 분야의 전문가들 간의 원활한 소통을 유도하는 동시에 전문가들 사이에서 공유된 지식이 일반인들에게 효과적으로 전달될 수 있도록 소통 전략을 개발하는 역할을 해야 한다. 김영인 외(2017)는 원 헬스의 실천 방안으로 의료, 수의, 공중보건, 환경 등 여러 관련 학문 분야의 합동 교육, 국제 네트워크 강화, 임상 분야와 새로운 기술의 협력, 적절한 매체를 통한 정부 및 전문가 대상의 정보 제공 및 교육 등을 제안한다. 이러한 실천 방안에 빠져서는 안 될 중요한 부분이 일반 공중을 대상으로 한 정보 제공 및 소통이다. 일반 공중이 어떻게 원 헬스 관점을 이해하고 그 중요성을 인식할지는 커뮤니케이션을 포함한 사회과학 이론을 활용한 연구를 통해 파악할 수 있다. 건강·위험·과학·환경 커뮤니케이션 분야는 커뮤니케이션 학자들과 각 주제별 전문가들의 협업이 불가피하기에 협업의 어려움을 극복해 온 전례가 있다. 다학제적 협력이 점차 활발해지는 가운데 이러한 협력과 파트너십을 과학적으로 연구하는 팀 과학(team science) 문헌을 참고할 수도 있겠다(예: Salas, Sims and Burke, 2005).

셋째, 이론 개발에 대한 고민이 필요하다. 커뮤니케이션 현상을 정확하게 설명하고 예측할 수 있는 이론을 개발하려는 노력은 지속되어 왔고, 건강 커뮤니케이션 분야에서도 건강 맥락에 적합한 이론을 개발하려고 노력했으며, 관련 분야의 이론적 개념을 통합하여 예측과 설명에 더 유용한 통합 모형을 시도한 바 있다(백혜진·신경아, 2014). 신영전은 코로나19 팬데믹 상황에서 우리가 알고 있는 것이 너무 적다는 것, 특히 '야생동물-생태환경의 파괴-인간의 행동'을 동시에 아우르는 연구가 거의 없다는 점을 주목하며 좀 더 복합적인 인과관계를 설명할 수 있는 새로운 이론의 필요성을 역설한다. "이론은 경합하는 설명을 정식화하고, 실험하고, 평가하는 데, 즉 '좋은 과학(good science)'에 필수적"이며, "'좋은 과학'은 결국 이로운 변화를 만들어 낼 수 있는 과학의 전제 조건"(신영전, 2021: 7)이기 때문이다.

넷째, 이로운 변화는 결코 좋은 이론만으로는 오지 않는다. 실천이 필요하다. 한나와 외(Hannawah et al., 2014)는 건강 커뮤니케이션이 보건 분야와 커뮤니케이션의 융복합적, 다학제적 성격을 띠면서도 연구가 의료 현장에 충분히 전달되고 활용되지 않음을 지적한 바 있다. 학문적 연구와 실용적 연구의 균형을 유지하고, 중재 프로그램을 통해 실질적 효과를 내는 소통 전략을 도출하며, 원 헬스 관점을 실천하는 시민단체 및 정부기관과의 협업에 더 적극적으로 참여해야 한다. 이론과 축적된 실증 연구를 실무에 적용할 때 진정한 변화가 올 수 있다. 야생동물을 보호하고 함부로 접근하지 않고, 먹다 남은 약을 함부로 버리지 않으며, 가축업자는 식용 가축에 항생제를 남용하지 않고 소비자는 남용하지 않도록 감시하며, 모두가 환경을 보호하기 위해 쓰레기를 줄이고 친환경 제품을 구매하는 등 일상에서의 행동이 소통의 과정을 통해 변화될 때, 인간-동물-환경을 아우르는 '하나의 건강'이라는 이상(理想)에 한 걸음 더 다가갈 수 있다.

8장

관계성 중심 전략적 PR을 통한 지속가능한 커뮤니티 기반 관광

최서희(경희대학교 지리학과 조교수)
김정남(오클라호마대학교 전략커뮤니케이션 석좌교수)

1. 뉴노멀 시대에 당면한 지역의 지속가능성 문제를 해결하기 위한 노력

한국 사회에서 국토의 불균형 발전 문제가 심화되어 왔음은 주지의 사실이다. '지방 소멸'이라는 말이 보여주다시피 여러 지역의 지역 기반이 붕괴되고 있음을 정부를 비롯한 여러 주체들이 인식하고 그 해결책을 찾으려 노력하고 있다(김현호·이제연·김도형, 2021). 이 상황에서 코로나19는 지방 소멸에 대비한 사회적 이슈들에 대해 다시 생각하게 하는 계기가 되었다. 이는 코로나 선별진료소나 병상, 약국 등의 지역적 불균형 문제에 국한되지 않았다. 인구가 밀집된 지역에 감염자가 집중하자 저밀 공간에 대해 재조명하기 시작한 것이다. 코로나19 이전에는 인구과소·감소 지역을 거점 마을, 즉 콤팩트 시티 혹은 콤팩트 빌리지로 만들어 선택적 집중을 유도하자는 경향도 있었으나 코로나19 이후 이에 대해 재고하자는 주장도 찾아볼 수 있다(오병록, 2021). 또한 코로나19 이후 덜 붐비는 국내 관광지로 여행하고자 하는 트렌드(한국문화관광연구원, 2022)에서 드러나다시피 한국의 여러 지역, 특히 그동안 주목받지 않았던 지역의 경우 코로나19 이후 국내 관광목적지로서 기회 요인이 될 수 있음이 포착된다.

이는 지역의 지속가능성 제고에 중요한 기여를 하고 있다고 인식되어 온 커뮤니티 기반 관광(CBT: Community-Based Tourism)에도 기회가 될 수 있다. CBT는 국토의 불균형 발전 문제를 비롯한 지역의 지속가능성 이슈 해결을 위한 방책으로서 대두되었다. 하지만 CBT는 커뮤니티 구성원의 역량 강화, 여러 주체들 간의 이해관계 조정, 마케팅, 지속적인 지원 및 관심 등 여러 조건이 충족되지 않으면 성공하기 힘든 것으로 알려져 있다(Dodds, Ali and Galaski, 2018).

이 장에서는 이러한 요소들을 실행하는 데 관계성을 중심으로 한 전략적

PR 이론이 어떻게 이바지할 수 있는지를 탐색해 보고자 한다. 이를 살펴보기 위해, 우선 CBT의 접근법 및 의의를 살펴보고 CBT와 PR 이론, 특히 관계성을 중심으로 하는 전략적 PR 이론 간의 접점을 탐색하고자 한다. 이를 바탕으로 뉴노멀 시대에 PR 이론이 CBT에 어떻게 기여할 수 있는지를 살펴보며 이 장을 마무리하고자 한다.

2. 뉴노멀 시대의 지역문제 해결 방책으로서 CBT

1) 국토의 불균형 발전 문제

한국에서 불균형 발전은 수도권과 비수도권의 이분법으로 많이 생각하게 되지만 다양한 지리적 스케일에서도 접근할 수 있다. 예를 들어 서울 안에서도, 경기도 안에서도 인프라 투자, 교육 및 일자리 기회, 치안, 편의시설, 생활 쾌적도 등 여러 측면에서 불균형이 존재한다. 지역의 불균형 발전은 왜 문제가 되는 것일까? 지역 발전의 기반이 될 수 있는 여건, 즉 일자리, 창업 여건 등 경제적 기회와 그 기회의 기반이 되는 교육 및 교통 등의 인프라, 그리고 커뮤니티, 문화 인프라 등이 지역주민의 삶의 질에 영향을 미치기 때문이다. 이러한 하드웨어 및 소프트웨어적 요소 등이 일부 지역에 몰려 있으면 불균형의 악순환이 심화되기 쉽다. 이렇게 불균형이 심화되다 보면 인구가 부족해지며 경제 기반이 소멸하고 커뮤니티가 붕괴되는 지역이 속출할 수 있으며 지방 정부 또한 세수 확충에 어려움이 생겨 지역을 지탱하기 어려워진다. 결국 이러한 상황은 국가 차원에서 큰 부담을 초래할 수 있다(김현호·이제연·김도형, 2021).

이를 해결하기 위해 소멸 위기에 처한 지역, 즉 불균형적 발전에 가장 큰 타격을 받고 있는 지역을 찾아내서 그 원인을 규명하고 법제화, 정책 수립 등의 대책을 세워야 한다. 위기 지역은 보통, 인구수 및 인구구조, 지방 재정 상태, 교통 및 문화 인프라 등 관련 변수들을 고려하여 규명하게 된다. 일반적으로 위기에 닥친 지역을 중심으로 하여 전반적 생활환경 개선, 인프라 확충, 일자리 창출, 출산 장려금을 비롯한 보조금 등 인구 관련 대책을 세운다. 즉, 지역 불균형, 구체적으로 지방 소멸 문제를 해결하기 위해 정책 제안을 염두에 둔 거시적 연구가 많이 이루어지고 있다.

2) 지방 소멸 위기 극복을 위한 방책으로서 CBT

지방 소멸 위기의 해결책으로서 지역경제 활성화의 한 가지 방책으로 제시되어 온 것이 바로 관광 활성화이다(김상민·이소영, 2020; 김현호·이제연·김도형, 2021). 관광이 지방 소멸 완화에 도움을 줄 수 있다는 믿음은 '국가균형발전 특별법' 제16조의 3(인구 감소 지역에 대한 지원)에서도 엿볼 수 있다. 해당 조항에서 언급되는 국가와 지방자치단체의 인구 감소 지역에 대한 재정적, 행정적 지원에 '교육·문화·관광시설 확충'을 명시하고 있는 것이다. '국가균형발전 특별법' 시행령 제15조의 12(인구 감소 지역에 대한 지원)에서는 이와 연계하여 '관광·숙박·위락시설'의 설치, 유치 지원을 명시하고 있다. 여기에서 특징적인 것은 법령상 하드웨어적인 측면, 즉 관광시설 확충의 측면이 많이 강조되어 있다는 점이다.

그렇다면 하드웨어를 채워나가는 소프트웨어적인 요소, 즉 인적 자원 확충, 교육, 관광프로그램 개발, 멘토링, 발굴된 관광프로그램의 성과 평가 등의 측면에서는 어떠한 노력들이 이루어지고 있을까? 한국의 경우 공정관광(fair tourism) 및 CBT 활성화를 대표적인 예로 들 수 있다. 많은 지방자치단체에서는 지역공동체가 주도하는 관광 모형을 구축하고 성공 사례를 만들어나가려 하고 있다. 한국의 경우 관광두레가 대표적 사례이다(김남현·최정자·주재훈, 2021). 김상민·이소영(2020)은 관광두레가 내생적 발전 모형을 따른다는 점을 강조한다. 즉, 관광두레는 지역주민이 주도하고 지역 자원을 활용하여 지역 내 주체들의 네트워킹을 통해 외부의 변화와 도전에 적극적으로 대응하고 사회 내에서 학습 및 혁신 체계를 갖춘 발전 모형이다. 또한 외부 자원, 특히 중앙정부나 광역 지방정부의 자원을 함께 활용하여 외부의 도전에 대응하고 내부의 역량 강화를 동시에 할 수 있다.

공정관광 및 CBT가 대두되기 전에도 지역의 생존 방책 중 하나로 관광이 논의되어 왔다. 특히 초기에는 관이 주도하여 축제, 지역 브랜딩, 관광 브랜딩 위주로 진행하거나 관광시설을 확충하는 등의 방식으로 지원이 이루어졌다. 그러다 2010년을 전후하여 공정관광이 대두되기 시작하면서 CBT 이론의 한국형 모형을 구축하려는 시도가 활발해졌다.

우선 공정관광 혹은 공정여행(fair travel)이라는 개념 정립을 위한 시도가 있었다(황희정·이훈, 2011). 공정관광은 공정무역의 '공정' 개념을 관광으로 확장시킨 것으로 관광경험 생산 및 소비 과정에서 주체들 모두가 동등한 관계를 가지면서 관광으로 수반되는 이득 또한 공정하게 분배될 수 있다는 의미로 주로 해석된다. 공정관광은 CBT로 대표되는, 지역공동체가 중심이 되어 이루어지는 관광에서 많이 부각된다. CBT에서 커뮤니티 구성원들이 자원과 지식, 협상력 등에서 밀려 불리한 입장에 처하기 쉬운 상황을 많이 겪어왔기 때문이다. 한편 학계 및 업계에서는 공정여행을 여행자의 입장에서 목적지의 지역주민과 현지의 환경을 존중하며 현지인 및 현지와 의미 있는 교류를 하면서 관광객 방문의 결과가 현지인에게 의미 있는 이익을 가져다주는 구조를 지향하는 여행으로 인식한다(안덕수, 2021).

여기에서 잠시 커뮤니티와 CBT의 정의를 정리해 보자. 우선 커뮤니티를 정의할 때는 지리적, 사회적으로 구성되는 사람들 사이의 관계를 중요하게 여긴다(김송이·강영은·박진한, 2021). 커뮤니티 구성원들은 보통 지리적으로 근접한 곳에 위치하여 연대감을 보인다. 공통적인 가치관을 갖고 서로 연관된 사회적 문제에 직면해 있다는 특성도 보인다(UNWTO, 2020). 공통적인 특성을 가진 사람들과 상호작용하면서 관계를 형성하고 그 관계가 발전되면서 커뮤니티가 형성된다고 보는데, 이 과정에서 커뮤니티 구성원은 소속감을 가지고, 다른 구성원들과 공감하며, 커뮤니티에 영향을 주고받는 위치에 있다(김송이·강영은·박진한, 2021).

CBT는 지역주민들이 관광 계획 및 개발에 관여하여 좀 더 지속가능한 관광개발이 가능하도록 하는 접근법이다(Blackstock, 2005). 보통 커뮤니티가 중심이 되기 때문에 지역주민, 커뮤니티의 참여 정도, 구성원들의 단결 및 응집력이 무엇보다 중요하다. 굉장히 다양한 지역적 맥락에 따라 CBT는 다른 양상으로 발전하고 진행될 수 있으므로 지역에 대한 이해가 필수적이다(Mayaka, Croy and Wolfram Cox, 2019). CBT의 가장 중요한 전제는 커뮤니티의 참여이며(김남현·최정자·주재훈, 2021), 커뮤니티가 호스트 지역이 되고, 해당 관광프로그램의 성과가 지역의 역량 강화로 이어지는 등 지역의 지속가능성에 기여해야 함이 골자이다(안덕수, 2021).

CBT는 여러 가지로 유형화할 수 있겠으나, 마야카와 크로이, 울프럼 콕스(Mayaka, Croy and Wolfram Cox, 2019)는 다음 세 가지 기준으로 각 CBT의 성격을 이해하고자 했다. 첫 번째는 커뮤니티가 관여하는 정도이다. 두 번째는 커뮤니티가 의사결정 등에서 통제력을 얼마나 갖고 있는지이다. 마지막으로 CBT의 성과가 커뮤니티 외적인지, 아니면 커뮤니티를 중심으로 하는지이다. 예를 들어 관광객 위주로 성과를 측정할 수도, 커뮤니티 개발을 위주로 성과를 측정할 수도 있다. 이러한 접근법은 국내 문헌에서도 엿볼 수 있다. 예를 들어 김송이·강영은·박진한(2021)은 첫 번째 기준인 커뮤니티의 참여 정도에 대해, 단순히 커뮤니티 안에서 관광이 진행되는 경우, 커뮤니티가 참여하는 경우, 커뮤니티가 주도하는 경우를 기준으로 한국 CBT 여건을 고찰하고 있는데, 맨 마지막 유형을 가장 발전된 형태의 관광으로 여기고 있다. 외국에서 CBT는 농어촌, 도서 지역, 소수민족 마을 등의 맥락에서 많이 연구되었으며(Lee and Jan, 2019), 포용적 관광, 빈곤 퇴치를 위한 관광과 연결되어 개발도상국의 저소득 커뮤니티가 관광을 통해 경제적, 사회적 이익을 얻을 수 있는 방안에 대한 전략이 다수 제시되었다(Tewes-Gradl, Gaalen and Pirzer, 2014).

CBT는 지역의 지속가능성에 기여한다는 점에서 더욱 큰 의의를 가진다. 유엔세계관광기구(UNWTO)는 코로나19 이전부터 관광 산업이 어떻게 지속가능발전목표(SDGs: Sustainable Development Goals)에 부합할 수 있는지를 고민해 왔는데, 커뮤니티를 중심으로 하는 관광 개발이 그 중요한 해결책일 수 있음을 지적했다(UNWTO and UNDP, 2017). 커뮤니티를 중심으로 한 개발이 SDGs 달성에 부합하는 방식이라는 점은 코로나19가 창궐한 이후에 더욱 강조되고 있다(UNWTO, 2020). 이러한 SDGs 달성에 대한 관광의 기여에 관심을 갖는 학자들은 지속적으로 커뮤니티 참여가 지속가능한 관광에 핵심이 되고 있음을 보여주는 실증 연구를 발표하고 있다(Rahman et al., 2022).

3) 코로나19를 계기로 부각되는 CBT

코로나19는 단순히 전염병으로 인한 사람들의 감염 및 사망자 속출의 문제에 그치지 않았다. 이는 사회 전반에서 코로나19로 인한 타격, 이로부터의 회복, 코로나19 이후의 세계에 대한 논의를 촉발했다. 특히 전 세계적으로 관광 산업에 막대한 타격을 입혔다는 점에서 코로나19 이후 새로운 관광 패러다임 모색을 촉진시켰으며 지속가능한 관광을 한층 더 진지하게 고민하도록 했다. 코로나19로 야기된 관광객, 이민자, 그리고 동물 등 비인간의

(비)이동성 변화를 연구하는 여러 학자들은 코로나19로 인해 멀리 이동할 수 없게 된 사람들, 특히 관광객들의 일상생활 공간, 혹은 이와 가까운 공간의 재발견에 주목하기도 했다. 이는 코로나19 이후 국내 여행 트렌드와도 상통한다. 즉, 일상생활 공간에서 멀리 떨어진 목적지로 여행을 하기보다는 일상생활을 재발견하는 여행, 잘 알려지지 않고 덜 붐비는 곳을 재발견하는 여행, 혹은 한 달 살기와 같이 국내에서 제2의 일상을 발견하는 여행이 부각되었다(김용진·이성희·손용훈, 2021).

이러한 관광 행태의 변화는 국내 CBT에도 시사하는 바가 크다. 코로나19 이전에 한국은 방한 외래객이 지속적으로 증가했음에도 해외여행객 또한 급격히 증가하여 여행수지 적자가 상당히 컸다. 여행수지 적자는 2018년 기준 130억 6610만 달러, 2019년 기준 73억 4870만 달러였다. 한국 관광은 방한 외래객의 지속적 유치, 외래객의 출신국 다변화, 국내 관광 활성화를 지속적으로 추진해 왔다. 특히 국내 지역 관광이 불균형적으로 발전해 왔음을 정부 여러 부처에서 인식하고, 각 지역이 관광 역량을 기를 수 있도록 체계적으로 지원을 해왔다. 이를 위해 비무장지대, 평창 올림픽 개최 지역 등과 같은 관광 거점을 조성하고 섬, 해안, 농촌, 산림 지역의 생태 자원 및 역사, 문화유산 자원 등 각 지역의 고유한 관광 자원을 활용할 수 있도록 지원하며, 각 지역이 주도적으로 관광 개발을 이끌어나갈 수 있도록 하고, 지역주민의 역량을 강화하는 방향으로 정책을 추진해 왔다(관계부처합동, 2018).

코로나19가 창궐한 후 국내외 관광 모두 큰 타격이 있었으나 국민들의 국내 여행 의향이 지속되는 양상 또한 포착되었다(권태일·정규렬, 2020). 특히 코로나19가 어느 정도 회복된 2022년 상반기에 발간된 한국문화관광연구원의 보고서에 따르면 국민의 국내 여행 의향이 전반적으로 늘고 있으며, 국민들은 비교적 덜 붐비는 곳을 여행하고자 하는 경향을 보이고 있다(한국문화관광연구원, 2022). 이에 따라 국내 각 지역에서는 코로나19 이후 관광 시장 회복에 대비하고 있다. 코로나19를 거치며 해외여행 기회가 당분간 제한될 것이라는 점, 정부에서 국내 관광 활성화를 적극적으로 지원한다는 점, 뉴노멀 시대에 커뮤니티에 대한 중요성이 국내 관광에서 부각될 것이라는 점에서 커뮤니티의 역할 및 CBT의 발전이 기대되는 시점이다.

코로나19 이후 CBT의 역할에 대한 재조명은 국내에 한정되지 않는다. UNWTO에서도 코로나19로 인해 국내 관광, 특히 지역주민을 중심으로 하는 CBT가 중요해진다는 점을 포착하고 있다. UNWTO(2020)는 코로나19가 관광의 중요한 목적, 즉 지속가능하고 위기 상황에 대한 회복탄력성을 가져야 한다는 점, 관광에 관계된 모든 이들이 공평하고 공정하게 혜택을 받는 것이 중요하다는 점을 다시금 깨닫게 해주었으며, 이를 위해서는 지역주민의 중요성이 재조명되어야 한다고 지적한다.

3. CBT의 접근법과 한계

1) CBT의 접근법

많은 CBT 연구 및 지침서는 그 원칙, 실패 및 성공 요인에 초점을 맞추고 있다. 국내에서는 CBT 개발에서 지역의 고유성 및 차별화 등을 염두에 두고자 한다. UNWTO(2020)의 CBT 원칙을 살펴보면 포용적 관리, 인프라와 서비스 확충을 통한 커뮤니티 전반의 생활 향상과 관광 개발의 기반 확충, 커뮤니티가 주도하는 지역의 문화와 환경 보호 등이 강조되고 있다. CBT의 여러 실패 요인 중 전 지구적 스케일에서는 선진국의 기업 및 관광객과 개발도상국 커뮤니티 관광 목적지 간의 권력 불균형 및 경제적 착취 구조가 자주 지적된다.

성공 요인을 이해하는 데에는 사회적 경제, 내생적 발전론 원칙에 기반해 거버넌스의 특성을 규명하고자 하는 흐름이 주도적이다. 많은 연구 및 지침서에서는 여러 주체들 간 신뢰 및 협력 체계 구축을 중요한 성공 요인으로 지적한다. UNWTO(2020)에서도 공적·사적 영역, 시민조직, 커뮤니티, 관광객이 모두 관여하는 거버넌스 모형 구축이 필요함을 강조한다. 이들 주체가 모두 협력하여 위험과 책임을 분담하고, 각 주체가 가진 자원과 강점을 파악하여 각각 효과적으로 기여할 수 있도록 하는 체제를 구축함으로써 더 광범위한 사람들이 혜택을 보며, 위기 상황에 더 잘 대처하고 좀 더 지속가능한 커뮤니티 개발을 모색하고자 한다. 이를 위해 여러 정부 주체 간, 지역 내 관광 이해관계자 간의 횡단적, 종단적 협력이 강조된다(UNWTO, 2020).

많은 국내 연구에서도 거버넌스가 강조된다. 김상민·이소영(2020)은 관광두레의 성과 영향 요인을 살펴보면서 대화, 신뢰, 상호의존성, 네트워킹, 중재, 제도적 뒷받침, 역량 강화 등이 협력적 거버넌스(collaborative governance)의 구성 요소이자 협력의 성과에 미치는 요소가 될 수 있음을 지적한다. 이들에 따르면 공공기관이 주도하되 동시에 공공기관이 아닌 여러 주체가 실질적, 공식적으로 참여하여 합의를 기반으로 하는 의사결정 구조를 가질 필요가 있다. 반복적 상호작용을 통한 대화와 협력, 그리고 이러한 대화를 가능하게 하는 시스템 구축이 이러한 의사결정 구조의 핵심이다. 김경희·강신겸(2020)도 관광두레 사례에서 정부의 가용 자원 및 네트워크 구축, 커뮤니케이션 활성화, 지방정부의 정보 격차 완화, 지역공동체 활성화, 지역경쟁력 강화 등을 강조한다.

많은 연구들은 거버넌스를 구축할 때 이해관계자를 파악하고 이들의 중요도 및 역할을 규명해야 하며 이러한 주체들 간의 조율에 초점을 맞추어야 한다고 주장한다(Wondirad, Tolkach and King, 2020). 가장 중요한 이해관계자는 바로 커뮤니티이다. 커뮤니티가 중심이 된다는 점은 CBT의 정의 자체에서 엿볼 수 있으며, CBT의 원칙에 충실한 관광개발의 여러 사례에서도 잘 드러난다. CBT 사업체는 관광 상품·서비스·경험 개발 역량 및 잠재력, 인적 자원, 자금 상황과 같은 내부 환경에 대한 이해, 사업 환경 및 지역 특성에 대한 규명, 그리고 소비자 피드백을 바탕으로 발굴, 지원, 진행되는데 여기에서 커뮤니티가 중심이 된다. 즉, 이 과정에서 커뮤니티가 어떻게 CBT로부터 혜택을 얻을 수 있는지를 규명하며, 관광 프로그램을 실행하기 위해 어떠한 이해관계자들이 어떻게 선별되어 참여할 수 있는지를 모색하게 된다.

2) CBT 접근의 한계: 커뮤니케이션과 관계성의 가치 배제

지금까지 CBT의 주요 원칙 및 성공 요인으로 지역주민의 실질적인 참여, 커뮤니티의 지속가능한 발전 가능성, 이해관계자들의 이해 조율을 통한 총체적 혜택 고려 등을 살펴보았다. 하지만 이 모든 요인의 전제조건이 커뮤니케이션이며, 이들 요인을 충족시키는 데에 PR 이론이 기여할 수 있음에도 이 측면은 간과되어 왔다. 즉, CBT의 성공을 위해서는 주체들 간의 효과적인 커뮤니케이션이 중요함에도, CBT 프로세스를 커뮤니케이션을 중심으로 분석하는 일은 드물었다.

많은 기존 연구 결과를 보면 CBT 성공의 핵심 키워드 중 커뮤니케이션이 언급되기는 하지만, 관련 키워드를 제시하는 데에서 더 나아가지 못하며, PR 이론을 기반으로 하지 않는 피상적인 제안에 그치는 경우가 대부분이다. 일찍이 심슨(Simpson, 2008)은 지역 커뮤니티의 권한을 강화하려면 커뮤니티 구성원들이 논의 및 의사결정을 위한 커뮤니케이션에 참여해야 함을 강조했다. 또한 심슨은 이러한 이니셔티브에 참여하는 사기업과 커뮤니티 간의 커뮤니케이션을 강조하는데, 이러한 면에서 조직(organization)과 공중들(publics) 간의 관계성을 중심으로 한 PR 이론을 적용해 볼 여지가 많다. 국내 연구에서도 PR 이론을 바탕으로 대안을 제시하지는 않으나, 커뮤니케이션의 중요성은 인식하고 있음을 엿볼 수 있다. 한주형·이원석·문준호(2019)는 농촌의 사례에서 집단 효능감 형성, 즉 집단이 CBT를 성공시킬 수 있다는 신념을 형성하는 것이 중요한 성공 요인임을 지적한다. 이때 집단 효능감을 형성하는 핵심 요인은 이해관계자 간 관계 형성에서 나타나는 집단 차원에서의 갈등관리이며 여기에서 커뮤니케이션이 강조된다. 전통적 관계 위주의 폐쇄적 의사결정, 집단 내 일부가 주도하는 의사결정을 극복하고 커뮤니케이션 채널, 기회, 방식 및 체계성을 개선한 결과가 일자리 및 수익 창출과 같은 긍정적인 결과를 가져오고, 나아가 커뮤니케이션 시스템 자체를 개선하려는 단계에 이른다고 강조한다. 김상민·이소영(2020)은 관광두레 PD의 리더십이 경제적, 사회적 성과를 가늠하는 가장 중요한 변수임을 지적하면서 리더십 측정 변수 중 하나로 커뮤니케이션 능력을 포함했다. 그뿐만 아니라 주체 간 커뮤니케이션을 성공 요인으로 지적하면서, 이를 위한 측정 지표로 정보 공유를 들고 있다. 김경희·강신겸(2020) 역시 거버넌스 형성 과정에서 커뮤니케이션 채널 구축을 강조하는데, 커뮤니티 내부의 커뮤니케이션은 회의를 통한 수평적 커뮤니케이션, 외부와의 커뮤니케이션으로는 교육 참여, 멘토링, 전국 규모의 행사 참여 등을 예로 들고 있다.

요컨대, 이들 CBT 연구에서 커뮤니케이션의 중요성이 인식되고 있음에도 PR 개념 및 이론을 적용한 전략적 접근 방안에 대한 논의는 많이 부족했음을 볼 수 있다. CBT가 이루어지기 위한 전제조건과 이를 실행하기 위한 요소 모두에서 커뮤니케이션이 관건임을 엿볼 수 있으나, PR 이론을 실제로 어떻게 적용할 수 있을지에 대한 고민은 부족했다. 다자간 커뮤니케이션을 통한 관광 경험 및 관광 상품 개발을 지향하는 경우에도 그에 대한 성과는 개발된 관광 상품의 양적 성과인 경우가 많다. 더 직접적으로 커뮤니케이션 자체의 성과를 어떻게 측정할지에 대해 고민해 볼 필요가 있다.

CBT라는 '이슈'가 지역에서 대두될 때 CBT의 가장 중요한 주체인 지역주민들을 공중의 관점에서 이해하고, 이들이 전반적으로 어떠한 동기와 강도로 CBT의 의사결정 과정에서 어떻게 정보 행동을 하는지를 이해할 필요가 있다. 이를 통해 지역주민 '공중'의 행동적(예: CBT 사업체의 일원으로 얼마나 적극적으로 참여하는가), 태도적(예: CBT에 대해 얼마나 긍정적, 부정적 태도를 갖고 있는가) 속성에 따라 커뮤니케이션적(예: CBT 개발과 관련된 정보 공유 세션에 얼마나 참여하는가, 커뮤니티의 의사결정을 얼마나 적극적으로 주도하는가) 특성이 어떻게 다른지를 알 수 있다.

또한 관광객의 커뮤니케이션 성향을 이해하고 관광객과의 커뮤니케이션을 전략적으로 접근할 필요가 있다. 즉, 관광객들이 CBT의 중요성을 알고, 이러한 유형의 관광을 통해 관광객들이 커뮤니티와 진정성 있는 교류를 할 수 있게 되고, 이러한 관광이 지역문화 및 환경을 보호하여 지속가능한 관광에 기여할 수 있다는 점을 깨닫고, 더 적극적으로 이러한 관광에 참여하게 하기 위해서는 커뮤니케이션이 필요하다. 이때 공중으로서 관광객과의 커뮤니케이션을 이해할 필요가 있으나, 학술적으로 이 경우 관광객을 공중으로 보고 PR 이론의 적용을 시도해 보고자 하는 사례는 찾아보기 힘들다. 단지 정부 입장에서 지역 관광 활성화 커뮤니케이션을 위해 대국민, 즉 (잠재) 관광객과의 커뮤니케이션 자체는 강조하고 있으나, 기획 기사, 소셜미디어 이용, 온라인 홍보 등 커뮤니케이션 방식은 피상적으로 나열되어 있을 뿐이고, 일방향 커뮤니케이션 위주로 제시되는 경향성이 있다(관계부처합동, 2018). CBT에서 PR 이론 적용이 미흡하다는 점은 이들 관련 정책이 표방하는 커뮤니케이션의 기본 방향에서도 엿볼 수 있다. 즉 현재의 정책은 전통적인 PR 이론이 전제로 하는 바와 같이 공중, 특히 지역주민과 관광객을 메시지의 수용자로 주로 가정하고 이들을 어떻게 일방향으로 설득하여 커뮤니케이션 방식 및 행동을 변화시킬 것인지에 대한 고민에 치우쳐 있다.

많은 연구자 및 실무자들이 커뮤니케이션의 중요성을 주지하며 커뮤니케이션의 양적 기회 증진을 촉구하거나 CBT 참여자들, 특히 지방자치단체나 관광두레 PD와 같은 중재자의 커뮤니케이션 능력을 강조한다. 하지만 커뮤니케이션의 방식이 일방향인지 양방향인지 혹은 CBT에서 '공중'이 '문제 상황'을 해결하기 위해 어떠한 방식의 커뮤니케이션을 실행하는지에 대한 심층적인 고민이 부족하다. 특히 코로나19 이후 회복력 강화를 위해 소규모 사업체들과의 효과적인 커뮤니케이션의 필요성은 인식되고 있으나(UNWTO, 2020) 이를 위한 구체적인 전략을 세우려는 고민은 아직 시작 단계이다.

4. 전략적 PR과 관계성 중심 CBT 모형

CBT는 수익성과 경제성을 넘어서는 국토균형발전, 지속가능한 지역사회 활성화 등을 근원적 가치로 삼고 있다. 그러나 경제성 중심 사업 기획, 진행, 그리고 커뮤니케이션의 역할과 중요성이 배제된 거버넌스 모형은 피상적이다. 전술했듯이 협력적 거버넌스의 필요성은 기존 연구에서 제기되어 왔다. 하지만 이해관계자 간의 커뮤니케이션과 관계 구축을 중심으로 의사결정 구조와 과정을 명시하고, 공공기관 및 민간 이해관계자들 사이의 커뮤니케이션을 통해 자원의 분배, 네트워크 운용, 다자 이해관계의 조정, 갈등, 이슈, 위기 등을 설명할 수 있는 개념적, 이론적 틀이 부족했다. 또한 CBT의 기존 접근법에서는 협력적 거버넌스 과정의 이해관계 및 상호작용을 이해하는 데 교환적, 거래적 관계(exchange, transactional relationship)가 중심이 되었다. 교환적 관계는 단기적, 경제적 이해관계 계산이 최우선이어서 이해관계자들 사이의 장기적, 공동체적 관계(communal relationship)로 진화, 발전하는 데 한계를 갖는다(Kim, 2012).

UNWTO(2020)에서는 공적·사적 영역, 시민조직, 커뮤니티, 관광객이 모두 관여하는 거버넌스 모형 구축이 필요함을 제기했다. 앞서 제기한 커뮤니케이션 부재와 교환적 관계 중심인 CBT 접근의 한계를 보완하기 위해 커뮤니케이션 중심, 관계성 중심의 전략적 행동 중심 PR 경영(strategic behavioral public relations management) 이론 및 모형(Grunig and Kim, 2011; 그루닉·김정남·이혜림, 2021)의 CBT 적용을 제안하고자 한다.

전략적 행동 중심 PR 모형(〈그림 8-1〉)은 조직의 행위가 어떻게 이해관계자를 발생시키고, 이해관계자 중 어떤 사람들이 문제를 인식하고 행동을 취하는지(즉 공중으로 부각되는지), 문제 해결을 시도하는 공중들은 어떻게 이슈를 생성하고 이러한 시도가 위기를 초래하거나 관계성을 형성하고 결정짓는지, 공중들과 이해관계자와의 관계성은 어떻게 다시 조직의 행위와 성패에 영향을 미치게 되는지를 설명한다. 이 모형은 조직의 경영진과 공중은 상호의존적이며, 이 둘의 행동은 상대방에게 지대한 영향을 미친다는 점, 이에 따라 상호의존성을 적절히 조정하는 역할자가 필요하다는 점을 강조한다.

이 모형은 CBT에 관여하는 모든 공적·사적 영역, 시민조직, 커뮤니티에 적용할 수 있다. CBT의 사업 주체를 예로 들면, CBT 사업을 주관하는 중앙정부와 지방정부 혹은 민관 컨소시엄 그룹은 사업 목표 수립 시 개발에 관련된 중요한 결정을 내리는 과정에서 누구에게 어떤 영향을 줄 수 있는지를 예측해 파악한다. 사업을 주관하는 조직이 내리는 결정에 영향을 받는 이들은 다른 이해관계자들이다. 반대로 다른 이해관계자들이 사업 조직의 목표와 수행 결정에 먼저 영향을 줄 수도 있다. 따라서 상호 영향을 주고받는 공중과의 관계를 우선적으로 규명함으로써 이들 이해관계자의 행위, 결정, 기대를 선제적으로 파악해야 한다.

그리고 다양한 이해관계자 범주 안에는 같은 조직의 행위, 결정이라도 좀

그림 8-1
전략적 행동 중심 PR 모형

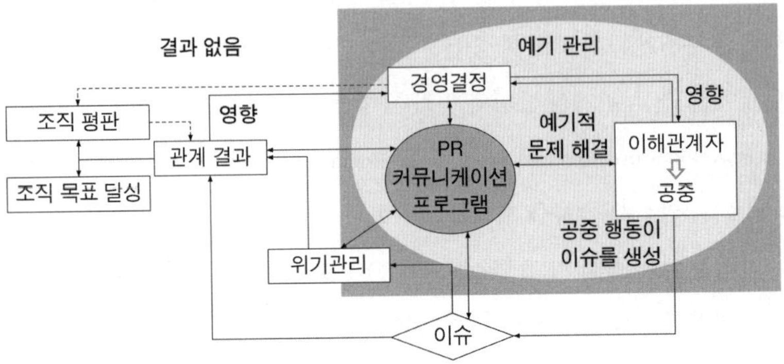

자료: 그루닉·김정남·이혜림(2021).

더 영향을 받는 하위 그룹이 존재할 수 있다. 주지하다시피 이들이 바로 공중이다(Kim and Grunig, 2011). 이들은 해당 상황에 대한 문제 인식, 관여 인식, 제약 인식 변수를 종합하여 활성 공중(active public), 인지 공중(aware public), 잠재 공중(latent public), 비공중(nonpublic)으로 분류된다. 이 중 활성 공중은 대개 조직의 결정이 초래하는 결과로부터 문제를 인식하고 이를 해결하려는 상황적 집단이다. 이들은 문제 해결을 추구하고, 커뮤니케이션의 욕구가 높으며, 정보를 수집, 선별, 조합하여 자신들의 방식으로 문제를 (재)정의하고 해결하려 한다. 조직화한 활성 공중은 적극적 정보 행위를 통해 자신들의 문제를 집단의 문제로 확장하려 한다. 문제를 초래한 조직의 결정과 행위가 문제를 해결할 수 있도록 변화하지 않으면 활성 공중은 이를 공론화, 이슈화하여 자신들의 이해관계를 중심으로 여러 기관 및 단체를 관여시키고자 한다. 이때 경영진, 의사결정자들이 문제 해결을 돕는 행동을 취하지 않는다면 이 유형의 공중은 조직의 목표 추구와 업무 수행을 방해하여 결국은 조직과 CBT 사업에 위기를 불러올 수 있다.

전략적 행동 중심 PR 모형은 앞서의 이해관계자, 공중, 이슈, 위기 단계가 결국 해당 이해관계자들과 공중들 간 관계성의 질과 유형에 영향을 미친다고 설명한다. 관계성은 신뢰도, 헌신도, 상호 통제도, 만족도의 요소로 이루어지며, 교환적 관계 혹은 공동체적 관계를 지닐 수 있다(Hon and Grunig, 1999). PR의 관계성 이론과 20여 년 이상 축적된 연구들에 따르면, 선제적(proactive), 지속적(continuous), 양방향(two-way), 이해관계의 균형을 찾아가는(symmetrical) 커뮤니케이션이 공중과 이해관계자가 조직과 사업 과정에 갖는 관계성을 높이고, 초기의 교환적 관계에서 장기적인 공동체적 관계로 발전시킬 수 있다. 그리고 조직과 공중과 이해관계자 간의 높은 관계성과 공동체적 관계는 조직이 추구하는 목표와 경영 행위를 지지하거나 적어도 조직이 추구하는 목표나 행위를 용인하는 효과를 갖는다.

그러므로 전략적 행동 중심 PR 모형은 조직이 커뮤니케이션 프로그램을 통해 이해관계자, 공중, 이슈, 위기 시그널을 가능한 한 선제적으로 먼저 파악하도록 한다. 그렇게 함으로써 이해관계자와 공중을 사전에 인지하고 이들의 기대, 이해관계, 발생할 수 있는 문제들을 선제적으로 예측해 경영 결정에 반영하도록 돕는다. 이를 예기적 문제 해결(anticipatory problem solving) 또는 예기 관리(豫期管理, preemptive management)라 한다. 이 모든 과정은 조직과 CBT 사업에 참여하는 모든 주체의 이해관계를 예측, 조정, 개선하는 커뮤니케이션을 가능하게 한다. 특히 CBT의 계획 및 수행 과정에서 발생하는 활성 공중들과 양방향으로 이해관계의 균형을 찾아가는 커뮤니케이션을 선제적이고 지속적으로 추구함으로써 장기적이고 공동체적 관계를 생성, 발전, 개선시킬 수 있다.

마지막으로 전략적 행동 중심 PR 모형은 조직의 평판 관리(reputation management)가 커뮤니케이션 프로그램을 통한 관계성 관리를 통하지 않으면 이루어질 수 없음을 강조한다. 즉, 이 모형은 이해관계자와 공중을 중심으로 직접적 관계성을 생성, 발전, 유지시키는 데 조직의 자원을 집중하고 경영

노력을 우선시하도록 조언한다. 예기 관리의 전략적 가치를 조직에서 이해할 때 이슈와 위기 발생의 가능성을 낮추고 주체들 사이에서 효과적으로 장기적인 공동체적 관계를 구축할 수 있다. 또한 선제적 커뮤니케이션과 관계성 중심의 노력을 통해 조직의 목표 성취와 사업의 장기적 지속가능성을 도모할 수 있다. 이제 CBT의 이해관계자 파악 및 매핑, 공중과의 관계 우선성 규명, 관계성 유형을 통한 성과 측정 과정에서 지금까지 살펴본 전략적 행동 중심 PR 모형의 기본 접근법이 어떻게 적용될 수 있을지 살펴보겠다.

1) 이해관계자 파악 및 매핑 단계(Stakeholder Stage)

CBT의 대표적인 사례인 관광두레의 경우 안덕수(2021)는 문화체육관광부, 한국관광공사, 지방자치단체, 관광두레 PD, 주민사업체를, 김남현·최정자·주재훈(2021)은 지역주민, 관광두레 PD, 지방정부, 문화체육관광부, 한국관광공사, 전문가 집단 등을 이해관계자로 규명하고 있다. 지역 내외의 다양한 이해관계자들과의 관계성이 중요하다는 점은 많은 다른 연구에서도 공통적으로 강조된다. 지역 내부에는 지역전문가, 기존 지역 관광 사업체 및 단체, 도시재생 사업에 관여하는 사업체 및 여러 단체가 있다. 이들이 CBT 사업체들과 연계할 수 있도록 네트워크를 구축함으로써 안정적으로 지역 내외부에서 협력 기반을 조성하는 것이 CBT의 근본적 목표 달성, 즉 지역주민을 중심으로 한 사회적 가치 창조 및 사회적 성과 창출에 중요하다.

관광두레에서 관광두레 PD는 인적 네트워크 및 커뮤니케이션의 매개자가 된다는 점에서 PR 관리자 및 경계 확장자(boundary spanner) 역할에 최적화된 주체이다. 이들은 해당 지방자치단체와 긴밀한 관계를 맺으며 지역주민들과의 상호작용을 통해 주민 사업체를 발굴하고 이들 사업체의 성과 극대화 및 역량 강화를 위해 다른 이해관계자들과 주민들의 가교역할을 한다

(안덕수, 2021). 관광두레 PD는 지역주민과 정부를 연결하는 역할에서 한 단계 나아가 여러 이해관계자의 역량 함양과 네트워킹 활성화를 통해 관광두레가 지향하는 목적을 달성하는 데 큰 역할을 한다(김현수·김철원, 2018).

2) 공중과 관계우선성 규명 단계(Public & Issues Stage)

PR에서 핵심이 되는 두 변수는 단연 공중(public)과 관계(relations)이다. CBT에서는 커뮤니티 구성원과 관광객 등을 공중으로 접근하여 더 정교한 커뮤니케이션 전략을 모색해 볼 수 있다. 이때 CBT 맥락에서 공중은 누구이며, 어떤 주체와 어떤 주체 간의 관계가 중요한지를 고려할 필요가 있다.

김과 그루닉(Kim and Grunig, 2011)의 문제 해결 상황 이론을 적용해 보면 CBT 쟁점에서 다양한 사람들, 특히 기존에 정보의 수신자로만 여겨졌던 지역주민 혹은 관광객, 일반 시민들이 얼마나 다채롭게 CBT 이슈에 대해 이해하고 이에 대응하여 관광 행동을 수행하여 CBT의 효용에 대한 목적을 달성하는 데 얼마나 기여하고자 하는지 알 수 있다. 또한 이를 위한 커뮤니케이션 패턴이 어떠한지도 더 깊이 있게 파악할 수 있을 것이다. 문제 해결 상황 이론에서는 문제 인식, 제약 인식, 관여 인식이 독립 변수로 작용하고, 준거 지침(referent criterion), 즉 커뮤니케이션 행동의 기준이 된다. 또한 기존의 경험 등을 통해 확립된 판단 체계가 커뮤니케이션 행동에 영향을 미치며, 상황적 동기화가 이 세 독립 변수를 매개한다. 이는 CBT 프로그램을 한 지역에 도입할 때 해당 지역 커뮤니티 내 그룹들이나 관광객과 같은 주체들이 CBT 프로그램 개발에 관여하기 위한 커뮤니케이션을 개인적 차원, 집단적 차원에서 어떠한 경우에 활발하게 하는지를 이해하는 이론적 틀이 될 수 있다. 예를 들어 보자. 커뮤니티 주민은 언제 커뮤니티 내외의 사람들과 커뮤니케이션 행동, 즉 관련 정보 취득, 정보 선택 및 전달을 활발히 할까? 관광을 통한 구성원 주도적 커뮤니티 개발이 중요하다는 점, 그리고 주민 사업체 구성원으로서 참여 등 CBT에 대한 제약이 낮음을 인식할 때 그러할 것이다. 또한 CBT 참여가 당사자와 연관되어 있으며, 기존의 CBT 참여가 혹은 다른 관련 사례에 대한 긍정적인 경험이 바탕이 될 때, 그리고 어떻게 하면 CBT 프로그램에 적극적으로 참여할지 곰곰이 생각할 기회가 있을 때 그러할 것이다. 이는 관광두레와 같이 중앙정부 부처에서 주도하여 거버넌스를 구축할 때 단순히 커뮤니케이션을 유도하거나 CBT에 대한 정보 제공 혹은 교육 기회를 늘리는 것 이상의 시사점을 제공한다.

또한 CBT의 경우 공중의 분류가 어떤 의미를 갖는지, 분류된 공중에 따라 커뮤니케이션 전략을 어떻게 수립할 것인지를 고민할 때 CBT의 공급자이자 가장 중요한 주체인 커뮤니티 구성원 및 커뮤니티의 성격과 주로 CBT의 소비자가 되는 관광객들의 성격을 고려해야 할 것이다. PR학에서 활성 공중은 가장 적극적인 커뮤니케이션 패턴을 보이는 집단, 인지 공중은 문제 인식이 높으나 관여 인식이 낮고 제약 인식이 높은 집단, 잠재 공중은 문제 인식 혹은 관여 인식이 낮으면서 제약 인식이 높은 집단, 비공중은 모든 변수에서 커뮤니케이션을 유도하는 정도가 낮은 집단으로 분류해 왔으며, 이를 바탕으로 각 그룹에 맞는 커뮤니케이션 전략을 꾀했다. CBT는 대중 관광의 문제를 인식하고 이에 대한 대안을 찾는 사람들을 중심으로 이루어지는 니치(niche) 관광의 영역으로 여겨진다(Mtapuri, Camilleri and Dłużewska, 2022). 공중의 지방 소멸 문제, CBT 개발 및 이행 등 관련 현안에 대한 중요성 인식, 제약 인식 및 관여 인식은 개인별, 집단별로 차이가 큰 편이다. 따라서 CBT 이슈에 대한 커뮤니케이션에 영향력을 발휘하는 공중을 세분화하고 이들의 커뮤니케이션 특성을 파악할 수 있다.

한편 CBT에서는 커뮤니티 구성원 모두의 충분한 동의와 공감대를 전제 조건으로 하지만 동시에 커뮤니티 공중 가운데 CBT 사업에 적극적으로 참여하고 활발한 커뮤니케이션 패턴을 보일 수 있는 개인 및 집단이 규명되었을 때 이들의 파급력을 기대할 수 있는 경우가 많다. 따라서 공중의 분류는 여전히 유효하나 이러한 공중 그룹에 따른 커뮤니케이션 전략은 커뮤니티 상황에 맞게 응용하거나 변형할 필요가 있다. 커뮤니티 내에서 공중을 분류할 경우 비공중은 무시되어야 하는 공중이 아니고 동의를 얻고 공감대를 구하는 대상이 되어야 할 수도 있다. 또한 CBT에서는 활성 공중이 다른 그룹에 미치는 영향력 또한 강할 것으로 기대된다.

또한 CBT 주체와 (잠재) 관광객 간의 관계 형성 관점에서 관광객들의 CBT에 대한 커뮤니케이션 유도 변수에 따라 관광객들의 성향 차이 및 커뮤니케이션 파급력이 다를 것으로 기대된다. 커뮤니티에 많이 관여하고 있으며, 해당 커뮤니티에 애착이 많은 집단은 활성 공중으로 분류될 가능성이 높으며, 이들을 우선하여 커뮤니케이션 전략을 모색하는 것은 의미가 있을 것이다.

전략적 커뮤니케이션의 타깃이 되는 그룹 중 하나로 해당 그룹 내부의 인원들의 커뮤니케이션이 갖는 파급 효과가 지적되는 경우도 많은데, 이러한 원리가 CBT의 맥락에서 어떻게 적용될 수 있을지 살펴보는 것도 의의가 있다. 김과 리(Kim and Rhee, 2011)는 조직 내부 구성원들의 해당 조직에 대한 직접 경험을 바탕으로 한 정보 생성 및 전파, 즉 메가포닝(megaphoning)의 파급력 및 중요성을 강조한다. CBT에서는 CBT 사업체의 구성원뿐 아니라 커뮤니티 관광 사업체의 상황을 더 직접적으로 접하는 커뮤니티 구성원, 경쟁자나 협력자일 수 있는 인근 커뮤니티의 구성원, 커뮤니티와 간접적으로 연결되어 있으면서 커뮤니티에 연고를 갖고 있거나 커뮤니티에 대한 애착을 갖고 있는 이들의 커뮤니케이션 행동들을 이러한 모형을 적용하여 이해해 볼 수 있다. CBT 사업체 내부의 구성원, 관광 사업체에 참여하지 않는 커뮤니티 구성원, 커뮤니티가 위치한 지역이나 커뮤니티에 자주 방문하거나 그곳의 상품 및 서비스를 소비해 온 사람들처럼 커뮤니티를 직접 경험해

본 사람들의 커뮤니티에 대한 정보 전파가 해당 CBT 프로그램에 대한 정보 전파로 어떻게 이어지는지를 살펴볼 수도 있다. 여기에서 상품과 서비스를 제공하는 입장에 있는 커뮤니티 공중과 이를 소비하는 공중을 생산자와 소비자로 구분해서 볼 것인지는 커뮤니티의 상황에 따라 달라질 수 있다. 특히 원주민, 재방문자, 장기 체류자, 귀농인, 외지인이 많은 경우 더욱더 그러할 수 있으며, 도시와 비도시, 수도권과 비수도권 등과 같은 지역 성격에 따른 차이가 크게 나타날 수도 있다.

3) 관계성이 주는 편익(Return on Relationship)을 중심으로 한 CBT 성과 측정

PR학에서는 PR의 효과성에 대한 평가 방식을 지속적으로 연구해 왔다(Kim and Ni, 2013). CBT에서 커뮤니케이션을 강조해 왔다는 점, 앞서 언급한 마야카와 크로이, 울프럼 콕스(Mayaka, Croy and Wolfram Cox, 2019)도 CBT의 성과 측정이 CBT를 이해하는 한 중요한 축이라고 강조한 점을 고려해 볼 때 PR 이론을 활용하여 CBT의 성과를 측정해 볼 만하다. 하지만 CBT에서 성과 측정은 어려운 과제이다. 일반 사업과는 다르게 경제적 성과 외에 고려해야 할 사항이 많기 때문이다. 넓게는 해당 CBT에 참여한 주체들, 특히 커뮤니티 사업체가 지속가능한 정도로 발전했는지, 앞으로도 그러할 것인지를 함께 고려해야 한다. 앞서 언급했다시피 마야카와 크로이, 울프럼 콕스(Mayaka, Croy and Wolfram Cox, 2019)는 CBT의 성과를 커뮤니티 외적·내적 성과와 관련지어 이해하고자 한다. 커뮤니티 내적 성과, 즉 커뮤니티가 얼마나 발전했는지는 커뮤니티의 자급력, 사회적 정의, 지속가능성 등으로 가늠할 수 있다. 한편 CBT는 커뮤니티 내적인 발전을 이끌어내기 힘들다는 견해도 있다. 이러한 관광 형태는 자주 관광 관련 산업이나 정부 정책에 종속되기 때문에 커뮤니티 외부의 경제적 성과 지표에 좌우되고, 실질적으로 커뮤니티가 소외되거나 커뮤니티 내의 불평등이 심화될 수도 있다는 것이다.

이렇게 내적 성과를 중요시하면서도 외적 성과 지표에 종속되는 경향은 종종 나타난다. 예를 들어 커뮤니티 및 커뮤니티 구성원들이 관광 계획 및 관리 단계에서 얼마나 의미 있게 참여했는지가 고려되는데, 이에 대한 성과 지표는 커뮤니티의 참여를 유도하는 워크숍 같은 여러 가지 행사를 얼마나 자주 개최했는지, 그 결과 실제로 얼마나 가시적으로 주민들이 CBT를 둘러싼 의사결정에 참여할 수 있게 되었는지 등이다. 이러한 성과 지표를 의식하여 커뮤니티 내에서 관광 발전을 선도할 수 있는 주체들, 특히 커뮤니티의 대표나 리더의 CBT 개발 참여를 독려하는 경우가 많다. 또한 핵심 이해관계자를 규명하고 관광 계획, 실행, 평가 모든 과정에서 이들이 고루 협력할 필요가 있다는 점에서 UNWTO(2020)는 다자간 협력을 핵심 성과 지표 요소로 본다. 하지만 이러한 참가 및 협력이 어떻게 효율적으로 이루어지는지에 대한 성과 측정 지표는 일방적, 경제적, 양적으로 치우친 경우가 많다. 즉, 성공적인 사례가 몇 건인지, 커뮤니케이션을 위한 소통 채널이 얼마나 되는지와 같은 지표로 한정된다.

또한 성과 측정은 관광 측면이나 커뮤니티의 사업체 차원의 성과에 국한되지 않는다. 궁극적으로 CBT 사업체의 성공이 커뮤니티 전체의 발전으로 이어지고 관광 발전을 자생적으로 할 수 있도록 하는 역량이 강화되도록 하는 것이 중요한 목표가 될 수 있다(Simpson, 2008). 관광 개발에서 나아가 관광을 통한 커뮤니티 개발이 더 핵심이 될 수 있기 때문에 커뮤니티가 어떻게 발전했는지를 총체적으로 평가하고자 하는 경향이 있다. 여기에는 커뮤니티의 응집력, 삶의 질 향상, 코로나19와 같은 위기 상황에서의 회복력, 앞으로의 위기에 대한 대응력 등이 포함된다. 특히 이러한 위기에 대한 대응에서 커뮤니티가 중심이 되는 접근법을 어떻게 개발할 것인지가 코로나19 이후 성과 지표 확립을 위한 논의에서 화두가 될 수 있다(UNWTO, 2020). 그뿐만 아니라 커뮤니티 관광에 참여한 주체들, 즉 공적·사적 영역, 시민조직, 나아가서는 관광객에게 돌아가는 혜택을 함께 고려할 수 있다.

CBT에서 관계성의 가치는 관계성이 주는 편익(ROR: Return on Relationships)(Grunig, Grunig and Dozier, 2002)에 있다. 다른 많은 사례에서 밝혀졌듯이 CBT의 경우에도 좋은 관계성은 CBT 사업 참여자들의 목표 달성을 가능하게 할 것이라 기대된다. 즉, 관계성은 당면한 문제를 함께 해결하고 갈등을 방지하고 해소하며, 커뮤니티 구성원들과 기관들의 지속가능한 협력 방식과 문화를 창출한다. 이는 나아가 지역문제 해결의 근원적 해결책이 된다. 이연재와 김정남(Lee and Kim, 2021)은 최근 연구에서 조직과 공중의 관계 유형을 확장해 세 가지의 관계성을 제안했다(〈그림 8-2〉). 즉, 이들은 교환적 관계(exchange relationship)를 자기 본위적 관계(egoistic relationship)와 전망적 관계(provident relationship)로 구분하고 이것이 공동체적 관계(communal relationship)로 발전할 수 있다는 점을 이론화했다. 자기 본위적 관계는 단기적이며 자기이익을 우선으로 고려하고 자신의 이익이 예상될 때만 타자에게 이익이 되는 행위를 시도한다. 전망적 관계는 자신의 이해와 타자의 이해가 연결되어 있음을 인식하고 지속적, 장기적으로 서로의 이익이 보장되도록 추구하는 관계이다. 따라서 관계의 목표는 상호 이익의 장기적 결속이다. 공동체적 관계에서는 이해관계를 따지기보다 상대의 안위(welfare)를 우선시하고 상대를 이롭게 하는 행위에 이해관계를 결부시키지 않는다. 거의 대부분의 사회적, 인간적 관계는 자기 본위적 관계로 시작하지만, 상호작용이 장기성을 가지면 각자의 이해관계가 배타적, 독립적이기 어려워지는 상황으로 전환된다. 이에 따라 초기의 자기 본위적 관계에서 점차 전망적 관계로 진화할 필요가 발생한다. 이러한 전망적 관계가 지속되면 서로의

그림 8-2
자기 본위적, 전망적, 공동체적 관계성

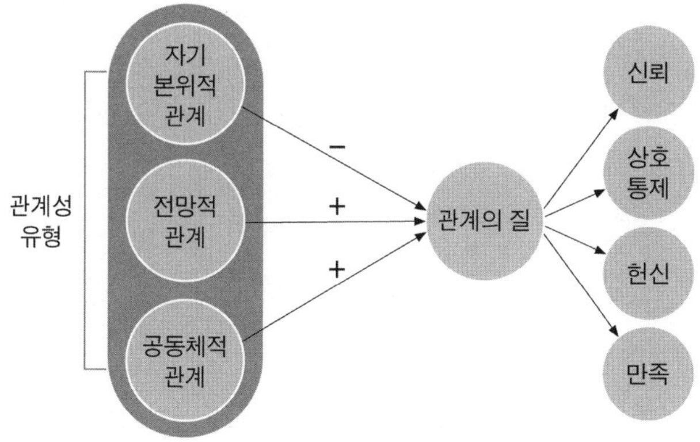

자료: Lee and Kim(2021).

이익관계를 넘어서는 공동체적 관계로 발전할 가능성이 높아진다. 중요한 점은 상호 행위가 각자의 이해관계에 영향을 미치고 장기간 예측 가능한 행위가 반복될수록 이러한 발전은 더 수월해진다는 점이다.

이들의 이론을 적용해 보면 CBT가 계획, 수행, 지속될수록 참여하는 지역 내 이해관계자들과 공공기관, 민간 사업체 등은 자기 본위적 관계에서 시작하지만 점차 전망적 관계로 발전할 가능성이 높고, 또한 사업이 성공적으로 안착함으로써 이해관계자들은 공동체적 관계로 진화할 수 있다. 공동체적 관계를 통해 참여자들은 상호 간에 사회안전망 역할을 하게 되며, 사업의 진행 과정에서 발생할 수 있는 이해 충돌과 경합에서 자신의 이해관계가 상대의 이해관계에서 독립해 있지 않음을 인지하게 된다. 이는 자신의 이익을 유보, 양보함으로써 자원 경쟁, 이익 경쟁의 갈등을 방지하거나 신속히 해소시키는 보이지 않는 자산이 된다. 또한 CBT를 경험하는 관광객들 역시 자기 본위적 관계로 시작하지만 만족스러운 관광 경험들이 반복되면 지역주민들과의 유대감을 통해 전망적 관계로 발전하고 드물게는 공동체적 관계로 진화할 수도 있다.

따라서 CBT의 성과를 측정할 때 금전적, 경제적 성과 중심으로 평가(ROI: Return on Investment)하는 데에서 더 나아가 관계성 유형을 통해 각 이해관계자들이 진행 과정에서 어떻게 더 발전적인 관계로 변화했는지를 평가하는 것은 매우 의미가 있다. 또한 관광객들이 첫 방문 이후 어떠한 과정을 거쳐 커뮤니티와 전망적, 공동체적 관계를 가지게 되는지를 추적, 평가하고, 동시에 이들의 자발적 커뮤니케이션을 통한 사회적 영향력을 재방문 의사와 함께 평가할 수 있다. 요컨대, CBT에서 관계성이 주는 편익은 이해관계자들이 금전적, 경제적 이해 경합을 넘어서는 공동체로 재구축되는 과정을 추적할 수 있는 중요한 비재정적 지표(nonfinancial indicator)로서 유용하게 도입될 수 있다.

5. 전략적 행동 중심 PR 모형을 통해 보는 관계성 중심 CBT의 가치

1) 관계성 강화

전략적 행동 중심 PR 모형은 이해관계자들 간의 관계성을 중심으로 두고, 각 단계별 관계성의 향상 및 지속을 강조한다. 또한 이는 예기 관리 모형의 특성을 지닌다. 즉, 이 모형은 이해관계자들 간의 이해관계를 파악하기 위한 노력을 사전에 거치도록 종용한다. 이를 바탕으로 갈등 예방, 균형 커뮤니케이션(Grunig and Kim, 2021)을 통해 상호 이익을 도모하는 모형 수립, 이슈 및 위기 예방, 갈등 해소가 가능하도록 한다. 이렇게 함으로써 사업 주체와 이해관계자 간의 관계성을 향상시키고 관계의 유형이 공동체적 관계로 진화할 수 있음을 이 모형은 보여준다. 이해관계자와 공중들의 기대, 바람, 사업 과정에서의 정책, 결정, 행위 등이 초래하는 '결과 및 영향'을 선제적으로 파악하고 반영하는 예기 관리 모형이 CBT에 참여하는 이해관계자들(지역주민, 관광객 등) 간의 관계성 제고를 가능하게 한다.

2) 자발성 강화

관계성 강화는 CBT 성공에 중요한 공중들의 자발적 커뮤니케이션을 증가시킨다. 기존 PR 연구에서 관계성이 향상, 발전될수록 공중이 조직에 대해 우호적으로 자발적 커뮤니케이션을 하고자 하는 성향이 강화됨을 보여주었는데(Kim and Rhee, 2011), 이러한 경향성은 CBT에도 적용될 것이라 기대된다. 즉, CBT 사업에 참여하는 지역 이해관계자들 간의 상호 관계성이 향상되고 관계의 유형이 전망적 관계와 공동체적 관계로 진화할수록 사업의 성공을 가능하게 하는 자발적 행위의 증가를 예상할 수 있다. 나아가 사업의 지역 내 참여와 이해관계의 성공적 조정은 관광객들의 경험을 향상시키고 이는 관광객과 지역이 맺는 관계성의 향상을 가져온다. 따라서 관광객들과의 관계성이 좋아질수록 관광객들의 재방문 의사가 커질 것이다. 또한 이들의 우호적, 자발적 커뮤니케이션 행위가 늘면 긍정적 평판도 늘 것이고, CBT의 지속적 성공을 돕는 사회적 자산의 증가도 기대할 수 있다.

3) 지속가능성 강화

CBT에서 커뮤니티 구성원들이 인지하는 갈등 해결은 관광두레에서 가장 중요하면서 가장 성취하기 힘든 부분으로 지적되곤 한다(서헌, 2018). 특히 관광두레의 기본 취지에 대한 이해가 부족하여 생긴 관광두레 운영자들 간의 갈등, PD와의 갈등, 주민들의 갈등 등이 대두되며 이 문제를 해결하기 위한 신뢰, 배려, 커뮤니케이션이 촉구되고 있다(서현, 2018). 이를 고려했을 때 CBT에서 주체들 간에 신뢰를 형성하고 갈등을 해소하기 위해 PR 분야에서 발전시켜 온 전략을 도입할 수 있다. PR학자들은 신뢰 구축과 커뮤니케이션, 갈등 당사자의 갈등 해소를 위한 커뮤니케이션, 그 결과로 나타날 수 있는 신뢰 구축 메커니즘을 탐구해 왔는데, 이를 CBT에서 주체들의 신뢰 구축, 갈등 및 위기 극복과 커뮤니케이션 전략 간의 관계를 규명함으로써 확장시킬 수 있을 것이다.

우선 정부와 공중 간의 신뢰는 갈등을 해결하고 주체 간의 위기를 극복하기 위해서 강조되어 왔다. 커뮤니케이션 분야에서는 갈등 주체들의 상호작용에 있어 신뢰의 세 가지 속성을 강조한다. 첫째, 상호작용의 결과 긍정적 결과를 기대하게 되는 주체의 능력, 둘째, 행동 주체가 정보를 공개하고자 하는 개방성, 셋째, 상대방의 상황을 고려하고 상대방의 이득을 보장해 주고자 하는 노력이다. 다시 말해 서로 배려함으로써 신뢰를 쌓아 갈등이 일어날 가능성을 낮추고 협력을 도모해야 한다는 것이다.

정부기관에서 추진하는 사업에 대한 정부, 지역주민, 공공기관의 갈등을 해결하는 데 PR학의 갈등관리 이론을 적용하는 것이 도움이 될 수 있다. PR학은 각 이해관계자의 이득과 이슈를 이해하고 이의 균형을 맞추기 위한 방안을 모색하는 데 기여해 왔다. 특히 갈등관리를 위한 메시지 및 커뮤니케이션 유형에 초점을 맞춤으로써 일부 주체만이 승리하는 것이 아닌 이해관계를 최적의 상태로 조정하는 데에 기여해 왔다. 여기에서 갈등은 부정적 측면으로만 인식되어 해소해야 할 대상이라기보다는 순기능과 역기능 모두를 인식하여 조정하고자 하는 데에 초점을 맞추는 갈등관리에 기여해 왔다(김찬석, 2011).

커뮤니케이션학의 협력 의지 개념(willingness to negotiate)(Christen, 2004),

즉 협상 대상자를 기꺼이 만나 특정 이슈에 대해 토론하고 해결책을 함께 모색하기 위한 의지도 CBT 맥락에서 참고가 될 수 있는 개념이다. 협력 의지 개념은 주체 간의 힘의 평형(power symmetry) 정도에 대한 인식, 상대방에 대한 신뢰도, 상대방의 이해관계 일치에 대한 기대, 상대방이 양보할 의지가 있다는 인식을 중요하게 다룬다.

커뮤니케이션에서 쟁점, 갈등, 위기관리 커뮤니케이션은 이해관계자 규명 및 해당 이해관계자에게 어떤 메시지를 어떻게 전달하고 이에 대한 공중의 반응을 어떻게 관리할 것인지를 핵심으로 한다. 김찬석(2011)에 따르면 공공 갈등관리 전문가들이 사안을 회피하거나 무시하고 법적 소송을 하는 등의 전통적 접근 방법이나 보조금과 인센티브 지급과 같은 경제적 접근 방법보다는 대체적 접근법인 협상, 조정, 중재와 민주적 접근 방법인 주민 참여가 공공 갈등관리 상황에서 성공 요인으로 드러났다. 또한 성공 요인을 살펴볼 때 사실적/정서적 메시지와 일방적/상호적 메시지는 사안에 따라 그 성격이 다를 수 있음을 지적한다. 공공기관의 입장에서는 사실적, 상호적 커뮤니케이션을 강조하고, 지역주민이나 지역공동체에서는 정서적, 일방적인 경향을 가질 수 있기 때문에 이에 대한 인식이 필요하다는 점도 강조하고 있다. 이에 지역주민이 현안에 대한 부정적인 인식을 가지게 되는 요인을 이해하고 이를 최소화하기 위한 커뮤니케이션 전략을 세우기를 촉구하고 있다. 이러한 결과는 CBT로 확장될 수 있는 여지가 충분하다. PR의 관계성 이론에서 축적해 온 일방향, 양방향, 균형(symmetrical communication) 혹은 불균형 커뮤니케이션(asymmetrical communication) 등과 같은 커뮤니케이션 유형, 그리고 사실적/정서적 메시지와 같은 메시지의 종류를 분석틀로 한다면 CBT에서 정부와 지역주민, 사업체와 지역주민, 지역주민과 관광객 등 다자간의 효과적인 커뮤니케이션 방식을 규명할 수 있다.

최근 불완전한 정보와 루머로 인한 집단 갈등과 차별, 불신, 사회불평등과의 관계가 활발하게 연구되고 있다(차유리·남연주·오현지, 2021). 이러한 연구들에서는 제3자와 갈등 당사자 간의 신뢰 형성을 위한 제3자의 갈등 중재 역할, 갈등 해소에 있어 제3자와의 신뢰 형성도 함께 강조해 왔다. 앞서 살펴본 관광두레에서는 주체 간 협력 과정에서 관광두레 PD를 신뢰 구축의 핵심으로 둔다(김상민·이소영, 2020). 즉, 관광두레 PD들이 문화체육관광부, 지방자치단체, 주민사업체 간에 신뢰 네트워크를 구축할 때 주축이 될 수 있음을 지적한다.

전략적 행동 중심 PR 모형은 선제적 관리로 이해관계자와 공중의 기대를 사전에 파악해 정책 결정에 반영하도록 한다. 또한 양방향의 지속적 커뮤니케이션 및 균형적 커뮤니케이션을 통해 CBT 사업 중 발생할 수 있는 이해관계 충돌을 회피하거나 완화하도록 한다. 균형적 커뮤니케이션과 예기 관리를 통한 이해관계자 간의 신뢰 구축 및 장기적 관계 발전은 지속가능한 CBT를 가능하게 하는 중요한 수단이다.

4) 확산성 강화

전략적 행동 중심 PR 모형을 통해 기존에 정립된 PR 이론들을 기반으로 하여 현장 실무자들은 CBT 개발에 필요한 계획, 과정 평가, 사후 평가를 위한 틀을 확립하여 다른 지역에도 적용할 수 있다. PR 이론을 바탕으로 개발된 측정 지표를 활용하여 CBT 진행 과정의 각 단계에서 지향하는 목표를 구체적으로 설정하고, 이에 대한 평가를 구체적으로 할 수도 있다. PR 이론에서 관계성을 측정하는 여러 지표, 문제 해결 상황 이론에서 개발된 측정 지표, 메가포닝 측정 지표 등이 그 예이다. 여러 지역의 다양한 유형에 맞는 CBT 커뮤니케이션 모형을 개발한다면 이들 모형을 다른 유사한 지역으로 적용해 볼 수도 있다. 즉, 지역 및 CBT의 유형별로 다양한 성공 사례를 발굴하여 후발 지역으로의 확산성을 높일 수 있는 것이다. 궁극적으로 CBT에서 이들 PR 모형의 도입, 응용, 유형별 측정 및 타 지역 적용은 지역 불균형 해소 및 지속가능한 지역 개발이라는 거시적, 국가적인 목표 달성을 도울 수 있다.

6. CBT 활성화에 PR 이론의 기여를 기대하며

비도시, 비수도권 지역을 중심으로 한 지역 소멸 및 지역 불균형 문제와 도시 내 낙후 구역의 쇠퇴 문제를 해결하기 위한 방도로 커뮤니티의 경제적, 사회적 개발 방안 모색, 특히 CBT를 위시한 관광을 활용한 개발 방안 모색에 대한 논의가 대두되어 왔다. 여기에 더불어 심화되고 있는 관광수지 적자를 해소하기 위해 코로나19 이전부터 국내 관광 활성화를 위한 노력이 계속되어 왔다. 코로나19로 인해 국내 관광 업계는 큰 타격을 입었지만, 한편으로는 해외 출국이 어려워진 소비자들이 국내 관광에 눈길을 돌리는 계기가 되었다. 이러한 상황은 관광 주체들이 국내 관광 활성화에 대한 기대를 가지고 코로나19 이후를 대비하도록 고무시켰다. 코로나19 이후에도 기존의 유명 관광지를 비롯해 일상 공간에서 크게 벗어나지 않는 교외 지역으로의 관광도 지속될 것으로 보여 지역 관광의 패러다임도 변화할 것으로 예상된다.

이에 따라, 정부, 시민단체, 지방자치단체에서 주도, 중재하거나 커뮤니티에서 자생적으로 시도된 CBT도 새로운 국면을 맞이할 것으로 기대된다. 이는 코로나19 이후에도 논의가 계속되고 있는 공정관광과 한국형 CBT로 세계적으로도 주목받아 온 관광두레 프로그램이 업그레이드를 공표한 현재 시점과도 맞물린다.

많은 정치적, 사회적 이슈에서 커뮤니케이션 이론이 적용되었고, CBT에서 커뮤니케이션의 중요성이 언급되었음에도, 유독 지역 커뮤니티 개발 및 CBT 맥락에서는 PR 이론의 적용이 미흡했다. PR 이론을 충분히 활용하지 않았기 때문에 특히 정부가 주도하는 많은 CBT 프로그램은 전통적으로 행해진 불균형 커뮤니케이션에서 벗어나지 못했다.

따라서 이 장은 현 PR 이론의 CBT 맥락에서의 확장 가능성을 모색함으로써 PR 이론의 발전과 CBT에서 커뮤니케이션의 역할 및 구체적 커뮤니케이션 전략을 재조명했다. CBT의 성격은 커뮤니티의 참여, 통제, 목표 등에 따라 다양하다. 이를 고려할 때 PR 이론을 활용하면 CBT의 목적인 커뮤니티 발전, 지역 공동체성 강화 등을 위한 구체적인 대안 제시가 가능하다. 그렇기 때문에 지속가능한 CBT를 도모할 수 있고, 특정 유형으로 개발된 CBT 커뮤니케이션 모형을 다른 CBT 사례로 적용하여 그 확산성을 높일 수 있다. 이 장은 우선 CBT 사례에서 커뮤니티 공중, 관광객 공중 등 공중을 정의하고 세분화하면 이들의 해당 이슈에 대한 커뮤니케이션 패턴을 이해할 수 있음을 강조했다. 특히 CBT 연구자 및 실무자들이 강조해 온 성공 변인과 PR에서 강조해 온 관계성과 신뢰와의 접점을 살펴보았으며, CBT 커뮤니케이션이 이들 변수와 어떻게 영향을 주고받는지를 탐구해 볼 수 있음을 제안했다.

이와 더불어 커뮤니티 구성원들이 PR 전략에 대한 지식을 함양하도록 노력을 기울일 필요가 있음을 강조했다. 즉 PR 전략에 대한 지식이 있으면 커뮤니티 구성원 간의 커뮤니케이션, 커뮤니티 구성원과 정부 및 사업체 등 외부 이해관계자들의 커뮤니케이션, 구두 및 문서로 이루어지는 커뮤니케이션 전략 면에서 역량을 강화할 수 있다.

관광두레와 같은 정부 주도 CBT 프로그램이나 지역 사업체 기반의 내생적 커뮤니티들은 공중에게 CBT의 기여도를 인지시키고 이에 대한 담론을 확장시킴으로써 더 많은 공중이 이러한 프로그램에 관여하기를 기대하고 있다. 따라서 커뮤니티 외적으로 유엔의 SDGs와 같은 지속가능성 목표 달성 및 지방 소멸에 대한 해결책으로서 CBT의 기여도에 대해 공중과 커뮤니케이션을 할 때 기존 PR 이론을 적용, 확장시킬 수 있을 것이다. 코로나19 이후 지방 소멸 위기의 해소, 국내 관광의 지속가능성 제고, 지역 커뮤니티 발전 및 CBT 활성화를 위해 새롭게 제기된 관계성 이론과 전략적 행동 중심 PR 이론의 발전적 통합이 필요하다.

9장

기업의 사회적 책임의 확장

CSR을 넘어 ESG, CSA로

조수영(경희대학교 미디어학과 교수)

1. 기업의 사회적 책임은 어떻게 확장되고 있는가

전통적으로 기업은 이익의 극대화라는 재무적 목적에 따라 움직였고 기업의 일차적 목표는 재정적 이득과 안정이었다. 인류의 전반적인 경제 수준의 향상과 함께 기업은 사회의 주요한 일원으로 자리 잡게 되었고 공중이 기업의 역할과 책임에 거는 기대도 높아지고 있다. 이제 기업은 경제적 주체를 넘어 정부나 사회단체와 더불어 사회문제 해결에 중요한 역할을 하는 존재가 되고 있으며, 기업의 이해관계자 또한 소비자와 종업원을 넘어 다양한 사회 구성원으로 확대되고 있다. 기업의 사회적 책임 활동은 전통적인 CSR(Corporate Social Responsibility)과 CSV(Creating Shared Value)를 거쳐 최근에는 기업의 비재무적 요소인 ESG(Environment, Social, Governance), CSA(Corporate Social Advocacy) 같은 개념과 활동으로 확장되고 있으며 이에 대한 공중의 요구도 높아지고 있다. 이 장에서는 기업의 사회적 책임이 어떠한 방식으로 확장되고 있는지 살펴보았다. CSR에 대해서는 수많은 선행 연구들이 존재하므로 이 글에서는 ESG와 함께 새롭게 부상하고 있는 CSA의 개념과 적용 가능성을 집중적으로 탐구했다.

2. CSR: 기업의 사회적 책임의 시작

1) CSR의 정의와 기업의 책임

기업의 사회공헌활동은 기부 및 공익 연계 마케팅(CRM), 공익재단, 자원봉사 등을 통해 기업이 공중에게 얻은 이익을 돌려줌으로써 사회적 책임을 지는 것을 말한다. CSR을 통해 영리기업의 사회적 책임은 자사의 소비자와 종업원을 넘어 사회 구성원 전반으로 확대되었다. 영리기업의 사회공헌활동의 역사는 오래되었다. 산업혁명 이후 유럽에서 윤리경영에 대한 철학적 기반이 마련되었고, 1960년대부터 기업이 사회문제 해결에 나서야 한다는 주장이 제기되기 시작했다. 1980년대에는 '기업윤리 헌장'이 등장했으며, 1990년대에는 기업이 사회의 주요 구성원으로서 사회적 책임을 져야 한다는 시각이 부각되며 그 필요성을 촉구하는 노력이 전 세계적으로 대두되었다. 2000년대에 들어서 CSR 이행을 위해 국제협약(The Global Compact), 다국적 기업에 대한 OECD 가이드라인(OECD Guidelines for Multinational Enterprises)(OECD, 2011), 기업지배구조에 관한 OECD 원칙(OECD Principles for Corporate Governance)(OECD, 2015)을 통해 주주와 이사회에 대한 책임, 부패 방지에 대한 기준도 제시되었다. 2010년에 발표된 ISO26000은 CSR의 국제표준이 되었고 국내에서도 표준 가이드라인이 만들어지기 시작했다(박윤진, 2005). 현재 대다수 기업들이 활발하게 CSR 활동을 진행하고 있으며 CSR은 이제 대중에게 매우 친숙한 개념이 되었다.

캐롤(Carroll, 1979)에 따르면 CSR이란 기업이 사회에 가지는 네 가지 책임(경제적, 법적, 윤리적, 자선적)에 부응하는 것이다. 첫째, 경제적 책임은 영리 창출이다. 영리기업은 일자리를 창출하고 경제에 기여하며 이윤을 사회에 환원할 책임이 있다. 둘째, 법적 책임으로 기업이 세금을 납부하고 법이 정한 규칙을 준수하며 기업 활동을 하는 것이다. 셋째, 윤리적 책임은 비록 명문화되어 있지 않지만 선량한 사회 구성원으로서 마땅히 지켜야 할 사회규범들을 지키는 것을 말한다. 마지막으로 자선적 책임은 강제가 아닌 기업의 자율적 판단하에 자발적으로 자선 활동을 하는 것으로 기업이 기부를 통해 사회에 긍정적 결과를 창출해야 한다는 것이다.

해외에서 영리기업의 CSR이 사회적 이슈가 되기 시작한 것은 1990년대 들어서인데, 당시 사람들은 영리기업의 기부행위는 부적절하다는 관점을 보였다. 밀턴 프리드먼은 영리기업에 가장 중요한 것은 이윤 창출이기 때문에 기업이 이를 벗어난 행위를 하는 것이 부적절하다고 말했다. 또한 그는 기업의 자선 활동이 이윤 창출에 직접적인 영향을 주지 않기 때문에 자선 활동에 재화를 배분하는 것은 영리기업의 기본적 책무에 어긋난다고 주장했다(Carroll, 1991). 그러나 근래에는 영리기업이 자선 활동에 이익을 배분하는 것은 비용이 아니라 공중으로부터 신뢰를 얻고 기업가치를 높일 수 있는 장기적인 투자라는 관점이 설득력을 얻고 있다(이상민, 2002).

2) CSR 전략의 종류

과거에 CSR은 기업의 부정적 사건 발생 후 해당 위기를 모면하는 전략으로 사용되는 경우가 많았다. 특히 경영진 비리 후 이를 사과하며 대규모의 금액을 기부하는 방식의 대응적 활동이 주를 이루었다. 이러한 이유로 우리 공중들은 CSR의 진정성을 의심하기도 하고 이에 대한 비난도 빈번했다. 하지만 이제 국내 기업 CSR은 대응적 수준에서 벗어나 국제 기준에 부합하는 방향으로 바뀌고 있다. 또한, 기업의 CSR은 시대적 분위기에 맞춰 즉흥적으로 시행되는 경향이 많았으나 점차 전략적 활동으로 변화하고 있다. 전략적 CSR은 사회적 혜택과 경제적 혜택을 기준으로 네 가지 형태(공유 가치형, 시장 창조형, 문제 해결형, 후원형)로 구분될 수 있다. 사회적 혜택은 기업 CSR을 통해 수혜자나 특정 사회문제가 해결되어 얻는 혜택을 의미한다. 경제적 혜택은 CSR이 해당 기업 매출과 시장점유율에 기여한 혜택을 의미한다(조희재, 2009). 네 가지 CSR 형태를 살펴보면 다음과 같다.

첫째, 공유 가치형 CSR은 사회문제를 해결하는 동시에 기업 매출에 도움이 되는 경제적 혜택을 얻는 전략이다. 예를 들어 저개발 국가에 낮은 가격으로 컴퓨터나 소프트웨어를 판매함으로써 빈곤층의 정보 격차를 해결하고 해당 국가에서 기업 브랜드를 널리 알리는 이익을 취하는 형태를 말한다. 해당 국가 내에서 소득 계층별 다른 가격 정책을 사용하기도 한다. 기업의 제품이나 서비스를 통해 사회문제를 해결하고 동시에 기업의 가치를 높일 수 있다(조희재, 2009). 둘째, 시장 창조형 CSR이다. 일상적인 용품이지만 높은 가격 때문에 사용할 수 없는 저개발 국가 소비자를 대상으로 이들이 지불할 수 있도록 제품 가격을 조정하여 공급하는 전략으로 빈부 격차 해소에 중점을 둔다. 소득이 낮은 계층에게 좋은 제품을 저가에 공급하여 사회적 혜택을 주고 기업 또한 새로운 시장 개척이라는 경제적 혜택을 누릴 수 있다. 기업이 비싼 첨단 제품이 아닌 진입하려는 국가의 상황에 맞게 제품을 개발하여 시장을 확대할 수 있다(조희재, 2009). 셋째, 문제 해결형 CSR은 수익성이 낮아 손해를 보더라도 투자를 하는 것인데, 주로 의료 격차 해소에 중점을 둔다. 예를 들어, 희귀병을 앓고 있는 소수의 사람들을 위해 높은 연구 개발비와 낮은 생산량으로 인해 기업 입장에서는 손실이 있음에도 불구하고 투자를 지속하는 것이다(배지양, 2015). 넷째, 후원형 CSR은 기업의 사업과 연계성이 낮아 기업에 돌아가는 경제적 혜택은 낮지만, 소외계층이나 분야를 찾아 지원하는 전략으로, 메세나 활동이 포함된다. 후원형 CSR은 기업 입장에서는 경제적 혜택이 낮지만 사회적 혜택을 받지 못하는 사각지대를 발굴하여 지원한다(배지양, 2015).

3) CSR 관련 연구들

CSR은 기업과 공중에 높은 관심을 받으면서 경영학과 커뮤니케이션 분야에서 수많은 관련 연구들이 생산되었다. 초반 연구들은 주로 CSR의 경제적인 측면에 초점을 맞추어 CSR이 영리기업의 매출이나 수입에 주는 영향에 주된 관심을 보였다(Pava and Krauz, 1996). 연구들은 CSR이 영리기업의 이윤과 기업가치에 긍정적 영향을 준다는 결론을 내기도 했으나(Orlitzty, Schmidt and Rynes, 2003), 이를 단정 짓기 어렵다는 연구 결론도 있다(Margolis and Walsh, 2003; McWilliams and Siegel, 2000). 이후의 연구들은 CSR의 경제적 효과뿐 아니라 눈에 보이지 않는 비금전적 효과에도 집중했다. 예를 들면, 긍정적 명성을 이루는 데 미치는 CSR의 역할이나, 위기 상황에서 앞서 행했던 CSR의 역할은 어떠한지(Kim, Kim and Cameron, 2009) 등에 대한 연구들이 있다. 근래에 들어서는 CSR 효과를 넘어 CSR의 커뮤니케이션 방식에 대한 연구들도 진행되고 있다(배지양, 2011; Du, Bhattacharya and Sen, 2010). 두와 바타차리아, 센(Du, Bhattacharya and Sen, 2010)은 CSR에서 커뮤니케이션의 중요성을 강조하기 위해 CSR에 대한 헌신, CSR이 기업에 가져올 수 있는 효용, 공중의 CSR에 대한 동기 해석, 기업의 CSR 활동이 해당 기업의 사업 영역과 얼마나 잘 맞는지와 같은 요소들에 관심을 가질 필요가 있음을 주장했고, CSR 활동의 주체나 CSR 메시지의 추상성 수준의 효과를 살펴본 연구들도 있다(배지양·조수영, 2016). CSR 관련 연구는 역사가 길고 양적인 숫자 또한 방대하다. CSR 활동은 ESG, CSA로 확장되고 있기 때문에 앞으로 인접 분야와 접목하여 연구될 필요가 있다.

기업의 사회적 책임에 대한 논의는 오래되었다. 과거에는 기업의 사회적 책임과 윤리경영이 법적 강제성이 없는 자발적 참여와 권고 수준에 그쳤다면, 이제는 ESG 금융으로 분야가 전환되면서 권고 수준을 넘어서 의무의 단계로 접어들고 있다. 기업의 비재무적 요소에 대한 관심은 공적 부문을 넘어 자본시장으로까지 확장되고 있다.

3. ESG: 자선 활동을 넘어 윤리적 시민으로서의 의무

1) ESG는 무엇인가

기업은 이윤 창출과 치열한 경쟁에서 생존하기 위해 비용 절감의 압박을 받는다. 하지만 무리한 기업 간 경쟁은 다양한 부작용을 낳기도 하는데, 일부 기업들은 하청업체에 무리한 납품단가 인하를 요구하기도 하고, 근로기준법을 위반하거나 생산 과정에서 법을 위반해 환경문제를 야기하기도 했다. 당장의 이익을 우선시하는 근시안적 기업경영은 장기적으로 볼 때 기업 생태계를 파괴시켜 기업의 지속가능성을 저해하게 된다. 단기 이익에 집중하며 그동안 기업이 일으킨 여러 문제들은 미디어를 통해 대중에게 수없이 노출되면서 우리나라에서는 반기업 정서가 뿌리 깊게 자리 잡게 되었다. '2018 에델만 신뢰도 지표 조사'에 따르면, 신뢰도 조사 대상 28개국의 기업 신뢰 수준은 53%인 반면 한국인의 기업 신뢰 수준은 36%로 최하위에 머물렀다. 2012년 유럽연합(EU) 집행위원회 조사도 유사한 결과를 보여주는데, 한국인들의 기업인에 대한 호감도는 34%로 유럽연합 평균(53%)과 비교했을 때 매우 낮은 수준에 머물렀다(김지현, 2018.4.2).

CSR이 주로 기업이 이익을 창출한 후 그 수익을 다양한 형태로 사회에 배분하거나 구성원의 자원봉사를 포함한 자선 활동을 통해 사회적 책임을 수행하는 것이라면, ESG는 기업 운영 과정에서부터 사회적 책임감을 부과하여 투명하고 윤리적인 사업 경영을 일구는 것을 촉구한다. 기업은 그간 CSR을 통해 사회적 책임을 실행해 왔지만 공중들은 이제 기업에 환경적, 사회적, 지배구조적 요인을 포함한 더 포괄적인 사회적 책임을 촉구하고 있다. 기업은 재정적 이윤 창출이라는 일차적 목표와 사회적 배분을 넘어 윤리경영, 친환경 제품의 생산 및 처리, 협력업체와의 동반 성장과 같이 장기적 시각을 가지고 지속가능한 기업이 되어야 한다는 시대적인 요구가 확대되고 있는 것이다. 이러한 기업의 사회적 책임에 대한 대중적 요구의 확대에 따라 불매 운동(boycott), 구매 운동(buycott)을 적극적으로 펼치는 소비자들도 점차 증가하고 있다. 대표적으로 나이키는 1990년대 중반 해외 하청 공장에서 어린이 고용 및 노동착취 문제로 인해 불매 운동이 이어져 매출과 주가가 급감했다(황은애·송순영, 2008). 국내의 경우, 2013년에 있었던 영업사원의 대리점주 폭언 및 밀어내기 횡포 사건은 오랫동안 남양유업 불매 운동으로 이어졌고 지금까지도 대중의 뇌리에 깊게 박혀 해당 기업에 지속적인 리스크로 작용하고 있다. 이러한 일련의 에피소드들은 소비자들이 본인이 직접 겪은 피해가 아닌데도 분노하면서 기업이 윤리적인 시민으로서의 역할을 수행해야 한다는 요구임을 알 수 있다.

기업에는 이제 환경 및 사회, 기업 운영에 대한 더 명확한 책임의식을 가지고 지속가능한 기업 생태계를 조성해야 하는 의무가 요구되고 있다. 그간 기업의 사회적 책임은 사회공헌활동, 지속가능경영, 기업시민 등으로 혼용되어 사용되다가 최근에는 ESG 이슈로 활발하게 논의되며 사회적 화두로 떠오르고 있다(정인희·반혜정, 2021). ESG는 환경(E: environment), 사회(S: social), 지배구조(G: governance)의 약자로, 기업의 사회적 책임 정도와 비재무적 성과를 판단하는 기준이다(Galbreath, 2013). 기업의 사회적 책임에 대한 중요성은 CSR을 넘어 이제 ESG라는 개념으로 진일보하고 있는 것이다. 2020년부터 전 세계가 코로나19를 경험하면서 환경에 대한 책임의식과 더불어 윤리경영을 하는 기업을 선호하는 현상이 더욱 강해지고, ESG 경영이 기업을 평가하는 필수 요소가 되는 분위기가 조성되면서 대중들의 이에 대한 관심도 상승하고 있다(유현경·이성호·남정민, 2021).

ESG 투자 개념은 2005년 UN의 글로벌 콤팩트 콘퍼런스에서 처음 제시된 것으로(The Global Compact, 2004), 기관 투자자들과 애널리스트 등이 지속가능한 기업경영에 있어서 환경, 사회, 지배구조의 세 가지 요소가 기업 자산에 미치는 영향에 대해 발표하며 장기적인 투자를 위한 기업 ESG의 중요성을 강조하며 등장했다. 구체적으로 ESG의 하위 요소를 살펴보면 다음과 같다. ① '환경'의 핵심 사안은 기후변화와 탄소배출 관련 이슈이다. 탄소배출 절감, 환경오염 방지를 위한 폐기물 배출 감소, 에너지 효율화, 친환경 생산 등을 의미한다. ② '사회'는 제품에 대한 책임, 인권에 대한 존중, 다양성 고려, 지역사회와의 협력 관계 구축을 주요 이슈로 한다. ③ '지배구조'는 신뢰할 수 있는 이사회 구성 및 기업의 경영권 책임, 주주권 보호와 CEO에 대한 감시 시스템 구축, 뇌물·부패 방지 등을 포함한다(Yoon, Lee and Byun, 2018). 기업의 ESG에 대한 정보는 기관 및 개인 투자자들이 책임 있는 기업에 장기 지향적 투자를 할 수 있도록 중요한 정보를 제공한다. 블룸버그는 매년 기업의 ESG 공시 점수(Bloomberg ESG Disclosure Scores)를 발표하는데 이를 통해 ESG 평가 요소를 확인할 수 있다(곽배성·이재혁, 2021)(〈표 9-1〉 참고).

기업의 지속가능성과 경쟁력 평가에 있어 ESG가 글로벌스탠더드로 떠오르면서 투자자들과 고객의 ESG 경영에 대한 요구가 강해지고 있으며, ESG 요소가 기업 평가에도 반영되는 등 기업경영의 중요한 요소로 자리 잡고 있다. ESG를 적극적으로 추진하는 기업은 새로운 시장을 선점하는 반면 이에 따라가지 못하는 기업은 도태될 위기감을 겪고 있다(산업통상자원부, 2020).

글로벌 지속가능투자연합(GSIA: Global Sustainable Investment Alliance)의 보고서에 따르면, 현재 글로벌 ESG 투자 규모는 약 35조 3000억 달러로 2018년에 비해(22조 8000억 달러) 크게 증가했다(GSIA, 2021). 컨설팅 기업인 블룸버그는 ESG 투자 자산 규모가 2025년까지 53조 달러를 넘어설 것으로 예측하고 있다(Bloomberg Intelligence, 2021.2.23). 국내의 ESG 투자 규모는 해외에 비해서는 적은 편이지만 ESG 투자에 참여하는 기업이 증가하면서, 현재 한

표 9-1
블룸버그 ESG 평가 항목

E: 환경	에너지 효율 정책	공급사슬관리	배출량 감소 이니셔티브
	친환경 빌딩 정책	폐기물 감소 정책	수질 정책
	지속가능 물질 사용	환경 품질관리 정책	기후변화 기회 논의
	기후변화 리스크 논의	기후변화 정책	친환경 상품 개발
	생물다양성 정책	환경 정책 검증	
S: 사회	지역사회	직장 내 여성 비율	공급사슬관리
	협력사 가이드라인	안전 및 보건	공평한 보수 정책
	근로자 교육	근로자 CSR 교육	근로자 차별 금지 정책
	근로자 인권 정책	윤리 경영 정책	
G: 지배구조	이사회 구조	이사회 독립성	이사회 다양성
	이사회 내 위원회	주주 권리	이사회 및 임원 활동
	주총 의결권 행사 결과		

자료: 곽배성·이재혁(2021).

국 기업지배구조원이 개발한 ESG 평가를 받는 기업은 1005개에 달하는 것으로 알려졌다(Korea Corporate Governance Service, 2021.11.2). ESG는 기업이 경제적 이윤추구와 더불어 사회적 책임의 균형을 통해 지속가능한 경쟁 우위 구현이 가능하다고 제안한다. 즉, ESG 등급이 높은 기업은 등급이 낮은 기업에 비해 효율적인 자원 활용, 인적 자원 관리 및 혁신 관리 등 여러 측면에서 경쟁력을 보유하고 있을 가능성이 크다는 것이다.

2) ESG 관련 연구 동향

학계에서도 다양한 연구를 통해 기업의 ESG 노력이 재무 성과 및 기업가치에 미치는 영향을 검증하고 있으며 이를 통해 지속가능성 경영의 당위성을 지지하고 있다. 학문적으로는 주로 경영학 분야의 투자자 관점의 연구가 주를 이룬다. 다수의 연구들이 ESG와 기업성과 간의 정비례 관계를 확인하고 있는데, 예를 들어, ESG 정보 공시효과(최준혁 외, 2017), ESG 활동 성과(장승욱·김용현, 2013; 임욱빈, 2019), 기업가치 평가(Son and Lee, 2019)에 미치는 긍정적 영향을 살펴보며, ESG가 재무적 성과에 미치는 영향력을 검증하고 있다. 김과 정, 박(Kim, Chung and Park, 2013)은 국내 기업 ESG 현황을 분석하며 기업의 사회적 책임과 재무 성과 간 양의 상관관계를 발견했으며, 이 외에도 윤리경영, 사회책임 경영과 재무 및 기업성과 간(오근혜·윤평구·강승모, 2012; 한진환·연경화, 2012; 정강원, 2020), 환경성과와 경영성과 간(조성택, 2017)의 정적인 상관관계를 발견했다.

임욱빈(2019)은 기업 ESG가 기업성과에 미치는 영향을 분석했는데, 환경등급(E)을 제외하고 사회(S) 및 지배구조 등급(G)은 당기 및 차기의 기업가치를 높이는 것으로 나타났으며, 최종 ESG 합산 점수도 당기 및 차기 기업가치에 정적 영향을 주었다. 이는 환경 등급(E)을 제외하고 기업 ESG 활동이 이해관계자의 기업가치를 높이는 유용한 정보임을 시사한다. 한편, 오상희와 이승태(2019)의 연구는 ESG 종합 점수는 물론, 지배구조, 사회적 책임, 환경 모든 항목이 기업가치에 정의 영향력을 가진다고 했다. 환경에 초점을 둔 김선화와 전용기(2009)의 연구 또한 환경성과와 기업 생산성은 양방향 관계에 있다고 하며, 환경경영이 생산성을 향상시키고, 생산성 좋은 기업이 환경경영도 더 적극적으로 실행하여 환경성과를 향상시킨다고 주장했다. 이러한 이유는 여유 자원설의 맥락에서 해석될 수 있는데(Preston and O'Bannon, 1997), 즉 재무상태가 좋은 기업이 가용할 수 있는 자원이 많기 때문에 비재무적 성과도 더 뛰어나다는 것이다(박순애·신은혜, 2021).

다수의 연구들은 ESG 성과가 주가 수익률과 비례 관계이며 반면에 신용등급과 관련된 리스크와 반비례 관계라고 주장한다(Khan, Serafeim and Yoon,

2016; Witold and McGlinch, 2019; Bae, Chang and Yi, 2016). 프리드와 부시, 바센(Friede, Busch and Bassen, 2015)은 ESG가 기업 재정 성과(CFP: Corporate Financial Performance)에 미치는 효과를 측정하기 위해 2200개의 관련 선행 연구들을 분석했는데, ESG 투자를 통한 비즈니스 사례에 따르면 약 90%의 선행 연구들은 부정적이지 않은(non-negative) ESG-CFP 관계를 발견했으며, 대다수의 연구들은 긍정적인 결과를 보고했다. 저자들은 ESG가 CFP에 미치는 긍정적인 영향력은 시대를 막론하고 안정적으로 나타났음을 보고했다.

이해관계자 이론(Stakeholder Theory)에 따르면, ESG는 잠재적인 벌금이나 조세부과와 같은 비용을 절감시키는 효과가 있다. 더불어, 직원 생산성과 운영의 효율성을 증대시키고 기업 이미지를 긍정적으로 강화하여 재무 성과에 기여한다는 연구 결과도 있다(박순애·신은혜, 2022). 기업이 사회적 책임을 이행함으로써 인적 자본, 명성과 같은 자산이 형성되고 이를 매개로 기업가치가 증대된다는 것이다(Surroca, Tribó and Waddock, 2010; Hanson, 2013).

앞서 언급된 대다수의 연구들이 ESG 및 기업의 사회적 책임이 기업에 가져오는 긍정적인 영향력에 초점을 맞춘 반면, ESG와 같은 비재무적 성과가 기업의 재무 성과에 부정적 영향을 미친다는 결론을 보여준 연구도 있다(Eccles and Serafeim, 2013). 기업의 사회적 책임은 정량적으로 평가하기 어렵기 때문에 경영성과에 주는 영향력을 설명하기 어렵고(Statman, 2000), 비용-편익 측면에서 기업이 사회적 책임을 이행하는 데 따른 혜택과 손해는 제로섬 관계에 있다는 의견도 있다. 더 나아가 사회적 책임은 비용 차원에서 재무적 성과와 역행한다는 신자유주의적 입장도 있다(Hassel and Nilsson, 2005). 신자유주의 경제학파의 대리인 이론을 바탕으로 한 연구들은 부적인 관계의 근거로, ESG가 불필요한 지출을 유발하기 때문에 기업의 재무적 가치를 저해한다고 주장한다. 기업경영자는 주주의 대리인으로서 가치를 높이는 것을 목표로 해야 하는데, 주주의 이익을 방해하는 비재무적 활동은 부정적인 행위로 간주된다는 것이다(Jensen, 2001; Brammer and Millington, 2005).

이렇듯 학계에서 ESG의 효과를 검증하기 위한 노력들이 시도되는 중에 일부 학자들은 대부분의 연구들이 ESG가 '거시경제'에 미치는 영향을 중심으로 이루어지고 있다고 비판한다. ESG의 성과가 '개별 기업의 재무 성과'와는 관련이 적으므로 기업의 일차적 목표인 이윤추구와 상충된다면 사회책임에 대한 기업의 동기는 사라질 수밖에 없다고 비판하기도 한다(민재형·김범석·하승인, 2014). 즉, 기업의 사회적 책임을 중시하는 공중이 증가함에 따라 사회적 책임 이행 여부가 기업의 재무 성과에도 직간접적인 영향을 미치게 되었지만, 기업들이 사회적 책임 활동을 해야 하는 이유를 정량적으로 설명하지 못하는 한계점도 존재한다는 것이다(Campbell, 2007). 국내 시민단체들이 기업의 사회적 책임을 지나치게 강조하며, 학계 연구들도 ESG 경영이 거시적 경제에 미치는 영향에 초점을 맞추어 사회적 책임 활동의 당위성을 주장 혹은 강요한다는 비판도 있다.

3) ESG 정보 공개는 어디까지인가: 자율성과 법적 제재 사이

ESG에 대한 공중의 관심이 증가하면서 기업의 비재무적인 정보에 대한 공개 요구도 커지고 있다. 기업의 사회적 책임에 대한 논의는 오래되었으나 과거에는 CSR이나 윤리적 경영이 강제성 없는 자발적인 활동으로 권고의 수준에 머물렀다. 하지만 이제 ESG 금융으로 전환되면서 외부자금 조달이라는 측면에서 ESG는 이제 기업의 자율적 선택이 아닌 의무 사항으로 변모하고 있다. 거대 자산운용사인 블랙록(BlackRock)이 투자 대상 회사들 중 ESG 공시에 소극적인 회사에는 반대 의결권을 행사하겠다고 발표한 바 있고, 골드만삭스와 JP모건은 ESG 원칙과 프로세스를 정해 주요 사업, 자금 공급, 중개 업무 심사에 적극 반영하고 있다(박순애·신은혜, 2021). 이렇게 투자자들이 ESG 흐름을 견인하며 기업의 비재무적 요소에 대한 관심을 높이고 있고, 금융업계가 기업가치 평가에 ESG 조항을 포함시키면서 비재무적인 성과는 이제 기업경영의 중심에 자리 잡았다. 미국 바이든 행정부는 ESG 정보 공개를 강화하고 있으며(Sorkin et al., 2021.3.15), 엄격한 친환경 기준에 따라 ESG를 실천하는 우수 기업에 정책적 혜택을 주겠다는 의지를 밝혔다(박순애·신은혜, 2021). 이제 ESG 투자는 권고가 아닌 마땅한 사회적 명제로 자리 잡은 것이다.

우리나라의 금융위원회 또한 ESG 책임 투자 확대를 위해 2022년부터 코스피 상장사 중 자산 1조 원 이상인 회사의 「지배구조 보고서」 공시를 의무화하며, 2026년에는 코스피의 전 상장사를 대상으로 확대한다고 밝혔다(금융위원회, 2021.1.14). 더불어 그동안 「지속가능경영 보고서」는 기업이 자율적으로 작성해 왔으나 2030년까지는 모든 유가증권시장 상장사를 대상으로 ESG 전 분야의 공시를 확대한다고 밝혔다(오형주·구은서, 2021.1.14). 정부의 ESG 공시 의무 확대에 대한 반발의 목소리도 있다. ESG나 사회 책임 활동이 장기적으로는 기업 이미지를 개선시켜 재무 성과에 긍정적으로 작용할 수 있지만 단기적으로 볼 때 영업과 직접적으로 상관없는 비용을 발생시키고 기업 효율성을 저해할 수 있다는 것이다. 나아가 경영환경이 좋지 않은 기업의 경우에는 이 같은 비용이 큰 부담으로 작용하기 때문에 기업의 재무 상황을 고려하지 않은 강제적 ESG에 대한 비판의 목소리가 나오고 있다.

미국에서도 ESG에 반발하거나 ESG 투자를 재고하라는 움직임이 일고 있다. 투자사 블랙록의 CEO 래리 핑크는 2020년 1월 투자자 연례 서한에서 향후 투자 결정 시 지속가능성을 기준으로 삼겠다며 ESG 투자를 강조했으나, 2022년 현재 공화당을 중심으로 ESG 추진에 대한 비판이 일고 있다. 공화당 소속의 정치인들은 블랙록을 비롯해 ESG 투자에 앞장서고 있는 투자사를 향해 에너지 및 총기 제조업과 같은 산업 분야를 차별하는 '오크 자본주의(woke capitalism)'를 옹호한다며 거세게 비난했다. 오크 자본주의란 기후변화 위기, 인종 및 젠더 차별과 같은 사회 이슈를 거론하며 사회정의를 실천하는 것처럼 보이지만 실제로는 그렇지 않은 사례를 비난하는 신조어이다. 마이클 펜스 미국 전 부통령은 공화당원들에게 "전국적으로 ESG 원칙의 사용을 중단하라"라고 촉구하기도 했다(박지영, 2022.6.10). ESG에 대한 보수 정치권의 반발을 의식한 것인지, 이후 블랙록도 ESG 이슈에 대한 주주 제안 지지를 절반 이상 철회했다. 이들은 투자 보고서를 통해 "많은 기후 관련 주주 제안들은 소비자들의 지속적 수요를 고려할 때 재무 실적에 미치는 영향을 거의 고려하지 않은 채 기업의 에너지 전환 계획 속도를 좌우하려고 한다. 나머지 기업들은 (기후 관련) 진척 상황을 인식하기 어려웠다"라고 밝혔다(유미지, 2022.7.29).

일부 연구자들도 ESG 경영을 유도하기 위해서는 기업의 재무상태를 고려할 필요가 있다고 주장한다. 기업의 재무상태에 따른 ESG의 차별적 효과를 분석해 현실적으로 가능한 지속가능경영 활동의 추진 방안을 마련해야 한다는 것이다. 민재형과 김범석(2019)은 기업의 경영환경, 재무상태와 비재무적 성과 향상 노력 여부 등에 따라 기업을 4개로 구분하고, 각 집단의 단기적/장기적 기업가치를 비교했다. 연구 결과는 기업의 비재무적 성과 향상 노력은 재무상태와 관계없이 단기적 기업가치와 부적인 관계를 나타냈다. 특히, 재무상태가 좋지 않은 기업의 경우, 재무 성과를 먼저 향상시키는 것이 비재무적 성과 향상을 위해 노력하는 것보다 장기적으로 기업가치에 효과적인 것으로 나타났다. 하지만 재무상태가 좋은 기업의 경우, 비재무적 성과 향상 노력은 재무 성과를 넘어서는 추가적인 기업가치를 제공한다는 것도 확인할 수 있었다. 저자들은 비재무적 성과의 효과가 모든 기업에 적용될 수 없고 기업의 재무상태에 따라 달라질 수 있기에 상대적으로 재무상태가 열악한 중소기업의 지속가능경영 활동의 전략적 방안을 모색할 필요가 있다고 주장한다.

박순애와 신은혜(2021)의 연구도 민재형과 김범석(2019)과 맥을 같이하는데, ESG 노력이 중견기업의 재무적 성과와 장기적으로는 정의 관계를 보이지만, 단기적으로는 부의 관계를 보인다는 것이다. 단기적으로는 ESG 관련 조직 및 관리의 증대로 비용적 리스크가 발생한다고 주장하며, 정부의 ESG 전 분야 공시 의무화는 기업 상황에 맞게 고려되어야 함을 제안한다. ESG 전담 조직을 갖춘 대기업과 비교해 작은 기업들은 ESG 성과를 달성하기에 부족함이 많고 공시 의무화 시행 시 단기적으로 많은 리스크에 직면할 수 있다는 것이다(박순애·신은혜, 2021).

ESG에 대한 공중의 관심이 높아지면서 활발하게 진행된 그간의 연구들을 살펴보면, 시장과 기업 규모와 같은 맥락을 고려했을 때 각각의 주장이 근거 있는 설명력을 제공하기 때문에 앞으로 다양한 ESG 환경을 고려하여 그 효과를 지속적으로 검증할 필요가 있다. 또한 각 기업의 재무상태와 규모를 고려하여 기업이 ESG를 단계적으로 이행할 수 있도록 그 지원 방안도 고민해 볼 일이다.

4) ESG, 어떻게 커뮤니케이션 할 것인가?

ESG 경영 관련 선행 연구들은 주로 투자자 관점에서 ESG의 재무적 가치에 초점을 맞추고 있으며, ESG를 일반 공중과 소비자들이 어떻게 생각하고 있는지에 대한 연구는 아직 부족하다. 커뮤니케이션 분야에서 ESG 정보가 소비자 및 공중의 기업에 대한 인식에 어떤 영향을 주는지, ESG를 바라보는 공중은 어떤 사람들인지에 대한 연구들이 시작되는 단계이다. 먼저, 기업 ESG 활동이 소비자 인식에 미치는 영향을 살펴본 박윤나와 한상린(2021)의 연구에 따르면, ESG 중 환경(E)은 기업에 대한 따뜻한 이미지 형성에, 사회

(S)는 따뜻하고 유능한 이미지 형성에, 지배구조(G)는 유능한 이미지 형성에 정적 영향을 미치는 것을 확인했다. 더불어 따뜻하고 유능한 이미지는 제품과 서비스에 대한 가격 공정성 지각에 긍정적 영향을 미쳤고, 마지막으로 가격 공정성은 기업에 대한 태도, 충성도와 추가 비용 지불 의사에 긍정적 영향을 미쳤다. ESG 관련 정보는 주로 투자자를 위한 목적이기 때문에 일반 공중들이 기업 ESG 활동 정보를 접하고 이해하는 데 어려움이 있을 수 있다. 해당 연구는 기업 ESG가 일반 공중들에게 기업에 대한 긍정적 이미지 형성에 도움을 주어 기업성과에 좋은 영향을 미칠 수 있음을 보여준다.

유재웅과 진용주, 이현선(2021)은 ESG 경영 관련 기업PR 광고의 효과를 살펴보았다. 연구 결과에 따르면, ESG 기업PR 광고는 해당 기업의 브랜드 선호도와 구매 의도에 정적인 영향을 끼쳤으며, ESG 경영을 주제로 하지 않은 기업PR 광고와 비교하면 유의하게 높았다. 연구자들은 ESG 경영을 하고 있는 기업들이 투자자 유치를 목적으로 한 ESG 공시에 집중하는 것을 넘어 ESG 실천에 대한 대 공중PR에 더욱 관심을 기울일 것을 제안했다. 즉, IR(Investor Relations) 중심의 ESG 관점을 넘어서 PR(Public Relations)로의 확장을 꾀하는 것이 장기적으로 기업가치 성장에 유리할 것이다.

ESG 경영에 대한 공중 인식을 탐색한 최신 연구들(강윤지·김상훈, 2022; 유현경·이성호·남정민, 2021)은 세대 간 ESG에 대한 필요성과 지지 정도를 살펴보며 ESG 경영 PR 기획의 단서를 제공한다. 유현경과 이성호, 남정민(2021)은 세대(X/M/Z), 경제활동 경험 여부, ESG 사전 인지 여부에 따른 공중의 ESG 요구와 지지 정도를 비교했다. 연구에 따르면 MZ세대에 비해 X세대가 ESG 경영을 더욱 지지하고 E, S, G 각각의 가치 실천에 대한 요구도 높았다. 또한 경제활동 경험이 있는 집단의 기업의 자선적 책임과 지배구조에 대한 요구가 높게 나타났으며, ESG 경영을 잘 알고 있는 집단이 전반적으로 ESG 경영에 대한 요구와 지지 정도가 높았다. 끝으로 공중의 ESG 경영

요구 중 E와 S는 ESG 경영 지지에 긍정적 영향을 주었다. 강윤지와 김상훈(2022)도 기업의 윤리 경영, 착한 소비와 관련하여 세대 간 인식 차이를 탐색했는데, 연구 결과, 비MZ세대가 MZ세대보다 ESG 경영에 대한 필요성과 중요성에 대한 인식 수준이 높았다. 또한 MZ세대의 ESG 경영의 필요성과 중요성 인식은 제품 및 서비스의 구매 의도, 기업과의 사회적 연결감, 기업 명성, 구전 의도 등에 긍정적으로 유의미하게 영향을 미쳤다. 저자들은 ESG 경영에 대한 MZ세대의 인식 수준을 향상시킬 필요가 있으며, 각 세대에 맞는 세분화된 전략이 필요하다는 방향성을 제시했다.

위 연구 결과들은 세대 변인 이외에도 다양한 공중 특성 요인들이 ESG 경영에 대한 지지와 인식 차이에 영향을 줄 수 있음을 시사한다. 조수영과 김가람, 신별(2022)은 ESG에 대한 공중의 다양한 인식(ESG에 대한 지식, E/S/G 각 요소에 대한 중요성 인식, ESG에 대한 이기적, 이타적 동기 인식)을 고려하여 설문조사를 통해 공중 세분화를 시도했다. 연구 결과 총 5개의 공중 유형(ESG 고활성·친기업, 활성·반기업, 비활성·회의적, 고활성·복합적, 비활성·무관심 공중)이 도출되었으며, 공중 유형에 따라 성별, 연령대, 사회참여(자선단체) 경험 유무, 정치 성향에서 차이가 났다. 더불어 각 공중 유형에 따라 ESG 실천 기업에 대한 관계 전환 의도, 추가 비용 지불 의도, 신뢰에서도 차이가 나타났다. 흥미롭게도 ESG를 실천하는 기업 규모(대기업/중소기업)에 따른 공중 반응의 차이는 거의 없었다. 이는 공중이 대기업만큼이나 중소기업의 ESG 실천도 중요하게 여기는 것으로 해석될 수 있다.

일반 공중을 대상으로 한 커뮤니케이션 관련 ESG 연구 결과들은 기업이 이미지를 개선하고자 ESG 경영을 전략적으로 활용할 수 있으며 공중이 ESG 정보에 관심이 있음을 시사한다. 기업의 ESG 활동은 단기적으로 볼 때 가시적인 수익을 얻기 어렵고 장기적 성장을 위한 활동이기 때문에 기업들이 ESG에 비용을 투자하는 것을 부담스러워하고 기업의 이윤추구에 적합하지 않다고 판단할 수 있다. 하지만 연구 결과들은 ESG가 투자자들뿐 아니라 소비자들에게도 긍정적인 영향을 미칠 수 있는 유용한 PR 전략임을 시사하며, 추가 비용이 발생함에도 불구하고 장기적으로 가치 있는 투자가 될 것임을 시사한다. ESG는 윤리적인 경영을 위한 기업의 좀 더 적극적인 행보이며 이를 통해 좋은 시민으로서의 역할을 수행할 수 있다. CSR에 관한 커뮤니케이션 학계의 다양한 고찰만큼 향후 ESG에 관한 다양한 탐구가 필요하다.

4. CSA: 정치사회적 이슈에 대한 기업의 개입

1) CSA의 정의와 특징

CSA(Corporate Social Advocacy)는 논쟁의 여지가 있거나 분극화된 정치사회적 이슈에 대해 기업이 한쪽 입장을 공개적으로 지지하는 행위를 말한다(Dodd and Supa, 2014).

CSA는 기업의 사회적 책임에 대한 역할이 강조되는 가운데 등장한 기업의 새로운 사회적 행위이다. 기업이 자신들의 사업 영역과 큰 관계가 없는 정치사회적 문제에 개입하는 이러한 현상은 최근 미국을 중심으로 부상하고 있는데, 구글, 애플, 나이키, 트위터와 같은 글로벌 기업들이 동성혼 합법화나 총기 규제 강화, 낙태권과 같이 공중의 의견이 이분화되어 있는 이슈에 대해 적극적으로 기업 의견을 표명하며 쟁점화되었다(정성호, 2019.9.13).

CSA의 몇 가지 특징을 살펴보면 다음과 같다. 첫째, CSA에서 다루는 이슈는 의견을 표명한 기업의 사업과 직접적으로 관련이 없는 경우가 많으며(Dodd and Supa, 2014), 단발적이기보다는 점진적 변화가 필요한 장기적 이슈인 경우가 많다. 둘째, CSA는 기업이 정치사회적 문제를 언급함으로써 관련 비영리 단체와 관심 공중을 끌어들이는 기능을 한다. 해당 이슈에 대한 기업과 이해관계자의 입장을 일치시킴으로써 사회적 주체로서 기업의 정당성을 획득할 수 있다(Rim, Lee and Yoo, 2019). 더불어, 해당 이슈에 관심이 있는 일반 공중과 단체의 관심을 끌어 홍보 효과와 더불어 기업 이미지 재고에 긍정적인 효과를 가져올 수 있다. 셋째, 위에 언급된 이유로 CSA는 기업-공중 간의 장기적인 관계 유지에 도움을 주어 기업의 재무적 성과에도 영향을 미칠 수 있는 개념이다(Dodd and Supa, 2015). 한편, CSA는 논쟁을 수반하는 활동이기 때문에 이슈에 찬성하는 사람들을 구매 운동으로 이끌 수 있지만 동시에 반대하는 사람들로 하여금 불매 운동을 일으키게 할 수 있다(Hong and Li, 2020).

CSA는 사회적 문제에 기업이 책임을 지고 해결하려고 한다는 점에서 우리에게 익숙한 개념인 CSR과 유사하지만 몇 가지 중요한 차이점이 있다. 먼저, CSA는 분열의 가능성이 있는 민감한 주제를 다루기 때문에, 사회적으로 합의된 문제를 해결하여 좋은 기업이라는 이미지를 구축할 수 있는 CSR과는 달리 갈등을 수반해 공중의 지지와 반대를 동시에 유발한다. 또한 기업의 사업 분야와 유사하게 진행되는 CSR과는 달리 기업 업종과 상관성이 없는 경우가 많다(Dodd and Supa, 2015; Wettstein and Baur, 2016). 기업 성격과 지나치게 유사할 때 CSR의 진정성은 공중으로부터 종종 의심받기도 하는데, CSA는 이러한 측면에서 진정성이 의심받을 여지가 덜하다. 그러나 한편으로는 이러한 특성으로 인해 위험할 수 있는데, 이슈에 대한 입장이 다른 공중의 지지를 잃을 수도 있고 단기적으로 기업경영에 부정적 영향을 줄 수 있다. 더구나 우리나라에서는 역사적으로 기업 활동에 정치적 영향력이 강하게 작용했고, 기업 경영에 불이익을 경험하기도 했기 때문에 정치적 입장 표명이 자유로운 편인 서구사회에 비해 논쟁적인 정치사회적 이슈에 대해 공개적인 의견을 내놓는 것이 쉬운 일은 아니다(조수영·신별, 2021a). 그럼에도 불구하고 기업이 논쟁적 문제에 대해 한쪽 입장을 취하고 이를 지지하는 것은 기업의 가치와 행동의 진정성을 담보하면서 사회 변화를 위한 자발적인 행위로 볼 수 있다. 기업의 CSA는 사회적으로 의식이 있는 기업이라는 이미지를 대중에게 심어줄 수 있을 뿐만 아니라 공중과 장기적인 관계를 형성하는 데도 긍정적으로 작용할 수 있다(Dodd and Supa, 2014).

2) CSA: 기업의 사회적 역할의 확장

오늘날 기업은 대규모 자본과 자체 채널로 공중과 소통하며 어느 때보다 큰 파급력을 가진 사회적 주체가 되었다. 이러한 사회적 영향력과 여론을 형성할 수 있는 잠재적 힘을 가지고 있기 때문에 논란의 여지가 있는 특정 정치사회적 이슈에 공개적으로 입장을 표명하는 것은 상당한 파장을 줄 수 있다. 더불어 이슈에 반대하는 공중도 상당수 있을 수 있기 때문에 기업 이미지나 매출에 부정적 영향을 끼칠 가능성도 있다. 또한 한국에서는 법적으로 정치 과정에 대한 기업의 기여를 금지하고 있기 때문에(정영철, 2010), 기업이 정치사회적 입장을 표명하면 특정 정당 및 기관과 이해관계가 있다고 의심받을 수 있다. 특히 과거에는 정치적 상황에 따라 기업경영에 많은 제약이 따랐기 때문에 국내 기업들의 정치사회적 발언 및 행동은 암묵적으로 금기시되어 왔다.

그러나 그동안 기업이 가져왔던 정치사회적 중립성은 진보적 소비자 인식, 기업의 사회적 영향력 증대와 더불어 변화하고 있다. 최근 몇 년간 한국사회에서 공정성, 계층의 양극화, 여성 및 성소수자의 인권과 같은 민감한 문제들이 사회적 어젠다로 부각되고 이에 따른 갈등이 심화되고 있다. 다양한 의제에 대한 공중의 의견은 양극화되는 현상이 두드러지며 기업이 사회의 중요한 리더로서 의견을 제시하는 것도 기대되고 있다. 사회 전반적으로 기업의 영향력이 커짐에 따라 기업은 경제적 주체를 넘어 이제 사회적 주체로 주목받고 있다. 더불어 기업은 이제 자신들이 보유한 커뮤니케이션 채널을 통해 대중과 직접적으로 소통할 수 있게 되면서 더욱 큰 힘을 가지게 되었다. 전 세계적인 ESG 열풍 역시 기업이 사회에 미치는 파급력을 고려했을 때 경영 과정 중 지켜야 할 윤리적인 원칙을 명문화한 것이라고 해석할 수 있겠다.

한 조사에 따르면 대다수의 소비자들은 특정 이슈에 대한 기업이나 브랜드의 입장(issue position)을 확인하고 제품 및 서비스의 구매를 결정하는 것으로 나타났다(Edelman, 2017). 국내 소비자들도 유사한 패턴을 보이는데, 한 설문조사에서 응답자의 절반 이상이 사회적 이슈에 대해 자신과 의견이 같은 브랜드의 제품을 구매할 의사가 있다고 답했다(백봉삼, 2018.12.13). 이러한 공중의 요구에 기업들은 사회공헌 차원을 넘어 정치사회적으로 논쟁적인 공공 이슈에 대해서도 목소리를 내고 있는 것이다(Nalick et al., 2016). 국내에서는 그간 주로 일부 유명인들을 중심으로 개인의 정치사회적 의견을 표현하는 현상이 나타났으나, 기업이 사회적 이슈에 대해 좀 더 적극적으로 개입하거나 의견을 표명해 주기를 기대하는 분위기가 형성되면 CSR을 넘어 앞으로는 국내에서도 CSA가 더 많아질 것으로 예상된다.

3) CSA 관련 선행 연구

미국을 중심으로 CSA의 효과를 검증하는 연구들이 진행되어 왔는데(Dodd and Supa, 2014; Gaither, Austin and Collins, 2018; Hong and Li, 2020; Korschun et al., 2016), 다수의 연구들은 CSA가 해당 이슈에 대한 개인이나 기업가치의 인식에 따라 공중을 분화하고, 나아가 기업의 이미지나 충성도, 불매나 구매 행동에 영향을 미치는 것을 확인했다(Dodd and Supa, 2014, 2015; Hong and Li, 2020; Korschun et al., 2016). 일부 연구들은 CSA를 CPA(Corporate Political Advocacy)로 명명하기도 하지만(Hydock, Paharia and Weber, 2019; Wettstein and Baur, 2016), 이는 정부 정책이나 정치에 영향을 미치기 위한 기업의 의도적 행위인 CPA(Corporate Political Activity, 기업의 정치 활동. 예를 들어 선거 기부금, 로비 활동, 국가산업이나 정치활동위원회에 대한 공헌 활동)와 이니셜이 유사해 혼란을 줄 수 있고, 다루는 이슈 또한 정치 영역을 넘어 다양하기 때문에 'social advocacy'로 정리하는 것이 좀 더 명확하겠다. 관련 최신 연구들도 주로 기업의 입장에서 CSA가 기업에 이득이 될지에 초점을 맞추고 있다(신별·조수영, 2021; 조수영·신별, 2021b; Alharbi et al., 2022; Lee and Chung, 2022; Overton and Xiao, 2022; Rim, Xu and Dong, 2022; Vasquez, 2022; Zhou and Dong, 2021).

CSA 관련 연구는 CSR에 비해 역사도 짧고 관심도 아직 대중적이지 않기 때문에 상당히 적은 편이나 향후 CSR이나 ESG 연구들처럼 많은 연구가 생산될 것으로 기대된다. 중요한 선행 연구들과 결과를 소개하면 다음과 같다. 먼저, 도드와 수파(Dodd and Supa, 2014)는 소비자가 정치사회적 이슈(동성혼, 의료보험 시스템 개혁, 사후 피임법)에 대한 기업과 개인의 입장을 비교하는 행위가 구매 의도에 미치는 영향을 실험 연구를 통해 살펴보았는데, 각 이슈에 대한 응답자-기업 입장이 일치할 때 구매 의도가 증가하는 것으로 나타났다. 동일 연구자들이 동성혼에 초점을 맞춰 진행한 이후 연구에서도 이슈에 대한 기업-응답자 의견이 일치할 때, 특히 동성혼을 지지하는 경우보다 반대하는 경우에 구매 의도가 가장 높게 나타났다. 한편, 기업이 동성혼에 반대하고 응답자는 해당 이슈를 지지할 경우, 구매 의도가 가장 낮은 결과를 보였다(Dodd and Supa, 2015).

다음으로 실제 CSA 사례에 대한 미국 공중들의 반응을 살펴본 두 개의 연구는 트위터 분석을 통해 CSA에 대한 공중의 집단행동을 확인했다. 먼저, 게이더와 오스틴, 콜린스(Gaither, Austin and Collins, 2018)는 딕스 스포팅 굿즈(Dick's Sporting Goods)사의 총기 규제 반대 사례를 분석하여 다양한 이해관계자들의 반응을 확인했는데, 기업과 동일한 입장의 이해관계자 집단과의 관계 강화 효과가 있음을 밝혔다. 임과 이, 유(Rim, Lee and Yoo, 2019)는 트럼프 대통령의 이민금지 행정명령에 대한 스타벅스와 버드와이저의 CSA에 대한 불매 운동가들과 지지자들의 네트워크 지형을 트위터를 통해 분석했다. 연구는 지지자들에 비해 불매 운동가들이 부정적 감정을 바탕으로 더 활발하게 활동하고 적극적으로 관계를 형성하는 것을 발견했다.

오스틴과 게이더, 게이더(Austin, Gaither and Gaither, 2019)는 CSA 사례 및 개인의 특성에 따라 CSA에 대한 태도와 동기 인식에 차이를 보이는지 살펴보았다. 응답자들은 CSA를 포함한 사회의 진보를 위한 기업의 노력에 전반적으로 긍정적인 태도를 나타냈다. 남성에 비해 여성이, 연령이 낮을수록, 교육수준과 소득수준이 높을수록, 진보적 정치 성향에 가까울수록 논쟁적 사회 이슈에도 기업이 입장을 표명할 필요가 있다고 생각하는 경향이 있었다. 반면, 여성보다는 남성이, 보수적 정치 성향일수록 사업과 관련된 이슈에만 입장을 표명해야 한다고 생각했다. 한편, 응답자들은 사례에 따라 일부 기업은 사회적 가치나 변화보다는 기업 홍보와 같은 이기적 의도를 가지고 CSA를 한다고 평가하기도 했다(Austin, Gaither and Gaither, 2019). CSA가 논쟁적인 이슈를 다루는 만큼 공중의 인구통계학적 특성에 따라 이슈에 대한 입장 차이가 CSA 행위 자체에 대한 태도로도 전이될 수 있음을 예상해 볼 수 있다.

그간의 CSA 실제 사례나 학술연구들은 주로 해외에서 이루어졌으나, 최근에는 소수이기는 하지만 우리나라 기업인이나 기업의 CSA 사례도 찾아볼 수 있다. 조수영과 신별(2021a)의 연구는 국내 최초로 CSA를 주제로 다룬 학술연구로서 이들은 기사와 댓글을 통해 국내 CSA 사례를 분석했다.

구체적으로, 국내 기업의 CSA 사례(오비맥주, 러쉬코리아, 구글코리아, 국대떡볶이)를 관련 기사와 댓글을 분석함으로써 CSA에 대한 국내 공중의 반응을 살펴보았다. 결과에 따르면 이슈 종류에 따라 공중의 주목도가 달랐지만, 공중은 자신과 의견을 같이하는 기업을 지지하며 구매 의도까지 표현했다. 하지만 일부 댓글들은 기업이 정치적 발언을 하는 것에 대한 거부감을 표현하기도 했다. 연구자들은 사례연구를 보완하고자 일반 공중을 대상으로 온라인 설문도 동시에 진행했는데, 국내 공중들은 기업이 정치사회적 이슈에 의견을 표명하는 것을 다소 부정적으로 바라보았고, CSA의 동기도 그다지 순수하게 해석하지 않았다. 인구통계학적으로는 남성보다는 여성이, 50대보다는 20대가 CSA에 더 긍정적이었다. 미국의 응답자들은 논쟁적 이슈에 대해 기업이 관여할 필요가 있고 CSA를 통해 기업이 대체로 이익을 얻는다고 보는 경향이 있었으나(Austin, Gaither and Gaither, 2019), 국내 공중은 CSA의 이슈 범위와 이익을 아직은 제한적으로 바라보는 것으로 나타났다. 아직 국내에서 CSA가 활발하지 않아 일반 공중들이 실제로 목격할 기회가 거의 없었으며, 논쟁 상황에서 침묵이 더 익숙한 우리 사회 정서상 CSA가 활발히 목격되고 공중이 이에 적극적으로 호응하기까지는 시간이 걸릴 것으로 보인다.

사례와 설문조사에 이어 조수영과 신별(2021b)은 우리나라 공중들이 기업 CSA를 접했을 때 해당 기업 및 CSA에 대한 태도에 영향을 미치는 요인을 한국적 정서(정)와 기업 국적을 고려하여 실험연구를 진행했다. 연구 결과에 따르면, 선행 외국 연구들과 유사하게 국내 공중들도 이슈에 대해 기업-개인의 입장이 (일치하지 않았을 때보다) 일치했을 때 CSA에 대한 태도 및 CSA 진정성 인식, 기업에 대한 태도가 긍정적으로 나타났다. 또한 기업-개인 간 이슈 입장이 일치했을 때, '국내' 기업에 대한 CSA 태도 및 기업 태도가 해외 기업보다 긍정적이었다. CSA 태도와 기업 태도에 대한 기업-개인 입장 일치 여부의 영향력을 CSA 진정성 인식이 부분 매개하는 것으로 나타났다.

이어서 신별과 조수영(2021)은 이슈에 대한 개인-기업 간의 의견 일치 여부(일치/불일치)와 공중의 기업에 대한 기존 태도(긍정/부정)가 CSA 선언 후 기업에 대한 공중의 태도 변화와 구매/불매 의도에 미치는 영향을 살펴보았고, 더불어 이슈 관여도와 구매 경험을 조절 변인으로 고려했다. 연구 결과에 따르면, CSA 이슈에 대한 개인-기업 입장이 일치하지 않을수록 기업에 대한 태도가 부정적 방향으로 크게 변화했으며, 반대로 이슈에 대한 입장이 일치할수록 구매 의도는 높고 불매 의도는 낮아졌다. 한편, 기업에 대한 기존 태도가 긍정적일 경우 구매 의도는 높았으나, 동시에 기업에 대한 부정적 방향으로의 태도 변화도 높아졌다. 더불어 CSA 이슈에 대한 의견이 기업과 일치하는 경우보다 일치하지 않는 경우에 구매 경험에 따른 태도 변화의 차이는 크고 구매 의도의 차이는 적었다.

선행 연구를 종합해 보면 CSA는 해당 기업에 대한 공중의 인식 및 구매 행동 등에 영향을 주지만, 이는 CSA 동기 인식에 따라 달라질 수 있다. 또한 기업-개인 간 이슈에 대한 의견의 일치 여부나 가치 일치성(consumer-company congruence)을 중요한 요인으로 고려하여 검증하고 있다. 연구 결과들은 개인-기업 간 의견의 일치 여부나 가치 일치성이 기업 명성이나 구매 의도 등에 영향을 주는 가장 주요한 요인 중 하나임을 보여준다(Dodd and Supa, 2014, 2015; Hong and Li, 2020; 조수영·신별, 2021b; 신별·조수영, 2021). CSA에 대응할 수 있는 전략 마련을 위해 공중 세분화를 시도한 홍과 리(Hong and Li, 2020)의 연구에서도 응답자들은 자신과 유사한 가치와 정체성을 가진 기업의 명성을 더욱 긍정적으로 평가했으며, 그 기업의 제품 및 서비스를 이용할 것이라고 응답했다. 흥미로운 점은 선행 연구들은 공중이 CSA 이슈에 반대하거나 기업에 부정적 태도를 보일 때 더 적극적인 행동이 발현되는 것을 발견했다. 대부분의 선행 연구 결과들은 CSA의 개념적 특성과 부합하는 결과들을 제시하며, 더불어 CSA가 기업에 경제적 이윤을 가져다주고 소비자 충성도를 높이는 데 도움이 될 가능성을 제기하고 있다.

4) 기업 CSA를 위한 제언

최근 몇 년간 한국 사회에서는 여성 및 성소수자 인권, 소득 계층 양극화, 정치적 양극화로 인해 집단 간 갈등이 심화되고 있으나, 이러한 갈등 상황은 정부나 공적인 분야의 노력만으로 해결하기 어려운 부분이 있다. 커뮤니케이션 채널의 확대로 다양한 공중들이 정치사회적 문제에 목소리를 낼 수 있게 되었고 그중의 하나가 기업이다. 도드(Dodd, 2018)에 따르면, 공중은 기업에 인권, 노동, 환경과 같은 다양한 쟁점들에 관해 목소리를 내줄 것을 요구하고 있다. 전통적으로 정부나 시민단체의 일이라고 생각되던 것들을 기업에 기대하기 시작한 것이다(Dodd, 2018). 전 세계 3만 명이 넘는 사람들을 대상으로 한 에델만 2022년 신뢰도 조사에 따르면, 사람들은 정부(42점)나 NGO(57점)보다 기업(65점)을 사회적 문제 해결을 이끌 주체로 보고 있다(Edelman, 2022). CSA를 통해 기업은 정치사회적 매개체로서 공중에게 영향력을 행사하는 주체가 되어가고 있다(Heffron and Dodd, 2021).

한편으로는 기업이 CSR과 같은 사회공헌활동을 통해 사회적 책무를 다할 수 있는데 고객을 잃을 위험을 감수하면서까지 CSA를 할 필요가 있느냐는 의문을 제기할 수 있다. 도드와 수파(Dodd and Supa, 2015)는 CSA가 해당 이슈에 대해 반대하는 소비자들을 잃을 수 있는 위험을 내포하고 있으나 동시에 공중의 주의를 끌고 적극적으로 소통할 수 있는 전략적 소통 방법이 될 수 있다고 말한다. 또한 CSA를 통해 주요 사회적 이슈에 대한 민감성을 기를 수 있어 기업에 요구되는 이슈 관리 능력이 향상될 수 있다. 더불어 사회정치적 이슈에 입장을 밝힘으로써 무대응보다 경제적으로 이윤 창출 효과가 있을 수 있다는 점에서 기업의 홍보 마케팅의 수단으로 활용할 수도 있다(Dodd and Supa, 2014; Nalick et al., 2016). CSA는 단기간에 공중의 관심을 끌 수 있는 마케팅, 홍보 수단으로 이용될 수도 있지만 그보다는 기업과 공중 간의 장기적인 관계 유지와 형성을 위한 관점에서 접근할 필요가 있다. CSA는 CSR보다 공중의 능동적 행동을 이끌어내고 가치를 공유할 수 있는 면이 크기 때문에 기업이 나와 "같은 생각을 공유하는 같은 편"이라는 느낌을 줄 수 있다. CSA를 통해 평소 해당 이슈에 관심이 있던 공중이나 활동가를 기업의 새로운 이해관계자로 영입함으로써 자연스러운 PR 효과와 함께 장기적으로 기업의 재무적 성과 향상도 이룰 수 있다(Dodd and Supa, 2015). 특히 최근 부상하고 있는 윤리적 소비 트렌드 속에서 장기적으로 충성도 높은 고객을 유지할 가능성도 있다. 웨트스타인과 바우어(Wettstein and Baur, 2016)는 모든 기업이 가치중립적이지 않기 때문에 CSA로 인한 일부 공중의 소외는 새로운 현상이 아니며, 기업이 CSA를 통해 논쟁적인 이슈에 선제적으로 응답하는 것은 공중이 기업을 자발적으로 선택할 수 있는 정보를 제공하기 때문에 긍정적일 수 있다고 주장한다. Z세대를 대상으로 한 연구에 따르면, 참여자들은 대체로 기업 CSA를 긍정적으로 생각했으며, 일부 응답자들은 CSA가 중요한 사회적 이슈를 널리 알리고 공중의 대화를 촉발하는 등 정치사회적인 순기능을 한다고 응답했다(Coman, Yuan and Tsai, 2022).

미디어의 진화로 언론을 넘어 조직이 개별적으로 목소리를 내기 쉬운 미디어 환경이 되었고, 국내 공중들도 침묵하기보다는 자신의 주장을 적극적으로 개진하는 것에 점차 익숙해지고 있다. 이러한 변화를 고려한다면 우리 사회에서도 향후 CSA를 통해 기업이 같은 생각을 공유하는 공중들과 연대하는 현상을 더 많이 목격할 수 있을 것이다. CSA는 공중이 기업에 거는 기대에 대한 응답이자, 나아가 중요한 사회적 주체임에도 정치사회적 이슈에 침묵해 왔던 국내 기업의 사회 참여 영역을 넓히는 기회가 될 수 있다. CSA가 공중의 호응을 얻기 위해서는 개인-기업 간 이슈에 대한 의견 일치가 중요하기 때문에 기업은 공중이 관심을 가지고 있는 사회적 이슈가 무엇인지 지속적인 관심을 기울여야 할 것이다.

그러나 CSA가 기업이 충성도 높은 공중 집단을 형성하여 재정적, 정치적 이익을 도모하려는 이기적인 전략에 머물러서는 안 된다. 국대떡볶이 CEO의 조국 사태 비판 사례와 같이 단발성 정치적 이슈에 대한 비판적 발언은 높은 화제성을 가져올 수 있을지 모르나 동시에 공중에게 CSA 자체에 대한 부정적 태도를 발현시킬 수 있다. 기업 철학에 맞는 이슈를 중심으로 장기적인 견지에서 CSA를 실행한다면 CSA는 우리 사회의 담론을 다각화하는 데 기여할 수 있는 바람직한 사회 현상으로 자리 잡을 수 있다. 더불어 기업은 일부 공중들과의 입장 불일치에서 오는 부정적 반응을 감수해야 한다. 따라서 기업이 CSA를 표명할 때는 즉각적인 공중 반응이나 홍보 효과를 보기 위해서가 아닌, 일관적 행보를 통해 공중 및 이해관계자들과 지속적으로 커뮤니케이션하는 방식을 선택하는 것이 좋다. 유행에 편승하여 단기 여론몰이 수단으로 이용하거나 이슈에 대한 지속적인 헌신이 없는 CSA는 공중으로 하여금 동기의 진정성에 대한 의문을 품게 만들어 득보다는 실이 될 가능성이 있음을 인지해야 할 것이다. CSA가 기업의 마케팅 전략 도구가 아닌 기업이 시민사회의 중요한 일원으로서 역할을 하는 계기가 되고 민주주의 사회의 담론 다각화에 기여하기를 기대한다.

더불어, 그간 CSA 관련 연구들은 CSA가 기업에 가져올 수 있는 재정적 편익에 집중하고 있으며, CSA를 통해 이룰 수 있는 정치사회적 담화와 공중과의 상호작용 촉진에는 소홀했다. 이제 공익적 커뮤니케이션 차원에서 CSA의 정치사회적 효과에 집중된 연구도 필요한 시점이다. 예를 들어, CSA가 공중의 의견 표명을 독려하고 공론장 마련의 교두보 역할을 할 수 있는지 탐구될 필요가 있다.

5. 맺음말

우리나라에서는 PR(공중관계)이라는 용어보다는 알린다는 의미의 홍보라는 단어가 대중적으로 각인된 상황이기에 우리 대중들은 PR을 홍보와 동일시하는 경향이 있다. PR은 조직이 다양한 이해관계자와 상호 호혜적인 관계를 만들기 위해 행하는 전략적 커뮤니케이션 활동이다. CSR과 ESG, CSA는 모두 공중과 장기적이며 상호 호혜적인 커뮤니케이션을 형성하는 데 도움이 되는 기업의 사회적 책임 활동으로 PR의 핵심적인 개념을 잘 반영하고 있는 기업 활동이라고 할 수 있다. 그러한 측면에서 CSR, ESG, CSA는 PR 분야에서 연구되기에 적합한 주제라고 할 수 있다. CSR 관련 연구에 비해 아직까지 ESG, CSA는 많이 연구되지 않은 주제로, 향후 PR과 커뮤니케이션 학자들의 기여가 필요한 분야이다. 외국과 비교해 보았을 때 국내 공중들의 기업에 대한 신뢰도는 상당히 낮은 편이다. ESG와 CSA는 기업이 공중과의 장기적인 신뢰를 형성하는 기반을 마련할 수 있는 기회가 될 수 있다. 앞으로 ESG와 CSA의 적절한 활용을 통해 기업이 시민사회의 일원으로 사회에 더 기여하고 존경받는 기업으로 거듭날 수 있기를 바란다.

10장

팬데믹 시대 위험 커뮤니케이션의 교훈과 PR 커뮤니케이션의 방향성

공익 커뮤니케이션의 필요성에 대한 제안

김영욱(이화여자대학교 커뮤니케이션·미디어학부 교수)

1. 모든 것은 커뮤니케이션으로 통한다

팬데믹 시대를 맞아 위험 커뮤니케이션으로부터 우리가 배울 수 있는 것은 이기적인 사적 이익 추구로부터 우리 사회를 보호하기 위해서는 좀 더 공적으로 생각하고 공공의 이익을 도모하는 커뮤니케이션과 문제 해결 방법이 필요하다는 점이다. 팬데믹 시대가 우리에게 제시하는 미래 청사진은 두 가지이다. 각자도생의 길을 택해서 그나마 남아 있던 사회자본을 모두 무너뜨리고 본격적인 약육강식의 세계로 들어가거나 사회적 약자를 돌보면서 전체 사회가 진정한 공동체를 형성하려는 의지를 다지고, 시민이 참여하고, 공론의 장을 확장하는 민주주의 활동을 통해 함께 공공의 이익을 실현하는 사회를 만들어가는 것이다(Fuchs, 2020).

문제는 이번 코로나19 사태에서도 드러났지만, 우리 모두는 사회적인 쟁점에 대해서 다른 생각을 지니고 있으며, 이는 여러 가지 요인에 의해서 영향을 받는다는 점이다. 코로나19 사태를 예로 들면, 사회과학 분야만 하더라도 문제 해결을 위해서 고려해야 하는 요인은 엄청나다(Bavel et al., 2020). 예를 들어, 사람들은 위험을 인식하고 그 문제를 해결할 때, 공포 인식과 감정, 편견과 차별, 그룹 구성원 간의 응집력, 정부 및 제도에 대한 신뢰, 개인과 집단의 협력 의지, 가짜 뉴스(fake news)와 언론, 각종 헬스 커뮤니케이션 메시지, 사회규범, 사회 불평등, 문화, 정치적 성향, 개인적인 스트레스, 심리적인 건강, 사회적인 고립과 건강한 관계 유지 정도 등 개인, 사회, 조직, 문화적인 층위의 모든 방면에서 영향을 받는다. 이는 결국 모든 것이 커뮤니케이션 문제로 귀결됨을 보여준다. 사람들은 쟁점을 인식할 때 주관적인 태도를 보이기 때문에 각자 다른 생각으로 사안에 접근하게 되고, 이와 관련된 문제를 해결하기 위해서는 커뮤니케이션을 통해서 각기 다른 생각의 차이를 좁히고, 문제 해결을 위한 합의를 창출하는 수밖에 없다. 커뮤니케이션이 아니면 어떻게 이 어려운 문제를 풀 수 있겠는가?

팬데믹 시대에 위험 커뮤니케이션이 요구하는 난제들은 PR 커뮤니케이션에도 그대로 적용된다. 모두의 이기적인 선택이 사회의 혼란과 공동체의 붕괴를 초래하는 현실에서 PR 커뮤니케이션은 어떤 변화가 필요할지 고민해 볼 필요가 있다. PR 커뮤니케이션의 이론적인 발전도, PR 4모델, 우수 이론(excellence theory), 관계성 이론 등을 거치면서 자신의 이익과 사회의 이익에 조화를 이루어야 한다는 방향으로 발전해 왔지만, 실제로는 조직 중심적이라는 한계를 벗어나지 못하고 있다(김영욱, 2013; L'Etang et al., 2016; Roper, 2005). 따라서 조직을 중심에 두고 PR 커뮤니케이션 이론의 발전을 이루기보다는 사회 전체 차원에서 PR 커뮤니케이션의 역할과 조직과 전체 사회가 조화를 이룰 수 있는 PR 커뮤니케이션에 대해서 고민해 보아야 한다.

PR 커뮤니케이션에서도 이제는 공공이익(public interest) 혹은 공익 커뮤니케이션(public interest communication)이 강화될 수밖에 없다. 하지만 공공이익이라는 개념도 사람이나 조직에 따라 다르게 해석될 수 있기 때문에, 커뮤니케이션을 통해서 공공이익에 대한 합의를 이루어나가지 않으면 안 된다. 따라서 공익 커뮤니케이션은 공익에 대한 어떤 절대적인 기준을 세우고 그것을 지켜나가는 것이 아니라, 공익이 어떤 것인지에 대한 사회적인 합의를 필요로 하는 커뮤니케이션 행위가 된다(Johnston and Gulliver, 2022). 결국 공익 커뮤니케이션은 사회의 모든 이해당사자들이 자신의 담론을 자유롭게 개진하고, 상대방의 의견을 들으며, 합리적인 논의를 통해서 서로 간에 이해의 폭을 넓혀가는 담론의 장(discourse arenas)이라고 할 수 있다(Heath and Waymer, 2019). 이러한 담론의 장은 결국 공공의 이익에 대한 견해가 서로 치열하게 공개적으로, 그렇지만 이성적으로 부딪히는 아고라를 의미한다.

이러한 경쟁은 자유주의에서 이야기하는 시장의 경쟁을 의미하지는 않는다. 다원주의적인 자유주의는 의견의 시장(marketplace of ideas)에 모든 것을 맡겨두면 경쟁을 거쳐 제일 나은 사상이 자연스럽게 떠오른다고 보았지만, 이것은 권력의 불균형을 무시한 자유주의의 오류를 그대로 보여준다. 공익을 위하는 커뮤니케이션은 사회적으로 힘이 약한 사람이나 조직도 자유롭게 동등한 입장에서 자신의 견해를 이야기할 수 있고, 어떤 두려움이나 압력 없이 자신의 의사를 표현할 수 있는 의사소통 행위를 의미한다. 이를 위해서는 당연히 어떤 커뮤니케이션 규범이 필요할 수 있고, 자유롭고 평등한 공론의 장을 위한 이론적인 논의가 이루어질 필요가 있다. 따라서 PR 커뮤니케이션의 이론적인 발전의 방향성도 하버마스(Habermas) 차원의 이상적인 커뮤니케이션 상황(ideal communication situations)과 무페(Mouffe)식의 논쟁적인 민주주의(agnostic democracy)가 통합적으로 작용하는 어떤 지점에 있다. 단순히 과정상의 커뮤니케이션 규범을 지킨다고 해서 사회적인 합의를 이루는 문제를 해결할 수 없고, 소수의 의견을 포함해서 논쟁적인 쟁점들을 자유롭게 난상 토론하는 공론의 장을 만들고, 그로부터 토론의 건강성을 회복하고, 완전하지는 않지만 서로에게 통용될 수 있는 임시적인 합의를 이끌어낼 수 있다면, 조직과 사회 모두의 지속가능한 공존과 발전을 도모해 볼 수 있다. 결국 PR 커뮤니케이션의 발전 방향성은 사적 이익으로부터 공익을 얼마나 실현하는 커뮤니케이션이 될 수 있느냐에 달려 있다.

이 장에서는 팬데믹 시대가 우리 사회에 초래한 영향력을 위험 커뮤니케이션의 관점에서 살펴보고, 위험 커뮤니케이션에서 얻은 교훈을 PR 커뮤니케이션의 미래 발전 방향과 연결해 보려고 한다. 이러한 진단을 바탕으로 결론적으로 앞으로 PR 커뮤니케이션이 어떻게 이론화를 이루어나가야 할 것인지에 대한 방향성을 제시한다.

2. 팬데믹과 위험 불통 사회의 이기적인 옹호자들

팬데믹 시대에 우리는 상상하지 못했던 많은 것을 경험했지만, 그중에서도 특히 우리 사회가 위험을 바라보는 시선이 모두 다를 수 있음을 경험한 것도 주목할 만한 일이다. 예를 들어 '과학 방역'이라는 말이 이번 정부 들어서 유행이지만, 누구도 과학 방역이 무엇을 의미하는지 모른 채 각자 유리한 방식으로 의미를 해석하고 있다. 어떤 사람은 과학 방역이 과학자가 중심이 되어 의사결정을 내리는 것이라고 하고, 혹자는 지난 정부 방역 정책을 도매금으로 비판하기 위한 의미 없는 마타도어라고 말하기도 한다. 실제로 팬데믹이라는 어마어마한 위험 속에서 사회 구성원들이 단합하는 모습을 보이기도 했지만, 여러 부문에서 반목하거나 새로운 갈등을 일으켰다. 이는 위험을 바라보는 시선이 다르기 때문이기도 하지만, 모두가 자신의 관점에서 유리하게 위험 현상을 해석하기 때문에 나타나는 것이다.

이러한 현상을 위험에 대한 이기적인 접근이라고 말할 수 있다(김영욱, 2021). 예를 들어, 언론은 팬데믹 상황에서도 클릭을 유도하는 기사에 집중하는 경향이 있다. 그러다 보니 공포를 과장하거나 사실 여부를 떠나 눈길을 끄는 정보에 관대해지게 된다. 이러한 현상은 기존 언론이 새로운 인터넷 유사 언론들과 경쟁하는 디지털 환경이 만들어지면서 더욱 심각해지는 경향을 보인다. 언론이 클릭 수에 민감하게 반응하다 보니 기존에 자신이 확보한 독자층의 마음을 잡으려는 경향도 더욱 짙어지게 된다. 언론이 정치적인 성향과 맹목적인 독자후견주의에 빠지게 되면, 더 자극적이고, 자신의 기사를 읽는 독자의 마음을 사로잡을 만한 기사에 집착하게 된다. 오정보(misinformation) 혹은 가짜 뉴스가 초미의 관심사가 되는 이유는 언론 시스템 자체가 이러한 가짜 정보에 이미 취약하다는 것을 방증한다. 언론이 공중보다는 자신의 이익을 위해서 일하는 한 위험 커뮤니케이션은 왜곡될 수밖에 없다.

위험 커뮤니케이션에 대한 이기적인 접근은 전문가들의 경우에도 다르지 않다. 전문가들은 자신들의 영역에서 담론의 권위를 세우려고 시도하는데, 이런 권위 세우기는 과학적인 담론과는 차이를 보이는 경우가 많다. 특히 팬데믹 상황에서 전문가들이 정치적인 성향과 결합하게 되면 사회적으로 부정적인 영향을 줄 수 있음이 여러 번 드러났다. 2020년 4월에는 정부가 의도적으로 코로나19 검사를 못 하게 막아서 확진자 수를 조작하고 있다는 주장이 언론을 통해서 제기되었는데, 이런 주장을 제기한 사람은 종합병원에 근무하는 전문의였다. 이 일은 의사의 양심선언이라는 형식으로 일부 언론의 주목을 끌기도 했는데, 결국 이 의사의 주장은 사실이 아님이 밝혀졌다. 전문가도 정치적인 성향으로부터 자유롭지 않음을 보여주는 예이다.

전문가들이 객관성을 잃는 또 다른 이유는 자신의 이해관계 때문이다. 이른바 전문가는 개인의 이익을 위해서 연구 결과를 발표하거나 과학적인 지식을 사용해서는 안 된다. 팬데믹 상황에서 불거졌던 남양유업의 불가리스 코로나19 억제 효과 논란은 전문가의 탈을 쓴 주장들이 얼마나 위험할 수 있는지 잘 보여주는 극단적인 예라고 할 수 있다. 많은 경우에 과학자를 포함한 전문가들은 연구비를 제공하는 사람이나 기관으로부터 자유로울 수 없고, 실제로 전체적인 맥락은 무시된 채 연구비를 제공하는 사람들의 입맛에 맞게 부분적인 해석을 내놓기도 한다. 꼭 조작이 아니더라도 전문가의 무시나 침묵이 사회적으로 엄청난 결과를 가져올 수 있음을 우리는 이미 가습기 살균제 사태로부터 배웠다.

위험과 정치의 관련성은 더욱 심각하다. 정치적인 이해당사자들이 위험을 어떻게 자신들의 정치적인 목적을 달성하기 위해서 이기적으로 사용하는지, 우리는 이미 수없이 경험했다. 팬데믹 상황에서 정치적인 양극화는 훨씬 더 심해졌다(Crimston and Selvanathan, 2020). 공포 관리 이론(terror management theory)에 따르면, 사람들은 공포감이 고조되었을 때 정치적으로 더욱 극단화하는 경향을 보이는데, 이는 공포를 유발하는 상황에서 같은 문화적인 세계관을 가진 사람들과 뭉치려는 경향이 더욱 강해지기 때문인 것으로 보인다(Pyszczynski, Solomon and Greenberg, 2015). 팬데믹 상황에서 사람들은 미래의 생존에 대한 불안감이 커질 수밖에 없고, 죽음에 대한 이러한 공포는 더욱더 자신이 속한 세계관에 의지하게 만든다. 그 결과, 마스크 착용을 둘러싼 논란, 동양인을 목표로 삼는 테러, 우리나라에서 벌어진 중국인에 대한 입국 금지 요구 등 과학적인 효용이나 검증된 사실과는 상관없이 자신이 속한 진영의 논리에 따라 팬데믹과 관련한 의사결정을 하려는 경우가 늘어나게 된다.

이러한 경향은 진보와 보수를 통틀어서 일어나는데, 보수의 경우에 좀 더 심해지는 것으로 나타난다(Jost, Nosek and Gosling, 2008). 이는 아무래도 보수의 경우 자신이 속한 체제를 유지하려는 경향이 좀 더 강하기 때문에 나타나는 현상으로 볼 수 있다. 우리나라의 경우에도 코로나19에 대한 행동 대응에서 보수의 경우에 좀 더 의견이 극단화되는 경향이 보였다(김영욱·김혜정, 2020). 정치인들은 이런 양극화 현상을 부추기거나 정치적인 이해관계에 맞추어 이용하는 경향을 보이는데, 팬데믹 시대에 대표적으로 주장되었던 '중국 눈치 보기' 프레임 같은 것이 전형적이라고 할 수 있다. 이렇게 위험이 정치적으로 이용되기 시작하면 사람들은 위험 메시지의 내용적인 측면보다는 누가 위험 메시지를 사용했는지에 주목하게 되고, 자신이 속한 진영의 결속에 도움이 되는 방향으로 의사결정을 하려는 경향을 보인다(Cohen, 2003). 이렇게 내려지는 의사결정은 맹목적일 가능성이 크고, 편견을 덧씌워 공론장의 합리성을 제거한다. 팬데믹과 정치적인 이기심이 맞물려 사회가 점점 더 양극화하고 있는 것이다.

위험을 둘러싼 비즈니스 세계의 이기적인 행동은 더욱 노골적이다. 최근 우리나라에서 언론에 새롭게 등장하는 위험을 꼽으라면 오존을 들 수 있는데, 이렇게 새롭게 등장하는 위험은 새로운 수요의 창출과 긴밀하게 연결되어 있다고 할 수 있다. 미세먼지가 사람들에게 공포의 대상이 되었을 때, 공기청정기, 진공청소기 등 '미세먼지 가전 4대 천왕'이 선풍적인 인기를 끌었던 경우가 이를 설명한다. 기업의 입장에서 TV, 냉장고 등 기존의 가전제품으로는 새로운 수요를 창출하기 어렵고, 진부해진 수요 패턴에 어떻게든 새로운 모멘텀을 만들어야 하는데, 여기에 위험만큼 좋은 재료도 없다. 바야흐로 사회에 위험이 찾아왔으니 이 상품을 통해서 위험에 대응하라는 것이다.

하지만 이러한 수요의 창출에는 두 가지 문제가 있다. 기본적으로는 이러한 위험 대응 상품의 안전성을 보장하기가 쉽지 않다는 점이다. 위험에 대응해서 급하게 상품화하는 경우가 많거나, 이익 창출을 위한 기업의 이기심이 작동하는 경우가 많아 안전성이 충분히 확보된 이후에 출시되는 경우가 드물기 때문이다. 이러한 현상은 위험이 연이어서 다른 측면으로 확산하는 속성을 자극하는 경향이 있는데, 이러한 위험의 재귀적 속성이 문제가 된 대표적인 사례가 가습기 살균제 사태이다. 위험을 막으려는 노력이 오히려 더 큰 위험으로 돌아오는 경우를 말한다. 앞서 말한 오존의 경우에도 가정에서 쓰는 오존 살균기가 유행한 적이 있는데, 그 유해성 때문에 사회적인 문제가 되기도 했다.

두 번째는 위험에 대한 개인적인 대응의 문제이다. 위험이 상업적으로 이용되는 맥락에서는 개인적인 결정의 문제를 교묘하게 자극한다. 개인이 좋은 결정을 하면 위험을 막을 수 있고, 나쁜 결정이나 무시하는 결정을 하면 위험에 빠질 수 있다는 것이다. 개인에게 원인을 돌리는 이런 추론은 결국 해당 상품을 쓰는 사람은 좋은 결정을 한 사람이고, 쓰지 않겠다고 결정한 사람은 위험에 기민하게 대처하지 못하는 나쁜 결정을 하는 사람이라고 결론을 내린다. 나쁜 결정을 하는 사람은 자신을 위태롭게 하기도 하지만, 주변의 가족들에게도 나쁜 영향을 줄 수 있다. 한마디로 게으르고, 무지하며, 대책 없는 사람이 되는 것이다. 개인에게서 원인을 찾는 이러한 추론의 문제점은 위험이 가지고 있는 사회구조적인 문제를 외면하게 만든다는 점이다. 예를 들어서, 미세먼지 문제를 해결하기 위해서 개인에게 원인을 돌리는 추론에만 매달리게 되면, 공기청정기를 사는 것이 합리적인 결정이지만 정작 사회적으로 미세먼지를 줄이기 위한 힘을 모으는 데는 도움이 되지 못한다. 문제를 근원적이고 구조적으로 해결해야 함에도 불구하고 개인에게 책임을 돌리고 사회적인 문제 해결을 외면하는 셈이다. 위험의 상업화는 사람들의 이기적인 위험 대응을 더욱 부추기게 된다.

위험은 본질적으로 인간이 가지는 기본적인 생존 욕구와 관련되어 있기 때문에 위험이 강조되는 상품은 그 위험에 대한 이해가 이루어지는 순간에 수요가 창출되는 특징을 지닌다. 하지만 현대 자본주의의 문제는 위험과 수요의 선후 관계가 뒤바뀔 수도 있다는 맹점에 있다. 위험하기 때문에 수요가 창출되는 것이 아니라, 수요를 창출하기 위해서 위험을 자극할 수도 있다는 말이다. 우리나라에서 코로나19 사태 이후로 미세먼지 공포가 어느 정도 진정되고 미세먼지 관련 상품에 대한 수요도 어느 정도 충족되었는데, 이런 상황이 지속되면 진부한 수요를 넘어서 새로운 수요를 창출하고자 하는 욕망이 고개를 들 수 있다. 이러한 이익 추구 욕망은 우리 사회에 새로운 위험을 제시할 가능성을 높인다. 획기적인 기술이나 혁신 없이도 새로운 위험은 얼마든지 새로운 수요를 만들어낸다. 어떤 특정 위험 이슈가 아니더라도 많은 기업의 제품 광고는 위험을 강조하는 것으로 시작한다. 위험이 비즈니스 세계에서는 이기적인 선택으로 작용하는 것이다.

사람들은 위험에 대해서 각각의 편견을 가진다. 그것은 전문적인 식견이 있는지의 문제를 넘어선다. 전문적인 식견이 있을 때는 그런 편견의 정도가 덜할 수는 있다. 하지만 전문가라고 해서 일반적으로 사람들이 가지는 편견을 넘어설 수 있다고 할 수는 없다. 사람들은 보통 위험을 예/아니요 시각에서 바라보기 때문에 위험의 발생 가능성이 매우 낮다고 해서 위험하지 않다고 생각하지 않는다. 사람들은 완벽하게 안전한 것을 선호한다. 그러다 보니 자신에게 유리한 방향으로, 자신에게 좀 더 안전한 방향으로만 행동하려는 경향을 보인다. 전문가들이 어떤 허용치를 가지고 위험에 관해서 이야기하더라도 일반 사람들은 그런 허용치보다는 자신에게 위험할 가능성이 있는지를 더 깊이 생각한다. 팬데믹 상황에서 백신 접종은 사회 구성원 대부분이 백신 접종을 마쳤을 때 집단면역 효과가 생긴다. 하지만 백신 접종의 부작용에 관한 기사를 읽게 되면, 허용 수준보다는 내가 위험에 빠질 가능성이 있는지를 기준으로 판단하게 된다. 일반인들이 미디어에 과잉 의존하는 현상을 생각한다면 위험의 불확실성이 상존하는 백신 접종과 같은 이슈는 사람들로 하여금 이기적인 의사결정을 내리도록 자극할 가능성이 크다.

팬데믹 상황에서 우리가 알 수 있었던 것은 위험을 보는 시각은 이해당사자에 따라, 사회적인 역할에 따라 모두 다를 수 있으며, 이러한 다양한 시각을 사회적인 시선에서 모으고, 문제 해결을 위한 합의를 이루어나가는 커뮤니케이션의 역할이 무엇보다도 중요하다는 점이다. 결국 위험은 불확실성에 기초하며, 이러한 불확실성이 존재하는 한 권위를 가진 한쪽의 주장만으로 문제 해결을 도모하기는 불가능하다. 불확실성은 데이터가 너무 없기 때문에 생기기도 하지만, 너무 많은 데이터를 가지고 있어서 다른 주장을 하는 사람들이 대립할 때도 생긴다(Brugnach et al., 2008). 하지만 우리 사회가 위험에 대한 합의를 이루는 방식은 매우 서투르고 거칠다. 특히 언론은 위험 사안과 관련하여 우리 사회가 합의를 창출하는 데 도움을 주기보다는 오히려 더 정파적인 사안으로 문제를 축소하거나 흥밋거리로 전락시킴으로써 이성적인 논의를 불가능하게 만드는 데 일조하는 경향이 있다. 팬데믹이 위험 불통 사회라는 우리의 문제점을 더욱 심화시켰다는 데는 이견의 여지가 없다. 이러한 문제점은 조직의 이기적인 결정과 관련된 PR 커뮤니케이션의 근본적인 문제와도 연결된다. 이러한 문제를 해결하기 위해서는 지금까지 위험 커뮤니케이션이 쌓아온 성과 속에서 무언가 현실을 보는 눈과 문제 해결을 위한 교훈을 얻어야 한다.

3. 위험 커뮤니케이션에서 배운 것

우리 사회에 위험 커뮤니케이션이 필요한 이유는 위험에 대한 사람들의 인식이 모두 제각각이기 때문이다. 위험은 일어날 가능성과 충격의 크기를 곱해서 객관적으로 산출해 내는 대상이 아니라, 사람들의 머릿속에서 주관적으로 형성된다(Slovic, 1987). 어떤 위험은 사회적인 영향력이 클 수 있지만 축소되기도 하고, 어떤 위험은 실제로 지닌 속성과 상관없이 사회적으로 확산하기도 한다. 예를 들어, 미세먼지가 위험하게 느껴지는 것은 불확실성으로 인해서 결과를 예측하기 힘들고, 미래 세대에 미치는 영향을 가늠하기가 힘들기 때문이다. 하지만 미세먼지에 대한 위험 인식도 코로나19 위험이 발생하면서 약간 시들해졌다. 위험은 맥락에 따라 다르게 인식되기 때문이다. 사망률, 사고율 같은 구체적인 위험 분석 수치와 상관없이 위험과 관련하여 사람들이 느끼는 주관적인 인식은 제각각이다. 만약 코로나19 백신에 대한 사람들의 위험 인식이 객관적인 수치에 의해서 정해질 수 있다면, 백신과 관련하여 이렇게 많은 사회적인 논란이 만들어지지 않았을 것이다. 이런 이유 때문에 위험 커뮤니케이션의 중요성이 부상하게 된다. 위험에 대해서 사회 구성원들이 모두 다르게 인식한다면, 위험 문제를 풀기 위해서는 커뮤니케이션을 통해서 사회적인 지혜를 모으고, 위험 문제 해결을 위한 합의를 창출해 나가야 한다. 이러한 위험 커뮤니케이션의 중요성은 실제로 PR

커뮤니케이션의 이론적인 발전과 직접적으로 연결되는 측면이 많다.

사람들은 어떤 이슈를 바라볼 때 자신의 시선과 처한 상황에서 바라본다. 이것은 PR 커뮤니케이션에서 조직과 공중의 시선이 다르고, 공중들 간의 성향이 다르기 때문에 커뮤니케이션 메시지 전략의 효과가 목표 공중별로 달라진다는 주장과도 일맥상통하는 점이 있다. 이러한 사람들의 위험에 대한 다른 인식은 크게 보면 묘사(description)와 경험(experience)의 차이에서 기인하는 경우가 많다(Hertwig and Erev, 2009). 묘사는 주어진 정보와 설명에 기반해 전체적으로 상황을 파악하는 것이고, 경험은 개인이 직접적으로 경험하고 느끼는 상황 파악 능력을 의미한다. 예를 들어, 언론보도에서는 코로나19의 위험성이 현저하게 높아지고 있으며 사회적 거리두기가 꼭 필요하다고 주장하더라도, 주변에서 방역 지침을 지키지 않고 자유롭게 생활하면서 코로나19에 걸리지 않거나 걸리더라도 큰 어려움 없이 넘어가는 사람을 본다면 개인들은 사회적 거리두기의 필요성에 대해서 의문을 가질 수밖에 없다. 그만큼 사람들이 개인적으로 직접 경험하는 것의 영향력은 크다. 코로나19 백신 접종에서 이런 현상들이 많이 일어나는데, 정부는 매우 낮은 비율의 접종 부작용 사례를 묘사하면서 백신 접종이 안전하다고 시민들에게 홍보하지만, 시민 개개인은 자기 경험이나 주위의 경험 사례를 참조해서 지극히 개인적인 결정을 하는 경우가 많다.

물론 위험 판단이 꼭 경험에 의해서만 이루어지는 것은 아니다. 때로는 언론에서 보도하는 위험에 대한 묘사가 자기 경험보다 더 과장되어 위험을 증폭시키는 경우도 많다. 대표적인 것이 코로나19 백신 부작용과 관련한 공포 조장 기사이다. 언론이 어떤 사례를 통해서 백신 공포를 조장하게 되면, 사람들은 이러한 묘사를 전체적인 것으로 받아들이게 되고, 백신에 대한 자신의 신념을 스스로 형성한다. 이러한 언론의 부작용은 예시 이론(exemplification theory)으로도 설명할 수 있는데, 잘못된 예시가 잘못된 상황 판단으로 이어지는 경우를 말한다. 대체로 사람들은 경험에 의해서 위험을 바라볼 때는 예외적으로 일어난 상황에 대해서는 무시하는 경향이 있는 반면, 묘사에 의해서 위험을 바라볼 때는 예외적인 상황을 침소봉대하는 경향이 있다. 예를 들어, 들에서 살인 진드기에 걸린 사례 기사가 나오면, 들에서 시간을 보내는 것이 '살인적으로' 위험할 수 있다고 판단하는 식이다.

사실 묘사는 정부나 언론이 과장된 정보를 자제하고 바른 정보를 전달하려는 노력을 함으로써 많은 부분 개선될 수 있다. 묘사는 그 자체가 메시지의 질과 관련되기 때문에 정보 수집 및 처리, 전문가 합의 및 정제를 통해서 양질의 정보를 생산해 낼 수 있다. 언론도 직업 전문성(professionalism)을 확보하려는 노력의 일환으로 바른 정보원의 확보와 배분에 신중을 기하고, 사실성과 공정성에 대한 기준을 지키려고 한다면 좋은 정보는 얼마든지 유통될 수 있다. 하지만 사람들 각자가 겪는 경험은 조직이나 정보를 제공하는 사람들이 통제할 수 없는 영역이다. 코로나19 사태에서도 많이 겪었던 일이지만, 사람들은 정부의 발표나 언론의 분석을 따르기보다는 자신의 주변에서 일어나는 일에 더 의존하려는 경향이 있다. 이렇게 개인이 겪는 위험에 대한 경험은 확률적인 중요성을 가질 수 없기 때문에 의사결정에 절대적으로 적용해서는 안 된다.

하지만 사람들의 경험 의존이 현실이라는 것을 인정하지 않고는 위험 문제 해결이 어렵다. 정부의 대국민 커뮤니케이션 노력을 포함해서 대부분의 PR 커뮤니케이션도 공중들의 경험을 고려해야 한다. 모든 사람들은 자신만의 편견으로 무장하고 있고, 어떤 조직이 보내는 묘사된 정보를 자신의 경험 논리로 무너뜨릴 수 있음을 인정할 필요가 있다. 하지만 대부분의 조직은 이런 개인적인 경험이나 맥락을 고려하지 않고, 메시지의 질이나 창의성으로 승부하려는 경향을 보인다. 이러한 메시지는 실패할 수밖에 없다. 좋은 메시지는 더 좋은 반발 논리를 만들어내는 경우가 많다. 자신의 경험이

전부가 아니고, 자신보다는 대의를 위해 사회 전체를 생각해야 할 필요가 있으며, 경험에 기반한 인식을 바로 내치기보다는 다른 차원에서 생각해 볼 기회를 만들어주는 등의 노력이 필요하다. 이는 물론 쉬운 작업이 아니다. 어쩌면 이것은 조직이 조직 중심적인 사고에서 벗어나서 공중을 좀 더 이해하려는 노력, 즉 공중 중심의 커뮤니케이션 패러다임으로 바꾸려는 시도와 맞닿아 있다. 이는 실무적인 차원에 머물기보다는 한층 더 나아가 조직 차원의 철학적인 성찰을 요구하는 사안이기도 하다.

위험은 사회적으로 확산하기도 하고 축소되기도 한다. 이는 위험의 주관성과 직접적으로 연결되는데, 그 사회가 수용하는 위험의 여부는 그 사회 구성원이 정의하고 구축해 온 위험 환경 정의에 많은 부분 영향을 받는다. 예를 들어, 우리 사회에서 살충제 달걀은 엄청난 위험이지만, 서구에서 '침묵의 살인자'라고도 불리는 라돈(radon)의 경우는 위험성이 간과되는 경향이 있다. 그 사회 구성원들은 자신들의 위험 맥락을 스스로 구축하려는 경향이 있으며, 이는 크게 두 가지에 의해서 영향을 받는데, 그것은 정보와 관련된 측면과 수용 반응과 관련한 측면이다(Kasperson et al., 1988). 즉 어떤 정보가 주어지고, 그것을 받아들이는 사람이 어떤 반응을 보이는지에 따라 위험의 사회적인 확산이 결정된다.

정보와 관련된 측면, 즉 정보 메커니즘에는 여러 가지 요소들이 작용하는데, 직접적으로 경험하는 것도 있고 간접적으로 알게 되는 것도 있다. 간접적으로 경험하게 되는 것은 여러 유형의 미디어가 가지는 영향력을 대표적으로 꼽을 수 있는데, 무엇보다도 언론보도의 영향력을 빼놓고 이야기하기는 어렵다. 의제 설정 이론(agenda setting theory)에서도 밝혔듯이, 아무래도 많은 양의 보도가 이루어지면, 사람들은 그러한 위험이 가장 중요한 의제라고 믿게 된다. 이러한 보도는 대부분 눈에 잘 띄는 상징적이고 직관적인 기호를 장착하고 있을 뿐만 아니라 그 자체로 드라마틱한 속성들을 갖추고 있다. 코로나19도 여러 차례 대유행을 경험했는데, 실제 사람들의 기억에 가장 뚜렷하게 남아 있고 위험성이 사회적으로 가장 확산했던 때는 신천지발 대구-경북 집단 감염이 일어났던 1차 대유행이었다. 이 대유행이 가장 뇌리에 남는 이유는 신천지라는 기호가 분명하게 작용했고, 사이비종교와 팬데믹의 만남이라는 드라마적인 요소가 갖추어졌기 때문이다. 또한 갈등의 존재는 확실히 위험을 증폭시키는 작용을 한다. 코로나19 상황에서 만들어진 갈등 상황은 불확실성을 크게 하고 위험 인식을 높이는 작용을 했다. 예를 들어, 마스크 착용의 효과에 대한 갈등이나 백신의 효과성에 대한 서로 다른 주장들은 코로나19에 대한 위험성을 크게 하는 데 한몫을 담당했다. 디지털 환경으로 바뀌면서 더 문제가 되는 것은 이러한 정보 메커니즘의 요소들이 언론의 일상적인 마케팅 전략으로 자리 잡았다는 점이다. 언론의 입장에서는 수용자의 주목을 끌고 클릭을 유도함으로써 수익을 창출할 수 있게 됨에 따라, 좀 더 주목을 끌 수 있는 자극적인 기사, 부정적인 기사, 가짜와 진짜를 구별하지 못하는 뉴스에 매달리게 되는 경향이 생겼다. 이는 정보 메커니즘을 더욱더 왜곡시킬 가능성이 크다.

메시지 수용자가 정보에 반응하는 정도 역시 위험의 사회적인 확산에 영향을 미친다. 정보의 내용도 중요하지만 그것을 받아들이는 사람들과 조응하는 정도도 영향을 미친다. 사회 정체성 이론(social identity theory)에 따르면 사람들은 무리를 지어서 집단을 만드는 경향이 있으며, 내가 속한 집단에 대해서는 호의적인 평가를 하고 내가 속하지 않은 집단에는 비판적인 태도를 보임으로써 자신의 정체성을 유지하려는 경향을 보인다(Tajfel, 1978). 어떤 가치를 가지고 있으며, 어떤 집단에 속해서 집단 이데올로기 차원의 해석을 하는지는 개인의 위험 판단에 심대한 영향을 미친다. 이렇게 되면 어떤 정보인지는 중요하지 않고, 누가 말했고, 그 사람이 나와 이데올로기를 공유하는 사람인지 아닌지가 더 중요한 판단 요소가 된다(Cohen, 2003).

코로나19와 관련한 메시지에 대해서도 정치적인 성향에 따라 자기 생각을 잘 반영하는 정보에 선택적으로 접근하고, 그러한 행위가 의견을 더욱 양극화시키는 것으로 나타났다(김영욱·김혜정, 2020). 이러한 경향은 백신 관련 메시지에서도 메시지의 내용과는 상관없이 자신이 지지하는 정당의 메시지에 맹목적으로 지지 의사를 표명하는 경우로 일부 나타났다(김영욱·김혜정·소담이, 2022).

정치적인 판단이 위험 정보의 수용에 영향을 미치는 경우는 보수의 경우에 더 많이 나타나는데, 이는 보수적인 성향을 지닌 사람들이 체제를 유지하려는 속성을 가지기 때문이다(Jost, Nosek and Gosling, 2008). 하지만 여기서 보수와 진보의 차이를 이야기하는 것은 중요하지 않고, 일반적으로 정치적인 성향이 정보 선택과 해석 과정에서 왜곡을 만들어내며, 이것이 위험의 사회적인 확산을 결정한다고 보는 것이 중요하다. 이런 경향은 결국 위험이 자신이 속한 집단을 옹호하고 자신과 반대편의 집단을 공격하기 위한 수단으로 작용하게 만듦으로써, 사회적인 낙인(stigma)과 같은 공동체 조화에 부작용으로 작용할 가능성을 높인다. 이런 현상은 팬데믹을 겪으면서 우리 사회가 보수와 진보로 나뉘고, 중국에 대한 막연한 혐오를 부추긴 것과도 밀접한 관련이 있다.

이처럼 위험이 사회적으로 확산하는 과정에서 사람들의 주관적인 위험인식이 중요한 요소로 작용한다. 팬데믹 상황에서 위험이 확산하는 과정에서도 드러났듯이, 위험의 사회적인 확산은 잘못된 정보와 편견에 사로잡힌 수용자들이 실제적인 문제 해결을 등한시함으로써 발생한다. 제각기 다른 동기 요인과 의도를 가진 정보 메커니즘과 그것을 받아들이는 사람들의 편견이 상승 작용을 하면서, 위험은 사회적인 문제 해결의 대상이 아니라 기존의 문제를 더욱 심화시키는 맥락으로 작용한다. 따라서 이런 상황을 고려한다면, 위험 커뮤니케이션의 목표는 정파적인 목적을 강화하거나 기존에 신봉해 오던 조직의 가치를 유지하기 위한 것이 아니라, 위험이 사회 전체의 문제이고 함께 문제를 풀지 않는다면 위험 문제를 해결할 수 없다는 것을 주지시키는 것이다. 위험 커뮤니케이션에서 시민의 참여는 필수적이다. 언론이 자극적인 기사, 클릭을 유도하는 기사에 매달린다면, 그것에 대한 비판적인 시각을 유지하면서 시민 스스로 대안 미디어를 형성해 가는 것도 한 방법이다. 또한 많은 위험 사안이 공유재(common pool resource) 문제와 연결되기 때문에 개인 단위에서는 자신의 이익만을 생각하는 경향이 있다. 따라서 함께 힘을 합쳐서 위험 문제를 풀 수 있다는 집단적인 효능감(collective efficacy)이 떨어질 수밖에 없다. 여기에 정치적인 성향이나 평소 신봉해 오던 가치의 문제가 결부되면 집단적인 효능감은 더 곤두박질친다. 대표적인 사례가 기후변화 위험이다. 모두 어느 정도 우려하는 마음은 있지만, 함께 집단적으로 힘을 합쳐서 문제를 해결해 나가자는 측면에서는 사회 구성원들의 힘을 모으기가 힘들다.

위험의 사회적인 확산이 자극적인 정보를 통해 이익을 창출하기 위한 정보 전달 수단들에 의해 좌우되고, 그러한 정보를 수용하는 사람들의 편견과 조우하여 사회적인 양극화를 부추기는 현실은 분명 큰 딜레마이다. 따라서 기존 위험의 사회적인 확산 과정에서 교훈을 얻어서, 합리적으로 위험을 관리할 수 있도록 사회 구성원들의 지혜를 모으는 과정을 지금부터라도 구축할 필요가 있다. 사회문제를 해결하기 위해 시민을 수동적인 커뮤니케이션의 대상으로 치부할 것이 아니라 시민의 참여를 적극적으로 북돋우는 방향으로 위험 커뮤니케이션이 이루어질 필요가 있다. 이는 PR 커뮤니케이션에도 그대로 적용되는데, 정보를 전달하는 과정이 조직 중심적인 판단으로 이루어지거나 공중의 인식 수준과 가치 판단을 고려하지 않는 커뮤니케이션이 된다면, 그러한 커뮤니케이션 활동은 실패할 수밖에 없다. 또한 사회 전체적인 이익을 고려하지 않고 단기적인 이익 창출에 급급한 커뮤니케이션 활동은 위험을 사회적으로 확산할 뿐 문제 해결에 도움을 주지 못한다.

시민의 참여를 진작하고 위험 문제 해결에 능동적인 시민을 양성하는 문제는 과학을 보는 시각과 밀접하게 연결되어 있다. 과학은 과학자들이 독점하는 세계였다가 점차 시민의 영역으로 확대되었다(Irwin, 1995). 과학이 과학자들의 독점에서 벗어나서 새로운 지식 생산 방법과 연관되어 논의되는 것은 과학 지식 생산에서 시민이 독립적인 한 축을 담당할 수 있음을 의미한다. 실제로 실험실 연구만으로 알 수 없는 많은 경험 지식들이 과학의 지식 축적에 기여해 왔다. 하지만 우리나라는 이런 시대적인 조류에 역행하는 행태를 보이는 경우가 많다. 코로나19 상황에서도 시민이 경험하고, 시민의 일상에서 느끼는 것은 무시되고, 오직 과학자나 전문가의 담론만이 존중받는 상황이 이어지고 있다. 과학 방역이라는 정의되기 힘든 기호가 위험 커뮤니케이션을 장악하면서 마치 시민의 경험과 지혜는 비과학적인 무지의 산물로 치부되는 경향이 농후해졌다.

하지만 불확실한 위험인 코로나19는 전문가 집단이 모든 것을 판단할 수 있도록 축적된 지식도 없을 뿐만 아니라 전문가 사이에서도 일치된 의견을 가지기 힘든 해결하기 어려운 사악한 문제(wicked problems)이다. 이런 문제를 해결하기 위해서는 전문가들과 일반인들이 지역적인 조합(local assemblage)을 이루어 지역 단위에서 공동으로 문제를 해결하려는 노력을 기울일 필요가 있다(Bonney et al., 2014). 정부가 시민의 역할을 축소하고, 전문가에 과도하게 의존하면서 일방적으로 커뮤니케이션하는 형태는 현대 과학의 패러다임과도 맞지 않는다. 따라서 과학 커뮤니케이션도 단순히 지식의 결핍을 채워주거나 과학에 대한 사람들의 태도를 변화시키는 차원에서, 시민이 과학의 문제에 직접 참여해서 전문가와 함께 문제를 풀어나가는 사회 속의 과학(science-in-society) 커뮤니케이션 개념으로 정착되고 있다(Bauer, 2009). 보건 커뮤니케이션에서도 근본 원인 이론(fundamental cause theory)을 들면서, 개인보다는 구조적 문제를 바꾸는 것이 보건 문제에 더 필요하다는 주장을 내놓고 있다(Phelan and Link, 2013). 구조적 문제를 바꾸려면 시민이 배제되는 것이 아니라 반드시 적극적으로 참여해야 하고, 이를 위해서는 전문가 의존에서 벗어나는 것이 중요하다. 위험 커뮤니케이션 문제도 마찬가지이다.

최근에 기후변화와 관련한 커뮤니케이션도 단순한 설득에서 사회적인 동원을 거쳐, 숙의를 통한 문제 해결로 강조점이 이동되는 경향을 보이고 있다(Johnson, 2012). 기후변화의 문제도 위험의 전개 방향에 대한 불확실성이 클 뿐만 아니라, 위험에 대한 정치적인 영향력, 사회 갈등으로부터 자유롭지 못한 의제이다. 이러한 의제는 단순히 에너지 사용 방법을 바꾸고 변화에 적응하는 방법을 설득한다고 해서 문제가 풀릴 수 없다. 다양한 가치관과 문화적인 성향을 지닌 사회 구성원들을 일률적으로 설득할 수 있는 커뮤니케이션 기준이라는 것은 애당초 존재하지 않는다. 그렇다고 한꺼번에 많은 사람을 동원한다고 해서 서로 다른 가치관과 성향의 문제가 풀릴 수도 없다. 결국 기후변화를 해결하는 것은 문제를 파악하고 해결점을 찾아내는 과정에서 시민의 참여와 숙의를 바탕으로 사회적인 합의를 이루어내는 수밖에 없다.

위험 커뮤니케이션도 불확실성, 사회경제적으로 처한 상황, 위험 인식의 주관성, 개인의 가치관과 문화적인 성향 등에서 기후변화 커뮤니케이션과 비슷한 상황이라고 할 수 있다. 하지만 현실 세계 속 대부분의 위험 커뮤니케이션은 전문가에 과도하게 의존하거나 숫자나 통계치를 나열하는 수준을 벗어나지 못하고 있다. 팬데믹 상황에서도 확진자 수와 치명률이 밝혀진다고 해서 사회적인 거리두기에 대한 정확한 해법을 찾을 수 있는 것이 아니다. 결국 사회적인 거리두기는 과학의 영역이라기보다는 사회적인 합의의 영역이다. 공론의 장에서 다른 사람들의 입장을 이해하고, 이데올로기 차원의 편견을 걷어내는 과정을 거칠 때 거리두기에 대한 사회적인 합의와 고통 분담의 정도에 대한 상호 이해가 이루어질 수 있다. 전문가들의 전문적인 식견은 이러한 사회적인 합의 과정에 필요한 지식을 투입하고, 과학적인 결과에 반하는 논의가 이루어지지 않도록 어느 정도의 경계를 그어주는 역할에 그치는 것이 좋다. 이러한 위험 커뮤니케이션의 숙의 절차 강조는 PR 커뮤니케이션에도 많은 함의를 준다. PR 커뮤니케이션도 조직의 입장에서 공중을 대상으로 일방적으로 커뮤니케이션하는 것이 아니라 시민의 참여와 사회 구성원 간의 합의를 이끄는 방향으로 커뮤니케이션의 강조점을 옮겨 가는 것이 무엇보다 중요하다.

공중들의 위험 인식을 이해하지 못하고, 위험의 사회적인 확산이 이해당사자의 이기적인 목적을 위해서 이용되고, 과학을 시민의 품으로 돌려주지 못하는 위험 커뮤니케이션은 실패할 수밖에 없다. 이는 PR 커뮤니케이션에도 그대로 적용된다. 조직 중심의 사고 체계에 빠져서 일방적으로 설득하는 메시지에 의존하거나, 시민의 참여와 상관없이 조직이 좋은 평판(reputation)을 쌓기 위해 스스로 노력해 나가기만 하면 문제는 자연스럽게 해결된다는 시각으로는, 디지털 환경으로 빠르게 변화하는 시대의 요구를 따라잡기 어렵다. 어떤 합의된 기준에 의해서 평가될 수 있는 조직의 규범이나 행동 지침이라는 것은 있을 수 없으며, 사회적인 가치에 대한 신념도 개인이나 조직에 따라 상이하기 때문에, 우수 이론식의 규범적으로 적용되는 대이론으로는 PR 커뮤니케이션이 맞닥뜨린 환경에 적응하기는 어렵다.

디지털 환경에서 중요한 것은 공익에 대한 사람들의 인식이 모두 다를 수 있음을 인정하는 것이며, 이러한 가치와 신념의 차이를 공론의 장을 통해 논의하고 합의를 이루어내는 것이다. 결국 이것은 공중들의 가치와 신념이 다름을 인정하면서, 위험 문제를 해결하기 위해 시민의 참여를 이끌어내는 것이 무엇보다도 중요하다는 팬데믹 시대 위험 커뮤니케이션의 교훈과 일치한다. 이러한 위험 커뮤니케이션으로부터 얻은 교훈은 결국 조직 차원의 이익 창출에 민감하게 반응하는 디지털 미디어 환경의 맹점에 기민하게 대응하면서, 조직 중심에서 벗어나서 사회 차원에서 문제를 해결하기 위한 커뮤니케이션, 공익의 다양성을 인정하는 커뮤니케이션, 시민의 참여를 통한 사회적인 합의를 이루어내는 커뮤니케이션이 앞으로 PR 커뮤니케이션의 중심 주제가 되어야 함을 의미한다.

4. 팬데믹 시대 PR 커뮤니케이션의 고민과 돌파구

디지털 미디어 시대는 주목(attention)을 중심으로 재편된다(Bueno, 2017). 하지만 디지털 미디어 시대의 주목은 그 대상이 넘쳐나기 때문에 감각 밀도가 저하되면서 관계를 피상적으로 변화시키는 경향이 있다. 이는 정보와 주목의 역설이라고 할 수 있는데, 주목하면 할수록 콘텐츠에 집중하지 않고, 생각과 철학은 더욱 빈곤해지는 현상들을 의미한다. 따라서 감각적이고 즉각적으로 소비가 가능한 콘텐츠에만 주목하는 현상들이 나타남에 따라 PR 커뮤니케이션 환경도 급변하고 있다. 공중들이 어떤 의제에 집중해서 형성되고, 커뮤니케이션 활동을 통해서 문제를 풀어가기보다는 자기 취향에 따라 일회성으로 미디어를 소비하고, 반향실(eco-chamber)을 통해서 자기가 가진 생각을 강화하고 정치적으로 양극화되는 경향이 뚜렷해지고 있다. 이제 디지털 미디어 환경이 불확실성과 조우하면서 정보의 선택적인 접근을 부추기고 이념적인 양극화를 심화시키는 현상은 일반적이다(Bakshy, Messing and Admic, 2015; Spohr, 2017).

코로나19 팬데믹 시대에는 불확실성이 정점에 이르게 되고, 이는 개인들이 공포를 이겨낼 방법으로 자신과 문화적인 세계관이 비슷한 사람에게 의존하는 경향을 심화시킨다. 따라서 각 개인이 미디어 콘텐츠를 자신의 기존 생각에 정렬시켜서 정치적으로 소비하고, 선택적으로 뉴스를 소비함으로써 의견이 극단화되는 현상은 심각한 사회문제가 되고 있다(Hart, Chinn and Soroka, 2020). 디지털 미디어 시대의 특성은 이러한 현상을 부추기는 경향이 있는데, 미디어 또한 생존을 위해서 클릭을 유도하는 콘텐츠에 매달릴 수밖에 없게 되고, 클릭 수를 유도할 수 있다면 뉴스의 사실 여부를 별로 중요하게 생각하지 않게 된다. 코로나19와 관련된 가짜 뉴스와 인포데믹(infodemic)이 중요한 연구 주제로 등장한 것은 시사하는 바가 크다(Rocha et al., 2021). 디지털 미디어와 팬데믹이 만나는 교차로는 자신의 상업적인 목적을 위해서 정보의 사실성을 무시하는 다양한 미디어와 자신의 사회적인 정체성을 강화하기 위해서 선택적인 노출을 마다하지 않는 수용자들이 만나는 전대미문의 환경을 만들어낸다. 이런 환경에서 PR 커뮤니케이션이 어떻게 균형을 잡아야 할 것인지는 사회적으로 도움이 되는 조직 옹호 활동을 위해서 현실적인 기준을 세우려고 노력해 온 PR 커뮤니케이션의 이론화에 가장 큰 숙제가 되고 있다.

사실상 커뮤니케이션 활동에서 사용되는 기호가 현실을 반영하고 있는지의 문제는 PR 커뮤니케이션을 포함해서 전체 커뮤니케이션 학계의 오랜 논쟁거리였다. 리프먼(Lippman, 1922)은 뉴스가 진실을 반영하지 못한다고 보았고, 여론은 불완전한 정보를 바탕으로 형성되기 때문에 민주주의에 위협이 될 수도 있다고 보았다. 뉴스는 약호(codes)로 이루어져 있으므로 현실을 구성하고 있다고 가정될 뿐이지 실제로 현실을 구성하고 있는 것은 아니다. 또한 사람들은 제각기 자신에게 유리한 기호를 선택해서 해석할 뿐이지 이슈의 본질로 다가서려는 노력을 게을리한다. 따라서 저널리즘과 매스미디어는 본질적으로 민주주의에 도움이 되지 않을 수도 있다. 이러한 논의는 PR 커뮤니케이션에서도 이론적인 발전의 핵심적인 기반을 이룬다. PR 커뮤니케이션을 진보주의적인 역사관으로 본다면 의제 사건(pseudo-events)을 만들어내고 여론을 조작하던 바넘(Barnum)식 퍼블리시티 활동에서 쌍방향 커뮤니케이션을 통해서 상호 우호적인 관계를 형성하는 PR 커뮤니케이션 활동으로 발전해 왔지만, 비판적인 시각에서 PR 커뮤니케이션을 본다면 많은 PR 커뮤니케이션 활동은 가진 자의 편에 서서 기득권을 보호하기 위해 부분적인 진실을 통해 전체 진실을 왜곡하고 여론을 조작하는 활동이 되어가고 있다(김영욱, 2003). 이러한 경향은 현실(reality)과 재현(representation)의 경계가 모호해지고, 진실의 실체 규명이 어려워지는 디지털 미디어 초현실(hyper-reality) 시대에 더욱 심화하고 있다.

의제 사건 이론은 현재 PR 커뮤니케이션의 문제점을 분명하게 설명해 준다(Boorstin, 1961). 초기의 매스미디어는 매우 수동적으로 일어난 사건을 보도하는 수준에 그쳤다. 하지만 대중지가 등장하고 경쟁이 본격화되면서 일어난 사건을 보도하거나 분명한 증거에 기반해서 현실을 구성하려는 노력은 희미해지고, 뉴스에 적합한 사건을 만들어내거나 부분적인 진실을 과장하는 뉴스 만들기가 본격화되었다. PR 커뮤니케이션의 역할이 눈에 띄게 된 것도 이 시점이다. 의제 사건은 몇 가지 특징을 가지는데, 사건이 일어난 것이 아니라 만들어지며, 언론보도를 목적으로 편리하게 구성된다. 또한 의제 사건은 현실의 불확실성에 기반하고 있어서 사건의 본질이 중요한 것이 아니라 사건이 가지고 있는 애매함을 증폭시킴으로써 흥미를 유발할 뿐만 아니라, 이미 설정된 특정 개념으로 사건을 해체하고 재구성해서 한 방향으로 몰아간다. 예를 들어, 우리나라에서 중국 교포 밀집 지역이 지저분한 환경을 가지고 있다고 보도하게 되면, 실제 현실이 그러한 주장을 반영하고 있는지는 중요하지 않고, 그럴 수도 있다는 생각이 그 보도에 주목하게 만들고, 중국인들은 위생 관념이 부족해서 코로나19의 원인 제공자가 될 수도 있다는 주장으로 자연스럽게 연결되는 것이다. 비판적인 관점에서 보면 PR 커뮤니케이션도 이런 식으로 뉴스를 만들어내고, 언론이 보도하기 쉬운 형태로 가공하고, 현실이 가지는 불확실성을 이용하면서, 편견을 증폭시켜 나간다. 대표적인 사례가 남양유업의 "코로나19 잡는 불가리스" 보도이다. 그 사건에서 사실은 중요하지 않았고, 어떻게 사람들의 시선을 끌 수 있는 사건을 만들어서 조직의 이익을 극대화하는가에 커뮤니케이션 목적이 있었다.

여론을 엘리트들의 정보 조작으로 보았던 리프먼의 시각은 보드리야르(Baudrillard)의 초(超)현실주의(hyperrealism)와 통하는 면이 있다. 초현실주의는 디지털 미디어의 발달과 함께 실제 현실과 가상으로 만들어진 현실을 구별하기 힘들어지는 의식의 빈곤 상태를 의미한다(Baudrillard, 1993, 1994). 현실은 점점 더 현실이라는 기호를 얼마나 주는지에 달려 있을 뿐, 현실이 얼마나 실제로 존재하는지는 중요하지 않다. 디지털 미디어 시대를 맞아 PR 커뮤니케이션이 점점 더 이러한 초현실주의에 의존하게 되면, 무엇이 사실이며 어떤 것이 공정한지는 중요한 쟁점이 되지 못한다. 현재의 PR 커뮤니케이션은 현실과 재현의 경계가 무너지는 상황에서 어떤 것을 사실이라고 정의하는 것은 의미가 없다는 기류가 팽배하다. 네이티브 광고(native advertising), 프로그램 공동 제작, 유사 시민운동(astroturfing), 협찬 기사, 제품 간접 광고(PPL: product placement) 등 우리가 현실에서 볼 수 있는 많은 활동은 진짜와 가짜의 경계를 무너뜨리는 의제 사건들에 기반한다.

이러한 행위들은 PR 커뮤니케이션이 의제 사건에 기반한 퍼블리시티 활동이 되어서는 안 된다고 비판해 온 많은 이론적인 성과들을 무위로 만드는 결과를 낳는다(김영욱, 2013). 팬데믹 상황에서도 조직이 메시지의 신뢰를 가장하기 위해서 유사 시민운동 조직을 만들거나 기존 시민단체와 제휴해서 자신이 원하는 메시지를 객관적인 사실로 포장해서 커뮤니케이션하는 행위를 빈번하게 발견할 수 있다. 또한 정치조직들이 유사 시민단체들과 손잡고 자신의 정치적인 이익을 실현하려는 행위는 빈번하게 이루어졌다. 이런 의

제 사건 만들기는 PR 커뮤니케이션이 그동안 쌓아온 이론적인 기반을 뿌리부터 흔든다. 조직이 자신이 가지지 않은 것을 마치 가진 것처럼 만들어내고, 그렇게 만들어진 현실이 실제보다 더 효과적이라고 믿게 만든다면, 진실과 가짜의 경계는 무너지고 조직과 공중의 관계는 피상적으로 변할 수밖에 없다. 그런 사회는 신뢰와 장기적인 관계 형성에 기반하지 않으며, 조직의 기능적인 이익 실현과 그럴듯한 현실의 재현이라는 막연하고 반복적이며 영혼 없는 PR 커뮤니케이션 행위를 심화시키게 된다.

이러한 PR 커뮤니케이션은 팬데믹이라는 공동의 위기에 대응하기 위해 공동체의 협력을 도모하기보다는 각자도생 논리에 따라 개인이나 조직이 각자의 이익을 극대화하기 위한 기능적인 커뮤니케이션에 매달리게 하는 결과로 이어질 수 있다. 코로나19, 기후변화, 사회 양극화의 문제는 이제 더 이상 사상의 자유시장(marketplace of ideas)에서 해결될 수 없음이 드러났으며, 공익(public interest)을 실현하기 위해 얼마나 사회 구성원들이 힘을 합칠 수 있느냐가 중요한 문제로 대두되고 있다(Fuchs, 2020). 위험 사회를 인식하고 각 사회 주체들이 자신의 이익을 늘리거나 옹호하기 위한 행위를 자제하고, 공익 커뮤니케이션(public interest communication)에 대한 이해도가 높아지게 되면, 그러한 사회 주체들이 커뮤니케이션 활동을 통해서 이루고자 하는 궁극적인 목표는 사회자본(social capital)의 확충이다. 사회자본은 전체 사회 구성원의 삶의 질을 향상하기 위한 사회적이고 공동체적인 토대, 즉 사회 네트워크, 규범, 사회 신뢰 등을 의미한다(Putnam, 2000).

실제 우리 사회도 서로 정체성을 공유하는 사회 전체적인 결속력이 많이 약화했을 뿐만 아니라, 나와 정체성이 다른 사람을 도와주고 포용하는 성향도 과거에 비해 많이 줄어들었다. 이런 상황에서 문제가 되는 것은 사회적 약자로 그들은 사회적인 안전망의 축소와 함께 공론의 장에서 발언권을 가질 기회도 박탈당할 가능성이 커진다. 이러한 경향은 민주주의의 위기와 연결된다. 사회자본이 약화한 사회에서는 위험에 직면하게 되면, 위험 문제를 풀기 위해서 사회 구성원들의 집단 효능감을 높이기보다는 기득권의 권리를 지키기 위한 형식적인 커뮤니케이션이 주를 이룰 가능성이 높아진다. 따라서 PR 커뮤니케이션은 공익 커뮤니케이션의 시각에서 사회 구성원들의 참여와 결속력을 높이고, 사회적 약자를 포용하고 전체 구성원 간의 신뢰도를 높이기 위한 사회자본 제고에 커뮤니케이션 역량을 집중할 필요가 있다.

이런 의미에서 PR 커뮤니케이션은 최근에 논의가 이루어지기 시작한 공익 커뮤니케이션 논의를 좀 더 적극적으로 수용할 필요가 있다(Heath and Waymer, 2019; Johnston, 2017; Johnston and Gulliver, 2022; Johnston and Pieczka, 2019). 공익 커뮤니케이션은 사회적인 공익을 달성하기 위해서 현명한 자기이해 추구(enlightened self-interest) 정신을 가져야 하고, 사회계약론적인 차원에서 사회 주체가 사회적인 의무로서 모두에게 도움이 되는 좋은 일을 해야 한다 등의 주장이 많이 거론된다(Johnston and Glenny, 2021). 하지만 이러한 주장은 또한 이론적인 차원에서 우려 요인으로 거론되기도 하는데, 그것은 결국 조직이나 개인 중심의 선한 행위를 강조하고, 이러한 선한 행위가 더 나은 사회를 만들 수 있다는 지극히 당연한 결론을 제시하는 쪽으로 결론을 유도하기 때문이다.

직업 전문성의 차원에서 어떤 기준을 정하는 덕 윤리(virtue ethics) 차원의 논의로 돌아가면 실제로는 이루어지지 않으면서 교과서에만 이상적으로 존재하는 허무한 담론만 양산할 가능성이 크다. 만약 개인이나 조직이 좋은 일을 하지 않기로 결정하거나, 좋은 일을 하더라도 개인이나 조직의 이익을 확보하기 위한 수단으로만 활용한다면 공익의 의미가 왜곡될 위험성이 커진다. 실제로 공익 커뮤니케이션의 구성 요소를 보면, 개인이나 조직이 어떤 도덕적인 일을 해야 한다는 것보다는 공익에 대한 개념이 모두 다르고, 그렇기 때문에 공익은 공적인 성격과 접근 가능성, 실질적이고 이성적인 논의, 상호 주관성의 인정, 연결성 등의 기본 요소를 중심으로 공익에 대한 사회적인 합의를 이루어가는 것이 중요하다고 주장한다(Johnston and Gulliver, 2022; Johnston and Pieczka, 2019). 이 말은 공익에 대한 기준을 스스로 정해서 개인이나 조직이 그것을 달성하는 것보다는 공익에 대한 사회적인 담론을 열어두고 그러한 경쟁을 통해서 공익을 실현하는 형태가 되는 것이 더 낫다는 것이다.

따라서 공익과 관련한 논의에서 기업의 사회적 책임(CSR: Corporate Social Responsibility), 환경, 사회, 지배구조(ESG: Environmental, Social and Corporate Governance) 등 조직이 중심이 되어 사회를 변화시키는 커뮤니케이션에만 중점을 두기보다는 사회적으로 어려운 문제들에 관해 개방적이고 담론 경쟁적으로 논의함으로써 공익의 가치와 진행 방법에 합의를 이루어가는 커뮤니케이션 활동에 더 중점을 둘 필요가 있다. 그래야 공익 커뮤니케이션이 새로운 조직 중심의 정교한 눈속임을 통한 이익 확보 활동이 아니라 사회의 발전과 사회자본을 확보할 수 있는 진정한 PR 커뮤니케이션의 이론적인 기반으로 발전해 나갈 수 있다. 예를 들어, 코로나19 백신과 관련해서, 개인과 조직 단위에서 백신 접종을 높이기 위한 캠페인을 벌이는 것도 중요하지만, 백신을 맞지 않겠다는 사람과 조직의 목소리를 들어주고 건전한 토론과 논리의 경쟁을 통해서 사회적으로 왜 백신 접종이 중요한지에 대한 사회적인 합의를 이루어나가야 한다. 자칫 시혜의 수단으로 보이거나 일방적인 선함을 강요하는 것은 오히려 더 큰 반발을 불러올 수 있다.

이러한 공익 커뮤니케이션의 방법론에 대한 논의는 민주주의 이론과 관련한 하버마스(Habermas) 차원의 논의를 발전시키는 것과 밀접하게 관련된다(Johnston and Pieczka, 2019). 사회적 약자를 보호하고, 다양한 의견이 담긴 공론의 장을 확장하기 위해서 노력하며, 사회 구성원 모두가 숙의를 통해 중요한 결정을 내리는 시스템을 갖추는 것이 공익 커뮤니케이션의 궁극적인 목적이 된다. 이러한 목적은 조직 중심적이고 이상적인 담론에서 벗어나지 못하고 있는 PR 커뮤니케이션 이론에 상당한 돌파구를 제시하고 있다.

5. 공익을 기반으로 하는 PR 커뮤니케이션의 방향성

팬데믹 시대 위험 커뮤니케이션을 돌아보면, 결국 위험은 모든 사람들에게 주관적으로 인식되며, 제멋대로 사회적인 확산 과정을 거치고, 가치와 문화적인 세계관이 충돌하면서 위험의 해결을 둘러싼 갈등을 끊임없이 만들어 내고 있다. 단순한 설득이나 사람을 동원하는 커뮤니케이션으로는 이러한 위험 문제를 해결하기는 어렵다. 결국 다양한 성향을 지닌 사람들을 공론의 장으로 불러 모으고, 숙의 과정을 통해서 위험에 대한 정의와 문제 해결 방법에 대한 합의를 창출하는 것이 무엇보다 중요하다. 전문가 집단이나 세속적인 리더십을 부여받은 조직이 일방적으로 문제 해결 방법을 강요하는 조직 중심의 위에서 아래로(top-down) 방식의 커뮤니케이션으로는 팬데믹 시대를 뒤덮고 있는 불명확하고 사악한 문제에 대응할 수 없다. 이러한 위험 커뮤니케이션 접근 방법에 대한 반성은 PR 커뮤니케이션에 시사하는 바가 크다.

PR 커뮤니케이션도 조직 중심의 이론화가 문제가 되어왔으며, 조직 중심의 이론화는 필연적으로 규범적인 이론화에 그치는 경향이 있다(Davidson, 2016). 규범적인 이론화는 관계 증진, 타협, 합의, 참여와 같은 개념들을 표면적으로 원용하지만, 그것이 결국은 조직의 이익에 기여하는 방식으로 이론적인 구성이 이루어졌다는 측면에서 문제가 있다. 현시점에서는 좀 더 논쟁을 이루고, 서로 대립을 이루는 의견들이 충분히 공론의 장에서 부딪히고, 섣부른 합의보다는 상대방의 논지를 충분히 듣고 숙의하는 과정에서 임시적인 합의를 만들어가는 과정에 더 의미를 둘 필요가 있다(Anderson, 2018). 그래서 어떤 조직이 설정한 목적을 달성하기 위해서 커뮤니케이션하는 것이 아니라 사회적인 차원에서 여러 조직의 커뮤니케이션 목적들이 서로를 견제하고 경쟁하면서 사회문제 해결에 가장 적합한 방법을 공동으로 찾아나가는 과정이 진정한 커뮤니케이션 행위가 된다. 팬데믹 시대의 급변하는 환경 속에서 PR 커뮤니케이션 이론은 이제 과도한 조직 중심에서 벗어나서 공익 커뮤니케이션의 이러한 사회 차원 커뮤니케이션 논의를 적극적으로 받아들여야 한다.

공익에서 기본을 이루는 공중에 대한 개념 정의는 PR 커뮤니케이션에서도 가장 논란이 되어온 부분이라고 할 수 있다. 공중을 보는 시각은 리프먼(Lippman, 1922)식의 전문가 중심의 조작된 공중으로 보는 시각과 듀이(Dewey, 1927)식의 시민 중심의 실체적인 공중으로 보려는 시각이 전통적으로 대립하고 있다. PR 커뮤니케이션에서도 전자의 시각을 따르는 이론화는 공익을 주로 개인적인 맥락에서 보면서 전문가나 조직을 중심으로 캠페인 목적을 달성하는 것에 집중했지만, 후자의 시각은 좀 더 사회적인 차원에서 시민들이 기득권에 대해 비판적으로 성찰함으로써 커뮤니케이션을 통해 문제를 해결하는 공동체를 형성하는 것에 집중하는 경향을 보여준다(Pieczka, 2019; Roper, 2005). 이러한 듀이의 관점은 하버마스의 공론장 논의와도 통하는 측면이 있다.

공익은 이러한 공중을 보는 다양한 시각과 연결되어 있다. 자신의 이익을 위해서 공중을 이용하면서 공익을 외치는 개인이나 조직이 있을 수도 있고, 사회 공동체의 집합적인 이익에 초점을 맞추는 시각도 있다. 따라서 공익은 어떤 한 시점에서 공동체를 이루는 구성원들 사이에 어떤 것이 공동체에 도움이 되는지에 대해서 상황과 맥락에 따라 가장 선호되는 관점을 의미한다(Heath and Waymer, 2019). 이 개념은 공익이 고정된 개념이 아니고, 상황에 따라 변할 수 있으며, 공중들의 참여를 통해서 숙의를 이루고 합의를 찾아가는 과정임을 의미한다. 따라서 공익 커뮤니케이션은 리프먼이나 듀이의 관점에 고정될 필요는 없고, 사회 맥락에 따라 다른 가치를 중심으로 이루어지는 커뮤니케이션 담론 경쟁에 초점을 맞추는 것이 중요하다. 이것은 디지털 사회의 형성에 따라 네트워크 권력화를 기본으로 하는 복잡한 네트워크 커뮤니케이션 경쟁이 될 수도 있고(Castells, 2009), 섣부른 합의보다는 불일치의 중요성에 더욱 강조점을 두면서 다른 생각을 가진 커뮤니케이션 주체들의 끊임없는 커뮤니케이션 경쟁을 강조하는 논쟁적인 민주주의 접근 방법일 수도 있다(Mouffe, 2000, 2005). 결론적으로 팬데믹 시대 PR 커뮤니케이션은 이제 조직 중심의 규범적인 이론화, 나와 너를 나누는 분파적인 이론화, 사회적 약자에게 기득권의 균형을 강요하는 이론화에서 벗어나서 사회적인 차원에서 진정한 공익의 의미를 정립하는 방향으로 이론화를 이루어갈 필요가 있다.

지금까지의 논의에서 한 가지 의도적으로 다루지 않은 부분은 사회구조적 문제에 대한 근본적인 질문이다. 아무리 조직이나 주체(agent)가 좋은 방향으로 커뮤니케이션하더라도 사회구조적 문제에 대한 고민이 없다면 결국은 권력을 가진 쪽에 유리한 방향으로 문제가 해결될 가능성이 크다. 팬데믹의 문제도 마찬가지이다. 역대 바이러스 발생을 조사해 보면, 열대우림이 잘려나간 지역과 바이러스 발생이 일치한다(황민규, 2020). 즉, 자본주의적인 이익 추구가 자연 생태계를 고사시킬 때 모든 위험 문제가 발생한다. 따라서 바이러스, 기후변화 등 지구촌이 직면한 위험 문제를 해결하기 위해서는 자본주의, 신자유주의 등 사회구조가 만들어낸 문제들을 좀 더 근본적으로 성찰해야 한다. 코로나19는 자본주의의 모순을 극명하게 보여주었다. 자본주의가 변하지 않는다면 코로나19는 다시 발생할 수밖에 없다. 또한 코로나19가 우리에게 보여준 노동의 취약성, 사회적 약자의 주변화, 플랫폼 노동의 착취, 커뮤니케이션 왜곡과 정치화, 사회적인 양극화, 디지털 감시와 통제, 인간성의 고갈 등은 모두 자본주의 시스템과 연결되어 있다. PR 커뮤니케이션이 계속해서 자본주의 시스템을 뒷받침하면서, 조직 중심의 논리를 개발해 나간다면, 이는 결국 사회자본과 생태계의 공멸을 가져올 가능성이 크다. 따라서 지금의 팬데믹 시점에서 PR 커뮤니케이션이 진정한 공익의 문제를 고민하면서 사회구조에 대한 근본적인 질문을 함께 던져보는 것도 이론의 방향성을 정립하는 데 꼭 필요한 일이다.

11장

언던 사이언스와 무지의 강요

김동광(고려대학교 과학기술학연구소 교수)

1. 왜 언던 사이언스인가

생명공학이나 인공지능, 신경과학 등 새로운 기술, 이른바 신흥기술(emerging technology)이 등장할 때마다 그 기술이 가져다줄 혁신이나 경제적 혜택, 우리 삶에 미치는 이로움에 대해서는 넘치고 찰 만큼 많은 논의가 이루어지지만, 정작 해당 기술로 인해 빚어질 수 있는 위해, 안전, 윤리, 사회적 영향 등에 대한 정보는 놀랄 만큼 적다. 가령 최초의 유전자 조작 토마토인 플레이버 세이버(Flavr Savr)가 1994년에 시장에 출시된 이래 지금까지 수십 년 동안 유전자 조작(GM: Genetically Modified) 작물이나 그것을 원료로 한 식품이 인체와 환경에 미치는 영향을 둘러싸고 많은 논란이 빚어졌지만, GM 기술의 안전성에 대한 본격적인 연구는 아주 드물고 지난 2012년 프랑스 세라리니(Séralini) 연구 팀의 연구 결과를 둘러싼 논란처럼 좀처럼 뚜렷한 결론을 내리지 못하고 있다. 비단 이제는 고전적인 주제가 된 유전자 변형 생물(GMO: Genetically Modified Organism)뿐 아니라 4차 산업혁명 열광주의를 타고 급부상한 인공지능, 최근 유전자 가위 기술의 급격한 발달로 새로운 국면을 맞이하고 있는 생명공학도 마찬가지이다.

오늘날 사회적으로 중요한 쟁점 중에서 과학기술 주제가 차지하는 비중이 날로 늘어나는 상황에서 과학기술의 안전, 윤리, 생태, 젠더 등과 관련된 연구가 충분히 이루어지지 못해서, 정부의 정책 수립을 비롯해서 시민사회 전반의 의사결정에 필수적인 과학 정보가 제대로 전달되지 못할 경우 매우 심각한 문제가 빚어질 수 있다. 지난 2011년 우리 사회를 뒤흔들었던 가습기 살균제 사태가 정작 필요한 연구가 이루어지지 않은 대표적인 사례 중 하나이다. 가습기 분무액에 포함된 가습기 살균제로 인해 폐 질환과 전신 질환으로 사망한 사람은 영유아 36명을 포함해서 78명에 달하고, 피해자의 숫자는 아직도 모두 파악되지 않았고, 1994년 문제의 제품이 출시된 이래 피해가 밝혀진 2011년까지 연간 60만 개의 제품이 판매되었지만 인체 유해성에 대한 조사는 지극히 형식적인 수준에 그쳤다.

그렇다면 왜 이처럼 중요한 안전과 위해, 그리고 윤리와 사회적 영향에 대한 연구는 제대로 이루어지지 않을까? '언던 사이언스(undone science)'의 접근방식은 그것이 우연이나 단순한 누락이 아니라 체계적인 지식의 비생산(nonproduction of knowledge)에 따른 구조적 결과라고 말한다. 따라서 이 관점에서 무지 역시 우연한 결과가 아니라 의도적인 결과가 된다. 즉, 의도된 무지 또는 강요된 무지이다. 이 글은 과학기술 커뮤니케이션에서 매우 중요한 원천에 해당하는 과학 지식 생산과 그 소통이 특정한 방향으로 편향되어 정작 시민사회에 필요한 안전, 윤리 등의 중요한 지식들이 생산되지 못하고 필요한 정보가 소통되지 못하는 구조적 원인을 살펴보고자 한다.

2. 신자유주의 이후 과학을 둘러싼 상황 변화

오늘날 과학을 둘러싼 상황은 매우 빠른 속도로 변화하고 있다. 그리고 이러한 상황 변화에는 20세기 말 이래 과학기술의 실행 양식, 특히 생명공학의 지식 생산양식에서 나타난 일련의 변화가 큰 몫을 차지하고 있다. 1980년대 말에 냉전 체제가 사실상 끝나고 전 세계가 자본주의의 독주 체제로 전환되면서 세계는 그 어느 때보다도 자본의 논리에 철저히 지배되었다. 과학기술 또한 예외가 아니었다. 자본의 자유로운 흐름을 방해하는 모든 요소들을 제거하려는 신자유주의의 움직임은 과학기술의 실행 양식에도 크게 영향을 미쳤다. 오늘날 과학은 철저히 자본에 포박되었고, 이제는 그러한 현상이 너무도 당연한 것으로 여겨지기까지 하고 있다.

사실 신자유주의는 이제 너무도 익숙한 말이 되어서, 그 자체를 분석의 대상으로 삼는다는 것이 어색할 지경이다. 그렇지만 신자유주의와 과학기술의 관계에 대한 연구는 놀랄 만큼 적다(Lave, Mirowski and Randalls, 2010). 그것은 한편으로, 특히 오늘날 과학과 기술이 과학과 기술 사이의 경계는 물론, 과학과 정치경제, 사회, 문화 등의 경계가 흐려지고 그 관계가 고도화되는 테크노사이언스(technoscience)의 양상을 띠면서 현실 세계에서 신자유주의와 너무도 긴밀히 얽혀 있어서 그 관계를 분석하는 것이 녹록지 않기 때문일 수 있고, 다른 한편으로는 그동안 과학기술학(STS: Science & Technology Studies)이 거대 담론이나 구조적인 접근방식을 꺼리고 미시적이고 사례 중심적인 접근방식을 채택해 왔기(Collins, 1983) 때문일 수도 있다.

흔히 신자유주의에 대한 논의에서 범할 수 있는 오류 중 하나는 자칫 신자유주의를 세계화의 고유한 논리쯤으로 받아들여서 작금의 세계화가 이루어지는 과정에서 신자유주의라는 경향성이 필연적이라고 생각하는 것이며, 또 다른 오류는 신자유주의를 쉽게 제거해 낼 수 있는 실체(實體)로 간주하는 태도이다. 신자유주의와 테크노사이언스를 함께 살펴보려는 것은 두 가지 모두 실체화시켜서 파악하거나 그 성격을 규정하는 것이 사실상 불가능하기 때문이다. 즉, 우리와 분리되어 있는 것으로 대상화시키는 순간, 화석화(化石化)되어 이미 분석적 및 실천적 효용성을 잃을 수 있다. 따라서 이러한 분리 불가능성을 인식하는 것이 중요하며, 그 자체를 분석 대상으로 삼아야 한다.

신자유주의 상황으로 인해 과학기술의 실행 양식에 큰 변화가 초래된 것이 대체로 1980년대 이후라는 데 많은 학자들이 동의한다(Mirowski and Sent, 2008; Scott and Moore, 2006). 그 변화는 과학기술의 실행 주체인 행위자, 규율 양식, 지원 체계 등 테크노사이언스의 실행 양식 전반에서 포괄적으로 나타났다.

먼저 행위자의 측면에서 몬산토(Monsanto)나 신젠타(Syngenta)와 같은 초국적 종자 및 생명공학 기업들의 등장과 이윤추구를 위한 공격적인 활동은 기존의 과학기술 행위자들과는 크게 다른 이종적(異種的) 행태를 나타냈다. 이들 기업은 인수합병을 거듭하면서 점차 공룡화되었고, 그 영향력의 측면에서 개별 정부를 능가할 정도이다. 이들은 또한 미국에서도 식품의약품국(FDA) 등 규율 기관과 정부 기관들에 포괄적인 로비 활동을 벌이고, 인도를 비롯한 제3세계 국가들에서 종자 판매를 둘러싼 갈등을 빚는 등 국제적으로 많은 긴장을 야기하고 있다. 나중에 살펴보겠지만 이러한 기업들의 활동은 GMO를 비롯한 생명공학의 지식 생산 방식에도 크게 영향을 미치고 있다.

과학기술의 규율 양식에서 나타난 변화로는 공교롭게 1980년에 베이돌 법안(Bayh-Dole Act)과 다이아몬드-차크라바티 판결이 이루어졌다. 이 법안은 연방 자금의 지원을 받아서 연구를 진행한 대학이나 기업이 발명에 대한 권리를 가지고 특허를 신청할 수 있는 길을 열어주었다(김동광, 2010b).

미국 제너럴 일렉트릭(General Electric)의 유전공학자인 아난다 차크라바티(Ananda Chakrabarty)는 방사선을 이용해서 유전자를 변형시켜 석유를 분해할 수 있는 미생물을 개발하는 데 성공했고, 1970년대 초반부터 특허를 신청했다. 처음에는 생물에 대한 특허라는 낯섦 때문에 기각되었지만 결국 1980년 연방대법원은 5 대 4의 근소한 차이로 생물 특허를 인정했다. 당시 생물의 유전자 변형은 새로운 사건이어서 이 역사적 판결은 언론의 비상한 주목을 받았다. ≪워싱턴 포스트≫는 만평을 통해 프랑켄슈타인을 현실에서 만들어낸 사건에 비유했고, 미국의 과학사학자 대니얼 케블스(Daniel Kevles)는 그 충격을 이렇게 말했다. “대법원 판결이 얼마나 아슬아슬했던 간에 대중은 이윤을 위해 괴물을 만드는 일 혹은 생명의 본질을 조작하는 일이라고 생각할 것 같다. 엄밀히 말해 생명공학계에서 미국 특허법 역사상 최초로 특허 심의에 도덕적 논쟁을 끌어들인 사례이므로 그 결과를 계속 지켜봐야 한다”(뇌플러, 2016: 60~61).

다른 한편, '과학기술=전문가의 영역'이라는 전통적인 고정관념을 넘어 일반 시민들이 과학기술을 둘러싼 의사결정에 참여하고, 나아가 과학기술 지식을 공동 생산하기까지 하는 등 적극적인 역할을 수행하게 된 것도 중요한 변화 중 하나이다. 여기에는 과거 노동조합이나 정치적 단체들을 중심으로 정치적 투쟁으로 한정되었던 사회운동이 환경, 보건, 과학기술 등 다양한 주제를 포괄하는 신사회운동으로 주체와 주제가 확장된 것도 한몫했다(김동광, 2017: 315). 2010년대 이후 과학기술 시민참여는 합의회의나 과학상점 등 과학기술과 관련된 의사결정에 시민이 직접 참여하는 전통적인 형태를 넘어서, 메이커(maker) 운동과 리빙랩(living lab) 활동 등 다양한 층위와 영역에서 시민들의 과학기술 활동이 늘어나는 시민과학(citizen science)의 차원으로 확장되고 있다. 이러한 변화는 신자유주의적 상황이 가져온 또 다른 적극적 측면으로 일반 시민들이 과학기술의 지식 및 그 산물의 생산에까지 직접 참여할 수 있는 가능성을 열어주었다고도 볼 수 있다.[1]

이처럼 과학기술을 둘러싼 급격한 상황 변화로 인해 기존의 과학기술학의 접근방식은 과학기술의 실행 양식을 분석하는 데 한계를 가질 수밖에 없었다. 대략 1990년대 이후에 등장한 신과학정치사회학(NPSS: New Political Sociology of Science)은 신자유주의가 빚어낸 새로운 환경 속에서 등장한 이종적 행위 주체들, 테크노사이언스의 산물로 등장한 GMO와 같은 낯선 인공물들에 어떻게 대응할 것인가라는 학문적 및 실천적 요구에 대한 부응이라고 할 수 있다.

1 시민과학의 새로운 전개 양상에 대해서는 ≪과학기술학연구≫, 18권 2호(통권 제36호)의 특집 '시민과학의 현황과 새로운 가능성'에 실린 논문들을 참조하라. 박진희는 「한국시민과학의 현황과 과제」, 김지연은 「한국의 시민과학이 전하는 메시지: 1982~2018」, 김동광은 「메이커 운동과 시민과학의 가능성」을 주제로 메이커 운동을 비롯한 시민과학의 전개 과정과 신자유주의와의 관계에 대해 고찰했다(김동광, 2018: 95~134).

3. 전 지구적 사유화 체제와 과학의 실행 양식 변화

1990년대 이래 많은 학자들이 과학 지식 생산의 변화 과정에 주목했다. '과학의 새로운 정치사회학'이라고 지칭되는 새로운 접근방식을 지지하는 학자들은 지식 생산에서 권력의 제도적 기반을 더 중시하는 경향이 있다. 스콧 프리켈(Scott Frickel)과 켈리 무어(Kelly Moore)는 『과학의 새로운 정치사회학을 향하여』의 한국어판 서문(2013)에서 그동안 과학기술학에서 지배적이었던, 실험실의 실천을 중심에 두고 미시 환경을 강조하는 접근 방법의 한계를 지적했다(Scott and Moore, 2006). 이러한 접근은 "과학 지식 생산의 선형 모델에 대해 설득력 있는 비판을 가했고, 언어, 물질성, 문화, 행위자의 행위능력이 하는 역할에 주목했다"라는 점에서 많은 성과를 거두었지만, 과학의 주체와 실행 양식, 그리고 과학을 둘러싼 상황 변화는 더 이상 이런 접근으로 설명하기 힘들다는 것이다. 프리켈과 무어는 자신들이 주장하는 과학의 정치사회학이 지식에 대한 사회적 연구의 규모를 확장해서 실험실을 넘어 정부와 시장과 같은 제도적 시스템으로까지 나아가게 했고, 비과학자들이 사회운동이나 다른 대중 참여를 통해 기존 지식에 이의를 제기하고 새로운 방향으로 지식 생산의 방향을 트는 데 핵심적 역할을 했으며, 사회기술 시스템이 여러 집단들에게 어떻게 차별적으로 경험되는지 주의를 기울였다고 말했다(Scott and Moore, 2006).

이처럼 그동안 사회구성주의(social constructionism)나 행위자 연결망 이론(ANT: Actor Network Theory)이 과학자나 기술자들의 행위 능력(agency)을 강조하면서 이들의 행위성을 중심으로 과학 지식이나 기술, 인공물이 구성되는 과정을 분석하는 데 치중한 반면 NPSS는 과학 지식이 만들어지고 확산되는 과정을 틀 지우는 제도(institution)와 연결망(network), 권력(power)이라는 문제에 좀 더 초점을 맞춘다. 그것은 신자유주의 체제의 대두로 과학 연구나 기술 설계가 과학자나 기술자 개인, 과학자 사회(science community)의 주체적인 활동으로만 이해하기 힘들어진 측면을 NPSS가 반영하게 된 것으로 볼 수 있다.

따라서 NPSS 진영의 학자들은 그동안 과학과 기술의 사회적 구성성이나 행위자 연결망 이론 등 과학기술학의 연구 성과를 받아들이면서도 그 한계를 극복하기 위해 실험실을 벗어난 논쟁 연구, 사회의 지배적인 법률적, 경제적 및 정치적 구조에서 나타나는 지속적이고 복잡한 변화와 갈등에 대한 연구를 지향한다. 이러한 구조적 변화는 전 지구적 사유화 체제(globalized privatization regime)의 관점에서 잘 드러난다.

4. 과학기술의 전 지구적 사유화 체제 수립

과학기술학을 비롯한 여러 분야의 학자들은 오늘날 과학기술 지식 생산양식이 과거의 그것과 상당한 차이를 나타내고 있다는 점에 주목해 왔다. 스콧 프리켈, 데이비드 헤스(David Hess), 대니얼 클라인맨(Daniel Kleinman) 등은 상업화가 지식 생산에 미치는 영향을 분석하는 데 그치지 않고, 상업화를 비롯한 과학을 둘러싼 정치경제학의 변화에 새롭게 초점을 맞추면서 이러한 변화에 대한 시민사회의 대응의 중요성을 강조한다(Hess and Frickel, 2014; Scott et al., 2010).

과학기술의 상업화에 대한 연구는 1980년대 이후 과학기술학을 비롯한 여러 분야의 학자들에 의해 이루어졌는데, 2000년대에 들어서면서 단순한 상업화의 문제를 넘어서 과학 지식 생산양식 자체에 영향을 미치는 체제(regime)의 문제로 인식하게 되었다. 이러한 접근방식에서 상업화는 단지 국소적이거나 일화적(逸話的) 현상이 아니라 전 지구적 사유화 체제로 이해되며, 그로 인해 과학 활동 자체가 이전 시기와 크게 달라졌고 지식 추구의 양상과 과학 지식 생산양식에 큰 변화가 나타난 것으로 해석된다(Mirowski and Sent, 2002).

전 지구적 사유화 체제가 등장한 배경은 멀리 제2차 세계대전과 뒤이은 냉전으로까지 거슬러 올라간다. 역사적으로 전쟁은 항상 과학기술의 발전에 크게 영향을 미쳤지만, 특히 제2차 세계대전은 과학화(科學化) 전쟁이었다. 독일군의 암호체계를 해독하는 데 중요한 역할을 했던 컴퓨터와 정보과학, 히로시마와 나가사키에 투하된 원자폭탄을 개발한 핵물리 과학 등으로 대표되듯이 과학기술이 연합군의 승리를 가져왔다는 믿음이 강력하게 형성되었다. 다른 한편, 전쟁과 냉전을 거치면서 과학기술에 대한 국가의 개입이 일상화되는 경향이 강화되었고, 냉전 이후에도 국가와 거대 자본과 같은 거대 조직들이 과학의 연구 주제와 방향, 연구 방식에 영향을 미치게 되어 이른바 거대과학(big science)의 양상이 두드러졌다. 최근 제2차 세계대전과 냉전 시기의 기밀 문헌들이 대거 공개되면서 냉전 시기 연구가 역사학계를 비롯해서 여러 분야에서 활발하게 이루어지고 있으며, 향후 새로운 연구 성과가 냉전이 과학기술 실행 양식에 미친 영향을 밝혀내는 데 기여할 수 있을 것으로 기대된다.

필립 미로스키(Philip Mirowski)와 에스더-미리엄 센트(Esther-Mirjam Sent)는 과학 조직과 연구비 지원의 측면에서 20세기 미국 과학을 세 가지 체제로 구분했다. 산업화 이전 체제(Protoindustrial regime, 20세기 초~1940년), 냉전 체제(Cold War regime, 제2차 세계대전~1980년), 전 지구적 사유화 체제(1980년~현재)가 그것이다(미로스키·센트, 2021).

세 번째인 전 지구적 사유화 체제가 수립되는 과정에는 1980년대 이후 전 세계적으로 이루어진 과학기술 상업화가 큰 영향을 주었다. 앞에서도 언급했듯이 과학기술 상업화를 촉진하기 위해 공적 자금으로 이루어진 연구를 사유화할 수 있도록 허용한 베이돌 법안, 생물 특허의 물꼬를 터준 다이아몬드-차크라베티 판결이 그런 상징적 사건들이었다. 그렇지만 미로스키와 센트는 베이돌 법안이 기업들이 자기 제품을 지배하고 통제하면서 협동 연구에 참여할 수 있는 능력을 확장해 준 1980년대의 여러 법률 중 하나에 불과했으며, 법률적 기반을 제공한 것은 사실이지만, 그 자체를 과학사유화의 원인으로 볼 수 없다고 주장한다(Mirowski and Sent, 2008).

그들은 상업화의 일반적인 경향보다 종전까지 과학 연구에서 중요한 역할을 수행했던 대기업들의 사내(社內) 연구소의 몰락과 기업 연구의 외주(outsourcing) 관행이 확산된 것을 좀 더 중요하게 거론했다. 사실상 상업화는 정도의 차이는 있지만 17세기 근대과학이 수립된 이래 지속된 경향성이라고 볼 수 있으며, 전 지구적 사유화 체제의 대두는 단지 상업화가 심화된 정도가 아니라 지적재산권의 강화, 거대 산업에 대응할 수 있는 정부의 능력과 의지 약화, 낮은 비용으로 전 세계가 실시간으로 통신할 수 있는 정보기술의 발달, 낮은 연구비나 생산비를 찾거나 윤리적 규제를 피하기 위해 다른 나라나 지역으로 이전하는 연구의 국제적 외주 체제와 하청 구조의 확산, 투자만 해준다면 연구비나 건물 건축비를 대는 기업 측에 기꺼이 연구에 대한 통제권을 넘길 채비가 되어 있는 대학 등 많은 요소들이 한데 결합해서 전 지구적 사유화 체계를 가능하게 해주었다는 것이다.

NPSS 진영에 속하는 데이비드 헤스를 비롯한 학자들은 상업화와 신자유주의 세계화가 결합하면서 사실상 전 세계가 시장 기능과 무역자유화에 대한 과도한 믿음, 복지국가의 역할 축소, 전통적인 국민국가의 역할을 약화시키고 신자유주의 이념을 강요하는 국제조약과 국제기구 등이 '촘촘한 그물망'을 이루면서 불평등의 심화와 민주주의 후퇴라는 측면에서 이전 시기와는 다른 양상을 나타내고 있다고 주장했다. "먼저 경제적 관점에서 전 세계적 공급 연쇄의 복잡성과 밀도 증가, 금융의 국제화, 대규모 초국적 기업과 그들로부터 혜택을 받는 엘리트들에게 부(富)가 집중되면서 경제 변화가 자연스러운 진화 과정과는 거리가 먼 국가 정책이나 국제조약에 의해 추동되는 현상을 들 수 있다. 이러한 정책과 조약은 무역자유화를 지지하고, 복지국가의 역할을 축소시키고, 시장 구조를 재편하고, 기업 간 합병을 용이하게 해주는 방향으로 일관한다. 이러한 변화는 엄청난 부를 창출하지만 미국을 비롯해서 많은 나라들에서 부의 재분배에서 나타나는 불평등이 날로 증가해 왔다. 정치적인 관점에서, 세계화는 국민국가가 그 경제를 지시하고 조직하는 능력을 약화시킨다. 식민주의에서 벗어난 작은 나라들은 이미 이러한 제약을 오랫동안 겪어왔지만, 미국과 같은 강력한 정부도 국제조약들, 국제 정부조직, 초국적 기업, 교역 관계, 초국적 시민사회 조직 등의 날로 촘촘히 늘어나는 그물망에 의해, 자신들의 주권이 제약된다는 것을 깨닫게 되었다. 게다가 중앙정부와 도시, 지방자치체 등은 각기 독립적으로 글로벌 경제와 관계를 모색하게 되었고, 부분적으로는 국가 정책이나 정치를 우회한다. 각급 수준의 정부들은 한때 그들의 고유한 권한이라고 여겨졌던 많은 기능을 비영리 부문이나 영리 부문에 넘겨주게 되었고, 선출직이나 지명직 공무원들에 의해 이루어지던 의사결정의 상당 부분은 이제 이해당사자들 사이의 거버넌스로 대체되었다. 그 결과 '민주주의 결핍(democracy deficit)' 현상이 점차 만연하게 되었다"(Hess, 2009).

과학 연구의 외주 체제 강화와 그로 인한 윤리와 안전 문제의 하청화, 주변화는 이미 많은 나라들에서 문제가 되고 있다. 서구에서 임상시험의 비용이 증가하고 유사한 약으로 치료를 받은 적이 없는 피험자를 찾기가 어려워지면서, 초국적 제약회사들은 임상시험을 가난한 국가들로 외주를 주고 있다. 신자유주의 경제를 받아들이고 내부 투자를 유치하고자 하는 동유럽 국가들은 이를 적극적으로 환영해 왔다. 예를 들어 에스토니아는 자국의 교육받고 과학 친화적인 인구가 신약 시험에 이상적이라고 광고하고 있다. 인간

재생산에 관한 연구는 민감한 윤리적, 정치적 사안들과 결부되어 있어 인간 배아줄기세포 연구가 가능한 장소를 찾는 문제를 복잡하게 만든다. 따라서 규제가 거의 또는 전혀 없는 국가나 분명한 윤리적 규제가 있지만 부담이 크지 않은 국가가 대안으로 부각되고 있다(로즈·로즈, 2015: 27).

지난 2009년에 상영되었던 다큐멘터리 〈구글 베이비(Google Baby)〉는 불임을 해결해 준다는 미명하에 번성하는 인공수정 산업의 모습을 잘 그려냈다. 이 작품은 상업화된 생명공학이 세계화와 신자유주의, 그리고 인터넷과 항공 기술과 결합해서 어떻게 윤리 규제를 피해 이윤을 극대화할 수 있는지 잘 보여주었다. 이 사업의 이스라엘 CEO는 인터넷으로 고객을 모집하고 북미지역에서 이른바 고객들이 원하는 가장 바람직한 특성을 가진 아기의 수정란을 만들어 액화질소에 넣어 인도의 대리모 공장으로 보낸다. 인도에서는 남편의 손을 잡고 온 젊은 여성들이 대리모가 되어 줄지어 늘어선 침대에 누워 있다. 아기가 태어나면 산모에게 얼굴도 보여주지 않고, 아기를 곧바로 비행기에 태워 고객에게 인도한다. 이 모든 과정은 누구의 강요도 없이 지극히 합법적으로 이루어졌다. 인도의 대리모 사업의 CEO는 미국에서 유학한 여의사로 자신이 하고 있는 사업에 대해 큰 자부심을 드러냈고, 대리모들은 그 대가로 집 한 채를 살 수 있는 돈을 받아 기쁜 얼굴로 남편의 손을 잡고 돌아간다. 그러나 이 과정에서 여성은 아이를 낳는 기계로 상품화되고, 아기는 상품으로 전락하고, 윤리는 교묘하게 회피되고 주변화된다.

5. '언던 사이언스': 의도적인 무지(無知)의 생산

1990년대 이후 신정치과학사회학(NPSS)이라는 이름으로 묶을 수 있는 일련의 학문적 흐름이 형성되었다. 데이비드 헤스, 스콧 프리켈, 켈리 무어, 대니얼 클라인맨, 필립 미로스키 등이 이 그룹에 포함된다. 그들은 신자유주의의 상황에서 과학 지식 생산을 둘러싼 상황 변화에 주목하면서 과학이 상대적으로 자율적 공간에서 이루어지는 이론적·경험적 탐구의 결과만이 아니라, 누가 연구비를 대고, 누구를 위해 복무하는가라는 지식 정치의 권력과 불평등 같은 구조적 측면에 초점을 맞춘다. 따라서 헤스를 비롯한 NPSS 학자들은 그동안 과학 지식사회학의 주된 관심이었던 "어떻게 과학 지식이 만들어지는가?"라는 전통적인 물음에서 벗어나 "왜 어떤 지식은 만들어지지 않는가?"라는 언던 사이언스 문제에 주목한다. 과학이 발달해도 모든 사람들에게 골고루 혜택이 돌아갈 수 없고 어떤 집단보다 다른 집단에서 더 잘 작동할 수밖에 없는 것은 그 원인이 과학 지식의 생산과 확산, 적용을 둘러싼 제도와 구조, 권력의 문제이기 때문이다. 따라서 프리켈이 이야기했듯이 민주주의, 산업-기업 관계, 페미니즘, 환경, 보건 등의 주제가 주된 관심사로 부상하게 되고, 클라인맨의 주장처럼 권력과 자원의 비대칭성이 분석의 초점이 된다.

헤스는 이미 2007년에 자신의 저서 『과학과 산업의 대안 경로』에서 '언던 사이언스 문제'를 이렇게 제기했다.

정치경제 엘리트들이 지식이라는 정원에 물을 대고 잡초를 뽑을 자원을 소유하기 때문에, 지식은 정치경제 엘리트들의 목표에 부합하는 방향으로 성장하는 ('선택되는') 경향이 있다. 사회 변화를 원하는 사회운동 지도자들과 산업 혁신가들이 그들의 연구 문제에 대한 답을 얻기 위해 '과학(Science)'에 도움을 기대할 때, 종종 그들은 텅 빈 공간을 — 한 번도 발간되지 않은 저널의 특집호, 개최되지 않았던 학술회의, 한 푼도 자금이 지원되지 않은 인식론적 연구 — 발견하는 반면, 훨씬 풍부한 자금을 지원받은 적들은 마음대로 가져다 쓸 수 있는 지식의 병기고를 갖추고 있다는 사실을 깨닫게 된다. 나는 이것을 '언던 사이언스 문제(undone science problem)'라고 부른다. 활동가와 개혁 지향적인 혁신가들의 관점에서, 연구되어야 할 과학이 연구되지 않는 이유는 그 연구가 이루어지지 못하게 가로막는 구조가 있기 때문이다.

신자유주의 과학 체제(neoliberal science regime)는 무지의 생산과 불가분의 관계를 가진다. 이 체제하에서는 과학의 실행이 특정한 유형의 지식 생산으로 편향되기 때문에 필연적으로 지식 생산 체계의 비대칭과 결여를 가져올 수밖에 없으며, 결과적으로 시민사회가 알아야 할 지식을 알지 못하고 안전이나 윤리, 공익적 연구가 주변화될 수밖에 없다.

전 지구적 사유화 체제에서 과학 연구는 기본적으로 이윤추구가 목적이기 때문에 돈이 되는 분야에만 연구비가 몰리는 경향이 있으며, 그 결과 돈이 되지 않는 분야에는 연구비가 주어지지 않아서 반드시 필요한 연구마저 이루어지지 않는 문제를 낳고 있다. 대개 안전, 윤리, 환경, 젠더 등의 주제가 그런 예에 해당한다. 또한 연구비가 높은 부가가치를 얻을 수 있는 첨단과학에 집중되는 경향이 있어서 그 결과로 나온 지식이나 산물에 일부 계층만이 접근할 수 있는 불평등의 문제가 야기된다. 가령 생의료 분야에서 이러한 경향이 두드러지는데, 많은 연구비를 투자해서 개발된 신약은 가격이 높을 수밖에 없다. 신약 개발에는 천문학적 비용이 들어가고, 그렇게 연구한 약품이 모두 성공한다는 보장도 없기 때문이다. 우리나라에서도 크게 문제가 되었던 백혈병 치료제 글리벡을 둘러싼 논쟁이 그런 예에 해당한다. 한 초국적 제약회사가 개발한 글리벡은 처음 출시되었을 때 한 달 약값이 수백만 원에 달해 경제력이 없는 사람들은 엄두를 낼 수 없어 치료를 포기하는 사태가 속출해서 큰 사회문제가 되었다.[2] 결국 이런 구조가 온존된다

2 강양구와 채오병은 우리나라 백혈병 환자들의 글리벡 약값 인하 운동과 그 과정에서 새로운 행동 주체들이 등장하는 과정을 분석했다(강양구·채오병, 2013: 39~64).

면 과학기술이 발전할수록 사회적 불평등이 심화될 수 있다는 역설적인 상황이 벌어지는 셈이다.

따라서 NPSS 학자들은 과학 지식과 기술, 그리고 그 산물의 생산에서 나타나는 상업적 편향, 연구 결과에 대한 접근성의 불평등, 사회 집단에 따른 차별적 영향이 일시적인 현상에 국한되지 않고 확대 재생산되는 구조의 문제로 보고, 오늘날 과학이 특정 집단에게는 문제를 해결하는 수단이 되지만 다른 집단에게는 그렇지 않다고 본다. 과학의 혜택을 받지 못하거나 상대적으로 과학 지식에서 배제되는 사람들에게는 무지가 강요되고, 시민사회가 필요로 하는 과학 지식과 기술, 산물들은 돈이 되지 않는다는 이유로 체계적으로 비(非)생산된다는 것이다. 그러므로 지금까지 STS가 어떻게 과학 지식이 만들어지는지를 연구 대상으로 삼았던 것과는 달리 NPSS는 "왜 어떤 지식은 생산되지 않는가?", "왜 시민사회에게 필요한 연구는 수행되지 않는가"라는 물음을 제기한다. 다시 말해서 언던 사이언스가 연구의 주제가 되는 것이다.

헤스를 비롯해서 NPSS 진영에 속하는 일군의 학자들은 최근 부상하고 있는 신기술에서 여러 가지 의문에 봉착하고 고개를 갸우뚱거리게 된다고 말한다. 나노기술의 경우, 왜 나노기술의 가능성이나 장점에 대한 연구는 많이 이루어지면서 정작 그 위험성에 대해서는 체계적인 연구가 이루어지지 않는지, 환경 친화적인 대안 기술에 대해서는 연구가 이루어지지 않는지와 같은 문제에 대해 많은 시사점을 줄 수 있다. 무지(ignorance) 역시 우연한 결과가 아니라 의도적인 결과가 된다. 즉, 의도된 무지 또는 강요된 무지이다. 헤스는 공익을 위해 활동하는 사회운동가나 혁신가들이 중요한 과학기술적 쟁점에 대해 기존에 연구된 내용을 찾으려고 저서, 언론의 특집 기사, 학술저널의 전문적인 논문 등을 검색해도 자신들이 원하는 연구를 찾지 못하게 되는 상황을 "언던 사이언스 문제"라고 불렀다(Hess, 2007). 정작 산업

측은 자신들의 입장을 방어할 수 있는 많은 연구 내용이라는 자원을 풍부하게 갖추고 있지만, 사회운동이나 NGO 단체들은 그에 대항할 충분한 자원이 결여되어 있다는 것이다. 산업의 관점에서는 소비자들이나 시민사회가 자신들의 주장을 반박할 지식을 많이 가지는 것을 원하지 않을 수 있다.

무지는 흔히 지식의 결여 또는 공백이라는 개념으로 이해되지만, 과학기술사회학의 한 영역으로 1980년 이래 수립된 'PUS(public understanding of science)',[3] 즉 대중의 과학 이해의 접근방식은 무지의 문제가 그리 간단하지 않다고 주장한다. PUS는 무지를 적극적인 분석이 필요한 지식의 한 상태로 규정한다. 우리가 '모른다'고 말할 때, 거기에는 많은 의미와 사회적 맥락이 있다는 것이다.

따라서 무지의 생산은 무지의 정치(politics of ignorance)라 불릴 수 있는 사회적 과정이고 언던 사이언스의 문제와 직결된다. 과학은 다른 사회적 장(場)들과 달리 상대적으로 정치경제적 영향에서 자율적인 장으로 여겨질 수 있지만, NPSS는 과학 역시 논쟁적(contentious)인 장이며, 무지가 생산되는 많은 메커니즘이 존재한다고 주장한다. 여기에서 중심적인 논의는 '알 수 있는 모름과 알 수 없는 모름(knowable and unknowable unknown)'의 차이에 대한 것이다. 과학 연구로 모든 문제를 해결할 수는 없지만, 우리는 안전과 위험에 대한 과학적 및 사회적 연구, 과학기술에 대한 윤리적 연구, 구성적 기술영향평가 등을 통해 알 수 있는 모름에 대해서 지식을 얻고 그에 기반해서 해결책을 마련할 수 있다. 반면 알 수 없는 모름은 오로지 사후적으로만 알 수 있을 뿐이다. 그러나 누가 연구비를 지원할 것인가, 좋은 일자리가 보장되지 않는 연구를 하려는 사람들이 있겠는가 등을 둘러싸고 이러한 연구는 정치화될 수 있다. 또한 환경론자들은 새로운 나노 물질과 유전자 조

3 PUS에 대한 개괄적 소개는 김동광(2014: 177~210)을 참고하라.

작 식품의 위험에 대해 더 많은 연구가 이루어지기를 원하지만, 화학 기업이나 생명공학 업체들은 이러한 지식이 생산되고 대중적으로 확산되는 것이 전혀 바람직하지 않다고 생각할 수도 있다(Hess, 2016: 34~35).

또한 대중적으로 논쟁이 되는 영역의 산업들은 알 수 있는 무지를 알 수 없는 무지로 만들어내기 위해 의도적으로 무지를 생산하려 시도한다. 이른바 의심을 만들어 파는 '의심 장사꾼(merchants of doubt)'을 고용하는 것이다. 의심 장사꾼이란 제품이나 특정 산업의 위험을 둘러싼 대중적 논쟁이 벌어질 때, 기업이나 산업이 연구비를 제공하거나 자신들의 주장을 뒷받침하는 논문을 공모해서 의심을 만들어내 해당 주제를 쟁점화하는 역할을 하는 과학자들을 가리킨다. 담배가 건강에 미치는 영향을 둘러싼 논쟁, 화석 연료가 지구온난화의 원인인지 여부를 둘러싼 논쟁이 대표적인 사례이다.

이처럼 언던 사이언스와 무지의 의도적 생산은 오늘날 과학 지식의 생산과 그 실행 양식에서 중요한 개념적 통찰을 줄 수 있다. 우리 사회에서 논란이 끊이지 않는 GMO는 대표적 사례 중 하나에 해당한다.

6. 사례: 언던 사이언스로서의 GMO[4]

GMO는 이미 우리에게 익숙한 주제이지만, 지금도 GMO를 둘러싼 쟁점들이 해소되지 못하고 있다는 점에서 언던 사이언스의 좋은 사례이다. GMO는 1973년 재조합 DNA 기술이 출현한 이후 그 기술을 적용해서 처음 시장화에 성공한 생명공학의 산물로 당시에 큰 기대와 우려가 집중되었다. 또한 GMO는 그에 대한 인식을 둘러싼 과학적 논쟁과 GMO의 도입과 생태계 방

4 이 절은 김동광(2019: 19~47)을 토대로 수정·보완했음을 밝혀둔다.

출을 둘러싼 사회적 논쟁 역사를 통해 중요한 특성을 배태하고 있다. 그것은 지금까지 생명 진화의 역사에서 한 번도 나타나지 않았던 유전적 조성을 가진 생물체로서의 새로움 때문이다. GMO는 그 탄생과 함께 이러한 이중성과 양면성을 가지고 있으며, 이러한 존재적 양면성과 모호함은 GMO를 둘러싼 다양한 이해당사국과 이해관계 집단들이 자신들의 이해관계에 유리한 규제 체계를 수립하기 위해 즐겨 동원하는 수사적, 담론적 원천으로 기능해 왔다(김동광, 2010a). 이 절에서는 GMO의 안전, 윤리, 그리고 이해관계, 즉 GMO가 누구의 이익에 복무하는가를 둘러싼 논쟁이 해결되지 않는 이유를 언던 사이언스 개념을 통해 접근해 보고자 한다.

GMO는 아주 오래된 주제임에도 우리에게 여전히 많은 쟁점을 주고 있다. 아직도 GMO를 둘러싼 논쟁은 계속되고 있으며, 좀처럼 논쟁이 종결될 기미를 보이지 않고 있다. GMO에 대한 부정적 인식이 강한 영국에서는 지난 2003년 보다 못한 정부가 나서서 6주일에 걸쳐, 수만 명이 참여한 'GM Nation?'이라는 전국 단위[5] 대중 토론을 공개적으로 벌였지만 일반 대중들의 불안감을 해소하지 못했고, 전문가들 사이의 첨예한 의견 차이도 좁히지 못했다. 그것은 이 주제를 둘러싼 이해당사자들의 이해관계가 첨예하고, GM 기술을 둘러싼 불확실성이 매우 높고, 가장 중요한 점으로 GMO가 앞에서 이야기했던 언던 사이언스의 중요한 사례로 정작 시민사회가 GMO의 안전성과 윤리성에 대해 많은 의문을 품고 있음에도 충분한 연구가 이루어지지 않으면서 체계적으로 무지가 생산되는 '무지의 정치'가 작동했기 때문이다.

5 이 토론은 모두 세 단위(tier)로 진행되었다. Tier 1 토론은 전국 단위로 잉글랜드, 웨일스, 스코틀랜드, 북아일랜드에서 한 번씩, 총 1000명이 참여해서 진행되었고, Tier 2는 지역 차원, Tier 3는 지역·자원단체 차원으로 총 2만 명 이상이 참여했다(Rowe et al., 2005: 331~352).

GMO는 개발된 이래 지금까지 인체 유해성을 둘러싼 논쟁에서 벗어나지 못하고 있다. 우리나라를 비롯해서 대부분의 나라들은 GMO에 대한 시민들의 불안감을 불식시키기 위해 짧게는 10여 년, 길게는 수십 년 동안 홍보, 교육, 인식 조사 등을 지속적으로 하고 있지만 그 효과는 미지수이다. 과학자와 정부는 국민들이 GMO에 대한 지식이 부족해서 부정적인 인식을 가지고 있다고 생각하고, 적극적인 홍보와 교육을 통해 우려를 불식시킬 수 있다는 대중의 과학 이해에 대한 결핍 모형(deficit model)의 접근방식을 채택하지만, PUS의 연구 결과에 따르면 과학 지식이 많다고 해서 반드시 과학에 대한 태도가 긍정적으로 바뀌지는 않으며 사안에 따라 다르다(김동광, 2002).

GMO의 인체 유해성에 대해 본격적으로 실험이 이루어진 사례로는 1998년 푸스타이(Pusztai) 박사의 실험과 2012년 세라리니(Séralini) 연구 팀의 실험을 들 수 있다. 두 차례 모두 실험 결과를 놓고 격렬한 논쟁이 벌어졌지만, 다른 과학 논쟁들과 달리 실험의 재연(replication)은 이루어지지 않았다.

푸스타이 박사의 실험은 영국의 로웨트 연구소에서 이루어졌으며, GM 감자를 먹인 쥐에서 면역체계와 장기 발생에서 손상이 나타난다는 사실이 확인되었다. 푸스타이 박사는 렉틴 연구에서 세계적인 권위자였고, 300편이 넘는 논문과 두 권의 저서가 있었다. 1995년에 스코틀랜드 농업, 환경 및 어업국(SOAEFD: Scottish Office of Agriculture, Environment and Fisheries Department)이 GM 곡물의 안전성에 대한 연구를 공모했고, 푸스타이 박사가 제안서를 냈다. 당시까지 이 주제에 대해 본격적인 연구는 이루어지지 않았다. 박사는 160만 파운드의 연구비를 받아서 연구를 수행했고, 그가 속해 있던 로웨트 연구소는 GM 감자를 개발하던 액시스 제네틱스(Axis-Genetics)와 이윤을 나누는 계약을 맺었고, GM 감자가 상업화에 성공하면 푸스타이 박사도 이익의 일부를 받게 되어 있었다. 푸스타이 박사와 그의 연구 팀은 설강화속의 한 종인 갈란투스 니발리스(*Galanthus nivalis*)에서 추출한 렉틴을 삽입해서 해충에 대한 저항성을 갖게 한 감자를 실험에 사용했다. 푸스타이 박사는 처음에 GM 감자가 아무런 문제도 없을 것이라고 생각했다.[6]

1998년에 푸스타이 박사는 언론과의 인터뷰에서 처음 예상과는 달리 GM 감자를 먹인 쥐의 창자와 면역체계에서 이상이 관찰되었다고 발표했고, "나라면 그것을(GM 감자를) 먹지 않겠다"라고 말했으며 "시민들을 실험용 쥐로 삼는 것은 매우 부당한 일이다"라고 덧붙였다(Krimsky, 2015: 899). 이후, 이미 잘 알려져 있듯이, 엄청난 혼란이 뒤따랐다. 처음에 로웨트 연구소는 푸스타이 박사의 연구 결과가 언론에 대서특필되자 잠시 자랑스러워하다가 사태의 심각성을 깨닫고는 푸스타이 박사의 연구를 중단시켰고, 결국 퇴직을 종용했다. 푸스타이 박사는 연구 결과를 1999년 ≪랜싯(Lancet)≫에 게재했다.

과학계에서 푸스타이 박사의 연구 결과에 대한 비판이 이어졌다. 가장 대표적인 비판은 런던의 왕립학회(Royal Society)에서 제기되었다. 왕립학회는 푸스타이 박사의 연구가 실험 설계가 형편없었고, 결과도 잘못이라고 비판하고 나섰다. 그러자 푸스타이 박사는 ≪사이언스 애스 컬처(Science as Culture)≫에 쓴 글에서 이렇게 반박했다. "어떤 사람들은 내게 이렇게 말한다. '당신은 논쟁적인 과학자야. 당신의 결과는 비판받고 있어.' 좋다. 만약 이런 비판이 정당한 과학적 근거를 가지고 있다면 아무런 문제도 없다. 그러나 나는 과학적으로 실험을 했고, 동료 심사를 받는 학술지에 투고했다 … 런던 왕립학회는 내 실험을 비판하지만 … 내가 쓴 270여 편의 논문 중에서 40편이 같은 방법론과 실험 설계를 사용했다. 나는 과학적으로 정당했다" (Pusztai, 2002). ≪랜싯≫은 과학계로부터 논문을 게재하지 말라는 압력을 받자 통상적인 2~3명보다 훨씬 많은 6명의 심사 위원에게 판단을 맡겼고,

6 이 내용은 주로 크림스키(Krimsky, 2015: 883~914)를 토대로 서술되었다.

결과적으로 5명이 출판에 문제가 없다는 판단을 내렸다. 그 후로도 푸스타이 박사에 대한 비판은 계속되었지만, 정작 그의 연구를 재연하려는 시도는 없었다.

또 하나의 사례는 2012년 프랑스의 세라리니 박사 팀의 연구이다. 그는 비영리 단체인 유전공학 연구와 독립적인 정보를 위한 협회(CRIIGEN: Committee of Research and Independent Information on Genetic Engineering)의 설립자이자 회장이었고, 그가 했던 연구도 협회의 자금 지원을 받았다. 그와 8명의 동료 연구자들은 2009년에 몬산토가 GMO에 대한 단기(90일) 실험을 수행해서 안전성을 입증하려고 했던 시도를 보고 좀 더 확실하게 GM 식품의 안전성을 확인할 수 있는 장기 실험을 계획했다. 생명공학 기업들은 많은 시간과 비용이 들어가는 장기 실험을 꺼렸는데 몬산토도 마찬가지였다. 2012년에 세라리니 연구 팀은 몬산토의 대표적인 글리포사이드 제초제 라운드업(Roundup)과 라운드업 제초제에 저항성을 가진 GM 옥수수[7]의 장기 독성 실험을 수행했다. 그들은 자신들의 실험에 OECD 가이드라인 408을 적용했고, 처음부터 자신들이 발암(發癌) 연구를 하는 것이 아니기 때문에 그룹당 50마리를 사용해야 하는 발암 프로토콜(carcinogenesis protocol)을 적용하지 않는다고 밝혔다. 그 대신 그들은 실험군과 대조군으로 10마리의 쥐를 이용했다. 실험 결과 암컷 쥐에서 커다란 유방 종양이 발생했고, 수컷 쥐에서 간의 울혈(鬱血)과 괴사(壞死)가 대조군에 비해 2.5에서 5.5배나 높게 나타났다(Krimsky, 2015: 901~902).

이 결과가 ≪식품과 화학독성(Food and Chemical Toxicology)≫에 발표되자 앞서 푸스타이 박사의 경우와 마찬가지로 많은 비판이 이어졌다. 비판은 주

7 몬산토는 라운드업에 대해 저항성을 가진 품종인 라운드업-레디(Roundup-ready)와 라운드업을 함께 판매해서 이익을 극대화했다.

로 종양 연구를 위한 프로토콜을 지키지 않았다는 점, 즉 50마리가 아닌 10마리를 썼다는 것이었다. 또한 세라리니 연구 팀이 자신이 활동하는 단체의 연구비를 받았기 때문에 이해관계 상충(conflict of interest)이라는 윤리적 문제가 있다는 지적도 있었다. 그러나 세라리니 연구 팀은 자신들이 애당초 발암 연구가 아니라 장기 독성 연구를 한 것이고, GM 식품의 안전성 검사에 이러한 장기 연구가 필요하다는 문제를 제기하려 했다고 반박했다.

세라리니 사례에서도 마치 판박이처럼 푸스타이 박사의 경우와 똑같이 논문 철회에 대한 압박이 이어졌다. 그러나 이번에는 2014년에 논문이 철회되었다. 역시 실험동물 수가 지나치게 적다는 것이 그 이유였다. 세라리니와 동료들은 2014년에 쓴 논문에서 몬산토가 지원했던 연구들도 비슷한 종류의 쥐를 사용했고 그 숫자도 비슷했지만 연구 방법을 문제 삼아 철회되지 않았다는 점을 들어 자신들에게 지나치게 가혹한 기준을 적용했다고 비판했고, ≪식품과 화학독성≫에 논문 철회를 주장했던 사람들이 전직 몬산토 직원이었던 리처드 굿맨(Richard Goodman)을 비롯해서 생명공학 기업과 협력 관계에 있는 사람들이었다고 지적했다(Séralini et al., 2014: 1~6). 논문 철회로 이어지게 된 원인이 과학적인 비판이 아니라 사실상 산업계의 압력이었다는 주장이었다. ≪식품과 화학독성≫의 전(前) 편집위원이었던 마르셀 로버프로이드(Marcel Roberfroid)는 편집인에게 보낸 서한에서 세라리니 연구 팀의 논문 철회를 다음과 같이 간결하고도 강하게 비판했다. "나는 전 편집위원으로서 ≪식품과 화학독성≫처럼 권위 있는 학술지에서 항상 수행하는 충분한 심사를 거쳐 게재가 결정된 세라리니의 논문을 철회한 당신의 결정을 매우 수치스럽게 여긴다 … 또한 나는 당신의 결정이 과학 연구(특히 생명과학)가 훨씬 덜 독립적이고 산업의 압력에 훨씬 더 종속적이라는 세간의 주장을 뒷받침해 주었다는 데 더욱 수치스러움을 느낀다. 내 생각에 당신의 결정은 산업의 이익에 도움이 되지 않는 과학 정보라면 기꺼이 삭제하려는 행동으로 해석될 수 있다. 만약 당신과 동료들이 세라리니의 연구가 내린 결론에 어떤 식으로든 의문을 가졌다면, 유일한 과학적 태도는 추가적인 연구를 요구하는 것이었다. 데이터를 철회시키는 것은 의문을 야기하며, 그것은 과학적 태도가 아니다"(Roberfroid, 2014: 390).

푸스타이 박사와 세라리니 연구 팀 사례에서 보았듯이, GMO의 안전성에 대한 진지한 연구는 충분히 이루어지지 않았다. 푸스타이 박사의 연구 이후 14년이 지난 2012년에야 세라리니 연구 팀이 독성 연구의 측면에서 본격적인 실험을 수행했다. 두 차례 모두 연구 결과를 둘러싸고 격렬한 논쟁이 벌어졌고, 논문 철회의 주장이 이어졌다. 세라리니의 논문은 결국 철회되었지만 2년 후인 2014년에 다른 학술지 ≪유럽환경과학(Environmental Sciences Europe)≫에 다시 게재되었다. 이처럼 심한 논쟁이 벌어졌지만, 놀랍게도 푸스타이 박사 연구와 세라리니 박사 연구를 재연하려는 시도는 한 번도 이루어지지 않았다. 사안의 중요성에 비추어 본다면, 그리고 논쟁적인 과학 실험의 참-거짓(true-false)을 가리기 위해 항상 그 실험을 똑같이 재연하려는 실험들이 이어졌던 통상적인 과학의 관행에 비추어 볼 때 다른 학자들에 의해 후속 연구가 이루어져서 실험을 재연하려는 시도가 없었다는 점은 무척 기이하다. 그것은 GMO의 안전성 연구가 '수행되지 않은 연구'의 전형적인 사례임을 보여준다. 신자유주의 상황의 전 지구적 사유화 체제하에서 GMO의 안전성에 대한 연구는 제대로 수행되기 어렵고, 설령 누군가에 의해 수행되더라도 그 결과가 인정되고, 발표되고, 널리 확산되기 어려운 구조적 한계가 있는 것이다.

2016년 6월 29일에 DNA 이중나선 구조를 발견했던 제임스 왓슨(James Watson)을 비롯해서 노벨상 수상자 147명이 「정밀 농업을 지지하는 노벨상 수상자들의 서한[Laureates Letter Supporting Precision Agriculture(GMOs)]」을 발표했다(Support Precision Agriculture, 2016.6.29). 이 서한의 수신 대상은 그린

피스, UN, 그리고 전 세계 정부들이었는데, 그동안 GMO, 특히 이른바 황금 쌀(Golden Rice)에 반대해 온 그린피스가 첫 번째 수신자로 명시된 것이 인상적이다. 서한의 내용은 그동안 GMO 지지자들이 했던 주장에서 크게 벗어나지 않는다. 먼저 인구 증가로 인해서 식량 부족이 심각해질 것이라는 문제를 제기하고, 세계보건기구(WHO)의 자료를 인용해서 "저개발국가 5세 이하의 아이들 중 40% 이상이 비타민 A 결핍증(VAD)에 시달리고 있다"라고 강조하면서 비타민 A를 강화한 황금 쌀에 대한 그린피스 등 환경단체들의 반대가 "인간성에 대한 중대한 범죄"라고 강하게 비난하면서 각국 정부에게 그린피스의 반대 운동에 동조하지 말 것을 호소했다.

여기에서 나타나는 특징은 먼저 GMO 지지자들의 논변에 물리, 화학, 생물, 생리의학, 경제학 등 여러 분야의 140여 명에 달하는 노벨상 수상자들이 대거 권위를 실어주었다는 점이고, 두 번째는 이 서한의 제목에서 잘 드러나듯이 GMO를 정밀 농업(precision agriculture)과 등치시켜서 그동안의 GMO에 대한 부정적 인식을 덜어내고 정밀한 과학으로서 GMO를 규정하려 했다는 점이다. 정밀 농업은 일반적으로 인공위성을 통한 영상 촬영, 정밀 기후 예측, 항공 촬영 기법, 센서와 빅데이터 등을 통한 수확량 예측 등의 첨단 기술을 통한 영농 기법 최적화로 이해되는데, 이 서한은 GMO를 정밀 농업과 일치시켜서 첨단 영농 기법으로의 당위성을 획득하려고 시도한 것으로 보인다.

그러나 ETC 그룹(Emerging Technologies and Corporate strategies on biodiversity, agriculture and human rights)[8]은 서한이 발표된 직후인 7월 6일에 「몬산토와 신젠타를 위해 봉사하는 노벨상 수상자들(Nobel laureates serving Monsanto

8 정식 명칭은 'Action Group on Erosion, Technology and Concentration'이며, 문화적·생태적 다양성과 인권 신장을 위해 활동하는 세계적인 단체이다.

and Syngenta)」이라는 제목의 반박 성명을 발표했다(ETC Group, 2016.7.7). ETC 그룹은 황금 쌀 개발 과정부터 문제 삼았다. 노벨상 수상자들이 황금 쌀이 비타민 A 결핍증에 시달리는 저개발국 아이들을 위해 개발된 것처럼 이야기하지만, 실상 베타카로틴을 함유한 GM 쌀은 두 명의 스위스 과학자들이 다른 실험을 하다가 우발적으로 나오게 된 산물이며, 따라서 최초 버전은 비타민 A의 하루 필요량을 섭취하기 위해 매일 수 킬로그램의 쌀을 먹어야 할 만큼 실용성이 없었다는 것이다. 이후 신젠타가 이 라이선스를 사들여 광고용으로 활용하기 위해 개발을 시작했다는 것이다. 또한 ETC 그룹은 시금치, 홍당무 등 전통적인 채소를 통해 섭취할 수 있는데, 굳이 GMO의 부작용을 감수하면서 황금 쌀을 통해 비타민 A를 섭취할 필요가 없으며, 근본적으로 기아가 단지 식량의 부족에서 기인하지 않는다는 점 또한 지적했다.

ETC 그룹의 가장 중요한 지적은 이 '과학적' 서한에 다국적기업들의 그림자가 짙게 드리워져 있다는 의혹 제기이다. 그들은 서한이 전 세계의 GM 종자 전체와 모든 상용 종자의 61%, 농약 시장의 76%가 불과 6개의 다국적 기업들에 의해 독점되고 있다는 점을 언급도 하지 않는다고 비판한다. 또한 노벨상 수상자들이 기자회견을 열었던 시점이 미 하원이 GMO 표시제(labeling)에 대한 법안 표결을 1주일 앞둔 때였다는 점에서 GM 종자와 맞춤형 농약을 개발하는 몬산토와 다국적 GM 곡물 기업들의 이해관계가 개입되었을 가능성이 높다는 것이다. 기자회견을 조직한 리처드 로버츠(Richard Roberts)와 필립 샤프(Phillip Sharp)는 생명공학 기업가들이었으며, 기자회견에 항의하려는 그린피스 대표를 막아선 제이 브린(Jay Byrne)이라는 인물은 몬산토의 전(前) 커뮤니케이션 담당자였다(Latham, 2016.7.1).

"GMO가 인류의 기아 문제를 해결할 수 있는가?"라는 물음은 그동안 많은 논란을 불러왔지만, 제대로 된 연구는 이루어지지 못했다. 2016년 노벨상 수상자들이 대거 참여한 성명 역시 충분한 근거를 기반으로 한 과학적 주장이라기보다는 여러 분야의 노벨상 수상자들의 권위를 기반으로 기존의 주장을 다시 되풀이했고, 특히 그동안 GMO 반대 운동에서 중요한 역할을 했던 그린피스를 지목해서 그 영향력을 떨어뜨리려는 시도로 볼 수 있다.

특히 이른바 황금 쌀 개발을 둘러싼 논쟁은 과연 GMO가 애초에 인류의 기아 문제를 해결하기 위해 개발된 것인지에 대한 논란을 다시금 불러일으켰다. GM 작물을 개발하는 생명공학 기업들과 GMO를 지지하는 과학자들은 인구 증가에 따른 식량 수요를 해결하기 위한 방안으로 GMO가 유일한 대안이라는 주장을 제기해 왔다. 그러나 GMO를 반대하는 과학자와 환경운동, 시민운동 진영은 식량 문제는 생산량이 부족하기 때문이 아니라 근본적인 분배 구조의 문제이며, GMO는 기아에 허덕이는 사람들을 위해 개발된 것이 아니라 몬산토를 비롯한 몇 안 되는 초국적 생명공학 기업과 식량 기업들의 이익을 위해 개발된 것이라고 주장한다. 그리고 황금 쌀은 이러한 비판을 잠재우기 위해 개발자들이 들먹이는 수사(修辭)에 불과하다는 것이다.

앞에서도 언급했듯이 모든 기술은 그 태생의 맥락을 가지고 있으며, 이후 개발 과정이라는 기술적 궤적(軌跡)을 가진다. 그리고 이러한 역사성이 그 기술의 특성을 빚어낸다. 이것은 기술사회학에서 이야기하는 기술 패러다임(technological paradigm)이나 기술 궤적(technological trajectory)이라는 개념으로도 설명할 수 있다.[9]

최초로 개발된 GMO는 훗날 몬산토에 합병된 칼젠(Calgene)이 개발했던 잘 무르지 않는 토마토 플레이버 세이버였다. 토마토와 과일의 숙성에 관여하는 ACC 유전자를 억제하는 안티센스(antisense) 기술을 적용한 이 GM 토마토는 1994년에 세간의 주목을 끌었지만 상업적으로 실패했고, 3년 만에

9 기술사회학에 대한 소개는 바이커·휴즈·로(1999)를 참조하라.

시장에서 사라졌다(뇌플러, 2016: 63~65). 이후 본격적으로 개발된 GMO는 우리가 잘 알고 있는 제초제 저항성 콩이나 옥수수, 자체적으로 독소를 분비해서 살충제를 뿌리지 않아도 되는 곡물이었다. 현재 전 세계적으로 재배되는 GM 작물 현황을 보면, 2016년 현재 세계 GM 작물 재배면적 중 제초제 내성 작물이 47%, 해충 저항성이 12%에 달한다(한국바이오안전성정보센터, 2017: 325). 이처럼 제초제와 해충 저항성을 가진 작물로 GM 기술이 집중된 까닭은 미국이나 캐나다 등 대규모 기계식 농업에 적합한 형태의 작물을 개발해서 이익을 극대화시키려는 생명공학 기업과 식량 기업의 이해관계에 따른 것이라는 주장이 일반적이다.

또한 이렇게 생산된 엄청난 규모의 곡물들이 실제 먹거리로 이용되기보다 다른 산업의 원료로 이용된다는 사실도 GMO 기술이 정작 어떤 이유로 개발되었는지 보여준다. 2007년에 제작된 다큐멘터리 〈킹콘(King Corn)〉은 미국의 아이오와주에서 재배하는 GM 옥수수의 경로를 추적해서 1에이커의 옥수수 밭에서 나온 약 1만 파운드의 옥수수 중 32%는 에탄올을 만드는 재료로 쓰이고, 절반 이상이 동물 사료로 이용된다는 것을 보여주었다. 특히 이 옥수수의 상당 부분은 시럽의 형태로 오늘날 우리가 섭취하는 과자 등 패스트푸드 식품의 단맛을 내는 원료로 이용되고 있다. 우리나라의 경우에도 지난 2020년에 수입된 GM 곡물 중에서 83.4%인 9988천 톤이 농업용, 즉 사료와 농업가공용으로 쓰였고, 나머지 16.5%인 1985천 톤이 식품용으로 승인되었다(한국바이오안전성정보센터, 2021: 127). 결국 이러한 사실들은 GMO가 GM 기술 개발의 궤적으로나 현재 이용되고 있는 용도에서 과연 인류의 기아 문제를 해결하기 위해 개발되었는지, 아니면 생명공학 기업 등의 산업계의 요구에 따라 개발되었는지에 대해 시사점을 준다. 2016년의 노벨상 수상자들의 황금 쌀에 대한 성명 발표와 뒤이은 논쟁은 GMO가 누구의 이익을 위한 것인지를 둘러싼 논란이 쉽게 종결되기 힘들다는 것을 보여준다.

7. 시민사회에 가지는 함의

새로운 과학기술은 등장할 때마다 인류에게 많은 도움을 줄 것이라는 기대를 낳지만 기존의 사회적 불평등을 해소하기보다는 불평등을 재생산하거나 심화시키는 문제점을 낳고 있다. 최근 코로나 백신을 둘러싸고 벌어졌던 유럽과 미국 등 선진국과 아프리카를 비롯한 제3세계 사이의 심각한 불평등은 과학기술의 발전이 모든 국가와 계층에게 혜택을 줄 수 있으리라는 그간의 순진한 보편성 가정을 무색하게 했다. 따라서 오늘날 과학기술을 둘러싼 상황은 "과학기술 발전을 통해 이득을 얻는 세력은 과연 누구인가?"라는 구조의 문제에 관심을 돌려야 할 필요성을 제기한다.

지금까지 간략하게 과학 지식 생산양식의 변화와 그 구조적 토대인 전 지구적 사유화 체제와 과학 연구 및 윤리의 외주화, 그리고 이러한 구조 속에서 발생하는 언던 사이언스 문제를 살펴보았다. 그렇다면 이러한 관점은 시민사회에 어떤 함의를 가지는가?

첫째, 생명의 윤리와 안전에 대한 연구가 주변화되고, 불평등이 확대·재생산되는 구조에 대한 관심을 가져야 한다. 과학기술의 실행에 지대한 영향을 미치는 '이미 구성되어 있는' 구조, 제도, 권력의 문제를 분석할 필요가 있다. 그것은 지금까지 생산된 과학 지식이나 기술이 특정 집단이나 세력에게 더 많은 혜택을 주는 불평등의 문제에 대한 관심의 촉구라 할 수 있다. 전 지구적 사유화 체제에서 과학기술이 발달할수록 사회적 불평등은 확대·재생산될 수밖에 없기 때문이다.

오늘날 과학기술이 발달하면 그 혜택이 모두에게 돌아갈 것이라는 순진한 기대는 더 이상 설 자리를 잃게 되었다. 과학이 발달할수록 그 혜택이나 피해가 특정 집단에게 쏠리는 사회적 불평등의 문제가 부상하게 되었다. 인터넷과 같은 정보기술이 발달할수록 그 기술을 이용해서 자기 향상을 이룰 수 있는 계층과 그렇지 못한 계층 사이의 간격이 더 벌어진다는 정보 격차(digital divide) 개념은 이미 고전이 되었다. 각국 정부는 이러한 문제를 해결하기 위해 안간힘을 기울였지만 사실상 모두 실패했다. 이러한 격차는 오늘날 생명공학, 나노, 로봇, 백신 기술 등 거의 모든 분야에서 판박이처럼 되풀이되고 있다.

앞에서 거론했듯이 몬산토와 같은 초국적 기업은 오늘날 GMO, 식량 산업화 등 생명공학을 둘러싼 많은 논의의 중심에 있지만 그들의 행태와 과학 지식 생산양식에 미치는 영향은 충분한 연구가 이루어지지 않고 있다. 신과학정치사회학의 중요한 문제 중 하나인 언던 사이언스는 과학이 형성되고 규정되는 정치 문화에 관심을 기울인다. 신자유주의 문화에서 과학은 경제성, 효율성, 경쟁력 강화 등의 문제에 치중하면서 윤리, 안전, 보건, 환경 등의 주제는 배제시키거나 자신의 연구 주제 속으로 포섭 또는 내화시켜 순화하는 전략을 채택한다. 헤스는 신자유주의적 정치 문화에서 윤리, 안전, 보건, 환경 등의 주제에 대해서는 연구비가 상대적으로 적게 지원되기 때문에 구조적으로 항상 뒤처질 수밖에 없다고 주장한다. 즉, 생명공학이나 나노와 같은 새롭게 부상하는 기술의 윤리, 안전에 대한 문제 제기가 사후 약방문이 되기 쉽고, 발목 잡기라는 인상을 줄 수밖에 없는 이유는 이러한 주제에 대한 연구가 구조적으로 제약되거나 방해받기 때문이다. 이처럼 윤리, 안전, 보건, 환경 연구가 기술 연구를 좇는 캐치업(catch-up) 양식은 오늘날의 과학기술 지식 생산양식 속에 구조화되어 있다고 볼 수 있다.

따라서 신자유주의 정치 문화 속에서 나타나는 과학 지식에 대한 편향적 인식, 연구비 지원, 연구 분야 선택 등에서 나타나는 포괄적인 불평등의 문제는 과학 지식 생산양식 연구에서 새로운 분석적 지위를 얻는다. 지금까지 불평등의 문제는 지식 생산 과정의 결과적 현상으로 간주되는 경향이 있었지만, 언던 사이언스 문제라는 접근방식을 통해 과학기술 지식 생산에 중요한 영향을 미치는 분석 요소로 적극적으로 해석된다. 특히 새로운 과학정치 사회학이 사회운동에 적극적 의미를 불어넣는 것도 불평등에 대한 새로운 인식에서 기인한다고 볼 수 있다.

둘째, 사회운동의 역할이 요구된다. 또한 이 진영에 속하는 학자들은 과학기술의 내용과 방향을 틀 짓는 과정에서 사회운동의 능동적 역할에 주목한다. 흔히 환경운동이나 보건운동 같은 사회운동 진영은 특정한 과학기술이나 개발 프로젝트에 반대만 하는 집단이라는 고정관념이 있는 경우가 많다. 그러나 NPSS 진영의 학자들은 사회운동이 과학 지식과 기술의 생산에 능동적으로 참여해서 그 내용과 방향을 함께 만들어나가는 역할을 줄곧 해왔음을 강조하면서, 그러한 참여를 제약하고 구조화하는 요인들이 무엇인지 탐구하고 있다.

앞으로 연구되어야 할 중요한 과제는 '언던 사이언스'의 이론적 논의와 함께 우리 사회에서 실제로 필요하지만 이루어지지 않고 있는 연구 문제가 무엇인지를 밝히는 실천적인 작업일 것이다. 이러한 노력을 통해서만 과학 지식과 정보의 원활한 소통이 이루어지지 않는 구조적 원인에 대한 인식이 이루어질 수 있을 것이다.

참고문헌

1장. 관계관리에 대한 새로운 시각_ 홍문기

김영욱. 2013.『PR 커뮤니케이션 이론의 진화』. 서울: 커뮤니케이션북스.

김형택. 2013.『게이미피케이션 마케팅 고객을 움직이는 커뮤니케이션 핵심 전략』. 서울: 영진닷컴.

나지영·박영일·김혜빈. 2016.「게이미피케이션 개념을 적용한 브랜디드 콘텐츠 사례 연구」. ≪한국게임학회논문지≫, 16권 5호, 45~56쪽.

박종필. 2021.「게이미피케이션 기법이 적용된 서비스 비즈니스 사례연구」. ≪관광레저연구≫, 33권 5호, 357~371쪽.

박현순. 2009.「정부기관과 정책공중과의 공중관계성 척도 검증에 관한 연구」. ≪한국광고홍보학보≫, 11권 4호, 144~170쪽.

신호창·문빛·조삼섭·이유나·김영욱·차희원. 2017.『공중관계핸드북』. 서울: 커뮤니케이션북스.

오윤지·이진. 2022.「SNS 챌린지 콘텐츠의 게이미피케이션 연구」. ≪한국콘텐츠학회논문지≫, 22권 1호, 1~9쪽.

이동엽. 2011.「게이미피케이션(Gamification)의 정의와 사례분석을 통해 본 앞으로의 게임시장 전망」. ≪디지털디자인학연구≫, 11권 4호, 450~457쪽.

정의준·이혜림. 2013.「게이미피케이션에 기반한 게임 3.0 시대의 변화 양상에 관한 연구: 게이미피케이션의 개념과 메커니즘을 중심으로」. ≪한국컴퓨터게임학회 논문지≫, 26권 4호, 87~97쪽.

조삼섭. 2006.「조직-공중관계성 측정: Hon과 Grunig의 공중관계성 측정도구 검증을 중심으로」. ≪광고학연구≫, 17권 4호, 141~161쪽.

최윤희. 2008.『현대PR론』. 파주: 나남.

Broom, G. M. and D. Dogier. 1990. *Using research in Public Relations*. Englewood Cliffs, NJ: Prince Hall.

Broom, G. M., S. Casey and J. Ritchey. 2000. "Concepts and theory of organization public relationships." in J. A. Ledingham and S. D. Bruning(eds.). *Public relations as relationship management: A relational approach to the study and practice of public relations*. Mahwah, NJ: Lawrence Erlbaum Associates.

Bruning, S. D. and J. A. Ledingham. 1999. "Relationships between organizations and publics: Development of a multi-dimensional organization-public relationship scale." *Public Relations Review*, Vol.25, No.2, pp.157~170.

Csikszentmihalyi, M . 1990. *Flow: The psychology of optimal experience*. NY: Harper and Row.

Ferguson, M. 1984. "Building theory in Public Relations: Inter organizational relationships." Paper presented to the Public Relations Division, Association for Education in Journalism and Mass Communication, Gainesville, FL.

Grunig, J. E. and Y. H. Huang. 2000. "From organizational effectiveness to relationship indicators: Antecedents of relationships, public relations strategies, and relationship outcomes." in J. A. Ledingham and S. D. Bruning(eds.). *Public relations as relationship management: A relational approach to the study and practice of public relations*. Mahwah, NJ: Lawrence Erlbaum Associates.

Higgins, E. 1997. "Beyond Pleasure and Pain." *American Psychologist*, Vol.52, No.12, pp.1280~1300.

Hsu, C. L. and H. P. Lu. 2004. "Why Do People Play On-line Games? An Extended TAM with Social Influences and Flow Experience." *Information and Management*, Vol.41, No.4, pp.853~868.

Korhonen, H., M. Montola and J. Arrasvuori. 2009. "Understanding Playful Experiences Through Digital Games." Proceedings of the 4th International Conference on Designing Pleasurable Products and Interfaces.

Ledingham, J. A. and S. D. Bruning. 2000. *Public relations as relationship management: A relational approach to the study and practice of public relations*. Mahwah, NJ: Lawrence Erlbaum.

Markets and Markets. 2020. "Gamification Market by Component (Solution and Services), Deployment (Cloud and On-premises), Organization Size (SMEs and Large Enterprises), Application, End-User (Enterprise-Driven and Consumer-Driven), Vertical, and Region - Global Forecast to 2025." https://www.marketsandmarkets.com/Market-Reports/gamification-market-991.html (검색일: 2022.8.17).

Mind Commerce. 2017. "Opportunities and Market Outlook for Next Generation Brand/Product Advertising through Embedded Gaming." https://www.marketresearch.com/Mind-Commerce-Publishing-v3122/Gamification-Opportunities-Outlook-Generation-Brand-6844554 (검색일: 2022.8.17).

Morgan, R. M. and S. D. Hunt. 1994. "The commitment-trust theory of relationship marketing." *Journal of Marketing*, Vol.58, pp.20~38.

Peppers, D., M. Rogers and R. Dorf. 1999. "Is your company ready for one-to-one marketing." *Harvard Business Review*, Jan/Feb, pp.151~160.

Srivastava, R. K., T. A. Shervani and L. Fahey. 1999. "Marketing, Business Processes and Shareholder Value: An Organizationally Embedded View of Marketing Activities and the Discipline of Marketing." *Journal of Marketing*, Vol.63, pp.168~179.

Tauer, J. and J. Harackiewicz. 1999. "Winning Isn't Everything: Competition, Achievement Orientation, and Intrinsic Motivation." *Journal of Experimental Social Psychology*, Vol.35, No.3, pp.209~238.

Xu, F. and D. Buhalis. 2021. *Gamification for Tourism*. Bristol, Blue Ridge Summit: Channel View Publications.

Zichermann, G. and J. Linder. 2010. *Game-based Marketing: Inspire Customer Loyalty Through Rewards, Challenges, and Contests.* Hoboken: John Wiley & Sons, Inc.

2장. 사내 커뮤니케이션이 왕도이다_ 신호창·박혜영

김성완. 2016. "하이얼, 알리바바, 샤오미, 상상초월의 3色 '극강HR'". ≪동아비즈니스리뷰≫. http://dbr.donga.com/article/view/1201/article_no/7594 (검색일: 2021.2.8).

김우. 2020.11.11. "쿠팡, 성찰이 없으니 변명만 있고, 반성이 없으니 변화가 없다". ≪프레시안≫. https://www.pressian.com/pages/articles/2020111018013479311?utm_source=naver&utm_medium=search (검색일: 2021.2.8).

김정은·유규창. 2011. 「건강한 조직의 의미와 조직건강의 통합관점」. ≪대한경영학회지≫, 24권 5호, 2641~2673쪽.

김호정. 1999. 「신뢰와 조직몰입」. ≪한국행정학보≫, 33권 2호, 19~35쪽.

라루, 프레데릭(Frédéric Laloux). 2016. 『조직의 재창조: 세상을 바꾸는 혁신적 조직 재창조에 대한 이야기』. 박래효 옮김. 서울: 생각사랑.

렌치오니, 패트릭(Patrick M. Lencioni). 2014. 『무엇이 조직을 움직이는가: 당신이 간과하고 있는 명료함의 힘』. 홍기대·박서영 옮김. 서울: 전략시티.

류성민·권정숙. 2009. 「비전만족도의 선행요인 및 결과요인에 관한 연구」. ≪조직과 인사관리연구≫, 33권 3호, 127~158쪽.

박종선·김진모. 2015. 「인적자본기업패널 자료를 활용한 한국 기업의 조직성과와 고성과작업시스템, 무형식학습 활용도의 관계」. ≪농업교육과 인적자원개발≫, 47권 2호, 73~98쪽.

신호창. 2003. 「사내 커뮤니케이션 진단 모델에 의한 국내 기업과 다국적 기업의 비교 연구」. ≪홍보학 연구≫, 7권, 196~230쪽.

______. 2013. 『사내 커뮤니케이션』. 서울: 커뮤니케이션북스.

신호창·노형신. 2010. 「은행 간 인수·합병에 따른 조직문화의 통합과 사내 커뮤니케이션전략에 관한 연구」. ≪한국언론학보≫, 54권 2호, 405~427쪽.

신호창·송주현. 2015. 「사내 커뮤니케이션과 구성원 정서적, 자주적, 변화참여 열의와의 관계 연구」. ≪정치정보연구≫, 18권 2호, 183~222쪽.

신호창·유선욱. 2004. 「국내 대기업의 사내 커뮤니케이션 진단: 가치관 공유, 명확한 업무 커뮤니케이션 그리고 커뮤니케이션 캠페인」. ≪홍보학 연구≫, 8권 2호, 125~161쪽.

신호창·최지영. 2015. 「사내 커뮤니케이션이 구성원 열의에 미치는 영향-기업 구성원의 성별, 근속연수, 기업규모에 따른 차이를 중심으로」. ≪홍보학 연구≫, 19권 3호, 38~69쪽.

윤건우. 1999. 「기업비전에 대한 의미 공유에 관한 연구」. 연세대학교 언론홍보대학원 석사 학위 논문.

이명재. 1984. 「행정조직의 건강성 진단에 관한 연구」. ≪한국행정학≫, 19권 1호, 107~126쪽.

이용재. 2012. 「사회적 기업에서 비전공유와 가치일치가 근로자의 조직시민행동에 미치는 영향」.

≪한국콘텐츠학회논문지≫, 12권 3호, 206~213쪽.

이용탁. 2005.「전략적 인적자원관리와 성과간의 관련성에 관한 연구」. ≪인적자원관리연구≫, 12권 3호, 49~67쪽.

이윤주·이미형. 2013.「병원간호사의 직장 내 괴롭힘과 직무 스트레스가 이직의도에 미치는 영향」. ≪정신간호학회지≫, 22권 2호, 77~87쪽.

이장우·장수덕. 2010.「환경의 불확실성, 의사결정과정 그리고 기업성과 간의 관계」. ≪경영학연구≫, 39권 5호, 1363~1387쪽.

이종혜·정민숙. 2017.「조직건강에 대한 최근 연구동향 분석」. ≪인문사회 21≫, 8권 4호, 907~921쪽.

이준호·이진규. 2010.「집단주의 조직문화에서 창의적 성과를 위한 커뮤니케이션의 역할. ≪대한경영학회지≫, 23권 1호, 183~203쪽.

임영신. 2013.「조직커뮤니케이션유형이 조직몰입에 미치는 영향—셀프리더십의 조절효과를 중심으로」. 한양대학교 석사학위논문. 한양대학교교육대학원 석사학위논문.

조혜연. 2020.11.4. "쿠팡은 감염 피해 노동자들에게 사과하는 것부터 시작해야 한다". ≪프레시안≫. https://www.pressian.com/pages/articles/2020110317283210159 (검색일: 2021.2.8).

주삼환·천세영·김택균·신붕섭·이석열·김용남·이미라·이선호·정일화·김미정·조성만. 2009.『교육행정 및 교육경영』. 서울: 학지사.

하라리, 유발(Yuval Noah Harari). 2015.『사피엔스: 유인원에서 사이보그까지, 인간 역사의 대담하고 위대한 질문』. 조현욱 옮김. 파주: 김영사.

하이먼즈, 제러미(Jeremy Heimans)·헨리 팀스(Henry Timms). 2019.『뉴파워: 새로운 권력의 탄생』. 홍지수 옮김. 서울: 비즈니스북스.

한은혜·하영미. 2016.「병원간호사의 자아존중감, 사회적 지지, 간호조직문화, 직장 내 괴롭힘 행위와 직장 내 괴롭힘 결과의 관계」. ≪간호행정학회지≫, 22권 3호, 303~312쪽.

Alfes, K., C. Truss, E. C. Soane, C. Rees and M. Gatenby. 2010. *Creating an Engaged Workforce.* Wimbledon: CIPD.

Argyris, C. 1958. "The organization: What makes it healthy?" *Harvard Business Review*, Vol.36, No.6, pp.107~116.

Bakker, A. B., E. Demerouti, W. B. Schaufeli and D. Xanthopoulou. 2009. "Work engagement and financial returns: A diary study on the role of job and personal resources." *Journal of Occupational and Organizational Psychology*, Vol.82, No.1, pp.183~200.

Bakker, A. B., W. B. Schaufeli, M. P. Leiter and T. W. Taris. 2008. "Work engagement: An emerging concept in occupational health psychology." *Work & Stress*, Vol.22, pp.187~200.

Bal, P. M., D. T. Kooij and S. B. De Jong. 2013. "How Do Developmental and Accommodative HRM Enhance Employee Engagement and Commitment? The Role of Psychological Contract and SOC Strategies." *The Journal of Management Studies*, Vol.50, No.4, pp. 545~572.

Bennis, W. G. and B. Nanus. 1985. *Leaders: The strategies for taking charge.* NY: Harper & Row.

Berger, C. R., and R. J. Calabrese. 1975. "Some explorations in initial interaction and beyond:

Toward a developmental theory of interpersonal communication." *Human Communication Research*, Vol.1, pp.99~112.

Bhagat, R. S., B. L. Kedia, P. D. Harveston and H. C. Triandis. 2002. "Cultural Variations in the Cross-Border Transfer of Organizational Knowledge: An Integrative Framework." *The Academy of Management Review*, Vol.27, No.2, p.17.

Canfield, B. R. 1968. *Public relations: Principles, cases, and problems.* Chicago: RD Irwin.

Cartwright, T. and D. Baldwin. 2007. "Seeing your way leaders must communicate their visions." *Leadership in action*, Vol.27, No.30, pp.15~24.

Chatman, E. A. 1991. "Channels to a larger social world: Older women staying in contact with the Great Society." *Library and Information Science Research*, Vol.13, No.33, pp.281~300.

Guzzo, R. and K. Noonan. 1994. "Human resource practices as communications and the psychological contract." *Human Resources Management*, Vol.33, No.3, pp.447~462.

Hemberg, T. 1978. "The effect of abscisic acid (ABA) on the respiration and uptake of inorganic phosphate by potato pith discs." *Physiologia Plantarum*, Vol.43, No.1, pp.65~67.

Jaffe, D. T. 1995. "The healthy company: Research paradigms for personal and organizational health." in S. L. Sauter and L. R. Murphy(eds.). *Organizational R is k Factors for Job Stress.* Washington, DC: American Psychological Association.

Kahn, W. A. 1990. "Psychological conditions of personal engagement and disengagement at work." *Academy of Management Journal*, Vol.33, pp.692~724.

Kendall, R. 1996. *Public Relations Campaigns Strategies.* New York: Harper Collins.

Meyer, J. P. and N. J. Allen. 1984. "Testing the 'side-bet theory' of organizational commitment: Some methodological considerations." *Journal of Applied Psychology*, Vol.69, No.3, p.372.

Meyer, J. P., N. J. Allen and C. A. Smith. 1993. "Commitment to Organizations and Occupations: Extension and Test of a Three-Component Conceptualization." *Journal of Applied Psychology*, Vol.78, No.34, p.538.

Meyer, J. P., T. E. Becker and C. Vandenberghe. 2004. "Employee Commitment and Motivation: A Conceptual Analysis and Integrative Model." *Journal of Applied Psychology*, Vol.89, No.6, pp.991~1007.

Miller, D. and J. Lee. 2001. "The people make the process: Commitment to employees, decision making, and performance." *Journal of Management*, Vol.27, No.32, pp.163~189.

Mowday, R. T. 1982. "Expectancy theory approaches to faculty motivation." *New Directions for Teaching and Learning*, Vol.1982, No.10, pp.59~70.

Mukherjee, A. and N. Malhotra. 2006. "Does role clarity explain employee-perceived service quality?: A study of antecedents and consequences in call centers." *International Journal of Service Industry Management*, Vol.17, No.35, pp.444~473.

O'Reilly, C. A. and J. Chatman. 1986. "Organizational commitment and psychological attachment: The effects of compliance, identification, and internalization on prosocial behavior." *Jour-*

nal of Applied Psychology, Vol.71, No.33, p.492.

Sauter, S. L., S. Y. Lim and L. R. Murphy. 1996. "Organizational health: A new paradigm for occupational stress research at NIOSH." *Journal of Occupational Mental Health*, Vol.4, No.34, pp.248~254.

Siegel, D. and A. McWilliams. 2000. "Corporate social responsibility and financial performance: Correlation or misspecification?" *Strategic Management Journal*, Vol.21, No.35, pp.603~609.

Tjosvold, D. and L. McNeely. 1988. "Innovation Through Communication in an Educational Bureaucracy." *Communication Research*, Vol.15, No.35, pp.568~581.

Tsai, W. and S. Ghoshal. 1998. "Social capital and value creation: The role of intrafirm networks." *Academy of Management Journal*, Vol.41, No.34, pp.464~476.

3장. 갈등관리와 협상: 이해관계자 집단 간의 커뮤니케이션_ 전형준

국무조정실. 2020.『갈등관리매뉴얼』.

≪뉴스데일리≫. 2021.10.23. "배진교, 국무조정실 갈등과제 관리 기준 뭔지?" http://www.newsdaily.kr/news/articleView.html?idxno=211756 (검색일: 2022.8.27).

대통령자문 지속가능발전위원회. 2005.『공공갈등관리의 이론과 기법(上)』. 서울: 논형.

워크넷. 2022. "한국 직업 사전". https://www.work.go.kr/consltJobCarpa/srch/jobDic/jobDicDtlInfo.do?pageType=jobDicSrchByJobCl&jobCode=3121&jobSeq=57 (검색일: 2022.9.4).

이영희. 2004.「민주화와 사회갈등: 공공정책을 둘러싼 사회갈등의 이해」. ≪동향과 전망≫, 61호 36~67쪽.

전형준. 2016.「공공갈등 조정 커뮤니케이션 분석: 북안산변전소 입지갈등해결을 위한 갈등조정회의 운영사례를 중심으로」. ≪Crisisonomy≫, 12권 5호, 97~117쪽.

_____. 2019.「갈등의 진단과 해결의 연계: 부평구 공공갈등 진단 및 해결 사례 연구」. ≪분쟁해결연구≫, 17권 3호, 5~33쪽.

전형준·김학린. 2018.「지방자치단체의 갈등영향분석 현황과 예방적 적용의 장애요인 분석」. ≪Crisisonomy≫, 14권 8호, 11~28쪽.

피셔, 로저(Roger Fisher)·윌리엄 유리(William Ury)·브루스 패튼(Bruce Patton). 2011.『Yes를 이끌어내는 협상법』. 박영환 옮김. 서울: 장락.

한정호·김병희·김장열·김찬아·박노일·박동진·박종민·배지양·오창우·유선욱·이유나·이제영·전형준·정지연·조삼섭·최준혁·탁재택·황성욱. 2014.『PR학 원론』. 서울: 커뮤니케이션북스.

황수경·하동현·전형준·박지혜. 2021.『공공갈등·공론화·시민참여에 관한 국민인식조사 분석보고서』. 세종: 한국개발연구원.

Brahm, E. 2003. "Conflict Stages." Beyond intractability. Conflict Research Consortium, University of Colorado, Boulder. https://www.beyondintractability.org/essay/conflict_stages (검색일:

2022.8.27).
Downs, A. 1972. "Up and Down with Ecology—the Issue-Attention Cycle." *Public Interest*, Vol.28, pp.38~50.
Falconi, M. T. 2006. "How Big Is Public Relations (and Why Does It Matter)? The Economic Impact of Our Profession." *Public Relations Inquiry*, Vol.5, pp.145~167.
Grunig, J. E. 2022. "Negotiation and Conflict Management: Two Valuable Tools in the Public Relations Toolbox." *Negotiation and Conflict Management Research*, Vol.15, No.1, pp.1~5.
Hallahan, K. 2000. "Inactive Publics: The forgotten publics in public relations." *Public Relations Review*, Vol.26, No.4, pp.499~515.
_____. 2001. "The Dynamics of Issues Activation and Response: An Issue Processes Model." *Journal of Public Relations Research*, Vol.13, No.1, pp.27~59.
Miller, K. and J. Barbour. 2014. *Organizational Communication: Approaches and Processes*. Boston, MA: Cengage Learning.
U.S. Bureau of Labor Statistics. 2022. "Occupational Outlook Handbook: Public Relations Specialists." https://www.bls.gov/ooh/media-and-communication/public-relations-specialists.htm (검색일: 2022.9.4).

4장. 인공지능 시대의 PR 연구 방향 탐색_ 박노일·정지연

강우규. 2019. 「인공지능과 저널리즘」. ≪인공지능인문학연구≫, 3권, 123~139쪽.
김대원·김범진. 2016. 「알파고와 이세돌 대국이 지적(知的) 업무로의 인공지능 도입에 대한 인식에 미친 영향 탐색」. ≪사이버커뮤니케이션학보≫, 33권 4호, 107~158쪽.
김병희. 2022.7.26. "[AI-META 시대 '미래전략']〈17〉광고". ≪전자신문≫, 20면.
김수연·김대욱·최명일. 2013. 「한국광고홍보학 연구경향 언어 네트워크 분석」. ≪한국광고홍보학보≫, 15권 1호, 59~85쪽.
김승한. 2021.10.4. "'연예인보다 낫다' … 모델료 10억 22살 오로지, 中 화즈빙 日 이마 도전장 내밀었다". ≪매일경제≫. https://mk.co.kr/news/it/view/2021/10/939674/ (검색일: 2022.9.4).
김정환·박노일. 2022. 『비전공자의 인공지능(AI) 입문』. 서울: 도서출판 홍릉.
김진형. 2020. 「CES2020에서 보는 인공지능의 추세」. ≪한국통신학회지(정보와 통신)≫, 37권 2호, 40~44쪽.
박노일. 2008. 「블로그 이용자의 뉴스미디어 신뢰도 연구」. ≪한국언론학보≫, 52권 3호, 422~439쪽.
_____. 2010. 「상황이론의 블로거 공중 세분화 적용 연구」. ≪홍보학 연구≫, 14권 3호, 69~105쪽.
_____. 2022. 『인공지능의 이해와 뉴스 미디어 영상분석』. 서울: 도서출판 북넷.
박노일·오현정·정지연. 2017. 「PR 구성 체계 연구: OSPC(Organization-Situation-Public-Communication Model) 제안」. ≪한국언론학보≫, 61권 3호, 283~310쪽.
박노일·윤영철. 2008. 「블로그 인기도가 블로거의 저널리즘 인식 및 활동에 미치는 영향」. ≪한국

언론학보≫, 52권 6호, 100~122쪽.

박노일·정지연. 2021.「인공지능(AI) 분석과 PR 연구 방향 탐색」. 한국PR학회 가을철 정기학술대회 발표 논문.

박대민. 2021.「방송 동영상 기반 인공지능 학습데이터 구축과 PR 분야에서 인공지능의 활용 가능성」. 한국PR학회 가을철 정기학술대회 발표 논문.

비티에프테크. 2020. "다중 음성시스템이 장착된 온라인미디어 서비스 구현 방법". http://www.btftech.co.kr/#news (검색일: 2022.9.4).

안대천·김동후·이진균·권오윤. 2021.『광고학원론』. 파주: 도서출판 정독.

안명옥. 2021.「AI 융합·확산을 위한 선결 과제와 대응방안」. ≪AI Trend Watch≫, 2021-1호, 1~11쪽.

윤인아. 2018.「로봇저널리즘의 이해와 전망」. ≪NIPA 이슈리포트≫, 2018-18호, 1~14쪽.

이주현. 2022.2.17. "인공지능과의 공존, 상생 위해 질문을 던져야". ≪오마이뉴스≫. http://www.ohmynews.com/NWS_Web/View/at_pg.aspx?CNTN_CD=A0002811317 (검색일: 2022.9.4).

이준환. 2016.「로봇, 인공지능과 저널리즘」. ≪See Futures≫, 11호(여름), 14~17쪽.

이희복. 2019.「인공지능과 광고 크리에이티브」. ≪IITP 주간기술동향≫, 1904호, 1~14쪽.

임화섭. 2017.「로봇 기자의 활용 실태와 한계」. ≪관훈저널≫, 143호(여름), 43~49쪽.

정두희. 2019.『3년 후 AI 초격차 시대가 온다』. 서울: 청림출판.

정병희. 2020.「신뢰할 수 있는 방송·미디어와 AI」. ≪방송과 미디어≫, 25권 1호, 42~48쪽.

조병익. 2018.『인공지능 시대, 창의성을 디자인하라』. 서울: 동아엠앤비.

차영란. 2018.「광고 및 미디어 산업 분야의 인공지능(AI) 활용 전략: 심층인터뷰를 중심으로」. ≪한국콘텐츠학회논문지≫, 18권 9호, 102~115쪽.

홍윤정. 2019.1.8. "김진형 인공지능연구원장 'AI는 인간의 예술적 창의성에 새 가능성 열어'". ≪한국경제≫, A32면.

MBC. 2019. "손정의-마윈 '우린 같은 동물… AI 시대 곧 온다'". https://imnews.imbc.com/replay/2019/nwtoday/article/5635705_28983.html (검색일: 2022.9.4).

NewsWire. 2016. "주목해야 할 새로운 마케팅 트렌드 '인공지능'". https://blog.newswire.co.kr/?p=4511 (검색일: 2022.9.4).

NVIDIA KOREA. 2021. "NVIDIA 전문가들의 2022년 AI 산업 전망, 총 정리!" https://blogs.nvidia.co.kr/2021/12/09/2022-predictions-ai-global-industries/ (검색일: 2022.9.4).

Adobo Magazine. 2019.2.21. "Dentsu Tokyo's AI Mirai Unlocks the Future of Advertising." https://www.adobomagazine.com/global-news/dentsu-tokyos-ai-mirai-unlocks-the-future-of-advertising (검색일: 2022.9.4).

Alawaad, H. A. 2021. "The Role of Artificial Intelligence (AI) in Public Relations and Product Marketing in Modern Organizations." *Turkish Journal of Computer and Mathematics Education*, Vol.12, No.14, pp.3180~3187.

Ardila, M. M. 2020. "The Rise of Intelligent Machines: How Artificial Intelligence is Transforming

the Public Relations Industry." Master's Thesis, The USC Annenberg School for Communication and Journalism, University of Southern California.
Associated Press. 2016.6.30. "AP expands Minor League Baseball coverage."
Chittick, Rachel. 2022.1.5. "7 Ways Artificial Intelligence will Change the Game for PR Pros." *PR Daily*.
Cision. 2022. "The Ultimate Media Database Buyer's Guide." https://www.cision.com/resources/white-papers/media-database-buyers-guide (검색일: 2022.9.4).
Colford, Paul. 2014.6.30. "A Leap Forward in Quarterly Earnings Stories." *The Associated Press*.
Coombs, W. T. and S. J. Holladay. 2002. "Helping Crisis Managers Protect Reputational Assets: Initial Tests of the Situational Crisis Communication Theory." *Management Communication Quarterly*, Vol.16, No.2, pp.165~186.
Cotter, N. 2022. "8+ Best AI Copywriting Software Tools in 2022." https://www.growann.com/best/ai-copywriting-software (검색일: 2022.9.4).
Dörr, K. N. 2016. "Mapping the field of Algorithmic Journalism." *Digital Journalism*, Vol.4, No.6, pp.700~722.
Eliaçik, E. 2022. "Follow the Latest AI Trends to Survive Tomorrow." https://dataconomy.com/2022/05/artificial-intelligence-trends-2022/ (검색일: 2022.9.4).
Fink, S. 2013. *Crisis Communications, the Definitive Guide to Managing the Message*. New York: McGraw Hill.
FleishmanHillard. 2018. "AI & Communications: The Fads, The Fears, The Future."
Forsbak, Oyvind. 2022.5.25. "Six AI Trends To Watch In 2022." *Forbes*.
Galloway, C. and L. Swiatek. 2018. "Public Relations and Artificial Intelligence: It's not (just) about Robots." *Public Relations Review*, Vol.44, No.5, pp.734~740.
Garret, M. 2018. "What PR Pros Need to Know about AI: A Conversation with Christopher Penn." https://michellegarrett.com/2018/11/04/ai-is-already-impacting-the-pr-world-what-do-pros-need-to-know-to-help-them-today-and-tomorrow/ (검색일: 2022.9.4).
Hendrickson, C. 2019. "Local Journalism in Crisis: Why America must Revive Its Local Newsrooms." https://www.brookings.edu/research/local-journalism-in-crisis-why-america-must-revive-its-local-newsrooms/ (검색일: 2022.9.4).
Interdependence Public Relations. 2022. "Methodology." https://www.interdependence.com/the-difference/our-methodology/ (검색일: 2022.9.4).
Johnson, D. G. and M. Verdicchio. 2017. "AI Anxiety." *Journal of the Association for Information Science and Technology*, Vol.68, No.9, pp.2267~2270.
Ledro, C., A. Nosella and A. Vinelli. 2022. "Artificial Intelligence in Customer Relationship Management: Literature Review and Future Research Directions." *Journal of Business & Industrial Marketing*, Vol.37, No.13, pp.48~63.
Li, H. 2019. "Special Section Introduction: Artificial Intelligence and Advertising." *Journal of Ad-*

vertising, Vol.48, No.4, pp.333~337.

Liew, F. E. E. 2021. "Artificial Intelligence Disruption in Public Relations: A Blessing or A Challenge?" *Journal of Digital Marketing and Communication*, Vol.1, No.1, pp.24~28.

Liu, B. F. and J. S. Horsley. 2007. "The Government Communication Decision Wheel: Toward a Public Relations Model for the Public Sector." *Journal of Public Relations Research*, Vol.19, No.4, pp.377~393.

Montal, T. and Z. Reich. 2017. "I, Robot. You, Journalist. Who is the Author?" *Digital Journalism,* Vol.5, No.7, pp.829~849.

Ng, A. 2019.2.21. "Announcing Nova Ng, Our First Daughter. Plus, Some Thoughts On the AI-Powered World She Will Grow Up In⋯." https://twitter.com/andrewyng/status/1098331008544399360 (검색일: 2022.9.4).

Nunez, M. 2016. "Can You Tell Which One of These Baseball Stories Was Written By a Robot?" https://gizmodo.com/can-you-tell-which-one-of-these-baseball-stories-was-wr-1782892240 (검색일: 2022.9.4).

O'Connor, G. 2017. "How Russian Twitter Bots Pumped Out Fake News during the 2016 Election." https://www.npr.org/sections/alltechconsidered/2017/04/03/522503844/how-russian-twitter-bots-pumped-out-fake-news-during-the-2016-election (검색일: 2022.9.4).

Peiser, Jaclyn. 2019.2.5. "The Rise of the Robot Reporter." *The New York Times*.

Quakebot. 2022.6.2. "Magnitude 4.1 earthquake strikes near Bay Point, Calif." *LA Times*. https://www.latimes.com/california/story/2022-06-02/4-1-earthquake-strikes-near-bay-point (검색일: 2022.9.4).

Rao, A. and B. Greenstein. 2021. "PwC 2022 AI Business Survey." https://www.pwc.com/us/en/tech-effect/ai-analytics/ai-business-survey.html (검색일: 2022.9.4).

Reynolds, E. 2015. "Wordsmith's 'robot journalist' has been unleashed." https://www.wired.co.uk/article/wordsmith-robot-journalist-download (검색일: 2022.9.4).

Rimol, M. 2022. "Gartner Survey Reveals Significant Shifts in CEO Thinking on Sustainability, Workforce Issues and Inflation in 2022." https://www.gartner.com/en/newsroom/press-releases/2022-05-18-gartner-survey-reveals-significant-shifts-in-ceo-thinking-on-sustainability-workforce-issues-and-inflation-in-2022 (검색일: 2022.9.4).

Rodgers, S. 2021. "Themed Issue Introduction: Promises and Perils of Artificial Intelligence and Advertising." *Journal of Advertising*, Vol.50, No.1, pp.1~10.

Roetzer, P. and M. Kaput. 2022. *Marketing Artificial Intelligence: AI, Marketing, and the Future of Business*. Nashville: Matt Holt.

Rotenberg, V. S. 2013. "Moravec's Paradox: Consideration in the Context of Two Brain Hemisphere Functions." *Activitas Nervosa Superior,* Vol.55, No.3, pp.108~111.

SAS. 2022. "Artificial Intelligence: What it is and why it matters." https://www.sas.com/en_in/insights/analytics/what-is-artificial-intelligence.html (검색일: 2022.9.4).

Sung, S. W., H. Baek, H. Sim, E. H. Kim, H. Hwangbo and Y. J. Jang. 2020. "Breaking Moravec's Paradox: Visual-Based Distribution in Smart Fashion Retail." KDD Conference 2020.

Túñez-López, J. M., C. F. Ceide and M. Vaz-Álvarez. 2021. "Impact of Artificial Intelligence on Journalism: Transformations in the Company, Products, Contents and Professional Profile." *Communication & Society*, Vol.34, No.1, pp.177~193.

Weiner, M. and S. Kochhar. 2016. "Irreversible: The Public Relations Big Data Revolution." https://instituteforpr.org/irreversible-public-relations-big-data-revolution/ (검색일: 2022.9.4).

Wurzer, A. 2021. "Tencent is getting copyright for AI-dreamwriter article." https://ipbusinessacademy.org/tencent-is-getting-copyright-for-ai-dreamwriter-article (검색일: 2022.9.4).

Zignal Labs. 2018. "Zignal Bot Intelligence." https://zignallabs.com/wp-content/uploads/2018/07/Zignal-Bot-Intelligence.pdf (검색일: 2022.9.4).

5장. 광고와 PR의 경계 소멸과 범위의 확장_ 김병희·김현정

김병희. 2013. 「광고의 새로운 정의와 범위: 혼합연구방법의 적용」. ≪광고학연구≫, 24권 2호, 225~254쪽.

_____. 2021a. 『디지털 시대의 광고 마케팅 기상도』. 서울: 학지사.

_____. 2021b. 「광고의 정의와 유형」. 김병희 외. 『디지털 시대의 광고학신론』. 서울: 학지사.

_____. 2022. 『스티커 메시지: 스킵되지 않고 착착 달라붙는 말과 글을 만드는 법』. 서울: 한국경제신문 한경BP.

김운한·김현정. 2018. 「다음 시대의 광고와 PR」. 김병희 외. 『디지털 융합시대 광고와 PR의 이론과 실제』. 서울: 학지사.

김유나. 2020. 「빅데이터와 광고」. 김현정 외. 『스마트 광고 기술을 넘어서』. 서울: 학지사.

_____. 2021. 『브랜드 유니버스 플랫폼 전략』. 서울: 학지사.

김종민. 2020. 「브랜디드 콘텐츠의 커뮤니케이션 기법에 관한 연구: 유형 구분을 중심으로」. ≪한국콘텐츠학회논문지≫, 20권 4호, 295~304쪽.

김현정. 2020. 「변화하는 광고」. 김현정 외. 『스마트 광고 기술을 넘어서』. 서울: 학지사.

문성후. 2021. 『부를 부르는 ESG』. 서울: 플랜비디자인.

박하영. 2022. 「디지털 기반 통합 브랜드 캠페인의 창작과 전개」. 김병희 외. 『디지털 시대의 광고 크리에이티브 신론』. 서울: 학지사.

백혜진. 2013. 「커뮤니티 소셜 마케팅」. 『소셜 마케팅』. 서울: 커뮤니케이션북스.

신호창·문빛·조삼섭·이유나·김영욱·차희원. 2017. 『공중관계 핸드북: Public Relations 바로보기』. 서울: 커뮤니케이션북스.

이선미·박종철. 2022. 「기업의 ESG 활동이 기업평판에 미치는 영향: 신뢰의 매개효과를 중심으로」. ≪경영컨설팅연구≫, 22권 1호, 257~267쪽.

이성복. 2021. 「지속가능한 발전 목표와 브랜드 액티비즘」. 김병희 외. 『언택트 시대의 광고 크리에이티브』. 서울: 학지사.
이유나. 2017. 「PR의 정의」. 김병희·김찬석·김효규·이유나·이희복·최세정. 『100개의 키워드로 읽는 광고와 PR』. 서울: 한울엠플러스.
이은지. 2022.4.27. 「MZ세대 10명 중 7명, 메타버스에서 일상 보낸다」. ≪월간 리쿠르트≫. http://www.hkrecruit.co.kr/news/articleView.html?idxno=24765 (검색일: 2022.8.20).
이진우·조재형. 2018. 「PR 기획」. 김병희 외. 『디지털 융합시대 광고와 PR의 이론과 실제』. 서울: 학지사.
장대련·장동련. 2014. 『트랜스 시대의 트랜스 브랜딩』. 서울: 이야기나무.
장대련·장동련·박세범. 2015. 『통합 브랜드 커뮤니케이션』. 서울: 북넷.
정민하. 2021.5.3. 「MZ 세대 잡아라: 메타버스(가상세계) 침투하는 광고시장」. ≪조선일보≫.
정원준. 2021. 「디지털 시대 PR의 정의 및 역할, 어떻게 다른가?」. 김현정 외. 『디지털 시대의 PR 학신론』. 서울: 학지사.
최동호. 2021. 「ESG 경영의 현주소와 미래 전망: 한국 일본 중국의 ESG 경영 중심으로」. ≪지역산업연구≫, 44권 4호, 263~291쪽.
최익성. 2020. 「애드테크」. 김현정 외. 『스마트 광고 기술을 넘어서』. 서울: 학지사.
한국PR기업협회. 2020. 『PR 용어사전』. 파주: 한울엠플러스.
한정호. 2014. 「PR의 정의와 유형」. 한정호 외. 『PR학 원론』. 서울: 커뮤니케이션북스.
황순민. 2022.3.4. 「제페토, 글로벌 가입자 3억 명 달성」. ≪매일경제≫.

AMA. 1963. American Marketing Association. https://www.ama.org/ (검색일: 2022.8.25).
Gardner, J. and K. Lehnert. 2016. "What's New about New Media? How Multi-Channel Network with Content Creators." *Business Horizons*, Vol.59, No.3, pp.293~302.
PRSA. 2012. "About Public Relations." http://www.prsa.org/AboutPRSA/PublicRelationsDefined/ (검색일: 2022.8.25).
Steinwold, A. 2020.3.12. "Metaverse Advertising Marketplace+New Podcast With Trislit." Andrew Steinwold. https://andrewsteinwold.substack.com/p/metaverse-advertising-marketplace (검색일: 2022.8.25).
Wikipedia. 2022. "Omnichannel." http://en.wikipedia.org/wiki/Omni-channel_Retailing (검색일: 2022.8.25).

6장. 공동주의를 향해: 뉴노멀 시대에 행성적 거버넌스를 모색하다_ 김재인

기후위기비상행동. 2019.8.26. "지금이 아니면 내일은 없다. 기후위기, 지금 말하고 당장 행동하라". http://climate-strike.kr/demand/ (검색일: 2022.9.30).
김명희. 2020. 「인권으로 함께 헤쳐 나가는 공중보건 위기」. ≪인권≫, 2020년 1월호.
김보람. 2018. 「인류세(Anthropocene), 우리가 남긴 흔적」. ≪유네스코뉴스≫, 747호, 4~9쪽.

김선영. 2021.「근대성/식민성 담론을 중심으로 본 탈식민주의의 지정학적 차이」. ≪라틴아메리카연구≫, 34권 3호, 33~52쪽.
김재인. 2020.『뉴노멀의 철학: 대전환의 시대를 구축할 사상적 토대』. 서울: 동아시아.
벡, 울리히(Ulrich Beck). 2006.『위험사회: 새로운 근대(성)을 향하여』. 홍성태 옮김. 서울: 새물결.
시민건강연구소. 2020.4.6.「시민의 연대가 필요한 시기」. http://health.re.kr/?p=6449 (검색일: 2022.9.30).
옥스팜. 2017.「옥스팜 보고서: 99퍼센트를 위한 경제」. https://www.oxfam.or.kr/an-economy-for-the-99-99%ED%8D%BC%EC%84%BC%ED%8A%B8%EB%A5%BC-%EC%9C%84%ED%95%9C-%EA%B2%BD%EC%A0%9C/ (검색일: 2022.9.30).
칸트, 이마누엘(Immanuel Kant). 1992.『칸트의 역사철학』. 이한구 편역. 서울: 서광사.
_____. 2009.『판단력비판』. 백종현 옮김. 파주: 아카넷.

Deleuze, Gilles and Félix Guattari. 1991. *Qu'est-ce que la philosophie?* Paris: Minuit.
Guattari, Félix. 1972. *Psychanalyse et transversalité*. Paris: Maspero.
Hume, David. 2007. *A Treatise of Human Nature*. David Fate Norton and Mary J. Norton(ed.). London: Oxford UP.
Nietzsche, Friedrich. 1999. *Also Sprach Zarathustra*. Berlin: De Gruyter.

7장. 인간-동물-환경, 하나의 건강을 위한 커뮤니케이션의 역할_ 백혜진

강찬수. 2022.2.17. "'약물 먹은 한강' … 당뇨약이 1위, 카페인보다 15배 많아". ≪중앙일보≫. https://www.joongang.co.kr/article/25048814 (검색일: 2022.5.20).
공혜정. 2019.「새로운 변화 ― 기후변화와 원헬스(One Health) 패러다임 고찰」. ≪생태환경과역사≫, 12권 5호, 69~104쪽.
김동섭·박성준·이관. 2019.「원헬스 기반 인수공통감염병 감시체계로 발견한 브루셀라증 사례」. ≪농촌의학·지역보건학회지≫, 44권 2호, 90~93쪽.
김민정. 2021.「'구조적인 하나의 건강' 개념으로 본 코로나19」. ≪경제와사회≫, 129권, 10~38쪽.
김영인·김희영·박영재·이상범·이준호·조경호·유한상. 2017.「One health, A new Era in Health」. ≪Journal of Korean Veterinary Medical Association≫, 53권 4호, 268~273쪽.
김재호. 2021.「원 헬스(One Health) 측면에서 보건 연구의 동향」. ≪교수신문≫, 1~45쪽.
백혜진. 2015.「헬스커뮤니케이션」. 이준웅·박종민·백혜진 엮음.『커뮤니케이션 과학의 지평』. 파주: 나남.
백혜진·신경아. 2014.「헬스-PR 헬스커뮤니케이션학의 발전에 있어 PR학의 역할 재정립을 위한 고찰」. ≪홍보학연구≫, 18권 1호, 516~553쪽.
백혜진·이혜규. 2012.『헬스 커뮤니케이션의 메시지 수용자 미디어 전략』. 서울: 커뮤니케이션북스.
백혜진·차수연·남유진·김도훈. 2015.「뉴스프레임 유형과 정부 신뢰도가 금연정책 지지도와 금연

의도에 미치는 영향」. ≪홍보학연구≫, 19권 1호, 1~29쪽.

신영전. 2020.「코로나19 대유행시기의 보건복지: "온 보건복지(One Health & Welfare)를 향하여"」. ≪보건사회연구≫, 40권 1호, 5~10쪽.

_____. 2021.「새로운 이론이 필요하다」. ≪보건사회연구≫, 41권 4호, 5~7쪽.

신유리. 2021.5.4. "밍크의 비극 … 덴마크서 '코로나 살처분' 뒤 발전용으로 소각". ≪연합뉴스≫. https://www.yna.co.kr/view/AKR20210514048000009 (검색일: 2022.7.10).

윤태희. 2022.1.12. "'올림픽 출전 선수, 중국산 고기 먹지 마 … 도핑 걸릴 수도' 독일 반도핑기구 경고". ≪Now News≫. https://nownews.seoul.co.kr/news/newsView.php?id=20220112601002&wlog_tag3=naver (검색일: 2022.4.20).

이관. 2019.「원헬스 기반 인수공통감염병의 미래 관리 전략」. ≪농촌의학·지역보건≫, 44권 1호, 39~42쪽.

이귀전. 2022.1.11. "베이징올림픽서 중국산 육류 먹지 말아야". ≪세계일보≫. https://www.segye.com/newsView/20220111515318 (검색일: 2022.4.20).

차배근·하종원·이종혁. 2017.『커뮤니케이션학이란 무엇인가』. 서울: 서울대학교 출판문화원.

최은주. 2021.「인간-동물-환경의 인터페이스 증가에 따른 각 학문 분과의 윤리와 소통의 필요성」. ≪한국의료윤리학회지≫, 24권 1호, 31~43쪽.

한상진. 2021.「먹거리 체계의 생태사회적 전환을 향한 먹거리 정의의 접근」. ≪환경사회학연구≫, 25권 1호, 7~36쪽.

함태성. 2021.「대규모 집약형 축산으로 인한 복합적·누적적 리스크와 법적대응 방안」. ≪환경법과 정책≫, 26권, 115~145쪽.

황주선. 2018.7.2. "헨드라 바이러스가 인간에게 오기까지". ≪한겨레≫. https://www.hani.co.kr/arti/animalpeople/ecology_evolution/851511.html (검색일: 2022.6.25).

BBC News 코리아. 2020.7.7. "코로나19: 유엔 '환경 보존 안하면 동물 매개 감염병 증가할 것'". https://www.bbc.com/korean/international-53296325 (검색일: 2022.4.27).

Amuasi, J. H. and A. S. Winkler. 2020. "One Health or Planetary Health for pandemic prevention? Authors' reply." *The Lancet*, Vol.396, No.10266, pp.1882~1883.

Amuasi, J. H., C. Walzer, D. Heymann, H. Carabin, L. T. Huong, A. Haines and A. S. Winkler. 2020. "Calling for a COVID-19 One Health Research Coalition." *The Lancet,* Vol.395, No.10236, pp.1543~1544.

Asante, J., A. Noreddin and M. E. El Zowalaty. 2019. "Systematic Review of Important Bacterial Zoonoses in Africa in the Last Decade in Light of the 'One Health' Concept." *Pathogens*, Vol.8, No.2, p.50.

Barry, G. E. 1965. *Communication and Language.* Englewood Cliffs, NJ: Responsive Environment Corporation.

Baum, S. E., C. Machalaba, P. Daszak, R. H. Salerno and W. B. Karesh. 2017. "Evaluating One Health: Are We Demonstrating Effectiveness?" *One Health*, Vol.3, pp.5~10.

Beall, J. M., W. R. Casola, M. N. Peterson, L. R. Larson, W. A. Carr, E. Seekamp, K. T. Stevenson and S. B. Jackson. 2021. "Cultural Cognition and Ideological Framing Influence Communication About Zoonotic Disease in the Era of COVID-19." *Frontiers in Communication*, Vol.6. https://www.frontiersin.org/articles/10.3389/fcomm.2021.645692.

Bowser, N. H. and N. E. Anderson. 2018. "Dogs (Canis familiaris) as Sentinels for Human Infectious Disease and Application to Canadian Populations: A Systematic Review." *Veterinary Sciences*, Vol. 5, No. 4, p. 83.

Conrad, P. A., L. A. Meek and J. Dumit. 2013. "Operationalizing a One Health Approach to Global Health challenges." *Comparative Immunology, Microbiology and Infectious Diseases*, Vol.36, No.3, pp.211~216.

Crockford, C. N., A. J. Dean, S. Reid and J. H. Dean. 2018. "Conservation Values and Risk of Handling Bats: Implications for One Health Communication." *EcoHealth*, Vol.15, No.3, pp.682~687.

Errecaborde, K. M., K. W. Macy, A. Pekol, S. Perez, M. K. O'Brien, I. Allen, F. Contadini, J. Y. Lee, E. Mumford, J. B. Bender and K. Pelican. 2019. "Factors that Enable Effective One Health Collaborations: A Scoping Review of the Literature." *PLOS ONE,* Vol.14, No.12, e0224660. https://doi.org/10.1371/journal.pone.0224660.

Ghanbari, M. K., H. A. Gorji, M. Behzadifar, N. Sanee, N. Mehedi and N. L. Bragazzi. 2020. "One Health Approach to Tackle Brucellosis: A Systematic Review." *Tropical Medicine and Health*, Vol.48, No.1, p.86.

Hannawa, A. F., G. L. Kreps, H. -J. Paek, P. J. Schulz, S. Smith and R. L. Street Jr. 2014. "Emerging Issues and Future Directions of the Field of Health Communication." *Health Communication*, Vol.29, No.10, pp.955~961.

Häsler, B., E. Hiby, W. Gilbert, N. Obeyesekere, H. Bennani and J. Rushton. 2014. "A One Health Framework for the Evaluation of Rabies Control Programmes: A Case Study from Colombo City, Sri Lanka." *PLOS Neglected Tropical Diseases*, Vol.8, No.10, e3270. https://doi.org/10.1371/journal.pntd.0003270.

Hove, T., H. -J. Paek, M. Yoon and B. Jwa. 2015. "How Newspapers Represent Environmental Risk: The Case of Carcinogenic Hazards in South Korea." *Journal of Risk Research*, Vol.18, No.9/10, pp.1320~1336.

Huff, A. G., T. Allen, K. Whiting, F. Williams, L. Hunter, Z. Gold, L. C. Madoff and W. B. Karesh. 2017. "Biosurveillance: A Systematic Review of Global Infectious Disease Surveillance Systems from 1900 to 2016." *Revue Scientifique et Technique (International Office of Epizootics),* Vol.36, No.2, pp.513~524.

Humboldt-Dachroeden, S. 2021. "One Health Practices across Key Agencies in Sweden: Uncovering Barriers to Cooperation, Communication and Coordination." *Scandinavian Journal of Public Health*. https://doi.org/10.1177/14034948211024483.

Lapinski, M. K., J. A. Funk and L. T. Moccia. 2015. "Recommendations for the Role of Social Science Research in One Health." *Social Science & Medicine*, Vol.129, pp.51~60.

Lee, K. and Z. L. Brumme. 2013. "Operationalizing the One Health Approach: The Global Governance Challenges." *Health Policy and Planning*, Vol.28, No.7, pp.778~785.

Lu, H., K. A. McComas, D. E. Buttke, S. Roh, M. A. Wild and D. J. Decker. 2017. "One Health Messaging about Bats and Rabies: How Framing of Risks, Benefits and Attributions Can Support Public Health and Wildlife Conservation Goals." *Wildlife Research*, Vol.44, No.3, pp.200~206.

Mekaru, S. R. and J. S. Brownstein. 2014. "One Health in Social Networks and Social Media." *Revue scientifique et technique (International Office of Epizootics)*, Vol.33, No.2, pp.629~637.

Oh, H. J., T. Hove, H. -J. Paek, B. K. Lee, H. Lee and S. Song. 2012. "Attention Cycles and the H1N1 Pandemic: A Cross-National Study of U.S. and Korean Newspaper Coverage." *Asian Journal of Communication*, Vol.22, pp.214~232.

Okello, A. L., K. Bardosh, J. Smith and S. C. Welburn. 2014. "One Health: Past Successes and Future Challenges in Three African Contexts." *PLOS Neglected Tropical Diseases,* Vol.8, No.5, e2884. https://doi.org/10.1371/journal.pntd.0002884.

One World, One Health. 2004. "One World, One Health: Building Interdisciplinary Bridges to Health in a Globalized World." http://www.oneworldonehealth.org/sept2004/owoh_sept04.html (검색일: 2022.7.20).

Rabinowitz, P. M., M. Pappaioanou, K. L. Bardosh and L. Conti. 2018. "A Planetary Vision for One Health." *BMJ Global Health,* Vol.3, No.5, e001137. https://doi.org/10.1136/bmjgh-2018-001137.

Ribeiro, C. dos S., L. H. M. van de Burgwal and B. J. Regeer. 2019. "Overcoming challenges for designing and implementing the One Health approach: A systematic review of the literature." *One Health*, Vol.7, 100085. https://doi.org/10.1016/j.onehlt.2019.100085.

Roh, S., L. N. Rickard, K. A. McComas and D. J. Decker. 2018. "Public Understanding of One Health Messages: The Role of Temporal Framing." *Public Understanding of Science*, Vol.27, No.2, pp.185~196.

Salas, E., D. E. Sims and C. S. Burke. 2005. "Is there a 'Big Five' in Teamwork?" *Small Group Research*, Vol.36, No.5, pp.555~599.

Schmiege, D., A. M. P. Arredondo, J. Ntajal, J. M. G. Paris, M. K. Savi, K. Patel, S. Yasobant and T. Falkenberg. 2020. "One Health in the Context of Coronavirus Outbreaks: A Systematic Literature Review." *One Health,* Vol.10. https://doi.org/10.1016/j.onehlt.2020.100170.

Stokols, D. 1992. "Establishing and Maintaining Healthy Environments: Toward a Social Ecology of Health Promotion." *American Psychologist*, Vol.47, No.1, pp.6~22.

______. 1996. "Translating Social Ecological Theory into Guidelines for Community Health Promotion." *American Journal of Health Promotion*, Vol.10, No.4, pp.282~298.

Wallack, L. and L. Dorfman. 1996. "Media Advocacy: A Strategy for Advancing Policy and Promoting Health." *Health Education & Behavior*, Vol.23, No.3, pp.293~317.

Waugh, C., S. S. Lam and C. Sonne. 2020. "One Health or Planetary Health for Pandemic Prevention?" *The Lancet*, Vol.396, No.10266, p.1882.

World Bank. 2018. *One Health: Operational Framework for Strengthening Human, Animal, and Environmental Public Health Systems at their Interface.* https://documents1.worldbank.org/curated/en/703711517234402168/pdf/123023-REVISED-PUBLIC-World-Bank-One-Health-Framework-2018.pdf (검색일: 2022.4.20).

Zinsstag, J., E. Schelling, D. Waltner-Toews and M. Tanner. 2011. "From 'One Medicine' to 'One Health' and Systemic Approaches to Health and Well-being." *Preventive Veterinary Medicine*, Vol.101, No.3, pp.148~156.

8장. 관계성 중심 전략적 PR을 통한 지속가능한 커뮤니티 기반 관광_ 최서희·김정남

관계부처합동. 2018.「지역관광 활성화 방안」. https://policy.nl.go.kr/search/searchDetail.do?rec_key=SH2_PLC20180223459 (검색일: 2022.8.31).

권태일·정규렬. 2020.「코로나19에 따른 국내관광의 중요성과 활성화 정책」. ≪투어고인사이트≫, 제27호.

그루닉, 제임스 E.·김정남·이혜림. 2021.「디지털화 시대의 PR 패러다임」. ≪홍보학연구≫, 25권 1호, 1~30쪽.

김경희·강신겸. 2020.「관광 커뮤니티 비즈니스를 위한 거버넌스 구축 및 지방정부의 역할에 관한 연구 — 관광두레 주민사업체를 대상으로」. ≪동북아관광연구≫, 16권 2호, 1~23쪽.

김남현·최정자·주재훈. 2021.「사회혁신 관점에서의 지역 공동체기반 관광 모델에 대한 탐색적 연구: 관광두레를 중심으로」. ≪관광연구저널≫, 35권, 5~22쪽.

김상민·이소영. 2020.「내생적 지역발전 전략으로서의 관광두레사업 성과평가 — 주체 간 협력과 성과에 대한 참여자 인식을 중심으로」. ≪한국지방자치학회보≫, 32권, 1~33쪽.

김송이·강영은·박진한. 2021.「커뮤니티기반 관광의 실현 요소와 우리나라 현주소 분석」. ≪관광레저연구≫, 33권, 27~46쪽.

김용진·이성희·손용훈. 2021.「소셜데이터 분석을 통한 포스트 코로나 시대 농촌관광의 변화와 적용방안」. ≪농촌계획≫, 27권 4호, 43~54쪽.

김찬석. 2011.「공공갈등 관리의 성공요인과 커뮤니케이션 메시지 특성」. ≪홍보학연구≫, 15권 4호, 5~35쪽.

김현수·김철원. 2018.「관광두레의 협력적 거버넌스 형성요인과 성과에 관한 연구」. ≪관광연구저널≫, 32권, 35~50쪽.

김현호·이제연·김도형. 2021. 『국가위기 대응을 위한 지방소멸 방지전략의 개발』. 한국지방행정연구원.
서헌. 2018. 「관광두레의 제약요인에 관한 연구」. ≪관광레저연구≫, 30권, 45~59쪽.
안덕수. 2021. 「한국형 지역기반관광(Community-Based Tourism) 관광두레의 체계적 성장방안에 관한 탐색적 연구: 전문가 심층인터뷰를 중심으로」. ≪관광경영연구≫, 25권 2호, 257~277쪽.
오병록. 2021. 「'집중과 분산', 포스트코로나 시대의 전라북도의 공간계획」. ≪이슈브리핑≫, 257호. 전북연구원.
자유리·남연주·오현시. 2021. 「"잘 알시도 못하면서": 법적 지식감, 갈등해결 성향 근거 집단의 인터넷 루머 불손 반박, 전파 경험 및 반박에 대한 주관적 규범」. ≪한국방송학보≫, 35권, 73~109쪽.
한국문화관광연구원. 2022. 「2022년 코로나19에 따른 국내외 여행 행태 조사[1분기 결과]」.
한주형·이원석·문준호. 2019. 「커뮤니티기반 농촌관광 주민조직의 집단효능감 형성과정: 수미마을 대상 질적사례연구」. ≪관광학연구≫, 43권 2호, 185~203쪽.
황희정·이훈. 2011. 「공정관광의 개념 분석—이론화를 위한 고찰」. ≪관광학연구≫, 35권, 77~101쪽.

Blackstock, K. 2005. "A Critical Look at Community Based Tourism." *Community Development Journal*, Vol.40, No.1, pp.39~49.
Christen, C. T. 2004. "Predicting Willingness to Negotiate: The Effects of Perceived Power and Trustworthiness in a Model of Strategic Public Relations." *Journal of Public Relations Research*, Vol.16, No.3, pp.243~267.
Dodds, R., A. Ali and K. Galaski. 2018. "Mobilizing Knowledge: Determining Key Elements for Success and Pitfalls in Developing Community-Based Tourism." *Current Issues in Tourism*, Vol.21, No.13, pp.1547~1568.
Grunig, J. E. and J. -N. Kim. 2011. "Actions Speak Louder than Words: How a Strategic Management Approach to Public Relations Can Shape a Company's Brand and Reputation through Relationships." *Insight Train*, Vol.1, pp.36~51.
_____. 2021. "The Four Models of Public Relations and Their Research Legacy." in C. Valentini(ed.). *Handbook of Public Relations*. Berlin: De Gruyter Mouton.
Grunig, L. A., J. E. Grunig and D. M. Dozier. 2002. *Excellent Public Relations and Effective Organizations: A Study of Communication Management in Three Countries*. Mahwah, NJ: Lawrence Erlbaum Associates.
Hon, L. C. and J. E. Grunig. 1999. *Guidelines for Measuring Relationships in Public Relations*. Gainesville, FL: The Institute for Public Relations.
Kim, J. -N. 2012. "From Organizational Decisions to Constituencies' Communicative Actions: Linking Two Phenomena for Strategic Communication Fields." *International Journal of Strategic Communication*, Vol.6, No.1, pp.1~6.
Kim, J. -N. and J. E. Grunig. 2011. "Problem Solving and Communicative Action: A Situational

Theory of Problem Solving." *Journal of Communication*, Vol.61, No.1, pp.120~149.

Kim, J. -N. and L. Ni. 2013. "Integrating Formative and Evaluative Research in Two Types of Public Relations Problems: A Review of Research Programs within the Strategic Management Approach." *Journal of Public Relations Research*, Vol.25, No.1, pp.1~29.

Kim, J. -N. and Y. Rhee. 2011. "Strategic Thinking about Employee Communication Behavior (ECB) in Public Relations: Testing the Models of Megaphoning and Scouting Effects in Korea." *Journal of Public Relations Research*, Vol.23, No.3, pp.243~268.

Lee, T. H. and F. -H. Jan. 2019. "Can Community-Based Tourism Contribute to Sustainable Development? Evidence from Residents' Perceptions of the Sustainability." *Tourism Management*, Vol.70, pp.368~380.

Lee, Y. and J. -N. Kim. 2021. "On Evolving Nature of Relationship by Perspective Mutuality: Reconceptualizing Relationship Typology between Organization and Its Publics." *Journalism & Mass Communication Quarterly*, Vol.98, No.1, pp.148~178.

Mayaka, M., W. G. Croy and J. Wolfram Cox. 2019. "A Dimensional Approach to Community-Based Tourism: Recognising and Differentiating Form and Context." *Annals of Tourism Research*, Vol.74, pp.177~190.

Mtapuri, O., M. A. Camilleri and A. Dłużewska. 2022. "Advancing Community-Based Tourism Approaches for the Sustainable Development of Destinations." *Sustainable Development*, Vol.30, No.3, pp.423~432.

Rahman, M. K., M. M. Masud, R. Akhtar and M. M. Hossain. 2022. "Impact of Community Participation on Sustainable Development of Marine Protected Areas: Assessment of Ecotourism Development." *International Journal of Tourism Research*, Vol.24, No.1, pp.33~43.

Simpson, M. C. 2008. "Community Benefit Tourism Initiatives—A Conceptual Oxymoron?" *Tourism Management*, Vol.29, No.1, pp.1~18.

Tewes-Gradl, C., M. V. Gaalen and C. Pirzer. 2014. *Destination Mutual Benefit—A Guide to Inclusive Business in Tourism*. Bonn: GIZ Responsible and Inclusive Business Hubs.

UNWTO. 2020. *ALULA Framework for Inclusive Community Development through Tourism*. Madrid: UNWTO.

UNWTO and UNDP. 2017. *Tourism and the Sustainable Development Goals—Journey to 2030*. Madrid: UNWTO.

Wondirad, A., D. Tolkach and B. King. 2020. "Stakeholder Collaboration as a Major Factor for Sustainable Ecotourism Development in Developing Countries." *Tourism Management*, Vol.78, 104024.

9장. 기업의 사회적 책임의 확장: CSR을 넘어 ESG, CSA로_ 조수영

강윤지·김상훈. 2022. 「기업의 ESG 경영에 대한 소비자 인식에 관한 연구: MZ세대를 중심으로」. ≪광고학연구≫, 33권 3호, 7~39쪽.

곽배성·이재혁. 2021. 「기업의 ESG 수준과 외국인투자자 비중과의 관계: 규제위험 노출수준에 따른 투자자 민감도」. ≪전략경영연구≫, 24권 1호, 35~66쪽.

금융위원회. 2021.1.14. “기업 부담은 줄이고, 투자자 보호를 강화하기 위한 기업공시제도 개선방안을 추진하겠습니다”. https://www.korea.kr/news/pressReleaseView.do?newsId=156440372 (검색일: 2022.7.30).

김선화·전용기. 2009. 「기업의 환경성과와 생산성 간의 양방향적 영향관계」. ≪환경정책≫, 17권 2호, 115~142쪽.

김지현. 2018.4.2. “한국사회 反기업 정서… 경영활동 가장 큰 부담”. ≪동아일보≫, https://www.donga.com/news/article/all/20180402/89409696/1 (검색일: 2022.7.20).

민재형·김범석. 2019. 「기업의 ESG 노력은 지속가능경영의 당위적 명제인가? 기업의 재무상태에 따른 비재무적 책임 향상 노력의 차별적 효과」. ≪경영과학≫, 36권 1호, 17~35쪽.

민재형·김범석·하승인. 2014. 「지속가능경영을 위한 기업의 환경적, 사회적, 지배구조적 요인이 주가수익률 및 기업 가치에 미치는 영향」. ≪한국경영과학회지≫, 39권 4호, 33~49쪽.

박순애·신은혜. 2021. 「대·중소 및 중견 기업의 ESG 성과와 재무가치 간의 상관관계 분석」. ≪환경정책≫, 29권 4호, 151~199쪽.

박윤나·한상린. 2021. 「기업의 ESG 활동이 기업 이미지, 지각된 가격 공정성 및 소비자 반응에 미치는 영향」. ≪경영학연구≫, 50권 3호, 643~664쪽.

박윤진. 2005. 「기업의 사회적 책임(CSR)의 규범화에 관한 국제적 논의 동향」. ≪월간상장≫, 7월호, 111~113쪽.

박지영. 2022.6.10. “블랙록 광고캠페인까지… 공화당 압력에 시민인식 개선 나서…”. ≪Impact On≫. http://www.impacton.net/news/articleView.html?idxno=4212 (검색일: 2022.8.15).

배지양. 2011. 「CSR메시지의 모호성 정도가 수신자의 사회책임성인식, 태도 및 구매의도에 미치는 영향: 수신자의 자기겸양적 커뮤니케이션 성향과 불확실성 회피성향의 중재효과를 중심으로」. ≪한국언론학보≫, 55권 1호, 5~31쪽.

_____. 2015. 『기업 사회공헌활동, CSR의 이해』. 서울: 커뮤니케이션북스.

배지양·조수영. 2016. 「국내외 사회공헌 활동 효과연구: 사회공헌 주체의 종류, 공간적 거리감, 메시지 해석 수준을 중심으로」. ≪광고홍보학보≫, 18권 4호, 73~106쪽.

백봉삼. 2018.12.13. “성인 77% ‘기업이 사회이슈에 목소리 더 내기 원해’”. ≪제이디넷코리아≫, https://zdnet.co.kr/view/?no=20181213114240 (검색일: 2022.7.20).

산업통상자원부. 2020.12.9. “지속가능경영 확산 대책”. https://www.motie.go.kr/motie/ne/presse/press2/bbs/bbsView.do?bbs_seq_n=163616&bbs_cd_n=81&currentPage=1&search_key_n=title_v&cate_n=1&dept_v=&search_val_v= (검색일: 2022.8.21).

신별·조수영. 2021. 「기업에 대한 태도변화, 구매 및 불매의도를 통한 CSA 효과 검증: 사전 기업태도, 개인-기업 입장 일치여부를 중심으로」. ≪한국광고홍보학보≫, 23권 4호, 230~264쪽.
오근혜·윤평구·강승모. 2012. 「우리나라 기업의 윤리경영이 기업가치 및 재무적 성과에 미치는 영향」. ≪금융지식연구≫, 10권 3호, 3~27쪽.
오상희·이승태. 2019. 「ESG 평가요소와 기업가치의 관계에 관한 연구」. ≪전산회계연구≫, 17권 2호, 205~223쪽.
오형주·구은서. 2021.1.14. “모든 코스피 상장사 ‘ESG 공시’ 의무화”. ≪한국경제≫. https://www.hankyung.com/finance/article/2021011437751 (검색일: 2022.8.16).
유미지. 2022.7.29. “블랙록, 이젠 ESG 지원 안하나? … 주주제안 지지 절반 이상 철회.” ≪Impact On≫. http://www.impacton.net/news/articleView.html?idxno=4635 (검색일: 2022.8.16).
유재웅·진용주·이현선. 2021. 「ESG 경영을 주제로 활용한 기업이미지 광고가 브랜드 태도에 미치는 효과—KT&G의 기업이미지 광고를 중심으로」. ≪브랜드 디자인학 연구≫, 19권 2호, 49~62쪽.
유현경·이성호·남정민. 2021. 「소비자의 ESG경영요구가 ESG경영지지에 미치는 영향」. ≪Entrepreneurship & ESG 연구≫, 1권 2호, 1~24쪽.
이상민. 2002. 「기업의 사회적 책임: 미국과 한국기업의 사회공헌활동 비교」. ≪한국사회학≫, 36권 2호, 77~111쪽.
임욱빈. 2019. 「비재무적 정보가 기업성과에 미치는 영향: ESG 점수를 중심으로」. ≪국제회계연구≫, 86권, 119~144쪽.
장승욱·김용현. 2013. 「기업의 ESG 와 재무성과」. ≪재무관리연구≫, 30권 1호, 131~152쪽.
정강원. 2020. 「기업의 사회적 책임과 재무적 성과와의 관계에 관한 연구」. ≪기업경영리뷰≫, 11권 1호, 15~34쪽.
정성호. 2019.9.13. “리바이스·트위터 등 美 145개 기업 CEO ‘총기 규제 강화’ 촉구”. ≪연합뉴스≫. https://www.yna.co.kr/view/AKR20190913003300091 (검색일: 2022.7.30).
정영철. 2010. 「기업의 정치적 표현과 언론의 자유: 최근 미국 연방대법원 판결이 한국에 주는 시사점」. ≪언론과 법≫, 9권 2호, 195~235쪽.
정인희·반혜정. 2021. 「투자자 심리에 의한 ESG가 기업위험에 미치는 영향」. ≪회계정보연구≫, 39권 3호, 99~122쪽.
조성택. 2017. 「환경성과가 기업수익성에 미치는 영향 분석」. ≪환경정책≫, 25권 2호, 87~105쪽.
조수영·김가람·신별. 2022. 「효과적인 ESG PR 전략 탐색: ESG 공중 세분화와 ESG 실천 기업에 대한 공중 반응 예측」. ≪한국광고홍보학보≫, 24권 4호, 출간 예정.
조수영·신별. 2021a. 「기업의 정치사회적 의견 표명: 국내 사례 분석 및 설문연구」. ≪광고PR실학연구≫, 14권 4호, 176~205쪽.
_____. 2021b. 「논쟁적 이슈에 대한 기업의 의견 표명 효과」. ≪광고연구≫, 131호, 65~109쪽.
조희재. 2009. 「존경받는 기업의 조건의 조건-사업과 사회공헌의 조화」. ≪SERI 경영노트≫, 제33호, 삼성경제연구소.
최준혁·양동훈·유현수·김령. 2017. 「비재무성과 공시의 신뢰성 검토: 지속가능보고서를 중심으로」. ≪경영학연구≫, 46권 4호, 1157~1200쪽.

한진환·연경화. 2012. 「윤리경영과 기업성과 간 기업지배구조의 조절효과」. ≪디지털융복합연구≫, 10권 2호, 133~140쪽.
황은애·송순영. 2008. 「사업자의 소비자관련 사회적 책임활동 현황분석: 국내 지속가능성보고서 내용검토를 중심으로」. ≪소비자학연구≫, 19권 4호, 109~133쪽.

Alharbi, K., J. K. Kim, C. Noland and J. Carter. 2022. "When Corporate Social Advocacy Meets Controversial Celebrity: The Role of Consumer-Brand Congruence and Consumer-Celebrity Congruence." *Sustainability,* Vol.14, No.3, 1811. https://doi.org/10.3390/su14031811.
Austin, L., B. Gaither and T. K. Gaither. 2019. "Corporate Social Advocacy as Public Interest Communications: Exploring Perceptions of Corporate Involvement in Controversial Social-Political Issues." *Journal of Public Interest Communications*, Vol.3, No.2, pp.3~31.
Bae, S. C., K. Chang and H. C. Yi. 2016. "The Impact of Corporate Social Responsibility Activities on Corporate Financing: A Case of Bank Loan Covenants." *Applied Economics*, Vol.23, No.17, pp.1234~1237.
Bloomberg Intelligence. 2021.2.23. "ESG assets may hit $53 trillion by 2025, a third of global AUM." https://www.bloomberg.com/professional/blog/esg-assets-may-hit-53-trillion-by-2025-a-third-of-global-aum/ (검색일: 2022.8.20).
Brammer, S. and A. Millington. 2005. "Corporate Reputation and Philanthropy: An Empirical Analysis." *Journal of Business Ethics*, Vol.61, No.1, pp.29~44.
Campbell, J. 2007. "Why Would Corporations Behave in Socially Responsible Ways? An Institutional Theory of Corporate Social Responsibility." *Academy of Management Review*, Vol.32, No.3, pp.946~967.
Carroll, A. 1979. "A Three-dimensional Conceptual Model of Corporate Social Performance." *Academy of Management Review,* Vol.4, pp.497~505.
_____. 1991. "The Pyramid of Corporate Social Responsibility: Toward The Moral Management of Organizational Stakeholders." *Business Horizons,* Vol.34, pp.39~48.
Coman, I. A., S. Yuan and J. Y. Tsai. 2022. "Toward an Audience-Centric Framework of Corporate Social Advocacy Strategy: An Exploratory Study of Young Consumers from Generation Z." *Sustainability*, Vol.14, No.7, 4099. https://doi.org/10.3390/su14074099.
Dodd, M. D. 2018. "Globalization, Pluralization, and Erosion: The Impact of Shifting Societal Expectations for Advocacy and Public Good." *The Journal of Public Interest Communications*, Vol.2, No.2, pp.221~238.
Dodd, M. D. and D. W. Supa. 2014. "Conceptualizing and Measuring 'Corporate Social Advocacy' Communication: Examining the Impact on Corporate Financial Performance." *Public Relations Journal*, Vol.8, No.3, pp.1~23.
_____. 2015. "Testing the Viability of Corporate Social Advocacy as a Predictor of Purchase Intention." *Communication Research Reports*, Vol.32, No.4, pp.287~293.

Du, S., C. Bhattacharya and S. Sen. 2010. "Maximizing Business Returns to Corporate Social Responsibility: The Role of CSR Communication." *International Journal of Management Review*, pp.8~19.

Eccles, R. G. and G. Serafeim. 2013. "The Performance Frontier: Innovating for a Sustainable Strategy." *Harvard Business Review*, Vol.91, No.5, pp.50~60.

Edelman. 2017. "2017 Edelman Earned Brand." https://www.slideshare.net/EdelmanInsights/2017-edelman-earned-brand (검색일: 2022.8.27).

_____. 2022. "Edelman Trust Barometer 2022." https://edl.mn/3rqOlx0 (검색일: 2022.8.15).

Friede, G., T. Busch and A. Bassen. 2015. "ESG and Financial Performance: Aggregated Evidence from More than 2000 Empirical Studies." *Journal of Sustainable Finance & Investment*, Vol.5, No.4, pp.210~233.

Gaither, B. M., L. Austin and M. Collins. 2018. "Examining the Case of DICK's Sporting Goods: Realignment of Stakeholders through Corporate Social Advocacy." *The Journal of Public Interest Communications*, Vol.2, No.2, pp.176~201.

Galbreath, J. 2013. "ESG in Focus: The Australian Evidence." *Journal of Business Ethics*, Vol.118, No.3, pp.529~541.

GSIA. 2021. "Global Sustainable Investment Review 2020." http://www.gsi-alliance.org/wp-content/uploads/2021/08/GSIR-20201.pdf (검색일: 2022.8.19).

Hanson, D. 2013. "ESG Investing in Graham and Doddsville." *Journal of Applied Corporate Finance*, Vol.25, No.3, pp.20~31.

Hassel, L. and H. Nilsson. 2005. "The Value Relevance of Environmental Performance." *European Accounting Review,* Vol.14, No.1, pp.41~61.

Heffron, E. R. and M. D. Dodd. 2021. "The Impact of Corporate Social Advocacy on Stakeholders' Issue Awareness, Attitudes, and Voting Behaviors." *Public Relations Journal*, Vol.12, No.4. pp.1~25.

Hong, C. and C. Li. 2020. "To Support or to Boycott: A Public Segmentation Model in Corporate Social Advocacy." *Journal of Public Relations Research*, Vol.32, No.5~6, pp.160~177.

Hydock, C., N. Paharia and T. J. Weber. 2019. "The Consumer Response to Corporate Political Advocacy: A Review and Future Direction." *Consumer Needs and Solutions*, Vol.6, No.3, pp.76~83.

Jensen, M. 2001. "Value Maximization, Stakeholder Theory, and the Corporate Objective Function." *Business Ethics Quarterly*, Vol.12, No.2, pp.235~256.

Khan, M., G. Serafeim and A. Yoon. 2016. "Corporate Sustainability: First Evidence on Materiality." *The Accounting Review*, Vol.91, No.6, pp.1697~1724.

Kim, J., H. Kim. and G. T. Cameron. 2009. "Making Nice May Not Matter: The Interplay of Crisis Type, Response Type and Crisis Issue in Perceived Organizational Responsibility." *Public Relations Review,* Vol.35, No.1, pp.86~88.

Kim, J. W., S. G. Chung and C. K. Park. 2013. "Corporate Social Responsibility and Financial Performance: The Impact of the MSCI ESG Ratings on Korean Firms." *Journal of the Korea Academia-Industrial Cooperation Society*, Vol.14, No.11, pp.5586~5593.

Korea Corporate Governance Service. 2021.11.2. "2021 ESG Ratings of Listed Companies." http://www.cgs.or.kr/eng/news/press_view.jsp?pp=6&skey=&svalue=&pg=1&no=22 (검색일: 2022.8.28).

Korschun, D., H. Rafieian, A. Aggarwal and S. D. Swain. 2019. "Taking a Stand: Consumer Responses When Companies Get(or Don't Get) Political." https://ssrn.com/abstract=2806476 (검색일: 2022.8.24).

Lee, S. Y. and S. Chung. 2022. "Publics' Views of Corporate Social Advocacy Initiatives: Exploring Prior Issue Stance, Attitude Toward a Company, and News Credibility." *Management Communication Quarterly*. Advance online publication. https://doi.org/10.1177/08933189221105808.

Margolis, J. and J. Walsh. 2003. "Misery Loves Companies: Rethinking Social Initiatives by Business." *Administrative Science Quarterly*, Vol.48, No.2, pp.268~305.

McWilliams, A. and D. Siegel. 2000. "Corporate Social Responsibility and Financial Performance: Correlation or Misspecification?" *Strategic Management Journal*, Vol.21, No.5, pp.603~609.

Nalick, M., M. Josefy, A. Zardkoohi and L. Bierman. 2016. "Corporate Sociopolitical Involvement: A Reflection of Whose Preferences?" *Academy of Management Perspectives*, Vol.30, No.4, pp.384~403.

OECD. 2011. *The OECD Guidelines for Multinational Enterprises*. Paris: OECD.

_____. 2015. *G20/OECD Principles of Corporate Governance*. Paris: OECD.

Orlitzky, M., F. Schmidt and S. Rynes. 2003. "Corporate Social and Financial Performance: A Meta-Analysis." *Organizational Studies*, Vol.24, No.3, pp.403~441.

Overton, H. and A. Xiao. 2022. "Conscience-Driven Corporate Social Advocacy: Analyzing Moral Conviction and Perceived Motives as Predictors of Organization-Public Relationships." *Corporate Communications: An International Journal*. Vol. ahead-of-print, No. ahead-of-print. https://doi.org/10.1108/CCIJ-12-2021-0138.

Pava, M. and J. Krausz. 1996. *Corporate Social Responsibility and Financial Performance: The Paradox of Social Cost*. Westport, CR: Quorum Books.

Preston, E. and P. O'Bannon. 1997. "The Corporate Social-Financial Performance Relationship: A Typology and Analysis." *Business and Society*, Vol.36, No.4, pp.419~429.

Rim, H., H. Xu and C. Dong. 2022. "Triadic Public-Company-Issue Relationships and Publics' Reactions to Corporate Social Advocacy (CSA): An Application of Balance Theory." *Journal of Public Relations Research*, Vol.34, No.3~4, pp.109~134.

Rim, H., Y. Lee and S. Yoo. 2019. "Polarized Public Opinion Responding to Corporate Social Advocacy: Social Network Analysis of Boycotters and Advocators." *Public Relations*

Review, Vol.46, No.2. https://doi.org/10.1016/j.pubrev.2019.101869.

Son, S. H. and J. H. Lee. 2019. "Price Impact of ESG Scores: Evidence from Korean Retail Firms." *The Journal of Distribution Science*, Vol.17, No.7, pp.55~63.

Sorkin, A. R., J. Karaian, M. J. de la Merced, L. Hirsch and E. Livni. 2021.3.15. "When doing well means doing good: The SEC is making ESG a priority." *The New York Times*. www.nytimes.com/2021/03/15/business/dealbook/sec-esg-priority.html (검색일: 2022.7.20).

Statman, M. 2000. "Socially Responsible Mutual Funds." *Financial Analysts Journal*, Vol.56, No.3, pp.30~39.

Surroca, J., J. Tribó and S. Waddock. 2010. "Corporate Responsibility and Financial Performance: The Role of Intangible Resources." *Strategic Management Journal*, Vol.31, No.5, pp.463~490.

The Global Compact. 2004. *Who Cares Wins: Connecting Financial Markets to a Changing World*. New York: UN Global Compact.

Vasquez, R. 2022. "CSR, CSA, or CPA? Examining Corporate Climate Change Communication Strategies, Motives, and Effects on Consumer Outcomes." *Sustainability*, Vol.14, No.6, 3604. https://doi.org/10.3390/su14063604.

Wettstein, F. and D. Baur. 2016. "Why Should We Care about Marriage Equality?: Political Advocacy as a Part of Corporate Responsibility." *Journal of Business Ethics*, Vol.138, No.2, pp.199~213.

Witold, H. and J. McGlinch. 2019. "ESG, Material Credit Events, and Credit Risk." *Journal of Applied Corporate Finance*, Vol.31, No.2, pp.105~117.

Yoon, B., J. H. Lee and R. Byun. 2018. "Does ESG Performance Enhance Firm Value? Evidence from Korea." *Sustainability*, Vol.10, No.10, pp.3635~3652.

Zhou, Z. and C. Dong. 2021. "Matching Words with Actions: Understanding the Effects of CSA Stance-Action Consistency on Negative Consumer Responses." *Corporate Communications: An International Journal*, Vol.27, No.1, pp.167~187.

10장. 팬데믹 시대 위험 커뮤니케이션의 교훈과 PR 커뮤니케이션의 방향성: 공익 커뮤니케이션의 필요성에 대한 제안_ 김영욱

김영욱. 2003. 『PR 커뮤니케이션: 체계, 수사, 비판 이론의 통합』. 서울: 이화여대출판사.

_____. 2013. 『PR 커뮤니케이션 이론의 진화』. 서울: 커뮤니케이션북스.

_____. 2021. 『위험불통사회: 위험과 과학의 민주화를 위한 커뮤니케이션 접근』. 서울: 이화여자대학교출판원.

김영욱·김혜정. 2020. 「코로나19에 대한 죽음 현저성이 정부 대응에 관한 의견양극화에 미치는 영향: 선택적 노출의 매개효과와 정치적 성향의 조절효과 중심」. ≪한국언론정보학보≫, 통권

104호, 7~43쪽.
김영욱·김혜정·소담이. 2022. 「코로나19 백신의 정치화: 정치적 성향과 음모론에 대한 신념이 백신 접종에 미치는 영향」. ≪광고연구≫, 132호, 97~132쪽.
황민규. 2020.12.1. "아마존 열대우림 파괴 12년 만에 최대… 新바이러스 '판도라 상자' 열리나". ≪조선일보≫.

Anderson, W. B. 2018. "Counter-Framing: Implications for Public Relations." *Public Relations Inquiry*, Vol.7, No.2, pp.111~126.
Bakshy, E., S. Messing and L. A. Adamic. 2015. "Exposure to Ideologically Diverse News and Opinion on Facebook." *Science*, Vol.348, No.6239, pp.1130~1132.
Baudrillard, J. 1993. *The Transparency of Evil: Essays on Extreme Phenomena*. London: Verso.
_____. 1994. *Simulacra and Simulation*. Ann Arbor, MI: The University of Michigan Press.
Bauer, M. W. 2009. "The Evolution of Public Understanding of Science—Discourse and Comparative Evidence." *Science, Technology and Society*, Vol.14, No.2, pp.221~240.
Bavel, J., K. Baicker, P. Boggio, V. Capraro, A. Cichocka, M. Cikara, M. J. Crockett, A. J. Crum, K. M. Douglas, J. N. Druckman, J. Drury, O. Dube, N. Ellemers, E. J. Finkel, J. H. Fowler, M. Gelfand, S. Han, S. A. Haslam, J. Jetten, S. Kitayama, D. Mobbs, L. E. Napper, D. J. Packer, G. Pennycook, E. Peters, R. E. Petty, D. G. Rand, S. D. Reicher, S. Schnall, A. Shariff, L. J. Skitka, S. S. Smith, C. R. Sunstein, N. Tabri, J. A. Tucker, S. van der Linden, P. van Lange, A. W. Kim, M. J. A. Wohl, J. Zaki, S. R. Zion and R. Willer. 2020. "Using Social and Behavioural Science to Support COVID-19 Pandemic Response." *Nature Human Behaviour*, Vol.4, pp.460~471.
Bonney, R., J. L. Shirk, T. B. Phillips, A. Wiggins, H. L. Ballard, A. J. Miller-Rushing and J. K. Parrish. 2014. "Next Steps for Citizen Science." *Science*, Vol.343, No.6178, pp.1436~1437.
Boorstin, D. J. 1961. *The Image: A Guide to Pseudo-Events in America*. New York: Vintage Books.
Brugnach, M., A. Dewulf, C. Pahl-Wostl and T. Taillieu. 2008. "Toward a Relational Concept of Uncertainty: About Knowing Too Little, Knowing Too Differently, and Accepting Not to Know." *Ecology and Society*, Vol.13, No.2, p.30.
Bueno, C. C. 2017. *The Attention Economy: Labour, Time and Power in Cognitive Capitalism*. London: Rowman & Littlefield Publishers.
Castells, M. 2009. *Communication Power*. Oxford: Oxford University Press.
Cohen, G. L. 2003. "Party over Policy: The Dominating Impact of Group Influence on Political Beliefs." *Journal of Personality and Social Psychology*, Vol.85, No.5, pp.808~822.
Crimston, C. R. and H. P. Selvanathan. 2020. "Polarization." in J. Jetten, S. D. Reicher, S. A. Haslam and T. Cruwys(eds.). *Together apart: The Psychology of COVID-19*. London: Sage.
Davidson, S. 2016. "Public Relations Theory: An Agonistic Critique of the Turns to Dialogue

and Symmetry." *Public Relations Inquiry*, Vol.5, No.2, pp.145~167.

Dewey, J. 1927. *The Public and Its Problems.* Athens, OH: Swallow Press.

Fuchs, C. 2020. "Everyday Life and Everyday Communication in Coronavirus Capitalism. Triple C: Communication, Capitalism & Critique." *Journal for a Global Sustainable Information Society*, Vol.18, No.1, pp.375~399.

Hart, P. S., S. Chinn and S. Soroka. 2020. "Politicization and Polarization in COVID-19 News Coverage." *Science Communication*, Vol.42, No.5, pp.679~697.

Heath, R. L. and D. Waymer. 2019. "Terministic Dialectics of Individual and Community Agency: Co-creating and Co-enacting Public Interest." in J. Johnston and M. Pieczka(eds.). *Public Interest Communication: Critical Debates and Global Contexts.* New York: Routledge.

Hertwig, R. and I. Erev. 2009. "The Description—Experience Gap in Risky Choice." *Trends in Cognitive Sciences*, Vol.13, No.12, pp.517~523.

Irwin, A. 1995. *Citizen Science: A Study of People, Expertise and Sustainable Development.* New York: Routledge.

Johnson, B. B. 2012. "Climate Change Communication: A Provocative Inquiry into Motives, Meanings, and Means." *Risk Analysis*, Vol.32, No.6, pp.973~990.

Johnston, J. 2017. "The Public Interest: A New Way of Thinking for Public Relations?" *Public Relations Inquiry*, Vol.6, No.1, pp.5~22.

Johnston, J. and L. Glenny. 2021. *Strategic Communication: Public Relations at Work.* New York: Routledge.

Johnston, J. and M. Pieczka. 2019. "Public Interest Communication: A Framework for Systemic Inquiry." in J. Johnston and M. Pieczka(eds.). *Public Interest Communication: Critical Debates and Global Contexts.* New York: Routledge.

Johnston, J. and R. Gulliver. 2022. *Public Interest Communication.* Brisbane, Australia: The University of Queensland.

Jost, J. T., B. A. Nosek and S. D. Gosling. 2008. "Ideology: Its Resurgence in Social, Personality, and Political Psychology." *Perspectives on Psychological Science*, Vol.3, No.2, pp.126~136.

Kasperson, R. E., O. Renn, P. Slovic, H. S. Brown, J. Emel, R. Goble, J. X. Kasperson and S. Ratick. 1988. "The Social Amplification of Risk: A Conceptual Framework." *Risk analysis*, Vol.8, No.2, pp.177~187.

L'Etang, J., D. McKie, N. Snow and J. Xifra. 2016. *The Routledge Handbook of Critical Public Relations.* London: Routledge.

Lippman, W. 1922. *Public Opinion.* New York: Harcourt, Brace and Company.

Mouffe, C. 2000. *The Democratic Paradox.* New York: Verso.

_____. 2005. *On the Political.* New York: Routledge.

Phelan, J. C. and B. G. Link. 2013. "Fundamental Cause Theory." in W. C. Cockerham(eds.). *Medical Sociology on the Move: New Directions in Theory.* Dordrecht: Springer.

Pieczka, M. 2019. "Looking Back and Going Forward: The Concept of the Public in Public Relations Theory." *Public Relations Inquiry*, Vol.8, No.3, pp.225~244.

Putnam, R. D. 2000. *Bowling Alone: The Collapse and Revival of American Community*. New York: Simon and Schuster.

Pyszczynski, T., S. Solomon and J. Greenberg. 2015. "Thirty Years of Terror Management Theory: From Genesis to Revelation." *Advances in Experimental Social Psychology*, Vol.52, pp.1~70.

Rocha, Y. M., G. A. de Moura, G. A. Desidério, C. H. de Oliveira, F. D. Lourenço and L. D. de Figueiredo Nicolete. 2021. "The Impact of Fake News on Social Media and Its Influence on Health During the COVID-19 Pandemic: A Systematic Review." *Journal of Public Health*, pp.1~10.

Roper, J. 2005. "Symmetrical Communication: Excellent Public Relations or a Strategy for Hegemony?" *Journal of Public Relations Research*, Vol.17, No.1, pp.69~86.

Slovic, P. 1987. "Perception of Risk." *Science*, Vol.236, No.4799, pp.280~285.

Spohr, D. 2017. "Fake News and Ideological Polarization: Filter Bubbles and Selective Exposure on Social Media." *Business Information Review*, Vol.34, No.3, pp.150~160.

Tajfel, H. 1978. *Differentiation Between Social Groups: Studies in the Social Psychology of Intergroup Relations*. New York: Academic Press.

11장. 언던 사이언스와 무지의 강요_ 김동광

강양구·채오병. 2013.「21세기 생명정치와 시민권의 변동: 글리벡 정체성의 탄생」. ≪경제와 사회≫, 97호, 39~64쪽.

김동광. 2002.「과학과 대중의 관계 변화」. ≪과학기술학연구≫, 2권 2호, 1~24쪽.

_____. 2010a.「GMO의 불확실성과 위험 커뮤니케이션: 실질적 동등성 개념을 중심으로」. ≪한국이론사회학회≫, 16집, 179~210쪽.

_____. 2010b.「상업화와 과학지식생산양식 변화—왜 어떤 연구는 이루어지지 않는가?」. ≪문화과학≫, 64호(겨울호), 179~210쪽.

_____. 2014.「대중의 과학이해, 일반인이 읽는 과학기술」. 한국과학기술학회·강윤재·김동광·김명진·김은성·김환석·박진희·박희제·손화철·송성수·송위진·이영희·홍성욱.『과학기술학의 세계: 과학기술과 사회를 이해하기』. 서울: 휴먼사이언스.

_____. 2017.『생명의 사회사, 분자적 생명관의 수립에서 생명의 정치경제학까지』. 서울: 궁리출판사.

_____. 2018.「메이커 운동과 시민과학의 가능성」. ≪과학기술학연구≫, 18권 2호, 95~134쪽.

_____. 2019.「전지구적 사유화 체제와 생명공학의 실행양식—'undone science'로서의 GMO 연구와 그 함의를 중심으로」. ≪생명, 윤리와 정책≫, 3권 2호, 19~47쪽.

뇌플러, 폴(Paul Knoepfler). 2016. 『GMO 사피엔스의 시대: 맞춤아기, 복제인간, 유전자변형기술이 가져올 가까운 미래』. 김보은 옮김. 서울: 반니.

로즈, 힐러리(Hilary Rose)·스티븐 로즈(Steven Rose). 2015. 『급진과학으로 본 유전자, 세포, 뇌: 누가 통제하고 누가 이익을 보는가』. 김명진·김동광 옮김. 서울: 바다출판사.

미로스키, 필립(Philip Mirowski)·에스더-미리엄 센트(Esther-Mirjam Sent). 2021. 「과학의 상업화와 STS의 대응」. 에드워드 J. 해킷·올가 암스테르담스카·마이클 린치·주디 와츠먼 엮음. 『과학기술학편람 4』. 김명진 옮김. 파주: 아카넷.

바이커, 위비(Wiebe Bijker)·토머스 휴즈(Thomas P. Hughes)·존 로(John Law). 1999. 『과학기술은 사회적으로 어떻게 구성되는가: 자전거, 형광등, 미사일, 전기자동차, 항공기의 일생을 통해서 본 현대 사회』. 송성수 옮김. 서울: 새물결.

한국바이오안전성정보센터. 2017. 『2017 바이오 안전성 백서』. 대전: 한국생명공학연구원 바이오안전성정보센터.

_____. 2021. 『2021 바이오 안전성 백서』. 대전: 한국생명공학연구원 바이오안전성정보센터.

Collins., H. M. 1983. "An Empirical Relativist Programme in the Sociology of Scientific Knowledge." in K. D. Knorr-Cetina and M. Mulkay(eds.). *Science Observed, Perspectives on the Social Study of Science*. London, U.K.: SAGE.

ETC Group. 2016.7.7. "Nobel Laureates serving Monsanto and Syngenta." https://www.etcgroup.org/content/nobel-laureates-serving-monsanto-and-syngenta (검색일: 2019.10.3).

Hess, D. J. 2007. *Alternative Pathways in Science and Industry; Activism, Innovation, and the Environment in an Era of Globalization*. Massachusetts, U.S.: The MIT Press.

_____. 2009. *Localist Movements in a Global Economy; Sustainability, Justice, and Urban Development in the United States*, Massachusetts, U.S.: The MIT Press.

_____. 2016. *Undone Science, Social Movements, Mobilized Publics, and Industrial Transitions*. Massachusetts, U.S.: The MIT Press.

Hess, D. J. and S. Frickel. 2014. "Introduction: Fields of Knowledge and Theory Traditions in the Sociology of Science." in S. Frickel and D. J. Hess(eds.). *Fields of Knowledge: Science, Politics and Publics in the Neoliberal Age*. Bingley, U.K.: Emerald Group Publishing Limited.

Krimsky, S. 2015. "An Illusory Consensus behind GMO Health Assessment." *Science, Technology & Human Values*, Vol.40, No.6, pp.883~914.

Latham, J. 2016.7.1. "107 Nobel Laureate Attack on Greenpeace Traced Back to Biotech PR Operators." https://www.independentsciencenews.org/news/107-nobel-laureate-attack-on-greenpeace-traced-back-to-biotech-pr-operators (검색일: 2019.10.3).

Lave, R., P. Mirowski and S. Randalls. 2010. "Introduction: STS and Neoliberal Science." *Social Studies of Science*, Vol.40, No.5, pp.659~675.

Mirowski, P. and E. -M. Sent. 2002. *Science Bought and Sold, Essays in the Economics of*

Science. Illinois, U.S.: The University of Chicago Press.

_____. 2008. "The Commercialization of Science and the Response of STS." in J. E. Hackett, A. Olga, M. Lynch and J. Wajcman(eds.). *The Handbook of Science and Technology Studies* (3rd Edition). Cambridge, M. A.: MIT Press.

Pusztai, A. 2002. "GM Food Safety: Scientific and Institutional Issues." *Science as Culture*, Vol.11, No.1, pp.69~92.

Roberfroid, M. 2014. "Letter to the Editor." *Food & Chemical Toxicology*, Vol.65, No.3, p.390.

Rowe, G., T. Horlick-Jones, J. Walls and N. Pidgeon. 2005. "Difficulties in Evaluating Public Engagement Initiatives; Reflections on an Evaluation of the UK GM Nations? Public Debate about Transgenic Crops." *Public Understand of Science*, Vol.14, pp.331~352.

Scott, F., G. Sahara, J. Howard, J. Kempneret, G. Ottinger and D. J. Hess. 2010. "Undone Science: Charting Social Movement and Civil Society Challenges to Research Agenda Setting." *Science, Technology & Human Values*, Vol.35, No.4, pp.444~473.

Scott, F. and K. Moore. 2006. *The New Political Sociology of Science, Institution, Networks and Power*. Wisconsin, U.S.: The University of Wisconsin.

Séralini, G. E., R. Mesnage, N. Defarge and J. S. de Vendômois. 2014. "Conflicts of Interests, Confidentiality and Censorship in Health Risk Assessment: The Example of an Herbicide and GMO." *Environmental Sciences Europe*, Vol.26, No.13, pp.1~6.

Support Precision Agriculture. 2016.6.29. "Laureates Letter Supporting Precision Agriculture (GMOs)." https://www.supportprecisionagriculture.org/nobel-laureate-gmo-letter_rjr.html (검색일: 2019.10.1).

찾아보기

[ㄱ]

가상현실(VR) 145
가속화(acceleration) 133
가습기 살균제 사태 302, 330
가짜 뉴스(fake news) 298
가치 198
가치 일치성 292
갈등 246, 259~260
갈등이 가지는 순기능 97
갈등이 가지는 역기능 97
갈등관리 89, 96, 244, 260~261
갈등영향분석 100
강성 협상가 104
개인주의 195
개인 창작 플랫폼 150
개인화 마케팅 143
객관적 기준 105
거래적 관계 246
거버넌스 178, 242, 246~247, 252
건강한 조직 68
게이미피케이션(Gamification) 24, 34
게이미피케이션의 핵심 요인 36
게임화(Game化) 34
격차 200
경계 확장자(boundary spanner) 160, 250
경쟁(competition) 38
경험(experience) 308
경험 마케팅(experiential marketing) 145
고객관계관리(CRM: Customer Relation Management) 27~28
공공 갈등 95
공공이익(public interest) 299
공기청정기 305
공동주의 178
공동체적 관계(communal relationship) 246, 249, 256~258
공론(의) 장 295, 298
공유 가치형 CSR 270
공유재(common pool resource) 313
공익 커뮤니케이션(public interest communication) 299
공적 가치 172
공정관광 236~237, 263
공중 246, 248
공중관계(Public Relations) 161
공중 상황 이론(situational theory of publics) 137
공중 세분화 284

공통의 느낌 185
공포 관리 이론(terror management theory) 302
과학기술학(STS: Science & Technology Studies) 332
과학 방역 301
과학상점 334
과학 지식 생산양식 337
과학 커뮤니케이션 229
관계관리(Relationship Management) 22
관계성 249
관계성이 주는 편익(ROR: Return on Relationships) 254, 256, 258
관계성 이론 265, 299
관계 지향의 풀형(pull) 150
관계 형성 40
관계형 플랫폼 151
관광두레 237, 242, 244, 250, 252, 259, 262~264
관광두레 PD 250~251, 262
관여 인식 248, 251~252
광고 기술(ad tech) 145
광고 생태계 158
광고 트래픽 거래소(Ad Exchange) 146
교환적 관계(exchange relationship) 246, 249, 256
구글 146
〈구글 베이비(Google Baby)〉 340
구매 운동 286
구매 의도 291
구성원 열의 61
구조적인 하나의 건강 215
구찌 하우스 165
구체성(Concreteness) 169
국토균형발전 246
굴절(refraction) 153
굿맨, 리처드(Richard Goodman) 350
권리 201
균형(symmetrical communication) 261
균형(적) 커뮤니케이션 258, 262
그린피스 352
근본 원인 이론(fundamental cause theory) 314
기술 관료 프레임 227
기술 궤적(technological trajectory) 354
기술 패러다임(technological paradigm) 354
기업의 사회공헌활동 268
기업의 사회적 책임(CSR: Corporate Social Responsibility) 323
기업의 지배구조(Governance) 171
기업문화 60
기업 연구의 외주(outsourcing) 관행 338
기업PR 광고 283
기후변화 315
기후변화 커뮤니케이션 315

[ㄴ]

나리(NARe) 119
나우(NOW)-TV 146
내부 공중 51
내부 커뮤니케이션 82, 85
내생적 발전론 242
냉전 체제 331
네이티브 광고(native advertising) 148, 320
네트워크 커뮤니케이션 경쟁 326
논쟁적인 민주주의(agnostic democracy) 300
뉴노멀 178
니체 183

니치(niche) 관광 252

[ㄷ]

다수 공중의 여론 161
다수준 접근 229
다이렉트(Direct) AICO(automatic copy generation system for digital advertisements) 123
다이아몬드-차크라바티 판결 333
다중채널 네트워크(MCNs) 147
단순성(Simplicity) 169
담론의 장(discourse arenas) 299
대리인 이론 278
대중의 과학 이해 344
대중 관광 252
덕 윤리(virtue ethics) 322
데이터 기반의 마케팅 143
데이터 주도(data-driven) 143
도전(challenge) 37
동기 부여 위생 이론 73
듀이, 존(John Dewey) 325
드론버타이징(Dronevertising) 158
드림라이터(Dreamwriter) 119
들뢰즈, 질(Gilles Deleuze) 193
디지털 1.0 시대 143
디지털 2.0 시대 143
디지털 3.0 시대 143
디지털 감시 327
디지털 사이니지 154

[ㄹ]

라돈(radon) 310
라운드업(Roundup) 349
라이브 커머스 플랫폼 150
라이프스타일 플랫폼 151
로버츠, 리처드 (Richard Roberts) 353
로버프로이드, 마르셀(Marcel Roberfroid) 350
로봇 저널리즘(robot journalism) 115
로지(Rozy) 123
리, 아이비(Ivy Ledbetter Lee) 90
리빙랩(living lab) 334
리프먼, 월터(Walter Lippman) 318

[ㅁ]

만족도 249
멀티채널 144
메가포닝(megaphoning) 253, 262
메시지의 구조(일면 대 양면 메시지) 228
메시지 프레이밍 226
메이커(maker) 운동 334
메타버스(Metaverse) 148
명성 52, 272
모라벡의 역설(Moravec's Paradox) 122
모션그래픽 156
몬산토(Monsanto) 332
몰입 이론 44
묘사(description) 308
무어, 켈리(Kelly Moore) 335, 340
무연탄 파업 갈등 90
무지의 정치(politics of ignorance) 344
묵계 192
문제 상황 246
문제 인식 248, 251
문제 해결 상황 이론 251
문제 해결형 CSR 271
문화체육관광부 262
미디어 옹호 227
미로스키, 필립(Philip Mirowski) 337, 341

미세먼지 304
미세먼지 가전 4대 천왕 304
민주주의 결핍(democracy deficit) 339

[ㅂ]

바이러스 326
반향실(eco-chamber) 317
백신 접종 306
베이돌 법안(Bayh-Dole Act) 333
벡, 울리히(Ulrich Beck) 186
변화 참여 열의 66
보드리야르, 장(Jean Baudrillard) 320
보상(reward) 39
복잡계 82
분배적 협상 104
분산 현상 153
불균형 커뮤니케이션(asymmetrical communication) 261, 264
불매 운동 286
불확실성 306
불확실성 감소 이론 65
브랜드 경험 163
브랜드 경험 디자인에 바탕을 둔 통합적 크리에이티브 168
브랜드 액티비즘 142
브랜드 워치(Brandwatch) 126
브랜드 유니버스 162
브랜드 저널리즘 148
브랜디드 엔터테인먼트 167
브랜디드 콘텐츠(Branded Contents) 147
브루셀라병 217
브린, 제이(Jay Byrne) 353
블룸버그 ESG 평가 항목 276
비공중(nonpublic) 248, 252
비대인적 제시 142
비용-편익 분석 219
비재무적 성과 274, 278, 280
비재정적 지표(nonfinancial indicator) 258
비전 공유 62

[ㅅ]

사악한 문제(wicked problems) 314
사유재산 195
사전-사후 사망률 219
사전-사후 유병률 219
사회(S: social) 273~275, 282
사회에 대한 책임(Social Responsibility) 171
사회구성주의(social constructionism) 335
사회 생태학적 모형 223
사회 속의 과학(science-in-society) 314
사회자본(social capital) 321
사회적 경제 242
사회적 불평등 356
사회적 책임 278~279
사회 정체성 이론(social identity theory) 311
살인 진드기 309
살충제 달걀 310
상관성(Relevance) 169
상업화 336
상호 이익 관계(mutual beneficial relationship) 25
상호 통제도 249
상호 호혜 159
상황적 동기화 251
생명공학 330
생비자 147

생성적 대립 신경망(GAN: Generative Adversarial Network) 122
생태계 184
생태계 건강 212
생활 정보 플랫폼 150
샤프, 필립(Phillip Sharp) 353
성과 지표 255~256
성과 측정 250, 254~255
성취(achievement) 38
세계보건기구(WHO) 352
세계시민정부 187
세라리니(Séralini) 연구 팀 330, 347
센트, 에스더-미리엄(Esther-Mirjam Sent) 337
소규모 사업체 246
소통 플랫폼 150
손가락 콘텐츠 156
손실 프레임 227
수요자 플랫폼(DSP) 145
수용자 의견 분석(audience listening analysis) 124
숭고 188
스트리밍 미디어 146
스티커(STICKER) 169
시민과학(citizen science) 334
시장 창조형 CSR 271
식민주의 195
신경과학 330
신과학정치사회학(NPSS: New Political Sociology of Science) 334
신뢰도 249
신사회운동 334
신자유주의 326, 331
신자유주의 과학 체제(neoliberal science regime) 342
신젠타(Syngenta) 332
신종 감염병 206
신흥기술(emerging technology) 330
실시간 경매(RTB) 146
실험 203
쌍방향 커뮤니케이션 캠페인 73

[ㅇ]

아마존 146
아바타 165
아이작(AiSAC) 123
아이코(AICO) 115
아트버타이징 158
안티센스(antisense) 기술 354
알고리즘 저널리즘(algorithmic journalism) 115
알파고(AlphaGo)와 이세돌 대국 116
애드스마트(AdSmart) 146
액시스 제네틱스(Axis- Genetics) 347
약호(codes) 318
양극화 312
양방향(two-way) 249
양방향 TV 광고 143
언던 사이언스 문제 343
여유 자원설 277
역할 명확성 64
연구의 국제적 외주 체제와 하청 구조 338
연대 178
연성 협상가 104
열대우림 326
예기 관리(豫期管理, preemptive management) 249~250, 262
예기 관리 모형 258
예기적 문제 해결(anticipatory problem solving) 249
예시 이론(exemplification theory) 308

오정보(misinformation) 301
오픈 소스 152
온라인 광고 143
온라인 바이럴 마케팅 149
(공생적) 온존 216
옴니채널(Omnichannel) 144
옴니채널 전략 144, 168
왓슨, 제임스(James Watson) 351
왕립학회(Royal Society) 348
우수 이론(excellence theory) 73, 299
워드스미스(Wordsmith) 119
원격의료 181
원칙 선언문 93
원 헬스 207
원 헬스 2.0 215
원 헬스 상호작용 체계 214
원 헬스 접근 208
원 헬스 포럼 212
위기 51, 272
위기관리 261
위기 지능(Crisis Intelligence) 116
위치 기반 서비스(LBS) 154
위험 커뮤니케이션 229, 299
유사 시민운동(astroturfing) 320
유엔세계관광기구(UNWTO) 239, 241, 255
유전자 조작(GM: Genetically Modified) 작물 330
윤리경영 273~274
윤리적 소비 294
윤리 프레임 227
융복합 마케팅(마켓 4.0) 143
의견의 시장(marketplace of ideas) 299
의심 장사꾼(merchants of doubt) 345
의제 사건(pseudo-events) 319
의제 설정 이론(agenda setting theory) 226, 310
이득 프레임 227
이마(IMMA) 123
이상적인 커뮤니케이션 상황(ideal communication situations) 300
이해관계 상충(conflict of interest) 350
이해관계자 82, 96, 243~244, 247~250, 257~258, 262, 264
이해관계자 이론 278
이해 관심사 101, 103
이해 관심사에 기반한 협상가 104
인공지능(AI: Artificial Intelligence) 114, 330
인공지능 기반의 시스템(AI-based system) 115
인공지능 로봇 119
인공지능 모델(SOTA: State-Of-The-Art) 140
인공지능 이용 자기효능감(AI Use Self-Efficacy) 129, 140
인류세 183
인수 공통 감염병 206
인적자원관리(HRM) 61
인지 공중(aware public) 248, 252
인포데믹(infodemic) 318
인플루언서 플랫폼 150
일방향 261
입장 101

[ㅈ]

자기결정성 이론 65
자기 본위적 관계(egoistic relationship) 256~257
자기 통치 194
자동화(automation) 133
자발적 커뮤니케이션 258

자본주의 326
자연어 분석(natural language processing) 124
자유주의 195
자주적 열의 65
작업 조직 68
잠재 공중(latent public) 248, 252
잠재단계 98
장애 보정 수명 219
재무 성과 279
재현(representation) 319
쟁점 51
쟁점에 대한 관심이 감소하는 단계 99
쟁점 발견 단계 98
저널리즘(journalism) 117
전략적 소통 59
전략적(인) 커뮤니케이션 24, 51
전략적 행동 중심 PR 경영 247
전략적 행동 중심 PR 모형 247~249, 258, 262
전략적 행동 중심 PR 이론 265
전략적 CSR 270
전망 이론 227
전망적 관계(provident relationship) 256~257
전자상거래(e-commerce) 142
전 지구적 사유화 체제(globalized privatization regime) 336
접근성(access) 142
정교화(Elaboration) 169
정밀 농업(precision agriculture) 351~352
정밀화(accuracy) 133
정보 메커니즘 310
정서적 열의 62
정치사회적 발언 287
정향 모델(Co-orientation Model) 26
정황 이론(Contingency Theory) 82
제도 68
제약 인식 248, 251~252
제페토(ZEPETO) 150, 165
제페토 월드 165
젬(Zem) 165
조정 102, 106
조정 회의 107
조직 67~68
조직 건강 67
조직-공중관계성(OPR: Organization-PR) 22, 24
조직 내부 커뮤니케이션 61
조직 몰입 63
조직 지능(organizational intelligence) 60, 67
종합 플랫폼 150
주고받는 공중 247
주목(attention) 317
주민 대표성 102
주민사업체 250
주체(agent) 326
준거 지침(referent criterion) 251
중재 102, 111
증강현실(AR) 145
지그널 랩스(Zignal Labs) 126
지도화 224
지방 소멸 234, 236, 252, 265
지배구조(G: governance) 273~275, 283
지속가능 241, 246
지속가능경영 274
지속가능발전목표(SDGs: Sustainable Development Goals) 239, 265
지속가능성 234, 265
지속가능한 기업 274
지역의 불균형 발전 235

지역 불균형 236
지역적인 조합(local assemblage) 314
직무 열의 64
직업 전문성(professionalism) 309
진정성 286
집단적인 효능감(collective efficacy) 313
집단지성 59

[ㅊ]

차별 200
참여 열의 65
체계적 검토 217
체험 마케팅 143
초국적 종자 및 생명공학 기업 333
초연결 시대 142
초현실(hyper-reality) 319
초(超)현실주의(hyperrealism) 320
칙센트미하이, 미하이(Mihaly Csikszentmihalyi) 44

[ㅋ]

카드 뉴스 156
카피라이팅 시스템(AI-enabled copywriting system) 115
칼젠(Calgene) 354
캐치업(catch-up) 양식 357
커머스 플랫폼 150
커뮤니케이션 기술 224
커뮤니케이션 캠페인 65
커뮤니티 238
커뮤니티 기반 관광(CBT: Community-Based Tourism) 234~235, 238, 240, 243, 246, 258, 261
케블스, 대니얼(Daniel Kevles) 333
코로나19 206, 298
코로나19 백신 307
퀘이크봇(Quakebot) 119
퀴드(Quid) 플랫폼 124
클라인맨, 대니얼 (Daniel Kleinman) 336, 341
〈킹콘(King Corn)〉 355

[ㅌ]

탈식민성 196
테크노사이언스(technoscience) 332
테크저널리즘 172
통합적 커뮤니케이션 솔루션(ICS) 172
통합적 협상 105
트랜스 미디어 152
트랜징(Transing) 152
팀 과학 231

[ㅍ]

판매 지향의 푸시형(push) 150
판매 촉진 활동 142
팬데믹 298
페이스북 146
편견 305
평가 매트릭스 219
평판(reputation) 171, 316
평판 관리(reputation management) 249
표적화(Targeting) 169
푸스타이, 아르파드(Árpád Pusztai) 347
푸시형 플랫폼 151
프로그래매틱(programmatic) 광고 145
프로그램 공동 제작 320
프리켈, 스콧(Scott Frickel) 335~336, 340
플랫폼 노동 326

플레이버 세이버(Flavr Savr) 330, 354

[ㅎ]

하나의 건강, 하나의 복지 220
하버마스, 위르겐(Jürgen Habermas) 300
합의 형성 173
합의회의 334
핵심어(Keyword) 169
행성 191
행성 건강 212
행위자 연결망 이론(ANT: actor network theory) 335
헌신도 249
헤스, 데이비드(David Hess) 336, 340
현실(reality) 319
현실 자각 단계 99
협력 178
협력 의지 260
협상 89, 102
협찬 기사 320
혼합현실(MR) 145
화즈빙(華智冰) 123
확장 가상세계 148
환경(E: environment) 273~275, 282
환경에 대한 책임(Environment) 171
환경, 사회, 지배구조(ESG: Environmental, Social and Corporate Governance) 323
환경 커뮤니케이션 229
활성 공중(active public) 248~249, 252~253
황금 쌀(Golden Rice) 352
회복력 246
회복탄력성 241
후속 단계 99
후원형 CSR 271
훌루(Hulu) 146
흄, 데이비드(David Hume) 192
흥미성(Interesting) 169
힘의 평형 261

[기타]

3중 위기 178
AI 저널리즘 115
AI-assisted 위기 커뮤니케이션 모형 138
AI-assisted issue management/AI-assisted crisis management 139
AI-assisted PR 130
AI-assisted PR planning and analyzing the communication effect 139
AI-based key public identification 139
AI-based organization-public relationship management 139
AI-based PR 130
AI Copywriter 115
AI-First 114
B 바운스 165
BATNA 106
BX(브랜드 경험) 168
C-suite 128
CBT(Community-Based Tourism) 234~235, 238, 240, 243, 246, 258, 261
Content Creation & Curation 133
CPA(Corporate Political Advocacy) 289
CSA(Corporate Social Advocacy) 268, 285, 288~289, 293, 295~296
CSA 동기 인식 292
CSA 사례 291
CSR(Corporate Social Responsibility) 269~270, 272, 289, 296

CSV(Creating Shared Value) 268
Deep Learning 131
e2BOT 119
ESG(Environment, Social, Governance) 171, 268, 273~274, 277, 285, 289, 296
ESG 경영 171, 281, 283~284
ESG 공시 의무 280
ESG 금융 279
ESG 정보 공개 280
ESG 투자 280
ETC 그룹(Emerging Technologies and Corporate strategies on biodiversity, agriculture and human rights) 352
GM Nation? 346
IamFNBOT 119
Image Recognition 132
IMC 172
Influencer/Journalist Identification 133
Intelligent Agents 133
Interviewed™ 127
Machine Learning 131
MAI 123
MZ세대 165
O2O 서비스 플랫폼 144
OSPC 모형 134
OTT(Over The Top) 광고 146
Personalization 133
PLEX(Playful Experience) 모델 46
PPL(product placement) 147, 320
PR(Public Relations) 22
PR 전문가 88
PUS(public understanding of science) 344
Reinforcement Learning 131
Sentiment Analysis 132
SHAREST 123
SMO(Strategic Marketing Organization) 124
SNS 광고 143
Social Monitoring 132
Supervised Learning 131
Unsupervised Learning 131

지은이 소개 (수록순)

백혜진

한양대학교 광고홍보학과 교수이다. 교수직을 잠시 휴직하고 식품의약품안전처의 소비자위해예방국장으로 3년 임기를 마쳤다. 연세대학교 신문방송학과 졸업 후, 광고회사 코래드에서 일했다. 위스콘신대학교에서 매스 커뮤니케이션 석사와 박사 학위를 받고, 조지아대학교 광고홍보학과 조교수, 미시간주립대학교 광고홍보학과 종신교수를 거쳤다. 한국 헬스커뮤니케이션학회 회장을 역임했으며, 관심 분야는 헬스 커뮤니케이션, 위기 및 리스크 관리, 소셜 마케팅, 광고PR의 사회적 책임이다. 저서로 『소셜 마케팅』, 『헬스 커뮤니케이션의 메시지 수용자 미디어 전략』(공저), 『공공 커뮤니케이션 캠페인』(역서), 『커뮤니케이션 과학의 지평』(공저), 『광고PR 커뮤니케이션 효과 이론』(공저), 『한국 언론학 연구 60년: 성과와 전망』(공저), 『디지털시대의 PR학 신론』(공저) 등이 있다.

홍문기

한세대학교 미디어영상광고학과 교수이다. 현재 한국광고PR실 학회장이다. 한국외국어대학교와 고려대학교에서 학사와 석사 학위를, 미국 플로리다주립대학교에서 커뮤니케이션학 박사 학위를 받았다. 한국광고홍보학회와 한국소통학회 편집위원과 채널A 시청자위원회 위원 등을 맡고 있다. 한국PR학회 부회장/총무이사, 공익광고협의회 위원, 언론중재위원회 위원, YTN 시청자위원회 위원, 지역신문발전위원회 위원, 미국 Learning System Institute 연구원 등을 역임했다. 저서로 『한국광고학연구 30년과 전망』(공저), 『광고홍보교육의 현재와 미래』(공저), 『반갑다 광고와 PR!』(공저), 『디지털 사회와 PR 윤리』(공저), 『소셜미디어 이용자와 광고PR 전략』(공저), 『PR 전문직의 리더십과 윤리의식』(공저) 등이 있고, 최근 『정책 커뮤니케이션 전략』을 저술했다. 광고PR·미디어 정책과 다양한 분야의 커뮤니케이션 캠페인 전략 등 주요 관심 분야에 대한 수십여 편의 연구 논문을 발표했다.

신호창

서강대학교 지식융합미디어학부 교수이다. 서강대학교 정치외교학과를 졸업한 후, 오하이오대학교 저널리즘스쿨에서 공부를 마친 한국 최초의 PR학 박사이다. 전북대학교와 이화여자대학교 교수로 재직했으며, 한국홍보학회 회장, ICA PR분과장을 거쳐, 현재 한국공공외교학회 회장을 맡고 있다. 이 분야 발전에 기여한 공로로 2005년에 홍조근정훈장을 수훈했으며, 2020년에는 '올해의 PR인'으로 선정된 바 있다. 저서로 『피할 수 없는 PR』, 『PR전략론』, 『정책PR』, 『사내커뮤니케이션』, 『마케팅PR 전략과 사례』, 『한국형 공공외교 평가모델』, 『전략적 커뮤니케이션』 등이 있다. HR커뮤니케이션 및 사내커뮤니케이션을 주제로 일반대학원 및 언론대학원에서 20년 이상 강의를 하고 있으며, '사내커뮤니케이션', '일에 대한 열의', '조직 건강' 등을 진단하는 모델을 개발하여 수행한 연구 논문이 20여 편 있다.

박혜영

한신대학교 미디어영상광고홍보학부 조교수이다. 중앙대학교에서 국어국문과 신문방송을 전공하고 동 대학원에서 석사 학위를 받았으며 서강대학교에서 PR 전공으로 박사 학위를 받았다. 경기관광공사 홍보팀, 서강대학교 입학처 근무 경력 등이 있으며 박사 이후에는 프레인글로벌 기업에서 PR 컨설팅을 수행했다. PR커뮤니케이션의 공익성 개념화 및 척도 개발로 박사 학위를 받았으며 마케팅 PR, 정책 PR, 위험 및 위기 커뮤니케이션, 헬스 커뮤니케이션, 사내 커뮤니케이션 등 PR커뮤니케이션이 필요한 다양한 분야에 관심을 갖고 있다. 최근에는 기후변화 예방행동, 게임 이용량 예측, 프라이버시 패러독스 예측 등 미디어 활용과 위험 커뮤니케이션 분야에서 PR커뮤니케이션을 통한 사회 변화와 정책 제안에 중점을 두고 연구하고 있다. 저서로 『PR커뮤니케이션과 명성: 학제 간 이론과 전략』(공저)이 있다.

전형준

한국조지메이슨대학교 아시아 평화 분쟁 연구센터 연구위원이다. 미국 미주리대학교에서 과학·보건 커뮤니케이션에 대한 논문으로 박사 학위를 받았다. 이후 서울시에서 PR 전문가로 일했고, 단국대학교 분쟁해결연구센터에서 조교수로 일했다. 공공갈등과 관련하여 많은 갈등영향분석 프로젝트를 수행했고, 다수의 공공갈등 사례에서 조정인(mediator)의 역할을 맡아 갈등 해결에 기여했다. 저서로 『PR학 원론』(공저), 『정책 PR론』(공저), 『갈등관리와 협상』(공저), 『공공갈등·공론화·시민참여에 관한 국민인식 분석보고서』(공저)가 있으며, 공공갈등에 대한 현장 활동, 연구, 강의를 꾸준히 진행하고 있다.

박노일

차의과학대학교 의료홍보미디어학과 교수이다. 연세대학교 신문방송학과에서 언론학 전공으로 석사 학위와 박사 학위를 취득했으며, 미국 미주리대학교에서 박사 후 과정을 마쳤다. 차의과학대학교 교무처장과 헬스커뮤니케이션 연구원장, 한국 헬스커뮤니케이션학회의 기획이사, 한국방송학회의 총무이사, 한국PR학회의 PR과 테크놀로지연구회장 등을 역임했다. 저서로 『인공지능의 이해와 뉴스 미디어 영상분석』, 『비전공자의 인공지능(AI) 입문』(공저), 『Digital Media, Online Activism, and Social Movements in Korea』(공저), 『디지털PR 이론과 실제』(공저), 『광고PR 커뮤니케이션 효과이론』(공저), 『PR학 원론』(공저) 등이 있다.

정지연

홍익대학교 광고홍보학부 교수이다. 연세대학교 신문방송학과를 졸업하고, 동 대학원에서 언론학 석사와 미국 시러큐스대학교 뉴하우스 스쿨에서 PR학 석사 학위를, 미국 미주리대학교 저널리즘 스쿨에서 저널리즘 박사(PR 전공) 학위를 취득했다. 우리나라 최초의 PR 전문회사인 커뮤니케이션즈 코리아에서 PR 실무자로 근무했으며, 현재 문화체육관광부 정책소통 평가위원과 국민소통실 자문위원, 해양수산부 정책연구심의위원회 위원, 행복청 PR자문 및 정책실명제 심의위원회 의원 등을 맡고 있다. 한국PR학회, 한국

광고홍보학회, 한국 헬스커뮤니케이션학회의 이사와 한국PR학회의 ≪홍보학연구≫ 편집위원을 역임하고, 한국광고홍보학회의 ≪광고연구≫ 편집위원을 맡고 있다. 저서로 『디지털PR 이론과 실제』(공저), 『PR학 원론』(공저), 『한국의 PR연구 20년』(공저) 등이 있다.

김병희

서원대학교 광고홍보학과 교수이다. 서울대학교를 졸업하고 한양대학교 광고홍보학과에서 광고학 박사 학위를 받았다. 한국광고학회 제24대 회장, 한국PR학회 제15대 회장, 정부광고자문위원회 초대 위원장, 서울브랜드위원회 제4대 위원장으로 봉사했다. 저서로 『스티커 메시지: 스킵되지 않고 착착 달라붙는 말과 글을 만드는 법』, 『광고가 예술을 만났을 때 아트버타이징』 등 60여 권이 있고, 「광고 건전성의 구성 요인과 광고 효과의 검증」 등 110여 편의 논문을 국내외 주요 학술지에 발표했다. 한국갤럽학술상 대상(2011), 제1회 제일기획학술상 저술 부문 대상(2012), 교육부·한국연구재단의 우수 연구자 50인(2017) 등을 수상했고, 정부의 정책 소통에 기여한 공로를 인정받아 대통령 표창(2019)을 받았다.

김현정

서원대학교 광고홍보학과 교수이다. 한양대학교에서 영문학 석사와 광고홍보학 박사 학위를 취득했다. 유통경제신문사, 아가월드 홍보실을 거쳐 한국무역보험공사 홍보실에서 17년간 PR 업무를 전담했으며, 국립재난안전연구원에서 재난안전 위기관리 PR 실무 및 연구를 수행한 후, 국립정신건강센터의 설립을 전후하여 조직홍보 전반을 담당하는 홍보 전문가로 일했다. 산업자원부 장관표창(정책홍보 기여 공로), 한국PR학회 우수논문상을 수상한 바 있다. 저서로 『디지털 시대의 PR학 신론』(공저), 『메디커뮤니케이션』(공저) 등이 있고, 논문으로 「통일교육 공공PR캠페인의 수용과 확산에 관한 연구: 대학생의 인식을 중심으로」 등이 있다. 주요 관심 분야는 공공 PR과 소셜 마케팅, 광고PR의 사회적 책임 영역이다.

김재인

경희대학교 비교문화연구소 학술연구교수, 포스텍 융합문명연구원 ≪웹진X≫의 편집위원장이다. 서울대학교 동물생명공학과를 중퇴했고, 동 대학교 미학과를 졸업했으며, 동 대학원 철학과에서 박사 학위를 받았다. 서울대학교 철학사상연구소와 고등과학원 초학제연구단에서 연구원으로 일했다. 철학 전문 유튜브 채널 “철학은 ‘생각의 싸움’이다”를 운영 중이다. 저서로 『뉴노멀의 철학: 대전환의 시대를 구축할 사상적 토대』, 『생각의 싸움: 인류의 진보를 이끈 15가지 철학의 멋진 장면들』, 『인공지능의 시대, 인간을 다시 묻다』, 『혁명의 거리에서 들뢰즈를 읽자』, 『AI 시대, 행복해질 용기』(공저), 『이성과 반이성의 계보학』(공저), 『철학, 혁명을 말하다』(공저) 등이 있다. 역서로 『안티 오이디푸스』, 『천 개의 고원』, 『베르그손주의』, 『들뢰즈 커넥션』 등이 있다.

최서희

경희대학교 지리학과 조교수이다. 서울대학교 지리학과에서 학사와 석사 학위를, 미국 퍼듀대학교에서 박사 학위를 받았다. YBM, 경기연구원, 서울대학교 국토문제연구소에서 근무했다. 중국 산둥성 루둥대학교에서 강사를, 마카오 관광대학교(Macao Institute for Tourism Studies)에서 조교수(特邀副教授)를 역임했다. 이동성을 가진 여러 사람들이 자신들이 사는 지역과 다른 지역에 대해 어떻게 인식하고, 어떠한 커뮤니케이션이 이루어지며, 그 결과 어떠한 행동 패턴을 보이는지를 주로 연구하고 있다. 이에 파생하여 지역의 관광에서 윤리성 문제, 관광지역의 일상성, 공공외교, 지리교육을 통한 지역 문제 이해 및 간문화 소통, 이민자의 삶과 여가를 둘러싼 시공간 패턴, 모빌리티스 패러다임을 적용한 연구를 주로 수행 중이다.

김정남

미국 오클라호마대학교의 게이로드 언론 및 매스커뮤니케이션대학의 전략커뮤니케이션 석좌교수이다. 제임스 E. 그루닉(James E. Grunig)과 문제해결 상황이론(Situational Theory of Problem Solving)을 만들었고 이론적 기여에 대한 공로로 미국 PR 학회에서 잭슨 & 바그너 행동과학상(Jackson & Wagner Behavioral Science Prize)을 수상했다. 개인 및 사회 차원에서 공중의 커뮤니케이션 현상과 사회조직의 상호작용을 이론화하여 PR, 전략 커뮤니케이션, 헬스 커뮤니케이션, 공공외교 등 분야에 적용하고 있다. 달리 랩(Debiasing and Lay Informatics Lab)을 만들어 공중이 주도하는 정보 시장의 특성을 이론화하고 있다. 현재 미국국립과학재단(National Science Foundation) 지원으로 데이터소셜사이언스 접근을 통해 시민의 정책 참여 과정을 개선하는 연구를 진행하고 있다.

조수영

경희대학교 미디어학과 교수이다. 대학에서 심리학을 전공한 후 기업에서 PR 전문가로 일하다 미국 미시간주립대학교에서 저널리즘으로 석사 학위를, 미주리대학교에서 Public Relations로 박사 학위를 받았다. 사우스캐롤라이나대학교에서 조교수로 일하다 2008년부터 경희대학교에 재직하고 있다. 현재 한국PR학회 23대 학회장이다. 조직의 위기관리, CSR/CSA/ESG, 헬스 커뮤니케이션, 환경 커뮤니케이션, CEO 이미지 등을 연구하고 있다. 국제커뮤니케이션학회(ICA) PR 분과 Top Faculty Paper Award, AEJMC학회(The Association for Education in Journalism and Mass Communication) RTVJ 분과 Top Student Paper Award, 한국PR학회 및 한국광고홍보학회 우수논문상을 수상했다. 환경보호에 열정을 가지고 있으며 건강하고 평등한 사회와 환경을 만드는 데 도움이 되는 커뮤니케이션 연구를 계속할 생각이다.

김영욱

이화여자대학교 커뮤니케이션·미디어학부 교수이다. 미국 플로리다대학교에서 매스커뮤니케이션 박사 학위를 받았다. 미국 일리노이주립대학교 커뮤니케이션학부 조교수, 하버드대학교 법과대학 협상연구소 풀브라이트 교환교수, 벨기에 겐트대학교, 싱가포르 난양공과대학교, 태국 출라롱콘대학교 방문교수를 역임했다. 저서로 『위험, 위기 그리고 커뮤니케이션』, 『위험 커뮤니케이션』, 『갈등해소와 대체적 분쟁해결』, 『위험불통사회』, 『한국사회의 소통 위기』(공저), 『디지털 사회와 PR 윤리』(공저) 등이 있으며, 150여 편 이상의 연구 논문을 국내외 학술지에 발표했다. 현재는 환경, 보건, 과학, 위기, 재난 분야의 광범위한 위험사회 문제를 해결하기 위한 위험 커뮤니케이션 연구에 집중하고 있다.

김동광

고려대학교 과학기술학연구소 교수이다. 고려대학교 독문학과를 졸업하고 같은 대학원에서 과학기술사회학을 공부했고 생명공학과 시민참여를 주제로 박사 학위를 받았다. 과학기술 민주화를 추구하는 시민단체인 시민과학센터에서 활동했으며, 과학기술과 사회를 주제로 연구와 저술 활동을 하고 있다. 한국과학기술학회 회장을 지냈다. 저서로 『생명의 사회사 - 분자적 생명관의 수립에서 생명의 정치경제학까지』, 『불확실한 시대의 과학 읽기』(공저), 『과학에 대한 새로운 관점, 토마스 쿤』, 『사회생물학 대논쟁』(공저), 역서로 『언던 사이언스』(공역), 『생명공학의 윤리』, 『인간에 대한 오해』, 『기계, 인간의 척도가 되다』 등이 있다.

한울아카데미 2405

호모 퍼블리쿠스와 PR의 미래

지은이 **백혜진·홍문기·신호창·박혜영·전형준·박노일·정지연·김병희·김현정·김재인·최서희·
김정남·조수영·김영욱·김동광**

펴낸이 **김종수** | 펴낸곳 **한울엠플러스(주)**

편집책임 **이진경**

초판 1쇄 인쇄 **2022년 11월 7일** | 초판 1쇄 발행 **2022년 11월 15일**

주소 **10881 경기도 파주시 광인사길 153 한울시소빌딩 3층**

전화 **031-955-0655** | 팩스 **031-955-0656** | 홈페이지 **www.hanulmplus.kr**

등록번호 **제406-2015-000143호**

ISBN **978-89-460-7405-7 93320**(양장)
978-89-460-7407-1 93320(무선)

Printed in Korea.

* 가격은 겉표지에 표시되어 있습니다.

* 무선제본 책을 교재로 사용하시려면 본사로 연락해 주시기 바랍니다.